सनातन ज्ञान वर्धक

रोचक कथाएं – सरल भाषा में

त्रिलोकीनाथ श्री विष्णु भगवान की अवतार कथाएं

डा. शिव राम भागी

अनुक्रमणिका

"भगवान विष्णु के दस प्रमुख अवतार जिन्हें दशावतार कहते हैं"

प्रस्तावना

माता पिता अब अपने बच्चों को अपने धर्म-कर्म की शिक्षा नहीं देते। आधुनिक विकसित समाज में हमारे बच्चे जिन पाठशालाओं में पढ़ने जाते हैं वहां हमारे सनातन धर्म अथवा हमारे वेद-ग्रंथों व हमारे देवी-देवताओं अथवा उनकी पूजा बिधि का कोई पाठ्यक्रम नहीं होता।

घर में यदि कोई बूढी दादी मां कोई धर्म-कर्म की बात करती है तो कोई सुनना भी नहीं चाहता।

इस टीवी, लैपटॉप और मोबाइल के दौर में अब धर्म-कर्म के लिए किसी के पास कोई समय ही कहाँ है? इन साधनो ने धर्म-कर्म को छुपा नगन्ता का प्रदर्शन शुरू कर दिया है जो कच्ची आयु में अधिक अच्छा लगता है, बाद में परिणाम भले कुछ भी हो।

इस पुस्तक में हमने सरल भाषा में अपने धर्म और देव की रोचक कथाओं को लिख कर अपने देश के धर्म और देव (भगवान) की एक पहचान कराने की पहल की है। आशा रखेंगे कि हमारा यह प्रयास हमारे सनातन धर्म और भगवान विष्णु, शिव, शक्ति और अन्य देवताओं के लिए श्रद्धा रखने वाले भाइयों के लिए प्रेरिक होगा। आशा यह भी रखेंगे कि वर्तमान पीढ़ी के बच्चे व नवयुवक भी अपने सनातन धर्म में रुचकर होंगे।

शुभ कामनाओं के साथ "जय श्री राम" "हर हर महादेव"

यह पुस्तक के रूप में जो प्रभु का कुछ गुण-गान है इस का श्रेय मेरे स्वर्गीय दादा श्री, संस्कृत के विद्वान वेदांती पंडित लेख राम जी और मेरी घरेलू गृहिणी सनातन संस्कारी स्वर्गीय माता श्री शीला देवी जी को जाता है। जो कुछ कमी रही होगी वह श्री सद्गुरु ब्रह्मलीन अन्तर्यामी सिद्ध पुरुष श्री १०८ श्री शालिग्राम गिरी जी की कृपा से पूर्ण हुई। यह जो मेरा छोटा सा प्रयास पुस्तक रूप में है श्री गुरु चरणों में समर्पित है।

विरक्त कुटिया श्री परमहंस ... कोटलाभड़ी, खन्ना-पंजाब

सनातन ज्ञान वर्धक
"रोचक कथाएं - सरल भाषा में"

१

सृष्टि की रचना

मन में कभी प्रश्न तो उठता होगा कि इस संसार में, जिसमें हम रहते हैं, यह कब से है, यह कैसे बना है, इतनी बड़ी धरती, समुद्र, सूर्य, चाँद, आकाश में टिमटिमाते तारे आदि अनेक पशु-पक्षी, जीव-जंतु, पेड़-पौधे और हम मनुष्य कैसे और कब से हैं?

अनेक देशों के वैज्ञानिक खोज में लगे ही रहते हैं। चाँद से लेकर मंगल ग्रहों तक कितनी खोज की जा चुकी है परन्तु यह सब वैज्ञानिकों के लिए रहस्य ही है।

सनातन संस्कृति, संस्कार और धर्म जो भारत भूमि में प्रभु की एक अद्भुत देन व धरोहर है, जो यहां के सनातन वेद-पुराणों के आधार पर विकसित हुई है इस में आप को सभी ऐसे प्रश्नों के उत्तर मिल जाते हैं।

श्रीमद भगवत गीता में श्री कृष्ण ने अर्जुन को महाभारत युद्ध के समय उसके अपने ही गुरु द्रोणाचार्य, पितामह भीष्म और पारिवारिक बंधुओं के सामने युद्ध ना करने को कहने पर उसको समझाते हुए कर्म और धर्म की शिक्षा के साथ और भी बहुत कुछ बता दिया था। इस अनमोल पवित्र ग्रन्थ में श्री कृष्ण ने अपना विराट स्वरूप भी दिखाया और सृष्टि की उत्पत्ति और विनाश तक के रहस्य भी समझाये हैं।

यह संसार, यह सृष्टि कब से है इस का कोई आदि और अंत है ही नहीं तो इस का उत्तर है, यह अनादि काल से अथवा सदा से ही है और सदा ही रहेगी परन्तु "काल गणना" के हिसाब से सृष्टि की रचना और संहार अथवा विनाश का क्रम चलता रहता है।

प्रलय कब और कैसे और महा-प्रलय भी कब और कैसे होती है? प्रलय क्या होती है?

जब सृष्टि के रचने वाले ब्रह्मा जी रात्रि विश्राम करते हैं उस समय उनकी रची सृष्टि भी जलमग्न हो जाती है। ब्रह्मा की रात्रि और दिन बराबर ही होते हैं। ब्रह्मलोक के एक दिन के समय में ब्रह्मा जागृत हो सृष्टि में हर प्राणी और पेड़ पौधे आदि की रचना करते हैं और रात्रि के समय सभ समेट लेते हैं।

रात्रि का वह समय प्रलय काल कहलाता है।

और जब ब्रह्मा जी अपनी आयु भोग लेते हैं तब ओंकार (ॐ) स्वरूप में भगवान विष्णु अपने लोक वैकुण्ठ में अपनी शेष शैया पर निद्रा मग्न रहते हैं। ब्रह्मा जी का जितना आयु भोग का समय था वह श्री विष्णु का एक दिन माना जाता है और अब आगे उनकी इतने समय की रात्रि रहेगी।

यह महाप्रलय काल होता है।

भगवान विष्णु के जागने पर फिर से अगली रचना शुरू हो जाती है और यह क्रम कभी रुकता नहीं।

ब्रह्माण्ड में ब्रह्मा जी का अभी **२८वा कलियुग** चल रहा है।

महर्षि व्यास जी के अनुसार **सत्ययुग, त्रेता युग, द्वापर युग, कलियुग ये चार युग** हैं, जो देवताओं के बारह हज़ार दिव्य वर्षों के बराबर होते हैं।

इन चारों युग को मिला कर एक चतुर युग बनता है।

१) **सत्ययुग** की अवधि व आयु १७ लाख २८ हजार वर्ष होती है।

२) **त्रेता युग** की अवधि १२ लाख ९६ हजार वर्ष होती है।

३) **द्वापर युग** की अवधि ८ लाख ६४ हजार वर्ष होती है।

४) **कलियुग** की अवधि ४ लाख ३२ हजार वर्ष होती है।

जैसे जैसे पाप व अधर्म की वृद्धि होती जाती है उसी के हिसाब से मनुष्य की आयु और कद भी घटते जाते हैं। सत्ययुग में अधर्म बहुत कम था। त्रेता युग में और आगे द्वापर में और बढ़ता चला गया और अब कलियुग तो है

ही काला युग, अधर्म और पाप से भरपूर। प्रत्येक मानव का मन लोभ-लालच, अहंकार, ईर्षाcf67से अनेक अवगुणों से भरा पड़ा है।

कर्म-गति से संसार चलता है अतः जैसे कर्म मानव करेगा वैसे फल उस को भोगने ही पड़ेंगे।

कलियुग में मनुष्य की लम्बाई साढ़े तीन हाथ (कुहनी से हाथ की अंगुलिओं के अंत तक की लम्बाई एक हाथ गिनी जाती है) और इसी हिसाब से पहले युगों में ७, १४, व २१ हाथ की होती थी। ऐसे ही आयु भी अधिक होती थी। कलियुग १०० वर्ष, द्वापर १००० वर्ष, त्रेता १०००० वर्ष और सत्ययुग में मनुष्य की आयु १००००० वर्ष की होती थी।

गीता में वर्णित श्री कृष्ण के अनुसार हज़ार चौकड़ी युग का ब्रह्मा जी का एक दिन और उतनी ही बड़ी रात होती है। ब्रह्मा जी की आयु ब्रह्म लोक की काल गणना के अनुसार १०० वर्ष की बताई गई है और इस के बाद ब्रह्मा जी भी शांत हो जाते है।

ब्रह्माजी के साथ ही उन की हर एक रचना का भी अंत हो जाता है। उतने ही लम्बे समय के लिए "महाप्रलय" काल होता है जिसमें श्री विष्णु अपने लोक में शेषनाग की कोमल शैया पर निद्रा मगन अथवा ध्यान मगन मुद्रा में विराजमान रहते हैं। काल चक्र अपने हिसाब से चलता रहता है। अगली रचना के लिए फिर वोही प्रकरण नए ब्रह्मा जी के प्रगट होने के साथ शुरू हो जाता है।

ऐसे ही यह सृष्टि रचना करने वाले पूर्ण ब्रह्म परमेश्वर जिन्हें हम श्री विष्णु, जल में निवास करने के कारण नारायण, रुद्र रूप में शिव, शंकर अथवा महेश, व ईश्वर होने के कारण महेशवर आदि अनेक नाम से और रूप से और सूक्ष्म शब्द ब्रह्म "ॐ" रूप में वेद व ग्रंथों में पढ़ते, सुनते अथवा जानते हैं; यह एक ही हैं और स्वयं महाकाल हैं इसलिए इनका कभी भी समापन काल अथवा अंत नहीं होता। यह अक्षय हैं।

धार्मिक पवित्र ग्रन्थ गीता ज्ञानेश्वरी, हरी मुख वाणी में सोलह कला सम्पूर्ण भगवान विष्णु के अवतरित स्वरूप **श्री कृष्ण ने कहा है, "मैं ही सभ कुछ हूँ, मेरे में ही सृष्टि समाई है और मैं अनंत हूँ।"** श्री कृष्ण ने अर्जुन की प्रार्थना पर अपने दिव्य विराट स्वरूप में सम्पूर्ण सृष्टि के दर्शन भी करा दिए थे।

"ॐ" को शब्द अथवा अक्षर ब्रह्म माना गया है। शब्द ब्रह्म "ॐ" प्रथम शक्ति स्वरूप है "महाकाल" जिन्हें हम "शिव" अथवा "सदा शिव" नाम से जानते और पुकारते हैं। यह पूर्ण ब्रह्म और अनादि हैं। यह सदा से हैं और सदा ही रहेंगे। इनके ही अन्दर समाई है एक अद्भुत शक्ति जिसे "प्रकृति" अथवा "शिवा" कहा गया है।

महाप्रलय काल के समय जब सब शून्य हो जाता है। एक शब्द ब्रह्म स्वरूप "ॐ" में महांकाल ही होते हैं। शिव का यही स्वरूप सदा रहता है।

श्री विष्णु स्वयं "ॐ" स्वरूप व सर्व शक्ति सम्पन सच्चिदानंद भगवान हैं। सृष्टि की रचना करने, उसको स्थाई रख पालने और सञ्चालन के लिए और समय समय पर सृष्टि में बढ़ते अधर्म और अधर्मियों को नियंत्रण में रखने के लिए तीन रूप की रचना करते हैं।

श्री विष्णु स्वयं कर्ता-धर्ता पालन हार और धर्म रक्षक हैं। सृष्टि रचने के लिए भगवान विष्णु की नाभि से प्रगट हुई कमल-नाल के जल के बाहर दिव्य कमल खिलता है और फिर उस पर ब्रह्माजी का प्रादुर्भाव होता है। संहार कर्ता कहलाने वाले शंकर व महेशवर, जो सदा शिव स्वरूप हैं, समय की अनुकूलता के अनुसार ब्रह्मा जी के माथे से प्रगट होते हैं जो ओंकार ब्रह्म का ही स्वरूप होते हैं और कैलाश निवासी हैं। युगों युगों से तीनों आदि देव सृष्टि में उत्पत्ति, पालन, संहार व सञ्चालन कर रहे हैं।

भगवान विष्णु शेषनाग की कोमल शैया पर क्षीर-सागर में लक्ष्मी जी के साथ निवास करते हैं। गरुड़ प्रभु का वाहन हैं जो मन की गति से कहीं भी पहुँच सकता है। श्रेष्ठ मुनि नारद जी सदा "नारायण" नाम का जाप करने वाले, भगवान के प्रिय भगत, प्रभु के संदेशवाहक और खबरी भी हैं।

⚜

२

ब्रह्माण्ड की रचना:

ब्रह्मा जी अपने प्रगट होने का रहस्य नहीं समझ पा रहे थे। चारों ओर जल ही जल ओर कमल-नाल के अन्दर शून्य। तप करने के लिए आकाश वाणी हुई ओर हजारों वर्षों तक तपस्या करते हैं और सृष्टि में ब्रह्माण्ड की रचना का आदेश व शक्ति प्राप्त होती है। यह पृथ्वी ब्रह्मा जी के ब्रह्माण्ड के अंतर्गत आती हैं और हम सब को रचने वाले भी ब्रह्मा जी ही हैं जो आदि त्रिदेव में से एक हैं।

यह जो पृथ्वी, पाताल और आकाश सब सूर्य, चाँद व तारे यह सब प्राकृतिक रचना श्री विष्णु जी की रचना है। भगवान विष्णु को माया पति कहा जाता है। विष्णु माया बहुत प्रबल है। विष्णु माया द्वारा निर्मित पांच तत्व: जल, वायु, अग्नि, आकाश व पृथ्वी से ही सब सांसारिक रचना है। हम मानव व जीव-जंतु, पशु-पक्षी आदि संसार में दृष्टिगोचर हो रहे प्राणी, सब ब्रह्मा जी द्वारा निर्मित ब्रह्म लोक के अन्दर हैं। पृथ्वी, पाताल और आकाश, सूर्य, चाँद, ग्रह व तारे ब्रह्माण्ड के अंदर हैं। इसी लिए जो दृष्टिगोचर है उसे माया-मय अथवा माया निर्मित अथवा माया का विकार ही कहा गया है।

ब्रह्मा जी तीन प्रमुख देवताओं (ब्रह्मा, विष्णु, महेश) में से एक हैं। सचिदानंद स्वरूप भगवान श्री विष्णु सम्पूर्ण सृष्टि के रचने वाले पालन हार और सर्वे-सर्वा हैं और माया पति भी हैं। रुद्र रूप धारी शिव भोले नाथ संहार करता माने जाते हैं।

श्री विष्णु की नाभि से निकले हुए कमल में प्रगट हुए ब्रह्मा जी को 'जगत पिता' कहा जाता है। ब्रह्मा जी अपने इस ब्रम्ह लोक में मानव, पशु, पक्षी आदि रूप में जीव की रचना करते हैं। ब्रह्मा जी विधि विधान को रचने वाले विधाता भी कहलाते हैं। कर्मों के अनुसार दंड-विधान और प्रत्येक प्राणी के लिए जीवन-मृत्त्यु के समय को सुनिश्चित करते हैं। ब्रह्मा जी ने ही चार वेद की

रचना कर मानव के लिए धर्म-कर्म के विधि-विधान भी सुनिश्चित कर दिए हुए हैं। मानव की सुख समृद्धि के लिए जप, तप, पूजा-पाठ और यज्ञ के विधान बताये गए हैं। मानव अपने जीवन काल में किये पुण्य-पाप कर्मों के अनुसार अपने भविष्य और अगले जन्मों में भोग लेते हैं।

सृष्टि रचना के शुरुआत में ब्रहमा जी समझ नहीं पा रहे थे कि वृद्धि का क्रम कैसे स्वयं गति शील हो बढ़ता रहे। ब्रहमा ने सर्वप्रथम जिन चार-सनक, सनन्दन, सनातन और सनत्कुमार मानव प्राणियों को अपने मन भाव से प्रगट किया, उनकी सृष्टि रचना के कार्य में कोई रुचि नहीं थी। वे ब्रहमचर्य में रहकर ब्रहम तत्व को जानने में ही मगन रहते थे। ये ब्रहमचारी ही रहे और तापस कहलाये। इनके आत्म-तत्व बोध प्राप्त कर लेने के कारण, इन चारों के ऊपर काल का प्रभाव भी नहीं होता और यह सदा बालक रूप में ही रह भगवान श्री विष्णु की भगति और गुण-गान में ही मस्त रहते हैं। इनका निवास ब्रहमलोक से नीचे 'तापस लोक' है और सप्त ऋषियों से ऊपर है। इन्होंने सृष्टि रचना में ब्रहमा जी का साथ नहीं दिया था।

फिर ब्रहमा जी ने नारद को प्रगट किया और वोह भी भगवान विष्णु के प्रिय भगत बन गए। ब्रहमर्षि नारद जी के ऊपर भी काल का कोई प्रभाव नहीं है और वोह भी अमर हो नारायण भगति में लिप्त रहते हैं। इन ब्रहमा-पुत्रों को 'ब्रहम आत्मा वै जायते पुत्र:' ही कहा गया है। इन पांचों को श्री विष्णु के २४ अवतारों में अवतार का स्थान भी प्राप्त है।

पुराणों के अनुसार **ब्रहमाजी के मानस पुत्र** इस प्रकार से हैं:- मन से मारिचि, नेत्र से अत्रि, मुख से अंगिरस, कान से पुलस्त्य, नाभि से पुलह, हाथ से क्रतु, त्वचा से भृगु, प्राण से वशिष्ठ, अंगुष्ठ से दक्ष, छाया से कंदर्भ, गोद से नारद, इच्छा से सनक, सनन्दन, सनातन, सनत्कुमार, शरीर से स्वायंभुव मनु, ध्यान से चित्र गुप्त आदि हुए थे।

सृष्टि रचना आगे कैसे बढ़े इस सोच से ब्रहमा जी कुछ चिंतित व कुंठित हुए तो उनके मस्तक से रुद्र रूप में शिव प्रगट हो गए जो अर्ध नारीश्वर रूप में थे। रुद्र रूप शिव का दाहिना आधा भाग पुरुष रूप था और बायां आधा भाग नारी स्वरूप था।

इस से ब्रह्मा जी समझ गए और अब सृष्टि की रचना और वृद्धि के लिये ब्रह्मा जी ने अपने शरीर को दो भागों में बाँट लिया था जिनके नाम 'का' और 'या' (काया) हुये।'

उन्होंने अपने शरीर के **वायें भाग से स्त्री का सृजन किया जिसका नाम हुआ "शत रूपा" और वोह इस सृष्टि की पहली स्त्री थी। और फिर ब्रह्मा जी ने अपने शरीर के दाहिने भाग से एक पुरुष रूप को प्रगट किया जिसको "स्वायंभुव मनु" कहा गया।** शत रूपा और स्वायंभुव मनु के सम्बन्ध से ही जो संतानें पैदा हुईं तो वोह 'मानव' कहलाये। इन्हीं प्रथम पुरुष और प्रथम स्त्री की सन्तानों से संसार के समस्त जनों की उत्पत्ति हुई। मनु की सन्तान होने के कारण हम मानव कहलाये।

शत रूपा और स्वायंभुव मनु, इन दोनों से प्रिय व्रत, उत्तान पाद, प्रसूति, देवहुति और आकूति नाम की संतानों की उत्पत्ति हुई थी।

आकूति का विवाह ब्रह्मा पुत्र प्रजापति रुचि से और प्रसूति का विवाह ब्रह्मा पुत्र प्रजापति दक्ष से किया गया था और देवहुति की शादी कर्दम ऋषि से हुई थी।

दक्ष से प्रसूति ने 24 कन्याओं को जन्म दिया। इनके नाम श्रद्धा, लक्ष्मी, पुष्टि, धृति, तुष्टि, मेधा, क्रिया, बुद्धि, लज्जा, वपु, शान्तिः, ऋद्धि, और कीर्ति हैं। तेरह का विवाह धर्म से किया और फिर भृगु से ख्याति का, **शिव से सती का,** मारिचि से सम्भूति का, अंगिरा से स्मृति का, पुलस्त्य से प्रीति का पुलह से क्षमा का, कृति से सन्नाती का, अत्रि से अनसूया का, वशिष्ठ से ऊर्जा का, वह्व से स्वाह का तथा पितरों से स्वधा का विवाह किया।

दक्ष प्रजापति की दूसरी पत्नी, प्रजापति वीरण की पुत्री 'असिकी' जिसे वीरणी भी पुकारा जाता है, इसने ६६ कन्याओं को जन्म दिया था।

वीरणी से उत्पन्न कन्याओं में से १३ की शादी ब्रह्मा पुत्र मारिचि के तपस्वी पुत्र कश्यप ऋषि से हुई थी।

कश्यप ऋषि सप्त ऋषियों; वशिष्ठ, अत्रि, गौतम, जमदग्नि, विश्वामित्र और भरद्वाज में से एक श्रेष्ठ ऋषि माने जाते हैं।

कश्यप पत्नी दिति से उस समय के बहुत शक्तिशाली दानव हिरन्याक्ष और हिरणकश्यप का और ४९ मरुद्गणों का जन्म हुआ था।

दूसरी पत्नी के गर्भ से शक्तिशाली इंद्र आदि आदित्यों (देवता) का और भगवान वामन का जन्म हुआ था।

तीसरी रानी दनु से ६१ दानवों की उत्पत्ति हुई जिनमें से हयग्रीव भी एक माने जाते हैं। ऐसे ही एक पत्नी 'अरिष्टा' से गंधर्व; सुरसा से राक्षस; मुनि से अप्सराएं पैदा हुईं थीं।

पत्नी 'कष्ट से एक खुर वाले पशु और इला से पृथ्वी पर पैदा होने वाले वृक्ष, लता और वनस्पति आदि का जन्म हुआ था।

'ताम्रा' ने गिद्ध-बाज आदि शिकारी पक्षियों को और क्रोधावेश पत्नी से सांप, बिच्छू आदि जहरीले जीव पैदा किये थे।

'सरसा' नाम की पत्नी ने बाघ आदि हिंसक पशुओं को पैदा किया था तो 'तिमि' ने जलचर जीवों को उत्पन्न किया था।

'विनिता' के गरुड़ (विष्णु जी के वाहन) और वरुण (सूर्य के सारथी) और कद्रू से अनंत (शेष नाग), वासुकि और तक्षक आदि अनेक नागों ने जन्म लिया था।

ऐसे ही पतंगी और यामिनी के यहाँ से उड़ने वाले पक्षियों और पतंगों (तितली आदि) का जन्म हुआ था।

इस तरह इन्हीं दक्ष कन्याओं, ऋषि कश्यप की पत्नियों से ही सृष्टि में देव, दानव, मानव और अन्य जीव जंतुओं और पेड़-पौधों व वनस्पति का प्रगटा हुआ और इस सृष्टि का विकास हुआ और कश्यप जी सृष्टिकर्ता कहलाये।

आगे आने वाली मानव व जीवन वृद्धि इन्हीं से विकसित हुई।

देवता और दैत्य ऋषि कश्यप के ही पुत्र थे। देवता सभी अदिति के पुत्र थे और दैत्यों की माता दिति थी। दोनों बहने प्रजापति दक्ष की ही पुत्रियां थीं परन्तु दोनों में स्वाभाविक मेल नहीं था। दिति जहाँ सरल-बुद्धि विवेक वाली थी वहीं अदिति द्वेष-भाव वाले स्वभाव की थी। माता के गुण आगे पुत्रों में भी वैसे ही विकसित हुए। ब्रह्मा जी ने देवताओं की सद्बुद्धि के कारण उनको पृथ्वी

पर के लोक कल्याण कार्य करने के लिए कुछ शक्तियां देकर उनका स्वर्ग पर अधिकार सुनिश्चित कर दिया था। इस से दैत्य देवताओं के विरोधी हो गए थे।

कर्दम ऋषि की उत्पत्ति सृष्टि की रचना के समय ब्रह्मा जी की छाया से हुई थी। ब्रह्मा जी ने उन्हें प्रजा में वृद्धि करने की आज्ञा दी।

पिता का आदेश पालन करने के लिये कर्दम ऋषि ने स्वायंभुव मनु की द्वितीय कन्या देवहुति से विवाह कर नौ कन्याओं तथा एक पुत्र की उत्पत्ति की थी। कन्याओं के नाम कला, अनुसुइया, श्रद्धा, हविर्भू, गति, क्रिया, ख्याति, अरुन्धती और शान्तिः थे तथा पुत्र का नाम कपिल था। कपिल के रूप में देवहुति के गर्भ से स्वयं भगवान विष्णु कपिल नाम से अवतरित हुये थे।

୫୭୬

३

कर्दम ऋषि की अद्भुत कथा:

कर्दम ऋषि स्वभाव से ही विरक्त वृति के थे। भगवान के भगत थे लेकिन पिता की आज्ञा पालन को भी अपना धर्म समझते थे। उनका गृहस्थाश्रम में जाने का मन नहीं था पर पिता की आज्ञा को मानना भी आवश्यक था। कर्दम जी ने सोचा- पिता की आज्ञा का पालन तो करना है पर पहले कोई ऐसा काम कर लो, जिससे गृहस्थाश्रम में प्रवेश करने के बाद उससे बाहर निकलने का रास्ता मिल जाए। उन्होंने सरस्वती नदी के किनारे भगवान श्री विष्णु की आराधना प्रारंभ कर दी। दस हजार वर्ष तक भगवान नारायण की कठिन तप-साधना की।

अंततः भगवान विष्णु सुंदर श्याम चार चतुर्भुज रूप में प्रगट हो कर्दम ऋषि को वरदान मांगने के लिए कहते हैं।

कर्दम जी भगवान से कहते हैं,"पिताजी ने सृष्टि रचना के लिए गृहस्थाश्रम में प्रवेश करने की आज्ञा दी है। अतः मैं चाहता हूँ, ऐसी पत्नी मिले जो गृहस्थाश्रम में भी और गृहस्थाश्रम के बाद भी, मेरी साधना में मेरा सहयोग करे।"

भगवान विष्णु ने कर्दम ऋषि को कहा,"स्वायंभुव मनु और शत रूपा अपनी कन्या को लेकर आपके पास आएंगे, वोह ऐसी शीलवती कन्या है जो तुम्हारे गृहस्थ व सन्यास दोनों आश्रमों में सहयोग करेंगी।"

भगवान विष्णु जी ने जब उनको यह वरदान दिया तो उनका मन करुणा से भर गया था। दस हजार वर्ष तप करने के बाद वरदान माँगा भी तो कैसा?

मेरा भक्त गृहस्थाश्रम में जा रहा है, जहाँ सुख कम, दुःख ज्यादा हैं। भगवान की आंखों से स्वतः अश्रु वह निकले। इतना अश्रुपात हुआ कि उन अश्रुओं से एक सरोवर बन गया।

यह **"बिंदु सरोवर"** नाम से प्रख्यात है और पांच पवित्र सरोवरों में से एक है। **बिंदु सरोवर गुजरात के सिद्धपुर में स्थित है।** यह वही जगह है जहाँ कर्दम ऋषि ने कठिन तपस्या की थी और यहीं उनका आश्रम भी था। यहीं पर कपिल मुनि ने अपनी माता का अंतिम संस्कार और श्राद्ध भी किया था। जैसे पितरों की गति के लिए गया जी की "फल्गु नदी" की मान्यता है उसी तरह मातृ गति के लिए **सिद्धपुर के बिंदु सरोवर की मान्यता है।** दूर दूर से लोग माता के गति-श्राद्ध के लिए यहाँ आकर पूजा कराते हैं।

भगवान विष्णु जी अत्यंत खुश थे अपने इस भगत ऋषि कर्दम पर और उन्होंने एक वरदान और दिया। प्रभु बोले,"कर्दम, तुम मेरी कठिन तपस्या कर मेरी अनुमति से गृहस्थ प्रवेश करने जा रहे हो। तुम्हें हम अपनी तरफ से एक वरदान देते हैं कि हम ही तुम्हारे पुत्र रूप में जन्म लेंगे।

मनु महाराज, शत रूपा और देवहुति के साथ कर्दम ऋषि के आश्रम में आये। **कर्दम ने देवहुति के विवेक की परीक्षा ली। उन्होंने तीन आसन बिछाये। सभी को बैठने के लिए कहा तो मनु-शत रूपा तो बैठ गये किन्तु देवहुति नहीं बैठीं तो कर्दम जी ने कहा- देवी! यह तीसरा आसन तुम्हारे लिये ही है, बैठो।**

देवहुति ने सोचा- भविष्य में ये मेरे पति होने वाले हैं। पति द्वारा बिछाये गये आसन पर बैठूंगी तो पाप लगेगा और आसन पर न बैठने से आसन देने वाले का अपमान होगा। सो अपना दाहिना हाथ आसन पर रखकर आसन के पास वह बैठ गयी। ऐसी सोच और ऐसे संस्कार थे उस देवहुति प्रथम मानव की कन्या के।

हमारी संस्कृति और संस्कारों का आधार तो ब्रह्मा जी के रचे हुए वेद, वैदिक विद्या हैं।

कर्दम जी ने समझ लिया कि यह कन्या मेरे लिए विवाह के योग्य है। उन्होंने मनु से कहा,"आपकी बेटी की प्रशंसा तो स्वयं भगवान ने की है। मुझे भी पिता की आज्ञा का पालन करना है। आप की पुत्री विवाह के लिए पूर्ण गुण संपन्न भी है और ऐसी गुण संपन्न पत्नी मिलना मेरा बड़ा सौभाग्य होगा। परन्तु में एक सन्यासी हूँ, क्या यह मेरे जैसे सन्यासी के साथ खुश रह पायेगी? दूसरी बात यह है कि जब इसको पुत्र की प्राप्ति हो जाएगी उसके बाद में गृहस्थ

आश्रम छोड़ वापस संन्यास आश्रम में लौट जाऊंगा। आपको व आपकी बेटी को यह बात स्वीकार है तो मैं विवाह करने को तैयार हूँ।"

सर झुका कर बैठी हुई देवहुति सोच रही थी, "इनको विवाह से पहले ठाकुर जी ने दर्शन दिया और मेरे साथ विवाह का आदेश भी दिया है। जो विवाह करना ही नहीं चाहते थे परन्तु पिता की आज्ञा पालन करने के लिए करने को तैयार हुए हैं। ऐसे महापुरुष का संग जितना भी मिले मेरा सौभाग्य होगा। जब वो गृहस्थ में होंगे तब भी सेवा करूँगी और जब वोह सन्यास ले लेंगे तो भी कोई विरोध नहीं करूँगी।" ऐसे ही विचारों में उलझी हुई देवहुति ने अपनी माता श्री को अपनी सहमति का इशारा कर दिया और शादी निश्चित हो गई।

देवहुति और कर्दम का विवाह

देवहुति और कर्दम का विवाह हो गया। देवहुति कर्दम के आश्रम में रहने लगीं। कर्दम जी का भजन का नित्य नियम था और वोह अपने ध्यान में फिर से इतना मग्न हो गए थे कि उनको यह भी याद नहीं रहा था कि मेरा विवाह हो चुका है। अब देवहुति जो महलों की रानी थी, वोह बिना कुछ सोचे कर्दम जी की पति-भाव से सेवा में लगी रहती थीं। वोह जल-लाना, पत्र-पुष्प आदि पूजा की सामग्री एकत्रित करना, कन्द-मूल फल आदि ला पति और अपने लिए भोजन का प्रबंध आदि, सब करती थी। वोह एक संस्कारी और दृढ़ संकल्प वाली स्त्री थी।

कुछ दिन बीत गये। एक दिन कर्दम ऋषि ने देखा कि कोई देवी मेरी सेवा कर रही हैं। पूछ लिया,"देवी आप कौन हैं? इतने दिनों से मेरी सेवा कर रही हैं।" देवहुति ने कहा,"मैं आपकी सेविका हूँ। मेरा आपके साथ विवाह हो चुका है।"

अब कर्दम ऋषि को याद आया। हाँ, हमारा विवाह हो चुका है। कर्दम ऋषि बोले,"तुम ने मेरी बहुत सेवा की है इसलिए तुम मुझ से कुछ मांग लो।" देवहुति ने कहा,"स्वामी हैं आप मेरे, मैंने तो अपना पत्नी धर्म निभाया है। मुझे इसके लिए कुछ नहीं चाहिए।" ऋषि बोले,"तुम नहीं चाहती पर मेरी इच्छा है कुछ देने की, मैं कुछ देना चाहता हूँ।" देवहुति ने उत्तर दिया,"क्या आप भूल गए हैं? आपने मुझे पुत्र प्राप्ति का वचन दिया था, इसको पूरा कीजिये।" अब कर्दम ऋषि को याद आ गया था कि मैंने पुत्र प्राप्ति तक गृहस्थ में रहने का वचन

दिया था। अब तक की देवहुति की धैर्य पूर्ण सेवा से कर्दम जी बहुत प्रसन्न हुए थे अतः उन्होंने देवहुति की प्रसन्नता के लिए कुछ विशेष करने की सोची।

अब इन्होंने अपने को गृहस्थ आश्रम में रहने के लिए गृहस्थी का भेष बनाया। उन्होंने तपस्वी सन्यासी का भेष उतार दिया और एक राजकुमार के पहरावे में सुन्दर नवयुवक बन गए। देवहुति की उनको देख कर आंखें चमक उठीं। वह पति को इस रूप में देख कर बहुत प्रसन्न हो रही थी।

कर्दम जी ने देवहुति को कहा,"जाओ! तुम भी बिन्दु-सरोवर में स्नान कर आओ। वोह विवाह के पश्चात सन्यासी पति की सेवा करते हुए स्वयं भी संन्यासिन ही बन गई थी। पति के कहने पर देवहुति ने जा कर सरोवर के पवित्र जल में डुबकी लगा स्नान किया। उनका शरीर भी सुंदर और स्वस्थ हो गया। उनकी सेवा श्रृंगार के लिए अनको सेविकाएँ उनके सामने प्रकट हो गईं। कुछ देर में ही उन सेविकाओं ने देवहुति को नई-नवेली दुल्हन की तरह सजा दिया था। वोह अपने आप को और अपने पति को नए रूप में पा कर अति प्रसन्न हो रही थी।

कर्दम जी का संकल्प के द्वारा विमान की रचना करना

कर्दम जी ने अपने संकल्प से अनेकों कमरों और तरह तरह की सुविधाओं वाले एक ऐसे अद्भुत विमान की रचना की जो इच्छा अनुसार मन की गति से आकाश में उड़ा कही भी ले जाया जा सकता था। मकान भी और विमान भी जहाँ चाहो ले जा सको। इस अद्भुत बड़े विमान की साफ़-सफाई और सेवा के लिये अनेकों सेविकाएँ भी प्रकट कर दी गईं थी। हर एक काम के लिए एक से अधिक सेविकाएं थी। देवहुति ऐसे सुंदर सुविधा वाले विमान को देख कर बहुत प्रसन्न हुई।

कर्दम जी ने देवहुति को विमान में चढ़ने को कहा और वोह उन अपने पति का हाथ पकड़ बोली," आप के साथ ही तो चलूंगी"। अब वोह दोनों विमान में एक सुंदर सिंहासन पर आकर विराजमान हो गए। कर्दम जी ने विमान को आदेश दिया," स्वर्ग में नंदन वन चलो।" ऐसे प्रारम्भ हुई कर्दम और देवहुति की गृहस्थ आश्रम की यात्रा।

नंदन वन स्वर्ग में एक मन भावन सुंदर स्थल है जहाँ देवराज इंद्र की संगीत सभा होती है, जिसमें गन्धर्व संगीत देते हैं और अप्सरायें नाचती हैं।

बर्षों बीत गए उनको विमान में भ्रमण करते हुए। इस विमान यात्रा काल में ही नौ कन्याओं की प्राप्ति भी हो गई थी।

सुख अथवा ख़ुशी का समय बहुत जल्दी बीत जाता है।

एक दिन कर्दम जी देवहुति से बोले,"देवी! अब मैं संन्यास ले लूँ?"

देवहुति बोलीं, प्रभु आप संन्यास लेना चाहते हो तो आप कभी भी ले सकते हो। परन्तु आपके अभी दो काम शेष हैं,"एक तो अभी मुझे पुत्र की प्राप्ति नहीं हुई, दूसरा इन नौ कन्याओं का विवाह। कन्या का विवाह भी तो पिता को ही करना होता है।

कर्दम जी को भगवान नारायण का दिया हुआ वरदान याद आ गया। कर्दम जी ने भगवान से प्रार्थना की,"आपने वरदान दिया था कि हमारे घर आप पुत्र रूप में आयेंगे अतः अब अपना वचन पूरा कीजिये।" भगवान ने कर्दम की प्रार्थना सुनी और कुछ ही दिनों में प्रभु देवहुति के गर्भ में आ गए। देवहुति अब अवतरित भगवान की माता बनेगी। श्री हरी के देवहुति के गर्भ में आने के पश्चात उसका रंग रूप भी निखर आया था। चेहरे पर एक अलग ही अद्भुत आभा उभर आई थी और वोह अंतर मन से बहुत आनंदित भी हो रही थीं।

कपिल भगवान का जन्म

वोह शुभ घडी आ जाती है जब भगवान विष्णु कर्दम जी के पुत्र बन माता देवहुति के गर्भ से जन्म ले लेते हैं। आकाश से देव, गन्धर्व और अप्सराएं पुष्प बर्षा कर रही होती हैं। कर्दम जी और देवहुति अपने बच्चे को निहार खुश भी हो रहें है और यह जानते हुए कि यह स्वयं भगवान हैं उनके चरणों को अपने मस्तक को लगाते हैं। ब्रह्मा जी और देवता भगवान की अनेक तरह से सुंदर शब्दों में स्तुति करते हैं।

कर्दम जी ने सोचा देवहुति को दिया हुआ बचन भी पूरा हो गया है परन्तु अब मुझे इन नौ कन्याओं के विवाह की चिंता है। इस चिंता के साथ वोह अपने पिता ब्रह्मा जी के पास जाते हैं। ब्रह्मा जी कर्दम को कन्याओं की शादी तक

रुकने के लिए कहते हैं परन्तु कर्दम जी कहते हैं,"मैंने आप की बात रख दी और प्रभु ने अपना बचन निभा दिया है। अब मेरी इच्छा एकांत में रह तपस्या की हो रही है। मेरी तपस्या की इच्छा कैसे पूर्ण होगी?"

ब्रह्मा जी ने उसके मनोभाव को समझते हुए कहा,"तुम चिंता क्यों करते हो? तुम्हारे घर तो स्वयं भगवान विराजमान हैं। तुम चिंता करने के स्थान पर प्रभु का चिन्तन करो।"

ब्रह्मा जी ने कहा,"कन्याओं का विवाह हम करवा देंगे।

कर्दम जी देवहुति के पास घर आकर सभी बात बताते हैं और अब उस से अनुमति मांगते हैं। उसने कहा,"प्रभु आप मुझे मझ धार में छोड़ कर जाओगे? बच्चे छोटे हैं परन्तु अब मैं आप को और रुकने के लिए नहीं कहूँगी।"

कपिल भगवान पालने में लेटे थे। कर्दम ऋषि ने उन्हें साष्टांग प्रणाम किया और बोले, "प्रभु! आपकी आज्ञा हो तो अब मैं संन्यास लेकर जीवन मुक्ति का आनंद ले सकता हूँ?" भगवान ने पालने में लेटे-लेटे उपदेश कर दिया,"जाओ! तुम जीवन मुक्ति का आनंद लो। इस संसार को मेरा ही रूप समझना, भगवद् दृष्टि रखना तभी जीवन मुक्ति का आनंद मिलेगा।"

कर्दम जी ने भगवान कपिल की परिक्रमा की। प्रणाम किया और तपस्वी भेष धारण कर वहाँ से प्रस्थान कर गये। भगवान को आत्म रूप में अनुभव करते हुए वे अंत में भगवान को ही प्राप्त हो हुए।

बालक रूप कपिल भगवान अपनी माता और बहनों के साथ रहते हुए ही पले बड़े हुए। माता की जिगियासा पूर्ण करने के लिए उन्होंने माता को ब्रह्मज्ञान का उपदेश भी दिया था। माता की मृत्यु के बाद कपिल मुनि जी ने यहीं बिंदु सरोवर पर माता का अंतिम संस्कार और श्राद्ध किया था और उसके बाद उन्होंने अपने पिता वाला आश्रम छोड़ दिया था।

भगवान विष्णु ही कपिल रूप में अवतरित हुए थे परन्तु वोह पृथ्वी पर एक तपस्वी की तरह ही रहे। इन्हें कपिल मुनि भी कहा जाता है। पूर्व में सागर किनारे आश्रम बना रहने लगे थे। यहीं महाराज सागर पुत्रों की उदंडता पर उठे क्रोध के कारण भस्म होना पड़ा था और उनकी चार पीढ़ीओं की कठिन तपस्या के बाद भगीरथ के समय में प्रसन्न हो गंगा जी स्वर्ग से सागर पुत्रों के उद्धार

के लिए शिव जी की जटाओं में उत्तर कर फिर पृथ्वी पर कपिल मुनि आश्रम तक आई थीं और फिर आगे जा कर गंगा सागर में जा मिली थी। जिसे आज हम "गंगा सागर तीर्थ" के नाम से जानते हैं। पहले यहाँ की यात्रा कठिन होती थी इसलिए कहावत बनी,"सारे तीर्थ बार बार, गंगा सागर एक बार।"

❧❧❧

४

वैकुण्ठ - श्री विष्णु का लोक:

भगवान विष्णु का लोक इस ब्रह्म लोक से बाहर या यूँ कहें कि इस से ऊपर आता है। भगवान विष्णु परम-आत्मा अथवा परमात्मा हैं और संसार के हर प्राणी के अंदर जो आत्म तत्व है, जिस से जीव में चेतना जागृत रहती है यह उन्हीं से है, उसके संचालन करता श्री विष्णु ही हैं।

श्री विष्णु लोक जो ब्रह्मा के ब्रह्म लोक से अलग है जिसे वैकुण्ठ के नाम से सनातन ग्रंथों में बताया गया है। वै-कुण्ठ का शाब्दिक अर्थ है वोह जगह जहाँ कुछ भी गलत, कोई भी कुण्ठ जैसे पाप, अधर्म अथवा कुकर्म आदि ना हों। इसी विष्णु धाम, वैकुण्ठ में प्रवेश करने के लिए, भगवान श्री कृष्ण ने स्वयं अपने मुख से, पवित्र वाणी में, श्री मद भगवत अति पवित्र सनातनी गीता ग्रन्थ में कर्म और धर्म का सरल ज्ञान उपदेश दिया है।

जीवन मुक्ति अथवा सद्गति या ऐसे कहें कि वैकुण्ठ में कैसे जाया जा सकता है?

मात्र एक मानव जन्म ही है जब और जिसमें एक प्राणी अपने अच्छे कर्म और धर्म से ब्रह्म लोक की इस जन्म मरण की प्रक्रिया से ऊपर उठकर विष्णु लोक वैकुण्ठ में प्रवेश कर सकता है। इसी को सद्गति कहा जाता है। इस के लिए अच्छे कर्मों के साथ ओंकार (ॐ) स्वरूप भगवान विष्णु व शिव के प्रति अनन्य प्रेम, भाव व भगति होनी जरूरी है।

अति पवित्र ग्रन्थ श्री मद भगवत गीता में, श्री कृष्ण, जो भगवान विष्णु के ही स्वरूप, सोलह कला सम्पूर्ण, सर्व शक्ति सम्पन, अपनी माया को अपने अधीन कर, मानव रूप धार पृथ्वी पर अवतरित हुए, कहते हैं:

"न तद्भासयते सूर्यो न शशाङ्को न पावक:।
यद्गत्वा न निवर्तन्ते तद्धाम परमं मम।।15/6।।"

जिस परम पद को प्राप्त होकर मनुष्य लौटकर संसार में नहीं आते, उस स्वयं प्रकाश परम पद को न सूर्य प्रकाशित कर सकता है, न चन्द्रमा और न अग्नि ही; वही मेरा परमधाम है।।15/6।।

देव बुद्धि वाले जो भी प्राणी, देवता व मानव होते हैं उनकी अंतर-आत्मा तो सदा आत्म-तत्व से एक हो सद् कर्म व अच्छे कर्मों में ही लगी रहेगी।

परन्तु लीलाधर भगवान समझते थे कि यदि सभी प्राणी देव-बुद्धि होंगे तो धर्म ही फलता जायेगा तो संसार में चारों और बढ़ती जनसंख्या पर नियंत्रण असंभव हो जायेगा। इसी लिए मैली-बुद्धि वाले दानवों व मानवों को भी प्रगट करना उचित समझा होगा। अतः पुण्य और पाप व धर्म और अधर्म को आधार बना कर्म-गति भी निश्चित कर दी।

लीलाधर की लीला तो स्वयं वोही जानें।

๙๛

मधु-कैटभ राक्षस: उत्पत्ति और उद्धार:

भगवान विष्णु बड़े लीलाधर हैं। जहाँ एक तरफ सतगुणी ब्रह्मा जी जो एक देव बुद्धि, सृष्टि की रचना करने, जनकल्याण और अच्छे के लिए प्रगट होते हैं तो दूसरी और दुर्बुद्धि वाले दैत्य भी प्रगट कर दिए।

चारों ओर जल-ही-जल था, केवल भगवान विष्णु शेषनाग की शय्या पर सोये हुए थे। उनके कान की मैल से मधु और कैटभ नाम के दो दुर्गुणी दानव उत्पन्न हुए। इनकी उत्पत्ति कल्पांत तक सोते हुए विष्णु के कानों की मैल अथवा पसीने या क्रमशः रजोगुण और तमोगुण से हुई थी।

वे सोचने लगे कि हमारी उत्पत्ति का कारण क्या है? कैटभ ने कहा,' भैया मधु! इस जल में हमारी सत्ता को क़ायम रखने वाली भगवती आदि शक्ति ही हैं। उनमें अपार बल है। उन्होंने ही इस जल तत्त्व की रचना की है। वे ही परम आराध्य शक्ति हमारी उत्पत्ति का कारण है "| अब वे माता भगवती का ध्यान और जप करने लगे। उन्होंने एक हज़ार वर्ष तक तपस्या की। आदि शक्ति भगवती उन पर प्रसन्न हो गयीं। आकाशवाणी हुई," दैत्यो! तुम्हारी तपस्या से मैं प्रसन्न हूँ। इच्छानुसार वर माँगो!'

आकाशवाणी सुनकर मधु और कैटभ ने कहा,"हे देवी! हमें आप इच्छा-मृत्यु का बरदान दें।' देवी ने कहा- 'दैत्यो! मेरी कृपा से इच्छा करने पर ही तुम्हारी मौत होगी। देवता और दानव कोई भी तुम दोनों भाइयों को पराजित नहीं कर सकेंगे।" देवी के वर देने पर मधु और कैटभ को अभिमान हो गया। एक दिन अचानक प्रजापति ब्रह्माजी पर उनकी दृष्टि पड़ी। ब्रह्मा जी कमल के आसन पर विराजमान थे। उन दैत्यों ने ब्रह्मा जी से कहा,"तुम हमारे साथ युद्ध करो। यदि लड़ना नहीं चाहते तो यहाँ से चले जाओ, क्योंकि यदि तुम्हारे अन्दर शक्ति नहीं है तो इस उत्तम आसन पर बैठने का तुम्हें कोई अधिकार नहीं है।"

मधु और कैटभ की बात सुनकर ब्रह्मा जी को अत्यन्त चिन्ता हुई। उनका सारा समय तप में बीता था। युद्ध करना उनके स्वभाव के प्रतिकूल था। भयभीत होकर वे भगवान विष्णु की शरण में गये। उस समय भगवान विष्णु योगनिद्रा में निमग्न थे। ब्रह्मा जी के बहुत प्रयास करने पर भी उनकी निद्रा नहीं टूटी। अन्त में उन्होंने भगवती योगनिद्रा की स्तुति करते हुए कहा,"भगवती! मैं मधु और कैटभ के भय से भयभीत होकर तुम्हारी शरण में आया हूँ। भगवान विष्णु तुम्हारी माया से अचेत पड़े हैं। तुम सम्पूर्ण जगत की माता हो। सभी का मनोरथ पूर्ण करना तुम्हारा स्वभाव है। तुमने ही मुझे जगतस्रष्टा बनाया है। यदि मैं दैत्यों के हाथ से मारा गया तो सृष्टि रचना रुक जायेगी और अनर्थ हो जायेगा। बड़ी अपकीर्ति होगी। अतः तुम भगवान विष्णु को जगाकर मेरी रक्षा करो।"

ब्रह्मा जी की प्रार्थना सुनकर भगवती भगवान विष्णु के नेत्र, मुख, नासिका, बाहु और हृदय से निकल कर आकाश में स्थित हो गयीं और भगवान उठकर बैठ गये। तदनंतर उनका मधु और कैटभ से पाँच हज़ार वर्षों तक घोर युद्ध हुआ, फिर भी वे उन्हें परास्त करने में असफल रहे। विचार करने पर भगवान को ज्ञात हुआ कि इन दोनों दैत्यों को भगवती ने इच्छा मृत्यु का वर दिया है। भगवती की कृपा के बिना इनको मारना असम्भव है। इतने में उन्हें भगवती योगनिद्रा के दर्शन हुए। भगवान विष्णु ने रहस्यपूर्ण शब्दों में भगवती की स्तुति की। भगवती ने प्रसन्न होकर कहा,"प्रभु! आप देवताओं के स्वामी हो। मैं इन दैत्यों को माया से मोहित कर दूँगी, तब आप इन्हें मार डालना।" भगवती का अभिप्राय समझकर भगवान ने दैत्यों से कहा कि तुम दोनों के युद्ध से मैं प्रसन्न हूँ अतः मुझसे इच्छानुसार वर माँगो। दैत्य भगवती की माया से मोहित हो चुके थे। उन्होंने कहा,"विष्णु! हम याचक नहीं हैं, दाता हैं। तुम्हें जो माँगना हो हम से प्रार्थना करो। हम देने के लिये तैयार हैं।" भगवान बोले,"यदि देना ही चाहते हो तो मेरे हाथों से -मृत्यु स्वीकार करो| भगवती की कृपा से मोहित होकर मधु और कैटभ अपनी ही बातों से ठगे गये। उन्होंने कहा,"मायापति विष्णु हमें अपनी माया के वशीभूत कर हमें मारने का रास्ता ढूँढ लिया परन्तु हम जल

में नहीं, मरेंगे तो तुम्हारी जांघ पर।" भगवान विष्णु जी ने उसी समय अपने शरीर को बहुत

बड़ा कर उन दोनों को अपनी जांघों में जकड़ लिया और फिर सुदर्शन से उनके शीश धड़ों से अलग कर दिए।

ॐ

"त्रिलोकीनाथ श्री विष्णु भगवान की अवतार कथाएं"

भगवान श्री विष्णु इस समस्त ब्रह्माण्ड के रचने वाले, पालन हार और संचालक भी हैं। जब पृथ्वी पर कभी कोई संकट आता है तो भगवान किसी न किसी रूप में प्रगट हो जाते हैं। कभी ऐसे ही रूप बदल लेते रहे हैं और कभी किसी माता की कोख से जन्म लिए थे। श्री विष्णु मायापति हैं और उनकी माया-शक्ति का कोई पार नहीं है और जो सदा उनके अधीन रह उन प्रभु की इच्छा अनुसार ही कार्यरत रहती है। वोह कभी भी कैसा भी रूप धारण कर सकते हैं। इसी लिए श्री विष्णु जी समय और संकट समस्या के अनुसार शरीर प्रगट करते रहे हैं।

जब प्रलय के समय प्रभु ने मतस्य रूप धारण किया तो वह भगवान विष्णु जी का पहला अवतार माना गया है।

अब तक कलियुग के ५००० हज़ार वर्ष बीत जाने को हैं और अब तक इस युग का एक बुद्ध अवतार हो चुका है। शेष २२ अवतार पिछले तीन युगों में हो चुके हैं।

२४वां अवतार 'कल्कि अवतार' के रूप में कलियुग की समाप्ति काल में होगा। इन २४ में से १० अवतार विष्णु जी के मुख्य अवतार हैं।

"श्री विष्णु भगवान के अवतार"

यह १० अवतार इस तरह हैं:

१ मतस्य अवतार, २ कूर्म अवतार, ३ वराह अवतार, ४ नृसिंह अवतार, ५ वामन अवतार, ६ परशुराम अवतार, ७ श्री राम अवतार. ८ श्री कृष्ण अवतार, ९ बुद्ध अवतार, १० कल्कि अवतार

६

श्री विष्णु भगवान के २४ अवतार:

१. श्री सनकादिक मुनि

सृष्टि के आरंभ में लोक पितामह ब्रह्मा ने अनेक लोकों की रचना करने की इच्छा से घोर तपस्या की। उनके तप से प्रसन्न होकर भगवान विष्णु तप अर्थ वाले सन नाम से युक्त होकर सनक, सनन्दन, सनातन और सनत्कुमार नाम के चार मुनियों के रूप में अवतरित हुए थे। ये चारों प्राकट्य काल से ही मोक्ष मार्ग परायण, ध्यान में तल्लीन रहने वाले, नित्य सिद्ध एवं नित्य विरक्त थे। ये भगवान विष्णु के सर्वप्रथम अवतार माने जाते हैं।

२. वराह अवतार:

भगवान विष्णु ने दूसरा अवतार वराह रूप में लिया था। वराह अवतार से जुड़ी कथा इस प्रकार है- पुरातन समय में दैत्य हिरण्याक्ष ने जब पृथ्वी को ले जाकर समुद्र में छिपा दिया तब ब्रह्मा की नाक से भगवान विष्णु वराह रूप में प्रकट हुए थे। अपनी थूथनी की सहायता से उन्होंने रसातल की दल-दल में पृथ्वी का पता लगा लिया था और फिर बड़े दांतों से उठा कर समुद्र के जल से बाहर लाये थे। जब हिरण्याक्ष दैत्य ने यह देखा तो उसने भगवान के वराह रूप को ललकारा। दोनों में भीषण युद्ध हुआ। अंत में भगवान वराह ने हिरण्याक्ष का वध कर दिया। इसके बाद भगवान वराह ने अपने खुरों से जल को स्तंभित कर उस पर पृथ्वी को स्थापित कर दिया था।

३. नारद अवतार:

देवर्षि नारद भी भगवान विष्णु के ही अवतार हैं। शास्त्रों के अनुसार नारद मुनि, ब्रह्मा के सात मानस पुत्रों में से एक हैं। वे भगवान विष्णु के अनन्य

भक्तों में से एक माने जाते हैं। देवर्षि नारद धर्म के प्रचार तथा लोक-कल्याण के लिए हमेशा प्रयत्नशील रहते हैं। शास्त्रों में देवर्षि नारद को भगवान का मन भी कहा गया है। श्री मद भागवत गीता के दशम अध्याय के 26वे श्लोक में स्वयं भगवान श्रीकृष्ण ने इनकी महत्ता को स्वीकार करते हुए कहा है-**देवर्षीणाम्चनारदः।** अर्थात देवर्षियों में मैं नारद हूं।

४. नर-नारायण:

सृष्टि के आरंभ में भगवान विष्णु ने धर्म की स्थापना के लिए दो रूपों में अवतार लिया था। भगवान विष्णु ने नर-नारायण के रूप में यह अवतार लिया था। इस अवतार में वे अपने मस्तक पर जटा धारण किए हुए थे। उनके हाथों में हंस, चरणों में चक्र एवं वक्ष:स्थल में श्री वत्स के चिन्ह थे। उनका संपूर्ण वेष तपस्वियों के समान था।

५. कपिल मुनि:

भगवान विष्णु ने पाँचवाँ अवतार कपिल मुनि के रूप में लिया। इनके पिता का नाम महर्षि कर्दम व माता का नाम देवहुति था। शरशय्या पर पड़े हुए भीष्म पितामह के शरीर त्याग के समय वेदज्ञ व्यास आदि ऋषियों के साथ भगवान कपिल भी वहां उपस्थित थे। भगवान कपिल के क्रोध से ही राजा सगर के साठ हजार पुत्र भस्म हो गए थे। भगवान कपिल सांख्य दर्शन के प्रवर्तक हैं। कपिल मुनि भागवत धर्म के प्रमुख बारह आचार्यों में से एक हैं।

६. दत्तात्रेय अवतार:

दत्तात्रेय भी भगवान विष्णु के अवतार हैं। इनकी उत्पत्ति की कथा इस प्रकार है: एक बार माता लक्ष्मी, पार्वती व सरस्वती को अपने पातिव्रत्य पर अत्यंत गर्व हो गया। भगवान ने इनका अहंकार नष्ट करने के लिए लीला रची। उसके अनुसार नारदजी ने तीनों देवियों को बारी-बारी जाकर कहा कि ऋषि अत्रि की पत्नी अनुसुइया का सतीत्व इस जगत में सभी स्त्रियों से श्रेष्ठ है। तीनों देवियों ने यह बात अपने स्वामियों को बताई और उनसे कहा कि वे अनुसुइया के पातिव्रत्य की परीक्षा लें।

तब भगवान शंकर, विष्णु व ब्रह्मा साधु वेश बनाकर अत्रि मुनि के आश्रम आए। महर्षि अत्रि उस समय आश्रम में नहीं थे। तीनों ने देवी अनुसुइया से भिक्षा मांगी मगर यह भी कहा कि आपको निर्वस्त्र होकर हमें भिक्षा देनी होगी। अनुसुइया पहले तो यह सुनकर चौंक गईं, लेकिन फिर साधुओं का अपमान न हो इस डर से उन्होंने अपने पति का स्मरण किया और बोलीं कि यदि मेरा पातिव्रत्य धर्म सत्य है तो ये तीनों साधु छः-छः मास के शिशु हो जाएं। ऐसा बोलते ही त्रिदेव शिशु होकर रोने लगे। तब अनुसुइया ने माता बनकर उन्हें गोद में लेकर स्तन पान कराया और पालने में झुलाने लगीं।

जब तीनों देव अपने स्थान पर नहीं लौटे तो देवियां व्याकुल हो गईं। तब नारद ने वहां आकर सारी बात बताई। तीनों देवियां अनुसुइया के पास आईं और क्षमा मांगी। तब देवी अनुसुइया ने त्रिदेव को अपने पूर्व रूप में कर दिया। प्रसन्न होकर त्रिदेव ने उन्हें वरदान दिया कि हम तीनों अपने अंश से तुम्हारे गर्भ से पुत्र रूप में जन्म लेंगे। तब ब्रह्मा के अंश से चंद्रमा, शंकर के अंश से दुर्वासा और विष्णु के अंश से दत्तात्रेय का जन्म हुआ था।

७. यज्ञ अवतार:

भगवान विष्णु के सातवें अवतार का नाम यज्ञ है। सनातन ग्रंथों के अनुसार भगवान यज्ञ का जन्म स्वायम्भुव मन्वन्तर में हुआ था। स्वायम्भुव मनु की पत्नी शतरूपा के गर्भ से आकूति का जन्म हुआ था जिसका प्रजापति रुचि के साथ विवाह हुआ था। इन्हीं आकूति के यहां भगवान विष्णु यज्ञ नाम से अवतरित हुए। भगवान यज्ञ का विवाह दक्षिणा से हुआ था। दक्षिणा के गर्भ से अत्यंत तेजस्वी बारह पुत्र उत्पन्न हुए थे। जो स्वायम्भुव मन्वन्तर में याम नामक बारह देवता कहलाए।

८. भगवान ऋषभदेव:

भगवान विष्णु ने ऋषभ देव के रूप में आठवाँ अवतार धारण किया था। अयोध्या के महाराज नाभि के कोई संतान नहीं थी। इस कारण उन्होंने अपनी धर्मपत्नी मेरुदेवी के साथ पुत्र की कामना से यज्ञ किया। यज्ञ से प्रसन्न होकर भगवान विष्णु स्वयं प्रकट हुए और उन्होंने महाराज नाभि को वरदान दिया कि मैं ही तुम्हारे यहां पुत्र रूप में जन्म लूंगा। कुछ समय बाद भगवान विष्णु

महाराज नाभि के यहां पुत्र रूप में जन्मे। पुत्र के अत्यंत सुंदर गठित शरीर के गुणों को देखकर महाराज नाभि ने उसका नाम ऋषभ (श्रेष्ठ) रखा। यही ऋषभ देव जैन धर्म की स्थापना करने वाले पहले "दिगम्बर" माने जाते हैं।

९. आदिराज पृथु:

भगवान विष्णु के एक अवतार का नाम आदिराज पृथु है। स्वायम्भुव मनु के वंश में अंग नामक प्रजापति का विवाह मृत्यु की मानसिक पुत्री सुनीथा के साथ हुआ। उनके यहां वेन नामक पुत्र हुआ। उसने भगवान को मानने से इनकार कर दिया और स्वयं की पूजा करने के लिए कहा। तब महर्षियों ने मंत्र पूत कर कुश से उसका वध कर दिया। तब महर्षियों ने पुत्रहीन राजा वेन की भुजाओं का मंथन किया, जिससे पृथु नाम पुत्र उत्पन्न हुआ। पृथु के दाहिने हाथ में चक्र और चरणों में कमल का चिह्न देखकर ऋषियों ने बताया कि पृथु के वेष में स्वयं श्री हरि का अंश अवतरित हुआ है।

१०. मत्स्य अवतार:

पुराणों के अनुसार भगवान विष्णु ने सृष्टि को प्रलय से बचाने के लिए मत्स्यावतार लिया था। राजा सत्यव्रत एक दिन नदी में स्नान कर जलांजलि दे रहे थे। अचानक उनकी अंजलि में एक छोटी सी मछली आई। उन्होंने देखा तो सोचा वापस सागर में डाल दूं, लेकिन उस मछली ने बोला,"आप मुझे सागर में मत डालिए अन्यथा बड़ी मछलियां मुझे खा जाएंगी।" तब राजा सत्यव्रत ने मछली को अपने कमंडल में रख लिया। मछली और बड़ी हो गई तो राजा ने उसे अपने सरोवर में रखा, तब देखते ही देखते मछली और बड़ी हो गई।

राजा को समझ आ गया कि यह कोई साधारण जीव नहीं है। राजा ने मछली से वास्तविक स्वरूप में आने की प्रार्थना की। राजा की प्रार्थना सुन साक्षात चारभुजाधारी भगवान विष्णु प्रकट हो गए और उन्होंने कहा कि ये मेरा मत्स्यावतार है। भगवान ने सत्यव्रत से कहा,"सुनो राजा सत्यव्रत! आज से सात दिन बाद प्रलय होगी। तब मेरी प्रेरणा से एक विशाल नाव तुम्हारे पास आएगी। तुम सप्त ऋषियों, औषधियों, बीजों व प्राणियों के सूक्ष्म शरीर को लेकर उसमें बैठ जाना, जब तुम्हारी नाव डगमगाने लगेगी, तब मैं मत्स्य रूप में तुम्हारे पास आऊंगा। तुम वासुकि नाग के द्वारा उस नाव को मेरे सींग से बांध देना।

उस समय प्रश्न पूछने पर मैं तुम्हें उत्तर दूंगा, जिससे मेरी महिमा जो परब्रह्म नाम से विख्यात है, तुम्हारे हृदय में प्रकट हो जाएगी। तब समय आने पर मत्स्यरूपधारी भगवान विष्णु ने राजा सत्यव्रत को तत्व ज्ञान का उपदेश दिया, जो मत्स्यपुराण नाम से प्रसिद्ध है।

११. कूर्म (कच्छप) अवतार:

किसी कारण ऋषि दुर्वासा ने देवराज इंद्र को श्राप देकर श्रीहीन कर दिया था। स्वर्ग छीनने के लिए दैत्य देवताओं के ऊपर भारी पड़ रहे थे। दैत्यों के स्वर्ग के ऊपर अधिकार हो जाने से ब्रह्मा जी द्वारा संस्थापक धर्म-कर्म का संतुलन ही अस्त-व्यस्त हो जाएगा। इसलिए भगवान विष्णु जी ने समय और परिस्थिति की अनुकूलता के अनुसार इंद्र को दैत्यों से मित्रता कर समुद्र मंथन के लिए तैयार करने को कहा। इंद्र ने भगवान विष्णु के कहे अनुसार दैत्यों को देवताओं के साथ मिलकर समुद्र मंथन करने के लिए कहा और वोह तैयार हो गए। समुद्र मंथन करने के लिए मंदराचल पर्वत को मथानी एवं नागराज वासुकि को नेती बनाया जाने की बात हुई। देवताओं और दैत्यों ने अपना मतभेद भुलाकर मंदराचल को समुद्र की ओर लाना था परन्तु वोह मिल कर भी नहीं ला सके थे तब भगवान विष्णु ने अपने गरुड़ की पीठ पर मंदराचल को उठा कर समुद्र तट पर रख दिया। देवता और दैत्यों ने मंदराचल को समुद्र में उतार कर नागराज वासुकि को नेती बनाया। आधार नहीं होने के कारण मंदराचल समुद्र में डूबने लगा। यह देखकर भगवान विष्णु विशाल कूर्म (कछुए) का रूप धारण कर समुद्र में मंदराचल का आधार बन गए। भगवान कूर्म की विशाल पीठ पर मंदराचल तेजी से घुमने लगा और इस प्रकार समुद्र मंथन संपन्न हुआ। भगवान विष्णु ने कूर्म (कछुए) का अवतार लेकर समुद्र मंथन में सहायता की थी। भगवान विष्णु के कूर्म अवतार को कच्छप अवतार भी कहते हैं।

१२. भगवान धन्वन्तरि:

जब देवताओं व दैत्यों ने मिलकर समुद्र मंथन किया तो उसमें से सबसे पहले भयंकर विष निकला जिसे भगवान शिव ने पी लिया। इसके बाद समुद्र मंथन से उच्चैश्रवा घोड़ा, देवी लक्ष्मी, ऐरावत हाथी, कल्प वृक्ष, अप्सराएं आदि २४ अनमोल रत्न निकले। सबसे अंत में भगवान धन्वन्तरि अमृत कलश लेकर

प्रकट हुए। यही धन्वन्तरि भगवान विष्णु के अवतार माने गए हैं। इन्हें औषधियों का स्वामी भी माना गया है।

१३. मोहिनी अवतार:

देवता तो समझ गए थे परन्तु दैत्य अचानक प्रगट हुई इतनी सुन्दर मन मोहिनी स्त्री के रूप श्रृंगार पर मोहित हो एक टक देखते ही रह गए। अमृत कलश था तो उनके पास ही परन्तु उनका ध्यान अब मोहिनी के रूप में मोहित हो निहारने में लगा हुआ था। दैत्यों ने पूछा,"हे सुंदरी तुम कौन हो और कहाँ से आई हो?" प्रभु ने कहा,"मैं तो स्वछन्द विहार करती हूँ। आप लोगों को झगड़ते देख यहाँ आ गई। तुम दैत्य और देवता एक पिता के पुत्र हो कर ऐसे झगड़ते अच्छे नहीं लगते। मिल बैठ बाँट कर अमृत का सेवन करो।" दैत्य पूर्ण रूप मोहित थे, बोले, हे सुंदरी,"यह अमृत पिलाने का कार्य तुम अपने हाथों से कर दो।" और इतना कहते हुए दैत्य ने कलश प्रभु की ओर बढ़ा दिया जो मोहिनी ने तुरंत पकड़ लिया।

मोहिनी के कहने पर देवता एक तरफ तथा असुर दूसरी तरफ पंक्ति बद्ध बैठ गए।

अब मोहिनी ने मधुर गान गाते हुए तथा नृत्य करते हुए देवता व असुरों को अमृत पान कराना प्रारंभ किया। मोहिनी अमृत पान तो सिर्फ देवताओं को ही करा रही थी, जबकि असुर समझ रहे थे कि वे भी अमृत पी रहे हैं।

इनमें एक असुर जिस का नाम राहु था वोह छुप कर देवताओं की श्रेणी के अंत में आकर बैठ गया। मोहिनी ने जब उस को अमृत पीने को दिया तो सूर्य और चंद्र देवताओं ने उसे पहचान लिया। वोह तुरंत बोल उठे,"यह तो राहु राक्षस है।" श्री विष्णु उसी समय अपने चार चतुर भुज रूप में प्रगट हो गए और अपने सुदर्शन चक्र से राहु का सर काट कर धड़ से अलग कर दिया था। परन्तु तब तक अमृत उसके गले से नीचे उतर चुका था ओर वोह अमरत्व को प्राप्त हो गया था। हमारे सनातन ग्रंथों के अनुसार तब से यह दोनों छाया रूप ग्रह बन गए हैं ओर सूर्य ओर चन्द्र ग्रहण का कारण बनते आए हैं। इस प्रकार भगवान विष्णु ने मोहिनी अवतार लेकर देवताओं को अमृत पिला अमर कर दिया था। अब असुरों का क्रोधित होना स्वाभाविक था। उन्होंने देवताओं

पर आक्रमण कर दिया। परन्तु अब देवता तो अमर थे इस लिए दैत्य सेना पर भारी पड़ रहे थे। असुरों को हार स्वीकार करनी पड़ी ओर देवता स्वर्ग में शांति से अपने कार्यों में लग गए।

१४. भगवान का नृसिंह अवतार:

हिरण्यकशिपु बलशाली हिरण्याक्ष का छोटा भाई था जिसे भगवान विष्णु ने वराह रूप धारण कर मार दिया था। अब उसने श्री विष्णु से बदला लेने के लिए ब्रह्मा जी की घोर तपस्या कर अमरता का वरदान माँगा। ब्रह्मा जी ने कहा कि यह सम्भव नहीं है। जो जन्म लेता है उसे मरना तो पड़ता ही है। फिर उस ने वरदान माँगा,"मनुष्य, देवता, पशु, अथवा पक्षी, दिन में अथवा रात में, धरती पर अथवा आकाश में, अस्त्र से अथवा शस्त्र से, घर के अंदर अथवा बाहर मुझे कोई भी न मार सके।" ब्रह्मा जी ने तथास्तु कह दिया। वरदान प्राप्त कर वोह राक्षस भगवान विष्णु से प्रतिशोध लेने के उपाय करने लगा। उसने घोषणा करा दी कि कोई भी विष्णु नाम लेगा या विष्णु की पूजा करेगा तो मृत्यु दंड का अपराधी होगा। लोग भय ग्रस्त हो राजा को ही भगवान कहने लगे थे। किसी कारण हिरण्यकशिपु की स्त्री "कयादु" को गर्भ अवस्था में विष्णु भगत नारद मुनि के संरक्षण में रहना पड़ा था वहीं उनके "प्रहलाद" नाम के पुत्र ने जन्म लिया था। पांच वर्ष तक नारद जी की देख रेख और शिक्षा ने बच्चे को पूर्ण रूप से विष्णु भगत बना दिया था। जब वोह राजमहल में आया तो उसको समझाया जाने लगा कि उसे विष्णु का नाम भी नहीं लेना और अब उस के पिता ही असली भगवान हैं। परन्तु प्रहलाद अपने विश्वास पर अडिग था। अब उस को मरवा देने के उपराले होने लगे परन्तु वोह सब निष्फल रहे। अंततः एक दिन भगत प्रहलाद को बचाने के लिए गर्म खम्भे को फाड़ कर भगवान नरसिंह के रूप में प्रगट हो गए और हिरण्यकशिपु को पकड़ लिया। उन्होंने उसको उठा कर दरवाजे में बैठ अपनी दोनों जांघों पर लिटा लिया और पूछा,"दिन है कि रात है?" ऐसे ही उसको मिले वरदान में मिले सब प्रश्नों पर उसको निरुत्तर कर नरसिंह भगवान ने भारी गर्जना करते हुए अपने तीखे नाखूनों से उसके पेट को नोच कर उसको मृत्यु दी थी।

१५. वामन अवतार:

अमृत पी लेने से देवता अब अमर हो गए थे। अब दैत्य उनसे स्वर्ग अथवा इंद्र पद छीनने की सोच भी नहीं सकते थे। अब दैत्य गुरु शुक्राचार्य ने दूसरा रास्ता निकाला। वोह जानते थे कि एक सौ अश्वमेध यज्ञ पूर्ण करने वाले को इन्दर पद प्राप्त हो सकता है। अतः उन्होंने दैत्य राज बलि से यज्ञ कराने आरम्भ कर दिए। ९९ यज्ञ निर्विघ्न पूर्ण हो गए थे। इन्दर को अब चिंता हुई और वोह भगवान विष्णु की शरण में गया। श्री विष्णु ने कहा कि मैं कश्यप ऋषि की पत्नी अदिति के यहाँ पुत्र रूप में अवतरित हो कर अंतिम यज्ञ को पूर्ण नहीं होने दूंगा और तुम सुरक्षित रहोगे। भगवान विष्णु वामन रूप में अवतरित हुए और वटुक रूप धार यज्ञ शाला द्वार पर पहुँच गए। इस अद्भुत छोटे से वटुक ब्राह्मण को देख दैत्य राज बलि ने उनका स्वागत कर सेवा पूछी। वामन ब्राह्मण बोले,"राजन, मुझे अपने लिए तीन पग भूमि चाहिए। शुक्राचार्य ने अपनी दिव्य दृष्टि से भगवान को पहचान लिया था और उन्होंने राजा को दान देने से रोकना भी चाहा। परन्तु राजा बलि को एक ब्राह्मण को ऐसे खाली हाथ लौटाना अच्छा नहीं लगा था अतः उन्होंने ब्राह्मण को तीन पग पृथ्वी दान का संकल्प कर दिया। तभी प्रभु का शरीर इतना बड़ा हुआ कि एक पग में पृथ्वी, दूसरे में पूर्ण ब्रह्म लोक और अब तीसरा पग कहाँ? राजा बलि ने प्रभु कि आगे अपना शीश कर दिया। भगवान खुश हुए और राजा बलि को दानवीर की उपाधि दे डाली और उसको अगले मन्वन्तर में इंद्र होने का वरदान भी दे दिया था। और सुतल लोक का राज्य भी राजा बलि को देकर दैत्यों को वहां ले जाने के लिए कहा और स्वयं वहां बलि का द्वारपाल बन रहूँगा, येह भी कह दिया था।

१६. हयग्रीव अवतार:

हयग्रीव असुर का वध और वेदों का ब्रह्मा जी को लौटाना:

देवों के देव, परम शक्तिशाली भगवान विष्णु की खेल लीलाएं अद्भुत हैं।

एक समय हयग्रीव नाम का एक परम पराक्रमी दैत्य हुआ।

ब्रह्मा जी जब कल्पांत में, अपनी रात्रि के समय में, निद्रा ग्रस्त थे, उनकी नाक से हयग्रीव (घोड़े के सिर वाला मानव) पैदा हो गया था। उस ने आदि शक्ति की भक्ति कर शक्ति प्राप्त कर ली और अजेय शक्तिशाली हो उत्पाती

हो गया। इसने निन्द्रा ग्रस्त ब्रह्मा जी के चारों वेद चुरा लिए और गहरे समुद्र में जा छुपा।

हयग्रीव ने एक वरदान यह भी प्राप्त किया था कि उसकी मृत्यु केवल उस जैसे रूप वाले मानव व प्राणी के हाथों ही हो सके। इस के लिए भगवान विष्णु ने स्वयं हयग्रीव रूप धारण कर उसका वध किया था और चारों वेद ब्रह्मा जी को ला कर दिए थे।

मधु कैटभ का बद्ध भगवन विष्णु ने किया था परन्तु भगवान विष्णु के १० अवतारों में इनका वर्णन नहीं आता। संभवतः यह दोनों भाई सृष्टि रचना के आरम्भ काल में हुए होंगे।

१७. श्री हरि अवतार:

प्राचीन समय में त्रिकूट नामक पर्वत की तराई में एक शक्तिशाली गजेंद्र अपनी हथनियों के साथ रहता था। एक बार वह अपनी हथनियों के साथ तालाब में स्नान करने गया। वहां एक मगरमच्छ ने उसका पैर पकड़ लिया और पानी के अंदर खींचने लगा। गजेंद्र और मगरमच्छ का संघर्ष चलता रहा। अंत में गजेंद्र शिथिल पड़ गया और उसने भगवान श्री हरि का ध्यान किया। गजेंद्र की स्तुति सुनकर भगवान श्री हरि प्रकट हुए और उन्होंने अपने चक्र से मगरमच्छ का वध कर दिया। भगवान श्री हरि ने गजेंद्र का उद्धार कर उसे अपना पार्षद बना लिया। इस कथा को **गजेंद्र मोक्ष** के नाम से भी जाना जाता है।

१८. परशुराम अवतार:

अवतार परशुराम राजा प्रसेनजित की बेटी रेणुका और भृगुवंशीय जमदग्नि के पुत्र थे। दशावतारों में से वह छठवां अवतार थे। जमदग्नि के पुत्र होने की वजह से इन्हें 'जामदग्न्य' भी कहते हैं। वह शिव के परम भक्त थे। भगवान शंकर ने इनकी भक्ति से प्रसन्न होकर परशु शस्त्र दिया था. इनका नाम राम था और परशु लेने के कारण वह परशुराम कहलाते थे। हैहय वंश के क्षत्रियों का संहार करने के लिए २१ बार युद्ध किये थे। क्षत्रियों के अहंकारी विध्वंस से संसार को बचाने के लिए इनका जन्म हुआ था।

१९. महर्षि वेदव्यास:

महर्षि वेदव्यास भगवान नारायण के कलावतार माने गए हैं। महर्षि पराशर इनके पिता भी बहुत ज्ञान-समृद्ध थे। उनका जन्म कैवर्तराज की पोष्यपुत्री सत्यवती के गर्भ से यमुना नदी के एक द्वीप पर हुआ था। उनके शरीर का रंग काला था। इसलिए उनका एक नाम कृष्णद्वैपायन भी था। महर्षि वेद व्यास एक त्रिकाल दर्शी महात्मा थे। इनका ज्ञान भंडार असीमित था। काल चक्र में समाये अनेकों प्राचीन वेद-ग्रन्थ, पुराण और उपनिषद आदि को इन्होंने ही पुनः जीवित किया था। इन्होंने ही मनुष्यों की आयु और शक्ति को देखते हुए वेदों के विभाग भी कर दिए थे। इसलिए इन्हें वेदव्यास भी कहा जाता है। इन्होंने ही श्री हरी (श्री कृष्ण) मुख वाणी अति पवित्र ग्रन्थ "श्री मद्भगवत गीता" को महाभारत की कथा में संजोते हुए अद्भुत बड़े ग्रंथ की रचना की थी और भगवान (श्री कृष्ण) की जीवन लीलाओं से समृद्ध पवित्र ग्रन्थ "श्री मद भागवत पुराण" की रचना की थी।

इनका आश्रम बद्रीनाथ धाम से कुछ मील दूरी पर सरस्वती के किनारे था। इनकी गुफा देखने अब भी बहुत लोग जाते हैं।

२०. हंस अवतार:

एक बार ब्रह्मा अपनी सभा में बैठे थे। तभी वहां उनके मानस पुत्र सनकादिक पहुंचे और भगवान ब्रह्मा से मनुष्यों के मोक्ष के संबंध में चर्चा करने लगे। तभी वहां भगवान विष्णु महा-हंस के रूप में प्रकट हुए और उन्होंने सनकादिक मुनियों के संदेह का निवारण किया। इसके बाद सभी ने भगवान हंस की पूजा की और फिर महाहंसरूपधारी श्री भगवान अंतध्र्यान हो अदृश्य हो गए।।

२१. श्री राम अवतार:

त्रेता युग में भगवान विष्णु ने अयोध्या के धर्मात्मा राजा महाराज दशरथ की महारानी कौशल्या के गर्भ से जन्म लिया था। इनका विवाह मिथिला नरेश महाराज जनक पुत्री सीता से हुआ था।

इस जन्म में वन विचरण करते हुए अनेकों राक्षसों का बद्ध किया था। लंका पति राक्षस राजा रावण ने ब्रह्मा जी और महादेव जी की भगति कर अनेक

वरदान प्राप्त कर लिए थे और वोह त्रिलोक विजई बन गया था। वनवास के १२वें वर्ष में रावण ने श्री राम पत्नी देवी सीता का छल से अपहरण कर लिया था फल स्वरूप श्री राम और लक्ष्मण ने सुग्रीव सेना को साथ ले समुद्र पार कर लंका जा रावण, कुम्भकर्ण, और मेघनाद आदि के साथ और भी अनेकों राक्षसों, असुरों को समाप्त किया था और विभीषण को लंका का राजा बना दिया था। यह भगवान का एक मर्यादा पुरुषोत्तम अवतार था। श्री राम ने अयोध्या में रहते हुए ८००० वर्ष तक राज्य किया था।

२२. श्री कृष्ण अवतार:

भगवान विष्णु का आठवां अवतार श्री कृष्ण नाम से हुआ था। अद्भुत लीलाएं की थी प्रभु ने इस अपने रूप में। मथुरा में कंस की जेल कोठड़ी में देवकी बसुदेव जी के यहाँ जन्म लिए थे और यमुना के दूसरी ओर अँधेरी काली रात में गोकुल में नन्दराये के घर पहुँच कर यशुमति माता के दुलारे बन गए थे।

६ दिन के ही थे जब पूतना का उद्धार कर दिया था ओर बचपन में ही कितने असुरों को मार दिया था। मटकी फोड़ माखन चोर बने ओर गाय चराने वाले गोपाल भी बने। गोवर्धन उठाने वाले गिरधर गोविन्द कहलाये। इंद्र ओर ब्रह्मा जी को भ्रमित करने वाले और गोप सखियों और किशोरी राधा जी के चित-चोर भी कहलाये।

१२ वर्ष तक ग्वाले और फिर कंस को मार राज कुमार बने। धर्म की स्थापना करने और अधर्मियों का विनाश करने के लिए महाभारत युद्ध के नायक और अर्जुन के सारथी भी बने थे। अधर्मी असुर की कैद से १६१०० कन्याओं को मुक्त करा समाज में उन अपेक्षित कन्याओं से नारी सम्मान की रक्षा के लिए उन सब से विवाह रचाने वाले अकेले कृष्ण महान बने थे।

२३. गौतम बुद्ध अवतार:

भगवान विष्णु ने गौतम बुद्ध के रूप में कुछ तीन हज़ार वर्ष पूर्व में लुम्बिनी (नेपाल) में जन्म लिया था। उनका जन्म का नाम सिद्धार्थ गौतम था। सिद्धार्थ ने राज-सुख छोड़ ज्ञान प्राप्त के लिए बोध गयाई में पीपल के वृक्ष के नीचे समाधि लगा, ध्यान मग्न होकर ज्ञान प्राप्त किया था। ज्ञान प्राप्ति के बाद

यह महात्मा बुद्ध कहलाये और इन्होंने अहिंसा और शांति का मार्ग अपनाने का उपदेश दिया था।

२४. कल्कि अवतार:

कलियुग में भगवान विष्णु कल्कि रूप में अवतार लेंगे। कल्कि अवतार कलियुग के अंतिम चरण में होगा। कल्कि देव दत्त नामक घोड़े पर सवार होकर संसार से पापियों का विनाश करेंगे और धर्म की पुन:स्थापना करेंगे।

ॐ

"भगवान विष्णु के दस प्रमुख अवतार जिन्हें दशावतार कहते हैं"

भगवान विष्णु दसों अवतारों सहित

१. मतस्य, २. कूर्म, ३. वराह, ४. नरसिंह, ५. वामन, ६. परशुराम, ७. राम, ८. कृष्ण, ९. बुद्ध, १०. कल्कि।

(दक्षिण में बुद्ध की जगह वेंकटेश्वर नाम से पूजति भगवान विष्णु स्वरूप को ही नवां अवतार माना जाता है।}

पहले पांच अवतार, अर्थात् मतस्य, कूर्म, वराह, नरसिंह और वामन सत युग में, परशुराम और राम दूसरे अर्थात् त्रेता युग में अवतरित हुए। कृष्ण द्वापर युग में और बुद्ध और कल्कि कलियुग के अवतार हैं। इस समय कलियुग चल रहा है और भागवत पुराण के आधार पर इस युग के अंत में कल्कि अवतार होगा। इससे अन्याय और अनाचार का अंत होगा तथा न्याय का शासन होगा जिससे सत्य युग की फिर से स्थापना होगी।

७

श्री विष्णु के प्रमुख दशावतार:

७.१. "भगवान विष्णु का मतस्य अवतार"

ब्रह्माजी का दिन का समय पूर्ण होता है तो पृथ्वी पर प्रलय काल शुरू होता है। उस समय पृथ्वी जल ग्रस्त हो जाती है। उस समय भगवान विष्णु मतस्य रूप धारण कर अनाज, ओषधि और पुण्यात्मा सप्त ऋषियों को रक्षा प्रदान करते हैं।

भागवत पुराण के अनुसार, कल्पांत के पूर्व में एक पुण्यात्मा राजा थे जिसका नाम था "सत्यव्रत"। सत्यव्रत पुण्यात्मा तो था ही, बड़े उदार हृदय का

भी था। प्रभात का समय था। सत्यव्रत 'कृत माला' नदी में स्नान कर रहा था। उसने स्नान करने के पश्चात जब तर्पण के लिए अंजलि में जल लिया तो अंजलि में जल के साथ एक छोटी-सी मछली भी आ गई।

सत्यव्रत ने मछली को नदी के जल में छोड़ दिया। मछली बोली- राजन! जल के बड़े-बड़े जीव छोटे-छोटे जीवों को मारकर खा जाते हैं, अवश्य कोई बड़ा जीव मुझे भी मारकर खा जाएगा। कृपा करके मेरे प्राणों की रक्षा कीजिए।

सत्यव्रत ने मछली को जल से भरे हुए अपने कमंडल में डाल लिया। एक रात में मछली का शरीर इतना बढ़ गया कि कमंडल उसके रहने के लिए छोटा पड़ने लगा।

दूसरे दिन मछली सत्यव्रत से बोली,"राजन! मेरे रहने के लिए कोई दूसरा स्थान ढूंढिए, क्योंकि मेरा शरीर बढ़ गया है। मुझे घूमने-फिरने में बड़ा कष्ट होता है।" सत्यव्रत ने मछली को कमंडल से निकालकर पानी से भरे हुए मटके में रख दिया। यहां भी मछली का शरीर रात भर में ही मटके में इतना बढ़ गया कि मटका भी उसके रहने के लिए छोटा पड़ गया।

दूसरे दिन मछली पुन: सत्यव्रत से बोली,"राजन! मेरे रहने के लिए कहीं और प्रबंध कीजिए, क्योंकि मटका भी मेरे रहने के लिए छोटा पड़ रहा है।"

तब सत्यव्रत ने मछली को निकालकर एक सरोवर में डाल किया, किंतु सरोवर भी मछली के लिए छोटा पड़ गया। अत: मछली पुन: सत्यव्रत से बोली,"राजन! यह सरोवर भी मेरे रहने के लिए उपयुक्त नहीं है। मेरे रहने की व्यवस्था कहीं और कीजिए।"

अब सत्यव्रत विस्मित हो उठा। उसने समझ लिया था के यह कोई साधारण मछली तो हो नहीं सकती। आज तक ऐसी मछली कभी देखि सुनी नहीं जो ऐसे बढ़ सकती हो। वह विस्मय भरे स्वर में हाथ जोड़ कर बोला,"आप मछली रूप में कौन हैं और किस लिए मेरी बुद्धि को भ्रमित कर रहे हैं? कृपया मुझे बताएं कि आप कौन हैं?"

मत्स्यरूपधारी श्री हरि ने उत्तर दिया,"राजन! जगत में चारों ओर अज्ञान और अधर्म का अंधकार फैला हुआ है। आज से सातवें दिन पृथ्वी प्रलय के प्रकोप में जल मग्न हो जाएगी। भयानक वृष्टि होगी। समुद्र उमड़ पड़ेगा। सारी पृथ्वी पानी में डूब जाएगी। जल के अतिरिक्त कहीं कुछ भी दृष्टिगोचर नहीं होगा। आपके पास एक नाव पहुंचेगी। आप सभी अनाजों और औषधियों के बीजों को लेकर सप्त ऋषियों के साथ नाव पर बैठ जाइएगा। मैं उसी समय आपको पुनः दिखाई पड़ूंगा और आपको आत्म तत्त्व का ज्ञान प्रदान करूंगा।

राजा सत्यव्रत उसी दिन से श्री हरि का स्मरण करते हुए प्रलय की प्रतीक्षा करने लगे। सातवें दिन पृथ्वी के ऊपर काले बादल छा गए और मूसलाधार बर्षा होने लगी। देखते देखते सम्पूर्ण पृथ्वी जलमग्न होने लगी अतः प्रलय का दृश्य उपस्थित हो गया।

प्रलय के उस जल में राजन के पास एक नाव आ गई। सत्यव्रत सप्त ऋषियों के साथ उस नाव पर बैठ गए। उन्होंने नाव के ऊपर संपूर्ण अनाजों और औषधियों के बीज भी भर लिए।

नाव प्रलय के सागर में तैरने लगी। प्रलय के उस सागर में उस नाव के अतिरिक्त कहीं भी कुछ भी नहीं दिखाई दे रहा था। चार चतुर्भुज धारी भगवान विष्णु अचानक मतस्य रूप में प्रगट हो गए। भगवान का मछली भाग जल में था और ऊपर का दिव्य सुंदर चार-चतुर्भुज रूप जल के ऊपर दृष्टिगोचर हो रहा था। सत्यव्रत और सप्त ऋषि गण मत्स्यरूपी भगवान की प्रार्थना करने लगे। अतः तब मतस्य रूप धारण प्रभु ने नांव को स्वयं सम्भाल लिया। भगवान से आत्मज्ञान पाकर सत्यव्रत का जीवन धन्य हो उठा। वे जीते-जी ही जीवनमुक्त हो गए थे।

कुछ ऐसे भी पढ़ने को मिलता है कि मतस्य अवतार रूप में ही हयग्रीव द्वारा छुपाये गए चार वेद भगवान ने समुद्र की गहराई में से वापस लाकर ब्रह्मा जी को दिए थे।

७.२. भगवान विष्णु का कूर्म (कच्छप) अवतार:

समुद्र मंथन

महर्षि दुर्वासन ब्रह्मा जी से मिल कर ब्रह्मलोक से आ रहे थे। ऐरावत हाथी पर सवार देवराज इन्द्र उनको रास्ते में मिला। किसी तरह इंद्र से ऋषि दुर्वासा रुष्ट

हो गए और उन्होंने क्रोधित हो इन्द्र को "श्री-हीन" होने का श्राप दे दिया था। इस शाप के कारण इंद्र ने स्वर्ग का राज्य खो दिया था। राक्षसों ने स्वर्ग पर कब्जा कर लिया था। देवता निर्बल पड़ गए थे और दैत्यों के आगे वेवस थे। ब्रह्मा जी के सृष्टि सञ्चालन में विघ्न बाधाएं उत्पन्न होने लगी थीं। देवता ब्रह्मा जी के पास गए, सहायता मांगी परन्तु उन्होंने अपनी असमर्थता व्यक्त की और उन्होंने देवताओं को बताया कि भगवान विष्णु ही कुछ कर सकेंगे। तब ब्रह्माजी को आगे कर देवता भगवान विष्णु की शरण में पहुँच गए।

भगवान विष्णु ने कहा कि इस समय देवता ऋषि श्राप के कारण ऐसी स्थिति में नहीं हैं कि दैत्यों से स्वर्ग बापस ले सकें। दैत्य एवं दानवों की शक्ति बढ़ी हुई है और तुम लोग उन का सामना नहीं कर सकते। दैत्यों के स्वर्ग के ऊपर अधिकार हो जाने से ब्रह्मा जी द्वारा स्थापक धर्म-कर्म का संतुलन ही अस्त-व्यस्त हो रहा है। भगवान श्री विष्णु ने समय और परिस्थिति की अनुकूलता के अनुसार इंद्र को दैत्यों से मित्रता कर समुद्र मंथन के लिए तैयार करने को कहा। ऐसे समय में समझौता कर लेना चाहिये।

देवराज इंद्र मित्रता का प्रस्ताव ले कर दैत्य राज बली के पास आये और क्षीर सागर को मथ कर उसमें से अमृत निकालने की बात समझाई। हम लोग मिल कर ही यह कार्य सुगमता से कर सकेंगे। दैत्य राज बलि ने देवराज इन्द्र की बात मान ली और समुद्र मंथन के लिये तैयार हो गये।

परन्तु समुद्र मंथन कैसे होगा? अब यह बड़ा प्रश्न था। मंदराचल पर्वत को मथानी के लिए चुना गया। देवता और दानवों ने मिल कर मंदराचल पर्वत को उखाड़ तो लिया था परन्तु समुद्र तक ले कर जाने में असमर्थ थे। भगवान विष्णु ने अपने वाहन गरुड़ को इस काम के लिए आदेश दिया। गरुड़ जी विशाल मंदराचल को अपनी पीठ पर उठा कर समुद्र तट पर ले आए। देव और दैत्य सभी ने मिलकर पर्वत को समुद्र में उतार दिया परन्तु बिना आधार के पर्वत पानी में बैठता जा रहा था। तभी भगवान विष्णु जी ने एक विशाल कछुए का रूप धारण कर मंदराचल को अपनी पीठ पर धारण कर लिया।

ऐसे हुआ भगवान विष्णुजी का कछ्यप नाम से अवतार।

अब मन्दराचल पर्वत को मथनी (मथानी} तथा वासुकि नाग को नेती (दोनों और से खींचने वाली रस्सी) बनाया गया। स्वयं भगवान श्री विष्णु कछ्यप रूप में

मन्दराचल पर्वत को अपने पीठ पर रखकर उसका आधार बन गये थे। भगवान विष्णु ने दानव रूप से दानवों में और देवता रूप से देवताओं में नेती को खींचने के लिए शक्ति का संचार भी किया। वासुकि नाग को भी गहन निद्रा दे कर उस को होने वाले कष्ट को हर लिया था। भगवान विष्णु ने पहले ही देवताओं को समझा दिया था कि तुम लोग वासुकि को उसके फन (मुख) की और से पकड़ने की बात रखना और जब देवता वासुकि नाग को मुख की ओर से पकड़ने लगे तो उलटी बुद्धि वाले दैत्य, असुर, दानव समूह ने सोचा कि वासुकि नाग को मुख की ओर से पकड़ने में अवश्य कुछ न कुछ लाभ होगा। उन्होंने देवताओं से कहा कि हम मुख की ओर से पकड़ कर खींचेंगे। भगवान की दी हुई नीति काम कर गई और देवताओं ने वासुकि नाग को पूँछ की ओर से पकड़ा। जब नेती रूप वासुकि खींचते थे तो उसके मुखों से भयानक विष निकल पड़ती थी जो प्राण-घातक भी हो सकती थी।

समुद्र मंथन आरम्भ हुआ और भगवान कछयप की पीठ पर मन्दराचल पर्वत घूमने लगा।

समुद्र में से सब से पहले **हलाहल विष** निकला। विष बहुत ही विषैली थी और उस के प्रभाव से वातावरण ही दूषित होने लगा था और सभी की चमड़ी जलने लगी थी। भगवान विष्णु के कहने पर सभी ने मिलकर भगवान शंकर की प्रार्थना की। उनकी प्रार्थना पर महादेव जी उस भयंकर हलाहल विष को पी गये थे परन्तु माता सती ने उसे शिव जी के कण्ठ से नीचे नहीं उतरने दिया था। उस कालकूट विष के प्रभाव से शिव जी का कण्ठ नीला पड़ गया और **महादेव जी नीलकण्ठ** कहलाये। थोड़ा विष पृथ्वी पर टपक गया था जिसे साँप, बिच्छू आदि विषैले जन्तुओं ने ग्रहण कर लिया था और विषैले प्राणी बन गए।

"हलाहल विष को शंकर भगवान के द्वारा पान कर लेने के पश्चात फिर से समुद्र मंथन प्रारम्भ हुआ और एक एक कर जो निकला उनको नाम दिया गया था "रतन"। एक के बाद दूसरा फिर तीसरा ऐसे सब कुछ मंदराचल मथनी के घुमाये जाने से एक के बाद दूसरा जल से बाहर प्रगट होते गए।

दूसरा रतन थी काम धेनु गाय। यह एक चमत्कारी गाय है जिसमें दैवीय शक्तियाँ हैं।

तीसरा रतन उच्चै:श्रवा नाम का घोड़ा प्रकट हुआ. यह सफेद, चमकीला, मजबूत कद-काठी का दिव्य घोड़ा था. इसे दैत्य राज बलि ने ले लिया।

चौथा रतन था ऐरावत हाथी जिसके ४ दांत थे। **ऐरावत के साथ ६४ और भी सफेद हाथी** समुद्र मंथन से निकले. **ऐरावत को इंद्र ने ले लिया था।** ऐरावत, पैनी नजर और गहरी सोच का प्रतीक है।

'पांचवां रतन समुद्र मंथन से देवी लक्ष्मी प्रगट हुईं। देवी लक्ष्मी के तेज और सौंदर्य ने सभी को आकर्षित किया। देवी लक्ष्मी को मनाने के लिए सभी प्रयत्न करने लगे। देवी लक्ष्मी ऋषियों के पास गईं, ज्ञानी और तपस्वी थे परन्तु क्रोध जैसे अवगुणों को नहीं त्याग सके थे। इसी तरह देवताओं में भी देवी ने कुछ कमियां देखीं। शिव जी में त्याग और भोलापन बहुत था। सब को देख-परख करके अंत में **देवी लक्ष्मी** शांत, सात्विक, सारी शक्तियों के स्वामी और कोमल हृदय वाले भगवान विष्णु के चरणों में आ कर समर्पित हो गई।

छठे रतन के रूप में सुंदर अप्सराएं प्रगट हुईं जो देव लोक में भेज दी गईं।

सातवें रत्न के रूप में समुद्र मंथन से संपूर्ण कलाओं के साथ **चन्द्रमा** प्रकट हुए थे।

आठवां रत्न 'वारुणी' (**मदिरा**) सुन्दर आंखों वाली कन्या के रूप में वारुणी देवी प्रकट हुई, जो दैत्यों को मिली।

नवां रतन था एक दिव्य शंख। शंख को बहुत शुभ माना जाता है। शंख हर हिन्दू के पूजा घर में रहता ही है। मंथन से उत्पन्न होने के कारण इसे माँ लक्ष्मी का भाई भी कहते हैं। इसे भगवान श्री विष्णु को दिया गया था।

समुद्र मंथन से **दसवां रत्न था 'पारिजात नामक वृक्ष'**। दिव्य शक्ति और गुणों से भरपूर इस वृक्ष को स्वर्ग में जगह मिली थी।

११वां रतन रत्नों में श्रेष्ठ एक 'कौस्तुभ मणि' निकली। इसकी चमक अद्भुत थी। इसे भी श्री विष्णु को दिया गया था।

१२वां रतन था कल्पवृक्ष। इस दिव्य वृक्ष को स्वर्ग में भेज दिया गया था। कल्पवृक्ष भी कुछ अद्भुत शक्तियां रखता है।

१३वां रतन थे भगवान का ही एक स्वरूप, आयुर्वेद के प्रवर्तक **धन्वन्तरि।**

अब अंतिम था **१४वां रतन** जिसके लिए यह समुद्र मंथन किया गया था। यह था भरा हुआ **अमृत कलश** जिसे स्वयं भगवान धन्वंतरि अपने हाथों में लेकर प्रकट हुए थे।

इसके बाद समुद्र मंथन का क्रम रुक जाता है। दैत्य इस कलश के लिए छीना-झपटी करने लगते हैं।

इसी बीच इन्दर पुत्र जयंत अमृत कलश छीन कर आकाश में उड़ गया। दैत्य व देवता उस के पीछे दौड़ रहे थे। इसी बीच में उस कलश में से कुछ बूँदें पृथ्वी पर चार स्थानों पर गिरीं। इन स्थानों पर भविष्य में कुम्भ स्नान शुरू हुए जो अब भी पृथ्वी पर पूर्ण आस्था के साथ लोक प्रिय हैं। येह स्थान हैं: १ प्रयागराज २ हरिद्वार ३ नासिक और ४ उज्जैन।

भगवान विष्णु का मोहिनी स्वरूप धारण करना:

अमृत कलश अब राक्षसों के हाथ आ गया था। इसे बचा कर देवताओं को अमृत पान कराने कि लिए भगवान विष्णु एक अति सुंदर मन मोहिनी स्त्री का रूप धारण कर प्रगट हो गए।

इस प्रभु के रूप को मोहिनी अवतार के नाम से जाना जाता है।

भगवान विष्णु जी ने मोहिनी रूप धारण किया और आपस में लड़ते दैत्यों के पास जा पहुँचे। उस अति सुन्दर मोहिनी रूप को देखकर दैत्य ठगे से रह गए। जब दैत्यों ने उस नव यौवना सुन्दरी को अपनी ओर आते हुये देखा तब वे अपना सारा झगड़ा भूल कर उस सुन्दरी की ओर एकटक देखने लगे। दैत्य बोले, "हे सुन्दरी! तुम कौन हो? हमें अपने सुन्दर कर कमलों से यह अमृत पान कराओ।" इस पर विश्व मोहिनी रूपी विष्णु ने कहा,"हे देवताओ! हे दानवों! आप दोनों ही महर्षि कश्यप जी के पुत्र होने के कारण भाई-भाई हो फिर भी परस्पर लड़ते हो। मैं तो स्वेच्छाचारिणी स्त्री हूँ। बुद्धिमान लोग ऐसी स्त्री पर कभी विश्वास नहीं करते, फिर तुम लोग कैसे मुझ पर विश्वास कर रहे हो? अच्छा यही है कि स्वयं सब मिल कर अमृत पान कर लो।"

विश्व मोहिनी के ऐसे नीति कुशल वचन सुन कर उन दैत्यो, दानवों और असुरों को उस पर और भी विश्वास हो गया। वे बोले,"सुन्दरी! हमें तुम पर पूर्ण विश्वास है। तुम जिस प्रकार बाँटोगी हम उसी प्रकार अमृत पान कर लेंगे। तुम ये कलश ले लो और हम सभी में अमृत वितरण करो।" विश्व मोहिनी ने अमृत कलश लेकर देवताओं और दैत्यों को अलग-अलग पंक्तियों में बैठने के लिये कहा। उसके बाद दैत्यों को अपने कटाक्ष से मदहोश करते हुये देवताओं को अमृत पान कराने लगे। दैत्य उनके कटाक्ष से ऐसे मदहोश हुये कि अमृत पीना ही भूल गये। परन्तु भगवान की इस चाल को राहु नामक दैत्य समझ गया। वह देवता का रूप बना कर देवताओं में जाकर बैठ गया और प्राप्त अमृत को मुख में डाल लिया। जब अमृत उसके कण्ठ में पहुँच गया तब चन्द्रमा तथा सूर्य ने पुकार कर कहा कि ये राहु दैत्य है। यह सुनकर भगवान विष्णु ने अपना चार चतुर्भुज रूप धारण कर तत्काल अपने सुदर्शन चक्र से उसका सिर गर्दन से अलग कर दिया। अमृत के प्रभाव से उसकी मृत्यु नहीं हुई और उसके सिर और धड़ अलग हो कर राहु और केतु नाम के दो ग्रह बन गये। वे ही राहु और केतु सूर्य और चन्द्रमा को समय समय पर ग्रसित करते हैं जिन्हें ग्रहण कहा जाता है।

इस तरह देवताओं को अमृत पिलाकर भगवान विष्णु वहाँ से अलोप हो गये। मोहिनी रूप के अलोप होते ही दैत्यों की मदहोशी समाप्त हो गई थी और उनको देवता और भगवान विष्णु की चाल भी समझ आ गई थी। दैत्यों का क्रोधित होना स्वाभाविक था।

भगवान विष्णु ने मोहिनी रूप धारण कर छल से देवताओं को अमृत पान करा अमर कर दिया था। दैत्य, असुर और दानवों में इस बात पर क्रोधित होना स्वाभाविक था और उन्होंने देवताओं पर आक्रमण कर दिया अतः देवासुर संग्राम शुरू हो गया। देवता तो अमर हो गए थे और उनका युद्ध में नुकसान नहीं हो रहा था परन्तु राक्षस तो बुरे पिट रहे थे, मारे भी जा रहे थे। अंततः दानवों को देवगण के आगे युद्ध में हार स्वीकार करनी पड़ी और स्वर्ग का राज्य भी देवराज इंद्र को लौटाना पड़ गया था।

७.३. भगवान विष्णु का वराह अवतार:

सतयुग के प्रारम्भ के समय की बात है। ऋषि कश्यप की पत्नी दिति जो दैत्य माता कहलाई, उसके के दो असुर पुत्र हिरण्याक्ष और हिरण्यकशिपु थे। ब्रह्माजी की कठिन भक्ति कर हिरण्याक्ष ने देवता व मनुष्य के सामने अजय रहने का वरदान प्राप्त किया था। हिरण्याक्ष बड़े बलशाली शरीर वाला तो पहले ही था। वरदान प्राप्त करने के बाद उसको अपनी शक्ति पर अभिमान होना ही था और वोह उपद्रव करने लगा। उसने अपने बाजू-बल से सम्पूर्ण पृथ्वी को ही समुद्र की दल दल में धकेल दिया था।

ब्रह्मा जी ने भगवान विष्णु को याद किया। ब्रह्मा जी को छींक आती है तो उससे दिव्य वराह रूप में भगवान विष्णु अवतरित होते हैं। भगवान विष्णु जी ने पृथ्वी को समुद्र की दल दल से बाहर लेकर आने के लिए वराह के मुख के साथ चार चतुर्भुज रूप में अवतार धारण किया था।

हिरण्याक्ष ने पृथ्वी समुद्र के धरातल में दल-दल में डुबो दी थी इसी लिए पृथ्वी को दल-दल से बाहर निकालने के लिए वराह रूप धारण कर पृथ्वी की खोज की थी। अपने मुख के अगले भाग से दल दल में से खोज कर पृथ्वी को निकाला था। अपने बड़े दाँतों के ऊपर पृथ्वी को उठा कर लाये थे। इसी अवस्था में रास्ता रोक रहे हिरण्याक्ष से युद्ध कर उसे मार दिया था।

हिरण्याक्ष ने यह समझ लिया था कि ब्रह्माजी के बरदान के रहते भगवान विष्णु भी उसका कुछ नहीं बिगाड़ सकेगा अतः उसने भगवान विष्णु जी को

ही आकर ललकार दिया था। भगवान विष्णु जी ने उसके साथ युद्ध किया और हिरण्याक्ष को मौत के घाट उतार दिया था।

प्रभु ने समुद्र के धरातल में से निकाल कर पृथ्वी को पुनः यथास्थिति में स्थापित कर दिया था।

मन में बिचार उठते होंगे कि क्या ऐसा हुआ होगा? क्या कोई प्राणी (दैत्य) इतना बड़ा और शक्ति शाली भी हो सकता होगा कि जो इतनी बड़ी पृथ्वी को भी धरातल की दल दल में दबा सकता होगा? परन्तु ऐसा हुआ होगा क्यों कि सनातन वेद और दूसरे ग्रंथों, पुराणों और उपनिषदों को किसी आम आदमी ने नहीं लिखा था। चार वेदों की रचना स्वयं जगत-पिता ब्रह्मा जी ने मानव रचना से भी पहले कर दी थी। द्वापर युग में विष्णु स्वरूप, जिनको 'कृष्ण द्वैपायन' नाम से भी जाना जाता है, उन्होंने ही महाभारत, श्री मद्भगवत पुराण, श्री मद्भगवत गीता; जिसे 'श्री हरी मुख वाणी भी' कहा जाता है, ऐसे पुराण ग्रंथों को लिखा था।

७.४ भगवान विष्णु का नरसिंह अवतार:

हिरण्याक्ष के वध के बाद भगवान विष्णु ने नरसिंह अवतार लेकर हिरण्याक्ष के भाई हिरण्यकशिपु का वध किया था। वराह रूप भगवान विष्णु द्वारा हिरण्याक्ष के वध से उसका भाई हिरण्यकशिपु बहुत दुखी हो तिलमिला उठा था। वोह यह भी समझता था कि जब हिरण्याक्ष जो उस से अधिक शक्ति शाली था विष्णु को न जीत सका और मारा गया तो वोह कैसे विष्णु से लड़ व जीत सकेगा? उसने बिचार किया कि पहले ब्रह्मा की भक्ति-तपस्या कर अमरता का वरदान प्राप्त कर लेना चाहिए और उस ने एकांत में जा कर ब्रह्मा जी की तपस्या शुरू कर दी। सालों की लम्बी कठिन तपस्या के बाद ब्रह्माजी बरदान देने के लिए प्रगट हुए। उसने अमरता का बरदान माँगा। ब्रह्मा जी ने अमरता के बरदान के लिए अपनी असमर्थता व्यक्त की तो हिरण्यकशिपु ने कहा कि मुझे कोई दिन में या रात में, कोई भी मनुष्य, देवता अथवा पशु, ना घर के अंदर ना बाहर, ना धरती पर ना आकाश में और किसी भी अस्त्र शस्त्र द्वारा मार न सके। ब्रह्माजी ने तथास्तु कह दिया और वोह अब निश्चिन्त हो भगवान विष्णु से बदला लेने को तैयार था।

इस दौरान हिरण्यकश्यपि की पत्नी कयादु गर्भवती थी। देवराज इंद्र ने हिरण्यकश्यपि के महल से बाहर होने का लाभ उठा उसकी पत्नी कयादु का ऐसी हालत में अपहरण कर लिया था।

परन्तु प्रभु की लीला को कौन समझ सकता है?

प्रभु के मानसिक भाव को समझने वाले महर्षि नारदमुनि ने रास्ते में ही इंद्र को रोक लिया और समझाया कि इंद्र जो कर रहा था वोह गलत था। गर्भवती औरत को ऐसे पति की पीठ पीछे उठा लाना क्या बहादुरी है? ऐसे समझा कर नारद जी ने कयादु को इंद्र से अपने संरक्षण में ले लिया और अपने पास ही रखा और बच्चे का जन्म होने के बाद उस का लालन पालन भी वहीं शुरू हुआ।

हिरण्यकशिपु बरदान प्राप्त करने के बाद बापस आया तो उस को अपने बच्चे के नारद मुनि जी के आश्रम में उनके संरक्षण में जन्म और पालन पोषण के बारे में और इंद्र की करनी के बारे में जानकारी प्राप्त हुई तो वोह नारद मुनि जी के आश्रम में नारदमुनि जी के पास धन्यवाद देने और अपनी पत्नी बच्चे को लेने गए। नारद जी के कहने पर पत्नी और बच्चे को उसने और कुच्छ समय तक वहीं रुके रहने के लिए मान लिया।

नारद जी ने बच्चे का नाम "प्रह्लाद" रखा था। अब नारद जी के पास रहते हुए बच्चे प्रह्लाद पर उनके पालन पोषण का बहुत अच्छा प्रभाव पड़ रहा था। प्रह्लाद को नारदमुनि जी ने आश्रम से उसके पिता के पास जाने से पहले पूर्ण शिक्षित कर दिया था कि श्री विष्णु ही सृष्टिकर्ता, कण कण में व्यापक भगवान हैं। जन्म व मृत्यु तो क्या सृष्टि में उनकी इच्छा से ही सब कुछ होता है। भगवान ही जीवन देते हैं और पालन हार और संहारक भी वोही हैं। प्रह्लाद का विश्वास भगवान विष्णु के प्रति अडिग हो गया था और अपने सद्गुरु नारद जी की भगवान विष्णु के प्रति शिक्षा ज्ञान को अपने मन-मस्तक में पूर्ण रूप से ग्रहण कर चुका था।

हिरण्यकशिपु को अब भरोसा हो गया था कि ब्रह्मा जी से जो बरदान उसे मिल गए हैं वोह ऐसे हैं कि अब कोई उसे मार ही नहीं सकेगा और उस ने भगवान विष्णु की अपने राज्य में पूजा-बदना बिलकुल बंद करा दी थी। विष्णु नाम लेने वाले को भी दण्डित किया जाता था। उसने अपने आप को भगवान घोषित कर दिया था और जो यह नहीं मानता था उसे मौत के घाट उतार दिया जाता था।

घर बापस आने पर कुच्छ समय बाद प्रहलाद को दैत्य गुरु आश्रम में शिक्षा प्राप्ति के लिए भेजा गया। गुरु आश्रम में प्रहलाद को जब यह समझाया जाने लगा कि उसके पिता ही भगवान हैं तो वोह मानने को तैयार नहीं था। उसके मन में तो नारदमुनि जी की कृपा से भगवान विष्णु विराजमान हो चुके थे। जब प्रहलाद गुरु आश्रम के आचार्यों की सुनने समझने की जगह उन्हें ही भगवान विष्णु के बारे में समझाने लगता कि सृष्टि के करता धर्ता और सब के जीवन दाता भगवान विष्णु ही हैं और कोई हो नहीं सकता तो आचार्य लोग सब समझते हुए भी राज आज्ञा का उलंधने करने की हिम्मत करने का साहस नहीं जुटा सकते था। मौत का भय ऐसा ही होता है क्योंकि भगवान के प्रति सच्ची निष्ठा नहीं होती।

थक हार आचार्य अपनी शिकायत ले हिरण्यकश्यपि के पास पहुंचे। हिरण्यकश्यपि ने प्रहलाद को अपनी शक्ति का वखान कर बहुत समझाने की कोशिश की परन्तु प्रहलाद ने अपनी बात पर अडिग रहते हुए पिता को ही भगवान विष्णु के बारे में बताने समझाने लगता था। अंततः उस ने अपने इस पुत्र को जब तक वोह उस को भगवान मानने को तैयार नहीं होता तो उसने सैनिकों को प्रहलाद के मन में भय उत्पन्न कर मनाने के लिए तसीहें-यातनाएं देने का आदेश सुना दिया। प्रहलाद, ५-६ बर्ष के बच्चे को तरह तरह से डराने के उपाय किये जाने लगे। जब वोह किसी तरह से डरा नहीं तो मार देने को कह दिया गया। वफादार सैनिकों ने उस नन्हे बालक को कैद खाने में भूखा-प्यासा रखा, वोह प्रभु के ध्यान में मस्त मग्न रहा, ज़हर पिलाई गई, ज़हरीले नागों के बीच में रखा, कुछ असर नहीं हुआ और ना ही वोह डरा बल्कि उस का भगवान विष्णु के प्रति, जो हर बार उसके रक्षक बने रहे, भगति-भाव व विश्वास और भी दृढ़ हो गया था। विष्णु नाम से हिरण्यकश्यपि को जितनी चिढ़ थी प्रहलाद की जिह्वा पर, उसके मन में और उसके मुख से अपने प्रभु श्री विष्णु नाम का ही उच्चारण होता था।

अब तो प्रहलाद को मरवा देने का ही निर्णय हो गया। पहाड़ की ऊँची चोटी से गिराया गया तो भी वह बच गया।

हिरण्यकश्यपि की एक बहिन थी, जिसका नाम था "होलिका", जिस को तपस्या कर अग्नि से ना जलने का बरदान प्राप्त था। उसने अपने भाई को कहा कि यह प्रहलाद को समाप्त करने का काम तो मैं आराम से कर सकती

हूँ। हिरण्यकश्यपि को उसने बताया कि उस को वर प्राप्त है कि आग उसे नहीं जला पायेगी अतः बड़ी चिता तैयार कराने को कहा। चिता तैयार हो गई और होलिका प्रहलाद को अपनी गोद में ले, अच्छी तरह पकड़ कर बैठ गई और आग लगाने को कह दिया। आग की लपटें ऊपर उठ जब होलिका प्रहलाद तक पहुंची तो उस से सोने की बनी होलिका तो अग्नि का ताप लगने के कारण चिल्लाने लगी परन्तु प्रहलाद अपने प्रभु के स्मरण-ध्यान में मग्न था और उसके ऊपर अग्नि का कोई प्रभाव ही नहीं पड़ रहा था, ना ताप लगा और ना कोई जलन ही हुई। अग्नि की ज्वाला में सोने की बन कर बैठी होलिका, अब अग्नि के ताप और जलन के कारण झुलसी जा रही थी। बचाने के लिए चिल्लाती रह गई परन्तु कैसे कोई बचा सकता था। होलिका तो जलकर भस्म हो गई परन्तु जिस विष्णु भगत बालक को भस्म करने के लिए पकड़ कर जलती चिता में बैठी थी उस को तो अग्नि ने स्पर्श भी नहीं किया था। ना उसको अग्नि का ताप महसूस हुआ और ना ही उसका पहना हुआ कोई वस्त्र ही जला था। चिता अग्नि शांत होने पर प्रहलाद जीवंत बाहर आ गया। देखने वाले सब हैरान थे। मूक दर्शक बने देखते रह गए और काना-फूसी कर रहे थे और भगवान विष्णु ही भगवान हैं, हिरण्यकश्यपि के आज्ञाकारी सलाहकार सैनिक और सेवक भी स्वीकारने लगे थे।

यह एक बड़ी प्रभु के ऊपर विश्वास रखने वाले भगत की अथवा यूँ कहें की धर्म व पुण्य की अधर्म और पाप के ऊपर बड़ी विजय थी जिसका "होलिका दहन" और अगले दिन होली "रंगों का त्योहार" उसी के प्रतीक के रूप में पूरे भारत बर्ष में और कई दूसरे देशों में भी मनाया जाता है।

प्रहलाद को मनाने अथवा मारने के प्रयत्न करते हुए कुछ साल बीत गए थे और इसी दौरान, प्रहलाद की माता कयादु ने और तीन और बच्चों को जन्म दिया था।

हिरण्यकश्यपि को भगवान विष्णु से लड़ने, बदला लेने की जगह अब एक ही बात दिमाग में चलती थी कि प्रहलाद को कैसे विष्णु के प्रति विश्वास व मान्यता को तोड़ा जाये और पिता को कहे कि आप ही भगवान हो। एक शाम प्रहलाद को राज दरबार में बुलाया गया। वहां एक खम्भे को आग से खूब गर्म कर लाल बना दिया गया था। हिरण्यकश्यपि ने प्रहलाद से पूछा, "क्या तुम्हारा विष्णु इस गर्म तप रहे लाल खम्भे में भी है?" प्रहलाद ने उत्तर में कहा," पिता

श्री, विष्णु तो कण कण में व्यापक हैं"। हिरण्यकश्यपि तो तिलमिला उठा और उसने तलवार निकाल ली और बोला,"यदि तुम्हारा विष्णु इस खम्भे में है तो बुला उसको कि तुम्हें बचा ले। जो मेरे प्रभु आग में से मुझे बचा कर ले आए, अब तक बार बार मेरी रक्षा करते आये हैं, वोह अब भी मेरे रक्षक हैं, हर क्षण मेरे साथ हैं। मन ही मन स्मरण करते हुए जैसे ही प्रह्लाद तप रहे खम्भे की और बढ़ने लगता है तो एक घोर गर्जना के साथ खम्भा दो फाड़ हो जाता है और उस में से **भयंकर रूप धारण कर सिंह गर्जना करते हुए भगवान विष्णु नरसिंह रूप में प्रगट हो जाते हैं।** ब्रह्मा जी के बरदान के कारण हिरण्यकशिपु को अब भी विश्वास था कि वोह तो मर ही नहीं सकता था अतः हिरण्यकश्यपि ने तलवार से बार करना चाहा परन्तु नरसिंह रूप प्रभु ने उसे अपने पंजे में जकड़ लिया और उठा कर राजदरवार के दरवाजे के बीचो बीच, मध्य में ले जाकर बोले, "बोल हम अन्दर हैं या बाहर, कहाँ हैं?" अब तो वोह अपनी विवशता को समझ गया था और बोला "मध्य में"। फिर पूछा,"क्या दिन है कि रात?" जवाब मिला,"न दिन है ना रात, संध्या समय है"। फिर पूछा मेरे हाथों में कोई शस्त्र है तो जवाब मिला नहीं। अगला सवाल था बता मैं नर हूँ या पशु तो जवाब था, ना नर ना पशु। अब प्रभु ने उसे उठा अपने घुटने पर रख लिया और पूछा, "धरती पर है या आकाश में?" क्या बोलता? बोलना ही पड़ा "ना पृथ्वी पर ना ही आकाश में"? ब्रह्मा जी के बरदान की कोई भी शर्त अब प्रभावित नहीं हो रही थी और प्रभु ने भयंकर सिंह गर्जना करते हुए अपने लम्बे तीखे नाखूनों से उस के पेट को फाड़ कर उस को समाप्त कर दिया परन्तु अब भी प्रभु का क्रोध शांत नहीं हो रहा था और उनके भयंकर सिंहनाद से तीनों लोक स्तंभित हो रहे थे। देवता आकाश से फूल बर्षा कर रहे थे, ब्रह्माजी, माता लक्ष्मी, नारद मुनि, सभी प्रगट हो प्रभु को शांत करने के लिए स्तुति कर रहे थे परन्तु प्रभु नरसिंह भयंकर गर्जना कर त्रिलोकी को कम्पायमान कर रहे थे। अंततः नारद जी ने प्रह्लाद को प्रभु के पास भेजा। हाथ जोड प्रह्लाद प्रभु के पास पहुंचा तो प्रभु ने गर्जना बंद कर प्रह्लाद को गोद में उठा लिया और उसको प्यार से चाटने लगे। अब तो सब ओर त्रिलोक में आतंकी का आतंक समाप्त होने से खुशी छा गई थी।

७.५ भगवान विष्णु का वामन रूप अवतारः

भयंकर देवासुर संग्राम हुआ, देवता तो अमर हो गए थे अतः दैत्य सेना कट-मर रही थी और अंततः दैत्य सेना परास्त हुई। इस तरह देवराज इन्द्र ने दैत्य राज बलि को परास्त कर अपना इन्द्रलोक वापस लिया। असुर दैत्य अब कमज़ोर पड़ गए थे। दैत्य गुरु शुक्राचार्य को जब यह सब मालूम हुआ तो बहुत दुखी और क्रोधित हुए।

दैत्य गुरु समझ गए थे कि अब देवलोक पर युद्ध कर विजय पाना, जिसके लिए दैत्य, दानव व असुर सदा लालायित हो देवताओं से छीनने के लिए लड़ते रहते थे, संभव नहीं रहा था। देवता अमृत पान कर लेने के बाद अमर हो गए थे और युद्ध का परिणाम दैत्य सेना का संहार होना ही हो सकता था। अतः देवलोक राज्य दैत्यों को फिर से प्राप्त हो सके इस के लिए उन्होंने गहराई से सोच विचार कर देवताओं के साथ युद्ध न करने के लिए दैत्य राज बलि को समझाया और युद्ध की जगह अश्वमेध यज्ञ करने के लिए कहा। दैत्य गुरु शुक्राचार्य ने दैत्यों को समझाया कि १०० अश्वमेध यज्ञ पूरे होने पर राजा बलि फिर से स्वर्ग के इंद्र पद को प्राप्त कर सकेंगे। अतः दैत्य राज बलि से अश्वमेध

यज्ञ करवाने शुरू कर दिए। हर बर्ष एक यज्ञ होने लगा5. और इस तरह ९९ अश्वमेध यज्ञ निर्विघ्न पूर्ण हो गए थे। शुक्राचार्य जी और दैत्य राज बलि खुश थे कि सब ठीक हो रहा है और अगला यज्ञ पूर्ण होते ही उनका स्वर्ग पर भी अधिकार हो जायेगा।

प्रभु श्री हरी की रचना को या इसकी व्यवस्था को कोई कैसे बदल सकता है? देवताओं को स्वर्ग में, ब्रह्मा जी ने जनकल्याण की कार्य व्यवस्था सँभालने के लिए एक उचित स्थान दिया था परन्तु स्वर्गलोक में विकसित सुख और वैभव को देख कर दैत्य व दानव वहां पहुंच फिर से अधिकार जमाना चाहते थे। स्वर्ग पर दैत्य व असुरों के अधिकार का सीधा परिणाम होगा, पृथ्वी पर असुरी शक्तियों का प्रभाव, जिस से सद कर्म लोप होने लग जाएंगे और दुष्कर्म बढ़ने लगेंगे। रचनाकार प्रभु ऐसा कैसे होने दे सकते थे? अतः जब कोई और रास्ता नहीं बचता था तो समय और स्थिति की अनुकूलता के अनुसार भगवान विष्णु स्वयं ही कोई रूप लेकर प्रगट हो धर्म स्थापना के लिए अनुकूल स्थिति विकसित करते थे।

दैत्य गुरु शुक्राचार्य के इस अनुचित प्रयास को विफल करने के लिए पृथ्वी पर पहली वार मनुष्य रूप धारण कर भगवान विष्णु ने अवतरित होने का निर्णय लिया।

इस अवतार धारण के पीछे एक और कारण अथवा घटना भी जुडी हुई है। स्वायम्भुव मनु और उनकी पत्नी शतरूपा की लम्बी घोर तपस्या पर प्रसन्न हो कर प्रभु जब चार चतुर्भुज सुन्दर मनमोहक रूप में वर देने के लिए प्रगट हुए थे तो मनु और शतरूपा प्रभु के रूप पर ऐसे मोहित हुए कि वरदान में प्रभु जैसे पुत्र की मांग कर डाली और प्रभु तो वचनबद्ध थे इस लिए उन्होंने तथास्तु कह दिया वोह भी एक बार नहीं तीन बार। अब प्रभु अपने जैसा दूसरा कहाँ से ढूँढ़ते अतः प्रभु ने स्वयं ही उनके अगले तीन जन्मों में उनके मानव रूप में पुत्र हो जन्म लेने का निश्चय लिया। मनु और शतरूपा इस जन्म में महर्षि कश्यप और अदिति कि रूप में थे और भगवान ने अपना बचन निभाते हुए उनके पुत्र के रूप में जन्म लिया जो प्रभु के वरदान के अनुसार उनका दूसरा अवतार था। इस जन्म में प्रभु ने पहले अपना माता पिता के सामने चार चतुर्भुज रूप प्रगट किया और फिर छोटा वामन ब्रह्मचारी रूप धारण किया और प्रभु वामन अवतार के नाम से संसार में प्रख्यात हुए।

दैत्य राजा बलि के यहाँ दैत्य गुरु शुक्राचार्य की अगवाई में १००वां अंतिम अश्वमेध यज्ञ चल रहा था और प्रभु अपने वामन ब्रह्मचारी रूप में यज्ञशाला द्वार पर एक ब्राह्मण भिक्षु के रूप में पहुँच गए। दैत्य राजा बलि ने देखा कि एक छोटा सा ब्राह्मण भिक्षु द्वार पर खड़ा है। ब्राह्मण वामन भिक्षु के चेहरे पर ऐसा अद्भुत तेज था कि राजा बलि के साथ शुक्राचार्य और यज्ञ शाला में सभी ऋषि भी वामन ब्रह्मचारी के तेज से प्रभावित हो यज्ञ मंडप में ही उठकर खड़े हो गए और अचंभित हो देखते ही रह गए।

राजा बलि ने स्वयं द्वार पर जा ब्राह्मण का स्वागत किया और अंदर ले कर आ गए। राजा ने ब्राह्मण की चरण पूजा कर पूछा,"ब्राह्मण देव हम आप की क्या सेवा करें, यज्ञ चल रहा है, ऐसे समय में आपका आना अति शुभ है। वामन ब्राह्मण भिक्षु ने कहा, राजन इस ब्राह्मण भिक्षु को क्या चाहिए, मुझे मात्र मेरे तीन पग के नाप की पृथ्वी चाहिए। राजा बलि ने कहा कि तीन पग क्यों जितनी चाहिए उतनी लो। वामन बोले, "नहीं राजन मात्र तीन पग ही बहुत होंगे"। राजा बलि ने कहा," जैसे आपकी इच्छा"। राजा बलि के हाँ कहने पर संकल्प करने को कहा। राजा बलि की अंजलि में जल भर कर ब्रह्मचारी ब्राह्मण संकल्प कराने लगा तो दैत्य गुरु को शंका हुई। अंतर दृष्टि से प्रभु को पहचान लिया और राजा बलि को सम्भोदित कर बोले," राजन. यह संकल्प मत करो, तुम्हारे साथ छल हो रहा है, यह वामन रूप में स्वयं विष्णु हैं"। राजा बलि भले एक दैत्य थे परन्तु थे तो भगवन विष्णुजी के प्रिय भगत प्रहलाद के कुल से ही। वोह कैसे अपने दान देने के निर्णय को स्वीकार कर लेने और अंजलि में संकल्प के जल भर लेने के बाद कैसे बदल सकते थे अतः राजा बलि ने गुरु की बात नहीं मानी और संकल्प कर दिया।

संकल्प होते ही प्रभु ने अपना स्वरूप बढ़ाना शुरू कर दिया। अब सभी समझ चुके थे की स्वयं भगवान विष्णु ही हैं और इनके पलक झपकते ही इतने बड़े विकसित होते हुए विशाल शरीर को देख कर अचंभित भी हो रहे थे।

एक पग में पृथ्वी माप ली और दूसरे पग का विस्तार स्वर्ग लोक, देवलोक के पार ब्रह्मलोक तक पहुँच गया और शरीर में समस्त नभ मंडल समा गया। भगवान ने राजा बलि से पूछा," राजन तीसरा पग कहाँ रखूं तो राजा बलि ने अपना सर आगे कर कहा, "प्रभु यहाँ"। सर्वस्व दान कर देने पर प्रभु ने राजा बलि को वरदान दिया," अगले मन्वन्तर में तुम इंद्र बनोगे और स्वर्ग में राज

करोगे! तब तक तुम सुतल लोक में सब सुख समृद्धि के साथ रहोगे और स्वयं हम तुम्हारे द्वार पर गदा धारी द्वारपाल बन कर तुम्हरी रक्षा में रहेंगे। ऐसे वरदान दे कर भगवान वामन ने शुक्राचार्य जी से कह कर यज्ञ पूर्ण करा दिया। इस के पश्चात राजा बलि और सब दैत्य,दानवों को साथ लेकर सुतल लोक चले गए और भगवान स्वयं उसके द्वारपाल बन गए। इस तरह भगवान ने देव-दानवों के संघर्ष को सदा के लिए समाप्त किया।

गंगा जी का प्रादुर्भाव कब और कैसे हुआ?

विराट स्वरूप धारण करने वाले विष्णु भगवान ने अपने अवतार वामन स्वरूप में जब राजा बलि से तीन पग पृथ्वी नापते समय अपने एक पग से समूची पृथ्वी मापने के पश्चात दूसरे पग को ब्रह्मलोक तक पहुंचा दिया तो ब्रह्मा जी ने अंगूठे को धो उस जल को अपने कमंडल में भर लिया था। यहीं से गंगा का प्रादुर्भाव (अवतरण) हुआ था। गंगा पहले देवलोक में थी।

महाराज सगर के साठ हजार पुत्रों को, जो अपनी धृस्टता, मुनि के प्रति दुर्व्यवहार के कारण, भगवान विष्णु के ही स्वरूप माने जाने वाले सिद्ध मुनि कपिल के प्रकोप से भस्म हो गए थे, उनकी सद्गति हो सके इसलिए मुनि के कहने पर, सगर की चौथी पीढ़ी के महाराज भगीरथ की कठिन तपस्या से प्रसन्न हो गंगा जी शिव जी की विशाल जटाओं में उतरी फिर भगीरथ के पीछे गंगा की धार पृथ्वी पर पृथ्वी के पूर्व छोर पर पहुँच गई। कपिल मुनि के श्राप से भस्म हुए सगर के साठ हजार पुत्रों की भस्म-स्थली पर गंगा जी के पवित्र जल के स्पर्श से उन की आत्माओं को सद्गति प्राप्त हुई। वह कपिल मुनि आश्रम समुद्र किनारे था। गंगा के प्रवाह के इस जगह समुद्र में मिल जाने से एक पवित्र तीर्थ "गंगा सागर" नाम से प्रसिद्ध हो श्रद्धालु जनता-जनार्दन के लिए, हरिद्वार की तरह एक प्रसिद्ध मुक्ति धाम तीर्थ बन गया।

अब तक के भगवान विष्णु के अवतार मात्र अधर्मी दैत्यों को समाप्त कर धर्म की स्थापना करने अथवा किसी विशेष उद्देश्य की पूर्ति तक ही सीमित रहे परन्तु आगे आने वाले अवतार धर्म स्थापना के साथ साथ मानव के उद्धार के लिए बहु-आयामी शिक्षा-प्रद और मार्ग-दर्शक भी हैं।

७.६ भगवान विष्णु का परशुराम अवतार:

भगवान विष्णु का सातवां अवतार परशुराम के नाम से भृगु ऋषि के कुल में हुआ जो भगवान विष्णु के आंशिक अवतार हैं। उनका जन्म महर्षि भृगु के पौत्र महर्षि जमदग्नि द्वारा सम्पन्न पुत्रेष्टि यज्ञ से प्रसन्न देवराज इन्द्र के वरदान स्वरूप पत्नी रेणुका के गर्भ से वैशाख शुक्ल तृतीया को हुआ था। यह भगवान विष्णु के आवेशावतार के रूप में भी जाने जाते हैं। जमदग्नि ऋषि एक ऋषि थे, जो **भृगुवंशीय ऋषीक** के पुत्र थे तथा जिनकी गणना सप्तऋषियों में होती है। पुराणों के अनुसार इनकी पत्नी रेणुका थीं

प्राचीन काल में कन्नौज में गालिब नाम के एक राजा राज्य करते थे। उनकी सत्यवती नाम की एक अत्यन्त रूपवती कन्या थी। राजा गाधि ने सत्यवती का विवाह भृगुनन्दन **ऋषीक** के साथ कर दिया। सत्यवती के विवाह के पश्चात भृगु ऋषि ने आकर अपनी पुत्रवधू को आशीर्वाद दिया और उससे वर माँगने के लिये कहा।

इस पर सत्यवती ने ससुर को प्रसन्न देखकर उनसे अपनी माता के लिये एक पुत्र की याचना की। सत्यवती की याचना पर भृगु ऋषि ने उसे दो चरु पात्र देते हुये कहा कि जब तुम और तुम्हारी माता ऋतु स्नान कर चुकी हो

तब तुम्हारी माँ पुत्र की इच्छा लेकर पीपल का आलिंगन करना और तुम उसी कामना को लेकर गूलर का आलिंगन करना। फिर मेरे द्वारा दिये गये इन चरुओं का सावधानी के साथ अलग अलग सेवन कर लेना।

इधर जब सत्यवती की माँ ने देखा कि भृगु ने अपने पुत्रवधू को उत्तम सन्तान होने का चरु दिया है तो उसने अपने चरु को अपनी पुत्री के चरु के साथ बदल दिया। इस प्रकार सत्यवती ने अपनी माता वाले चरु का सेवन कर लिया। त्रिकालदर्शी महर्षि भृगु को इस बात का ज्ञान हो गया और वे अपनी पुत्रवधू के पास आकर बोले कि पुत्री! तुम्हारी माता ने तुम्हारे साथ छल करके तुम्हारे चरु का सेवन कर लिया है। इसलिये अब तुम्हारी सन्तान ब्राह्मण होते हुये भी क्षत्रिय जैसा आचरण करेगी और तुम्हारी माता की सन्तान क्षत्रिय होकर भी ब्राह्मण जैसा आचरण करेगी। इस पर सत्यवती ने भृगु से विनती की कि आप आशीर्वाद दें कि मेरा पुत्र ब्राह्मण का ही आचरण करे, भले ही मेरा पौत्र क्षत्रिय जैसा आचरण करे। भृगु ने प्रसन्न होकर उसकी विनती स्वीकार कर ली। समय आने पर सत्यवती के गर्भ से जमदग्नि का जन्म हुआ। जमदग्नि अत्यन्त तेजस्वी थे।

महर्षि जमदग्नि की तपस्या अपने चरमसीमा पर पहुँच रही थी। स्वर्ग का राज छिन जाने की देवराज इन्द्र को चिंता होने लगी। जमदग्नि की तपस्या को रोकने के लिए प्रभु व इन्द्र देव की प्रेरणा से देवर्षि नारदमुनि जी तपस्या-रत ऋषि के सामने आकर बात बात में सुना गए," पुत्र बिन गति नहीं"। देवर्षि तो अपना शगूफा छोड़ चले गए परन्तु जमदग्नि जी के मन में उथल-पुथल होने लगी और उनका तपस्या में मन नहीं लग रहा था। उनको लगा कि देवर्षि की बात गलत तो हो नहीं सकती। वोह सोच रहे थे मेरे को शादी के लिए इस अवस्था में कौन लड़की देगा? अंततः जमदग्नि राजा 'प्रसेनजित' जो 'रेणु' के नाम से भी जाने जाते थे और एक धर्मात्मा राजा थे उनके दरबार में जा पहुंचे। राजा ने ऋषि का शिष्टाचार के अनुसार स्वागत कर इच्छित सेवा व आने का कारण पूछा। ऋषि को कहने में बहुत झिझक हो रही थी। राजा के अनुरोध पर ऋषि ने अपनी शादी के लिए एक कन्या की इच्छा बता दी। राजा प्रसेनजित अथवा राजा रेणु ने ऋषि की मांग पर विचार कर ऋषि जमदग्नि से कहा कि मैं अपनी पुत्रियों को आपके पास भेज रहा हूँ। जो कन्या आप का आसन उठाएगी, उसकी सहमति समझ उसको आप वरण कर सकेंगे। सभी राज-कन्याएं ऋषि को

देख व्यंग कसती निकल गईं और अंत में रेणु आई और उसने ऋषि का आसन उठा लिया। इस तरह जमदग्नि ऋषि का विवाह प्रसेनजित की कन्या रेणुका से हुआ। रेणुका से उनके पाँच पुत्र हुए जिनके नाम थे:- रुक्मवान (बृहद्यनु), ब्रूत्वकन्वा (सुखेण}, वसु, विस्वावसु, और भद्ररामा (परशुराम)|

पितामह भृगु द्वारा सम्पन नामकरण संस्कार के अनन्तर राम कहलाए। शिवजी द्वारा प्रदत्त परशु धारण किये रहने के कारण वे परशुराम कहलाये।

परशुराम ने अधिकांश विद्याएँ अपनी बाल्यावस्था में ही अपनी माता की शिक्षाओं से सीख ली थी। वे पशु-पक्षियों तक की भाषा समझते थे और उनसे बात कर सकते थे। खूंखार जंगली पशु भी उनके स्पर्श मात्र से ही उनके मित्र बन जाते थे। आरम्भिक शिक्षा अपने पिता के मामा ब्रह्मा पुत्र ब्रह्मर्षि विश्वामित्र एवं दादा श्री ऋषीक के आश्रम में प्राप्त की और महर्षि ऋषीक से सारंग नामक दिव्य वैष्णव धनुष और ब्रह्मर्षि कश्यप से विधिवत अविनाशी वैष्णव मन्त्र प्राप्त हुआ। तदनंतर कैलाश पर भगवान शंकर से विद्या प्राप्त कर विशिष्ट दिव्यास्त्र विद्युदभि नामक परशु प्राप्त किया। शिवजी से उन्हें त्रैलोक्य विजय कवच, स्तवराज स्तोत्र एवं मन्त्र कल्पतरु भी प्राप्त हुए। चक्र तीर्थ में किये कठिन तप से प्रसन्न हो भगवान विष्णु ने उन्हें त्रेता में रामावतार होने पर तेजो-हरण के उपरान्त कल्पान्त पर्यन्त तपस्या रत भूलोक पर रहने का वर दिया। कल्कि अवतार होने पर उनका गुरुपद ग्रहण कर उन्हें शस्त्र विद्या प्रदान करना भी बताया गया है।

उन्होंने एकादश छन्दयुक्त "शिव पंचत्वारिंशनाम स्तोत्र" भी लिखा। इच्छित फल-प्रदाता परशुराम गायत्री है-"ॐ जामदग्न्य विद्महे महावीराय धीमहि, तन्नः परशुराम: प्रचोदयात्।"

भगवान परशुराम पुरुषों के लिये आजीवन एक पत्नी व्रत के पक्षधर थे। उन्होंने अत्रि की पत्नी अनसूया, अगस्त्य की पत्नी लोपा मुद्रा व अपने प्रिय शिष्य अकृतवण के सहयोग से विराट नारी-जागृति-अभियान का संचालन भी किया था।

वे भार्गव गोत्र की सबसे आज्ञाकारी सन्तानों में से एक थे, जो सदैव अपने गुरुजनों और माता पिता की आज्ञा का पालन करते थे। वे सदा बड़ों का सम्मान करते थे और कभी भी उनकी अवहेलना नहीं करते थे।

उनका भाव इस जीव सृष्टि को इसके प्राकृतिक सौंदर्य सहित जीवन्त बनाये रखना था। वे चाहते थे कि यह सारी सृष्टि पशु पक्षियों, वृक्षों, फल फूल और समूची प्रकृति के लिए जीवन्त रहे।

उनका कहना था कि राजा का धर्म वैदिक जीवन का प्रसार करना है ना कि अपनी प्रजा से आज्ञा पालन करवाना। वे एक ब्राह्मण के रूप में जन्में अवश्य थे लेकिन कर्म से एक क्षत्रिय थे। उन्हें भार्गव के नाम से भी जाना जाता है।

माता पिता भक्त परशुराम:

श्रीमद भागवत में दृष्टान्त है कि गन्धर्वराज चित्ररथ को अप्सराओं के साथ विहार करता देख पूजा हवन हेतु गंगा तट पर जल लेने गई रेणुका आसक्त हो गयी और कुछ देर तक वहीं रुक गयीं। पूजा हवन काल व्यतीत हो जाने से क्रुद्ध मुनि जमदग्नि ने अपनी पत्नी के आर्य मर्यादा विरोधी आचरण एवं मानसिक व्यभिचारिता करने के दण्ड स्वरूप सभी पुत्रों को माता रेणुका का वध करने की आज्ञा दी।

अन्य भाइयों द्वारा ऐसा दुस्साहस न कर पाने पर पिता के तपोबल से प्रभावित परशुराम ने उनकी आज्ञानुसार माता का शिरोच्छेद एवं उन्हें बचाने हेतु आगे आये अपने समस्त भाइयों का वध कर डाला। उनके इस कार्य से प्रसन्न जमदग्नि ने जब उनसे वर माँगने का आग्रह किया तो परशुराम ने सभी के पुनर्जीवित होने एवं उनके द्वारा वध किए जाने सम्बन्धी स्मृति नष्ट हो जाने का ही वर माँगा।

यद्यपि मां जीवित हो उठीं थीं लेकिन मां पर परशु प्रहार करने के अपराध बोध से वे इतने ग्रस्त हो गए कि उन्होंने पिता से अपने पाप के प्रायश्चित का उपाय भी पूछा। पौराणिक प्रसंगों के अनुसार ऋषि जमदग्नि ने तब अपने पुत्र परशुराम को जिन जिन स्थानों पर जाकर पाप विमोचन तप करने का निर्देश दिया उन स्थानों में परशुराम कुण्ड सर्व प्रमुख है। अरुणाचल प्रदेश में लोहित नदी के तट पर ही परशुराम कुण्ड स्थित है। परशुराम अपनी माता रेणुका की हत्या के पाप से मुक्ति पाने के लिए यहां आए थे। इस कुण्ड में स्नान के बाद वे मां की हत्या के पाप से मुक्त हुए थे।

पिता जमदग्नि की हत्या और परशुराम का प्रतिशोध:

सहस्रार्जुन से युद्ध:

महिष्मती नगर के राजा सहस्रार्जुन क्षत्रिय समाज के हैहय वंश के राजा कार्तवीर्य और रानी कौशिक के पुत्र थे। सहस्रार्जुन का वास्तविक नाम अर्जुन था। अर्जुन (सहस्रार्जुन) ने घोर तप द्वारा भगवान दत्तात्रेय को प्रसन्न कर एक सशस्त्र भुजाएँ तथा युद्ध में किसी से परास्त न होने का वर पाया था।

ऋषि वशिष्ठ से शाप के कारण सहस्रार्जुन मति भ्रस्ट और अहंकारी हो गए थे।

संयोगवश वन में आखेट करते वह जमदग्नि मुनि के आश्रम जा पहुँचा। कपिला काम धेनु की सहायता से हुए समस्त सैन्य दल के अद्भुत आतिथ्य सत्कार पर लोभ वश जमदग्नि की अवज्ञा करते हुए कामधेनु को बलपूर्वक छीनकर ले गया।

जब परशुराम को यह बात पता चली तो उन्होंने पिता के सम्मान की रक्षा हेतु कामधेनु वापस लाने के लिए सहस्रार्जुन से युद्ध किया। युद्ध में कुपित परशुराम ने फरसे के प्रहार से सहस्रार्जुन की सभी भुजाएँ काट डालीं व सिर को धड़ से पृथक कर दिया।

तब सहस्रार्जुन के पुत्रों और उनके सहायक क्षत्रिय राजाओं ने प्रतिशोध वश परशुराम की अनुपस्थिति में उनके पिता जमदग्नि को मार डाला। जमदग्नि जी का सिर धड़ से अलग तो किया ही उनके शरीर पर २१ घाव भी किये गए थे। माता की पुकार पर अन्तर्यामी परशुराम जी आये और पिता के घाव देख ऐसे क्षत्रियों को समाप्त करने की कसम खाई। परशुराम की माँ रेणुका पति की हत्या से विचलित होकर उनकी चिताग्नि में प्रविष्ट हो सती हो गयीं।

हैहयवंशी क्षत्रियों का विनाश:

इस घोर घटना ने परशुराम को क्रोधित कर दिया और उन्होंने संकल्प लिया-"मैं हैहय वंश के सभी क्षत्रियों का नाश करके ही दम लूँगा"।

परशुराम ने 21 बार आक्रमण कर हैहयवंशी क्षत्रियों का समूल नष्ट किया था।

इस काण्ड से कुपित परशुराम ने पूरे वेग से महिष्मती नगरी पर आक्रमण कर दिया और उस पर अपना अधिकार कर लिया। इसके बाद उन्होंने एक के बाद एक पूरे इक्कीस बार इस पृथ्वी से क्षत्रियों का विनाश किया। यही नहीं उन्होंने हैहय वंशी क्षत्रियों के रुधिर से पंचक क्षेत्र के पाँच सरोवर भर दिये और पिता का श्राद्ध सहस्रार्जुन के पुत्रों के रक्त से किया। अन्त में महर्षि ऋषीक ने प्रकट होकर परशुराम को ऐसा घोर कृत्य करने से रोका।

इसके पश्चात उन्होंने अश्व मेघ महा यज्ञ किया और सप्त द्वीप युक्त पृथ्वी महर्षि कश्यप को दान कर दी। केवल इतना ही नहीं, उन्होंने देवराज इन्द्र के समक्ष अपने शस्त्र त्याग दिये और सागर द्वारा उच्छिष्ट भूभाग महेन्द्र पर्वत पर आश्रम बनाकर रहने लगे।

अन्य कथाएँ:

परशुराम-गणेश संघर्ष:

ब्रह्मवैवर्त पुराण में कथा है कि कैलाश स्थित भगवान शंकर के अन्त:पुर में प्रवेश करते समय गणेश जी द्वारा रोके जाने पर परशुराम ने बलपूर्वक अन्दर जाने की चेष्टा की। तब गणपति ने उन्हें स्तम्भित कर अपनी सूँड में लपेटकर समस्त लोकों का भ्रमण कराते हुए गोलोक में भगवान श्रीकृष्ण का दर्शन कराके भूतल पर पटक दिया। अचेतावस्था में आने पर कुपित परशुराम जी द्वारा किए गए फरसे के प्रहार से गणेश जी का एक दाँत टूट गया, जिससे वे एकदन्त कहलाये।

रामायण काल:

उन्होंने त्रेता युग में रामावतार के समय शिवजी का धनुष भंग होने पर मिथिला पुरी पहुँच कर प्रथम तो स्वयं को "विश्व-विदित क्षत्रिय कुल द्रोही" बताते हुए "बहुत भाँति तिन्ह आँख दिखाये" और क्रोधान्ध हो "सुनहु राम "जेहि शिव धनु तोरा, सहसबाहु सम सो रिपु मोरा" तक कह डाला। तदुपरान्त अपनी शक्ति का संशय मिटते ही वैष्णव धनुष श्रीराम को सौंप दिया और क्षमा याचना करते हुए "अनुचित बहुत कहेउ अज्ञाता, क्षमहु क्षमामन्दिर दोउ भ्राता" और महेंद्र पर्वत पर तप साधना के लिए चले गए। रामचरित्र मानस की ये पंक्तियाँ साक्षी हैं- "कह जय जय जय रघुकुलकेतू, भृगुपति गये वनहिं तप हेतु"। वाल्मीकि रामायण में

वर्णित कथा के अनुसार दशरथनंदन श्रीराम ने जमदग्नि कुमार परशुराम का पूजन किया और परशुराम ने रामचन्द्र की परिक्रमा की और महेंद्र पर्वत पर तप साधना के लिए चले गए।

महाभारत काल:

उनके जाने-माने शिष्य थे - गंगा पुत्र भीष्म, द्रोणाचार्य और कर्ण। गंगा पुत्र देवव्रत परशुराम के प्रथम शिष्य थे जिन्होंने शास्त्र विद्या में निपुणता प्राप्त की थी।

परशुराम अपने जीवन भर की कमाई ब्राह्मणों को दान कर रहे थे, तब द्रोणाचार्य उनके पास पहुँचे। किन्तु वे तब तक सब कुछ दान कर चुके थे। तब परशुराम ने दया भाव से द्रोणाचार्य से कोई भी अस्त्र-शस्त्र चुनने के लिये कहा। तब चतुर द्रोणाचार्य ने कहा कि मैं आपके सभी अस्त्र शस्त्र उनके यन्त्रों सहित चाहता हूँ ताकि जब भी उनकी आवश्यकता हो, प्रयोग किया जा सके। परशुराम जी ने कहा-"एवमस्तु!" अर्थात् ऐसा ही हो। इससे द्रोणाचार्य शस्त्र विद्या में निपुण हो गये।

परशुराम कर्ण के भी गुरु थे। उन्होंने कर्ण को भी विभिन्न प्रकार की अस्त्र शिक्षा दी थी और ब्रह्मास्त्र चलाना भी सिखाया था। कर्ण को यह ज्ञात नहीं था वह जन्म से क्षत्रिय है। वह सदैव ही स्वयं को शूद्र समझता रहा। लेकिन कर्ण एक सूत का पुत्र था, फिर भी यह जानते हुए कि परशुराम केवल ब्राह्मणों को ही अपनी विद्या दान करते हैं, कर्ण ने छल से परशुराम से विद्या प्राप्त की। परशुराम ने उसे ब्राह्मण समझ कर समस्त विद्यायें सिखायीं। एक दिन जब परशुराम एक वृक्ष के नीचे कर्ण की गोदी में जांघ पर सर रखकर सो रहे थे, तब एक छोटा जङ्गली जीव कर्ण के पैर पर काटने लगा। अपने गुरु जी की नींद में कोई अवरोध न आये इसलिये कर्ण दर्द को सहता रहा। परशुराम की नींद खुली तो कर्ण की सहन-शीलता को देख कर सोचने लगे कि इतना दर्द सहने की क्षमता तो क्षत्रिय में ही हो सकती है। उनको लगा की शस्त्र विद्या प्राप्त करने के लिए कर्ण ने अपनी जाती छुपाई होगी अतः क्रोध वश उन्होंने कर्ण को श्राप देते हुए कहा कि जब उसे अपनी विद्या की सर्वाधिक आवश्यकता होगी, तब वह उसके काम नहीं आयेगी। इसलिए जब कुरुक्षेत्र के युद्ध में कर्ण और अर्जुन आमने सामने होते है तब वह अर्जुन द्वारा मार दिया जाता है।

कल्कि पुराण:

कल्कि पुराण के अनुसार परशुराम, भगवान विष्णु के दसवें अवतार कल्कि के गुरु होंगे और उन्हें युद्ध की शिक्षा देंगे। वे कल्कि को भगवान शिव की तपस्या करके उनके दिव्यास्त्र को प्राप्त करने के लिये

कहेंगे।

७.७. "भगवान विष्णु का श्री रामावतार"

॥ श्री रामावतार की पृष्ठ भूमिका ॥ ॥ मुनिश्रेष्ठ नारदजी का अहंकार हरण ॥

लीला धर नारायण प्रभु बड़े रचनाकार हैं।

मुनिश्रेष्ठ नारद जी भगवान विष्णु के अत्यंत प्रिय भगतों में से एक हैं। हर समय नारायण नाम जपने वाले और प्रभु का गुण गान करने वाले नारद जी एक बार किसी तप साधना में लीन थे। इन की तपस्या को भंग करने कामदेव पहुँच गए। कामदेव ने सभी उपराले किये परन्तु वह नारद जी के सामने असफल रह गए। नारद जी अपनी तपस्या पूर्ण कर जब समाधि से बाहर आये और उन्हें पता चला कि कामदेव का उनके ऊपर असर नहीं हुआ तो उन्हें अपने ऊपर गर्व महसूस होने लगा। नारदजी में ऐसा ओछापन कहाँ से आ गया?

नारद जी अपने आप को रोक नहीं पाए और भोले शंकर के पास पहुँच कर बड़े गर्व के साथ बताया कि उन्होंने कामदेव को जीत लिया है। महादेव जी तो विष्णु लीला को समझ सकते थे इसलिए कहा कि यह बात किसी और को मत बताना। नहीं रुका गया और नारद जी ने पिता ब्रह्माजी के पास अपनी बात खोल दी। ब्रह्माजी ने कहा,"अच्छी बात है परन्तु तुम यह सब अपने नारायण से मत कह देना"।

वोह तो कामदेव को असफल करने वाले, अपनी समझ से "काम" पर विजय पा लेने वाले नारायण भगवान के प्रिय भगत मुनिश्रेष्ठ नारदमुनि जी थे। वोह भला अपने साधक भगवान से कैसे कुछ छुपा सकते थे? पहुँच गए क्षीर सागर में और खोल दी मन की एक एक बात। खूब बढ़ा-चढ़ा कर वखान किया कि कामदेव नारद जी को प्रभावित नहीं कर पाया था अतः उस ने काम पर विजय पा ली है। शिवजी और ब्रह्माजी नारदजी के मन अन्दर पैदा हुए अभिमान के अंकुर को भाप गए थे और इसी लिए नारदजी को भगवान विष्णु को बताने के लिए मना भी किया था परन्तु नारद जी भले श्रेष्ठ मुनि थे परन्तु भगवान के आगे तो भगत ही हैं। भगवान की माया को तो नहीं समझ सकते थे। भगवान विष्णु के श्रेष्ठतम भगतों में से होने के कारण प्रभु ने अपने इस भगत के मन में अहंकार का उगता अंकुर भाप लिया था और इससे पहले कि यह अधिक पनपे, उपचार करने का बिचार बना लिया था।

नारदजी खुशी खुशी अपने मुंह अपनी बड़ियाई की बातें प्रभु के आगे करते रहे और प्रभु सुनते गए और नारदजी की सराहना कर उसे खुश कर दिया।

भगवान विष्णु तो लीलाधर और बड़े रचनाकार हैं। कब कौन सी लीला कर दें कौन समझ सकता है?

नारद जी आनंदविभोर हो आकाश मार्ग से जा रहे थे कि उन्हें एक भव्य राजमहल और उसके चारों ओर सुंदर सजाये हुए कितने ही पंडाल दिखाई दिए। उन्हें लगा कि कोई बड़ा उत्सव है और देखने की इच्छा जागृत हुई और पहुंच गए।

मन बिचार के अंदर एक अवगुण जगता है तो दूसरे साथी साथ देने को तैयार ही रहते हैं।

बहुत भव्य राजमहल था। चारों ओर सुंदर वातावरण था।

पहले से ही निश्चित था इसलिए राजा ने आकर स्वागत किया और महल में ले जाकर चरण पखार जल पान कराया। राजा ने अपनी पुत्री को ऋषि आशीर्वाद के लिए बुला भेजा। नारद जी से राजा ने कहा,"मुनि श्रेष्ठ राजकुमारी का स्वयंवर होने जा रहा है आप इस के भविष्य के बारे में बताएं। राजकुमारी आ गई, मुनिश्रेष्ठ ने देखा और देखते ही रह गए। मुख से राजकुमारी के बहुत अच्छे भविष्य की बात कह रहे थे परन्तु मन अंदर तो कुछ और ही चल रहा था। कामदेव को जीतने वाले मुनिश्रेष्ठ की कामपिपासा जागृत हो गई थी और वोह राजकुमारी पर मोहित हो गए थे। राजकुमारी के बारे में इधर उधर की अच्छी बातें कह नारदजी ने राजा से पूछा स्वयंवर कब है तो उत्तर मिला कल ही है, मुनि फिर विदा ले आ गये।

एक ही बात मन में चल रही थी कि कैसे इस सुंदरी को मैं पा सकूँ? था तो विष्णु भगत ही, मन में बिचार हुआ, क्यों न अपने प्रभु से सहायता मांगूं। उसने भगवान विष्णु का स्मरण किया और प्रभु प्रगट हो गए। नारद जी ने हाथ जोड़ कहा," प्रभु, श्री हरी मुझे एक दिन के लिए आप का 'हरी' रूप दे दीजिये। भगवान विष्णु तथास्तु कह कर अंतर्ध्यान हो गए। यह भी प्रभु की लीला ही थी कि नारद जी के मुख से श्री हरी की जगह हरी शब्द निकल गया था जिसका एक अर्थ बंदर भी होता है।

स्वयंवर शुरू हुआ और नारद जी एक राजकुमार की वेश-भूषा में हरी रूप ले उपस्थित हो गए। यह क्या राजकुमारी हाथों में वरमाला लिए एक व्यंगात्मक मुस्कराहट के साथ आगे से निकल गई। नारद जी फिर दूसरी जगह राजकुमारी के आगे हो कर बैठ गए परन्तु राजकुमारी ने तो उधर देखा भी नहीं और बंदर कह आगे से निकल गई। उस सभा में दो शिव गण भी बैठे हुए थे। उनसे नारदजी को देख अपनी हंसी रोकी न गई और कह ही दिया,"यहाँ आने से पहले अपनी बंदर मुखी सूरत तो देख ली होती"। नारद जी ने जल के अंदर अपना बंदर मुख देखा तो क्रोधित हो उठे और उन शिव गणों को शाप दे दिया, तुम ने मेरा उपहास किया है, तुम राक्षश हो कर जन्मोगे। इतने में देखते हैं कि भगवान विष्णु उसी राजकुमारी जो स्वयं माता लक्ष्मी ही थीं, के साथ आ रहे हैं।

वहां न कोई राज महल था और ना ही कोई स्वयंवर। अब तो और भी क्रोध चढ़ गया और प्रभु को बहुत कुछ उल्टा सीधा कहते हुए श्राप दिया," स्त्री कि लिए मुझे बंदर रूप दे कर मेरा उपहास बनाया है और मुझे तड़पाया है तो मैं

भी तुम्हें श्राप देता हूँ कि तुमको भी मनुष्य रूप ले अपनी स्त्री के वियोग में दुखी होना पड़ेगा। जो रूप मुझे दिया है उसी रूप वालों की सहायता से अपनी भार्या को प्राप्त कर पाओगे।" प्रभु ने तथास्तु कह अपना मायावी प्रभाव जैसे ही हटाया तो नारद जी को स्मृति लौट आई। बहुत पछताने लगे और प्रभु से क्षमा याचना भी बार बार करने लगे। प्रभु ने कहा के हम अपने प्रिय भगत में अबगुण का अंकुर कैसे उपजने देते? इस लिए यह सब करना जरूरी हुआ। नारद जैसे मुनिश्रेष्ठ के मन में अहंकार कैसे पनपने देते। प्रभु नारद जी को सान्तवना दे अपनी माया सहित अंतर्ध्यान हो गए।

नारद जी को शांत देख शिव गण आये अपने द्वारा किये गए उपहास के लिए क्षमा प्रार्थना करने लगे तो नारदजी ने कहा तुम राक्षस बन जन्म तो लोगे परन्तु त्रिलोक विजयी होवोगे और फिर तुम्हारा उद्धार मानव रूप में अवतरित हुए प्रभु के हाथों ही होगा और तुम्हें मुक्ति प्राप्त हो जाएगी।

प्रभु ने त्रेता युग में जब राम अवतार लिया था तो यह दोनों शिव गण रावण और कुम्भकर्ण हुए और सुग्रीव की बंदर सेना की सहायता से जिसमें महाबली हनुमान जी भी थे, इनको मार सीता जी को मुक्त कराया था। इस तरह राम नाम से तारणहार रामायण की नींव पड़ी थी।

अपने भगत को बचाने के लिए और उसके बचन का मान रखने कि लिए प्रभु क्या कुछ नहीं करते?

[श्री रघुवीर का यश गान भव (जन्म-मरण) रूपी रोग की (अचूक) दवा है। जो पुरुष और स्त्री इसे सुनेंगे, त्रिशिरा के शत्रु श्री रामजी उनके सब मनोरथ को सिद्ध करेंगे।]

* नीलोत्पल तन स्याम काम कोटि सोभा अधिक॥ सुनिअ तासु गुन ग्राम जासु नाम अघ खग वधिक॥

[जिनका नीले कमल के समान श्याम शरीर है, जिनकी शोभा करोड़ों काम देवों से भी अधिक है और जिनका नाम सुनना चाहिए। पापरूपी पक्षियों को मारने के लिए वधिक के समान है, उन श्री राम के गुणों के समूह (लीला) को अवश्य

७.७. मर्यादा पुरुषोत्तम श्री राम अवतार

"भगवान त्रिलोकीनाथ श्री विष्णु ने दशरथ पुत्र हो क्यों जन्म लिया?"

सूर्यवंश भारत का सबसे पुराना क्षत्रिय वंश था। इस सूर्यवंश के संस्थापक, विवस्वान या वैवस्वत मनु, सूर्य के पुत्र के रूप में भी जाना जाता है। विवस्वान नाम का शाब्दिक अर्थ है किरणों का स्वामी यानी सूर्य या सूर्य देव।

इस राजवंश के पहले ऐतिहासिक रूप से महत्वपूर्ण राजा विवस्वान के पोते इक्ष्वाकु थे, इसलिए राजवंश को इक्ष्वाकु वंश के रूप में भी जाना जाता है।

अपने पिछले जन्म में विवस्वान (सूर्य) के पुत्र वैवस्वत मनु, स्वायम्भुव मनु थे जो ब्रह्मा जी ने अपने दाहिने अंग-भाग से प्रगट किये थे और ब्रह्मा जी के दाएं अंग-भाग से प्रगट प्रथम स्त्री शतरूपा इनकी पत्नी थी।

महाराज दशरथ और महारानी कौशल्या अपने पिछले जन्म में, स्वायम्भुव मनु-शतरूपा थे। दोनों ने हजारों बर्ष कठिन तपस्या की थी और वरदान में भगवान को ही पुत्र रूप में पाने की इच्छा प्रगट की थी जो प्रभु ने "तथास्तु" कह मान ली थी।

इक्ष्वाकु सूर्यवंशी राजाओं में पहले माने जाते हैं। उनकी राजधानी कोसल (अयोध्या) थी।

इक्ष्वाकु के दूसरे पुत्र निमि ने मिथिला राजकुल स्थापित किया था।

महाराज इक्ष्वाकु द्वारा पृथ्वी पर सर्व प्रथम विकसित अयोध्या नाम से विख्यात नगरी है। इस सूर्यवंशी कुल में एक से एक बढ़कर प्रतापी धर्मनिष्ठ राजा हुए हैं। सत्यवादी राजा हरिश्चंद्र, भव-तारिणी गंगा को तपस्या के बल पर देवलोक से पृथ्वी पर, महाराज सगर पुत्रों, अपने पितरों की सद्गति और पृथ्वी पर भविष्य में लोक-कल्याण के लिए, लाने वाले महाराज भगीरथ और अपने बचन पर अटल रहने वाले प्रतापी महान महाराज रघु भी इसी कुल के अमर गौरव भूषण हैं। आज भी मशहूर कहावत है;

"रघुकुल रीत सदा चली आई, प्राण जाये पर बचन ना जाई"

इसी सूर्यवंशी रघुकुल में ६१वें राजा महाराज दशरथ का राज्य था। महाराज दशरथ भी एक बड़े योद्धा और एक धर्मनिष्ठ राजा थे। महाराज दशरथ की कौशल्या, केकई और सुमित्रा नाम से तीन रानियां थीं। ब्रह्मा जी के मानस पुत्र ब्रह्मर्षि वशिष्ठ जी इन के कुल गुरु थे। परन्तु बिडम्वना यह थी कि अधेड़ आयु हो गई थी परन्तु तीनों रानियों से दशरथ के यहाँ किसी पुत्र ने जन्म नहीं लिया था। "क्या आगे मेरा उत्तरा-अधिकारी नहीं होगा?" महाराज दशरथ को चिंता होने लगी थी। कुल-गुरु से अपनी वेदना प्रगट की। वशिष्ठ जी तो ब्रह्मा जी के मानस पुत्र ब्रह्मज्ञानी और त्रिकालदर्शी थे। भविष्य में क्या होने

वाला है वोह देख समझ सकते थे। उन्हें ज्ञात था कि महाराज दशरथ के यहाँ स्वयं भगवान विष्णु अवतार लेने वाले हैं। लोक निति निभाते हुए गुरु वशिष्ठ ने महाराज दशरथ को श्रृंग मुनि से पुत्रेष्टि यज्ञ करवाने के लिए कहा। यज्ञ हुआ जिसमें स्वयं प्रगट हो अग्नि देव ने एक खीर का पात्र दे तीनों रानिओं में बाँट कर खिला देने को कहा।

चैत्र शुक्ल नवमी को मध्यान्ह के समय अयोध्या के महाराज दशरथ की महारानी कौशल्या जिस बालक को जन्म देती हैं वोह तुरंत माता को चतुर्भुज रूप में दर्शन देते हैं जो स्वयं श्री विष्णु भगवान होते हैं। महारानी कौशल्या जी को कोई प्रसव पीड़ा नहीं होती है और बच्चे के जन्म के समय स्वयं प्रभु उनके सामने प्रगट हो जाते हैं। कौशल्या जी तो भगवन विष्णुजी के दिव्य अलौकिक अति सुंदर मोहक चतुर्भुज को देखती ही रह जाती हैं। अपनी कोई सुध ही नहीं, एक तक अचंभित सी हो निहारती ही जा रही है। अपने ध्येय प्रभु की इस लीला को कोई और देख व समझ नहीं पा रही थीं। माता कौशल्या प्रभु के चार चतुर्भुज रूप के दर्शन कर, भगवन विष्णु को अपने सामने दिव्य प्रकाशमान रूप में देख धन्य हो जाती है। प्रभु सम्भोदित कर कहा,"देवी पिछले जन्म में आप ने मेरे को पुत्र रूम में प्राप्त करने के लिए कठिन तपस्या की थी और उस समय हमने आप पति-पत्नी को तथास्तु कह आप को वर दे दिया था अतः अब मेरा पृथ्वी पर आपके पुत्र रूप में अवतरित होने का समय है और मैं आपके सामने प्रगट हो गया हूँ।" अब माता कौशल्या को कुछ जागृति हुई और विष्णु जी के चरणों में प्रणाम करती हुई वोह बोली,"प्रभु, आप तो मेरे आराध्य हैं, इस रूप में आप को पुत्र कैसे मान सकती हूँ? आप कृपा कर बाल रूप धर बाल-लीला करते हुए मेरी गोद में आ जाइए।" माता की इच्छा अनुसार प्रभु सुंदर कोमल श्यामल स्वरूप धार माता कौशल्या की गोद में आ गए और जन्म के समय के बच्चे की तरह रुदन करने लगे।

बच्चे का जन्म हुआ सुनकर राजभवन में ख़ुशी भरा उत्सव का माहौल हो गया। रानी केकई के भी पुत्र का जन्म हुआ और रानी सुमित्रा के दो पुत्रों ने जन्म लिया। महाराज दशरथ, राज भवन और अवध नगरी में राज-पुत्रों के जन्म पर सब ओर ख़ुशी छाई थी। महाराज दशरथ राज महल के अंदर और बाहर बधाई देने वालों की भीड़ जुट गई थी। किन्नरों के साथ नगर की प्रजा भी गा-नाच रही थी। महाराज दशरथ ने अपना खजाना खोल दिया था और

राज दरबार से ब्राह्मणों को, सेवकों, किन्नरों व भिक्षुकों को खुले हाथ इच्छा अनुसार धन, वस्त्र आदि जो मांगे दिया जा रहा था। आज अयोध्या नगरी की प्रजा और राज परिवार के लिए बहुत बड़ा दिन था।

महाराज दशरथ स्वयं तुरंत कुल गुरु वशिष्ठ के पास गए, प्रणाम कर चारों बच्चों के कुशल जन्म की सूचना दी और यथा विधि जन्म संस्कार सम्पन करने के लिए प्रार्थना की।

नामकरण का समय आया तो कुल गुरु ब्रह्मर्षि वशिष्ठ जी ने चारों भाइयों का क्रम से नामकरण किया: कौशल्या पुत्र 'राम', केकई पुत्र "भरत" और सुमित्रा के पुत्रों के नाम हुए, "लक्ष्मण" और "शत्रुघ्न"।

जो राम हैं ये स्वयं श्री विष्णु के अवतरित मानव रूप हैं। यह स्वयं चौदां कला हैं और एक एक कला के साथ इनके ही अंश भरत और शत्रुघ्न हैं। जिस शेषनाग की शैया पर श्री विष्णु क्षीर सागर में अनंत समय से विश्राम करते हैं वोह यहाँ "लक्ष्मण" के नाम से मानव रूप में अवतरित हुए हैं।

बचपन से ही चारों भाईओं में बहुत प्रेम होता है। बाल्यावस्था में सब को आनंदित करते हुए युवावस्था में आने पर गुरुकुल आश्रम में जा शाश्त्र, शस्त्र, राजधर्म, शिष्टाचार और कला आदि की शिक्षा ग्रहण करते हैं। शिक्षा समय से पूर्व या कहें कि अल्प समय में ही पूर्ण कर राजभवन में आते हैं और पिता के अनुयाई बन राज्य-कार्य में लग जाते हैं।

एक दिन ऋषि विश्वामित्र जी का दशरथ दरबार में आगमन हुआ। महाराज दशरथ ने ऋषि का स्वागत सत्कार किया और चारों पुत्रों को भी उनके चरनी लगाया। ऋषि विश्वामित्र त्रिकाल दर्शी थे और राम जन्म के रहस्य को भी समझते थे। उन्होंने राजा को कहा,"राजन आश्रम में हमें राक्षश लोग हवन-यज्ञ नहीं करने देते" और उन्होंने राम लक्ष्मण दोनों भाइयों को साथ भेजने के लिए कहा तो अपने बच्चों को और वोह भी अपने सब से प्रिय राम को राजा दशरथ भेजने के लिए कैसे हाँ कहते? कुल गुरु वशिष्ठ भी त्रिकाल दर्शी थे और सब समझते थे। उन्होंने महाराज दशरथ को समझाया और राम लक्ष्मण को विश्वामित्र के साथ भिजवाया। विश्वामित्र जी के आश्रम पहुँचने पर सबसे पहले एक भयंकर राक्षसी "ताड़का" ने आश्रम में उपद्रव करना चाहा जिसे ऋषि विश्वामित्र के कहने पर राम ने एक ही तीर से मृत्यु लोक पहुंचा दिया। ताड़का

के पुत्र सुबाहु और मरीच बहुत से राक्षशों के साथ आए मरीच को छोड़ सब मारे गए। मरीच को राम ने बिना फल वाले तीर से सौ योजन दूर समुद्र पार पहुँचा दिया और ऋषि आश्रम को सुरक्षित किया।

आश्रम में रहते राम और लक्ष्मण ने अपनी सेवा और शिष्टाचार से आश्रम के ऋषिओं का मन मोह लिया था। ऋषि विश्वामित्र ने अपनी तपस्या से अर्जित दिव्यास्त्र राम को दिए। एक दिन ऋषि ने राम लक्ष्मण को बताया कि उन्हें महाराज जनक का निमंत्रण मिला है और उन्होंने राम लक्ष्मण को भी साथ चलने को कहा। रास्ते में गौतम ऋषि का सूना पड़ा हुआ आश्रम था जहाँ ऋषि पत्नी अहल्या पति के श्राप के कारण एक पत्थर मूर्ति बनी पड़ी थी। ऋषि विश्वामित्र के कहने पर राम ने अपने पांव के अंगूठे से उसे छूआ तो वह तुरंत शाप मुक्त हो सजीव हो गई।

श्रीराम के पवित्र और शोक को नाश करने वाले चरणों का स्पर्श पाते ही सचमुच वह तपो मूर्ति अहल्या प्रकट हो गई। भक्तों को सुख देने वाले श्री रघुनाथ जी को देख कर वह हाथ जोड़कर सामने खड़ी हो गई।

अहिल्या ने राम रूप में भगवान के दर्शन पा अपने को धन्य समझा और पति के श्राप को एक आशीर्वाद ही समझा और अपने पति गौतम ऋषि के पास लौट गईं। इस बात की चर्चा सब ओर होने लगी कि राम कोई दिव्य व अवतारी पुरुष हैं।

महाराज जनक मिथिला के राजा थे। महाराज जनक नाम से इस राज्य नगरी को जनक नगरी भी कहा जाता था। ऋषि विश्वामित्र अपने साथ राम लक्ष्मण को ले मिथिला को जाते हुए रास्ते में गंगा किनारे आये। वहां गंगा स्नान कर नित्य कर्म पूजा वंदना की और राम लक्ष्मण को बताया कि क्यों और कैसे इन के पूर्वज गंगा को देवलोक से पृथ्वी पर लाये थे। इस तरह ज्ञान-उपदेश करते महाराज जनक की राजधानी के पास पहुँच गए और एक अच्छी सुविधा वाली जगह देख वहां रुक गए। महाराज जनक को जब ऋषि विश्वामित्र के आगमन की सूचना मिली तो वोह अपने मंत्री गण के साथ ऋषि विश्वामित्र के अतिथि सत्कार व स्वागत के लिए गए।

ऋषि के साथ दो युवाओं को देख ठगे से रह गए। ऋषि ने बताया कि यह दोनों भाई अयोध्या नरेस महाराज दशरथ के पुत्र राम और लक्ष्मण हैं। इन्होंने

राक्षसी ताड़का, उसके पुत्र सुबाहु, मरीच और उनके दूसरे राक्षशों को मार हमारे आश्रम को सुरक्षा प्रदान की है। राम ने गौतम पत्नी अहिल्या का भी उद्धार किया, इनके चरण स्पर्श मात्र से वोह सजीव हो गई। महाराज जनक तो पहले ही राम के व्यक्तित्व से प्रभावित हो रहे थे और अब तो उनको राम के कोई दैवीय आत्मा होने का भरोसा हो गया था। आदर सम्मान के साथ ऋषि और दोनों युवराजों को साथ ले कर गए। शाम के समय राम लक्ष्मण ऋषि विश्वामित्र से आज्ञा ले जनक नगरी और स्वयंवर स्थल आदि देखने गए। नगर निवासी इन युवराजों के व्यक्तित्व से प्रभावित हो रहे थे और इनके राक्षस दमन और गौतम पत्नी अहिल्या के शाप मुक्त करने की आश्चर्य भरी बातों की चर्चा एक-दूसरों से कर रहे थे।

महाराज जनक पुत्री राजकुमारी सीता के स्वयंवर की तैयारियां चल रहीं थी। जनक नगरी और महल में चारों ओर चहल-पहल थी। विश्वभर के राजा स्वयंवर में भाग लेने के लिए पहुँच रहे थे। स्वयंवर स्थल को बहुत अच्छे ढंग से सजाया गया था। अतिथि, ऋषि और राजाओं के बैठने के लिए उचित व्यवस्था की गई थी। नगर का भ्रमण कर और स्वयंवर स्थल की रचना की सराहना करते हुए दोनों भाई संध्या-वंदना के समय से पहले बापस आ गए।

प्रातः काल में श्री राम लक्ष्मण दोनों भाई गुरु विश्वामित्र जी की पूजा वंदना के लिए फूल लेने जाते हैं। पास में ही महाराज जनक की पुष्पवाटिका होती है और दोनों भाई वहां जा माली से पूछ पुष्प लेने लगते हैं। उसी पुष्पवाटिका में देवी माता गौरजां का मंदिर होता है। कुंआरी कन्या अच्छे वर की प्राप्ति के लिए माता गौरी की पूजा करती थीं। जनक नंदिनी सीता अपनी सखियों के साथ वहां पूजन के लिए आती हैं। सखियों को पुष्प चुनते श्री राम और लक्ष्मण दिखाई पड़ जाते हैं। एक सखी के मुख से निकलता है,"कितने सुंदर युवक हैं? लगता है कहीं के राजकुमार हैं।" दूसरी सखी ने कहा,"यह दोनों भाई अयोध्या के राजकुमार हैं। कल शाम को यह नगर भ्रमण के लिए आये थे। सब इन्हीं की बातें बतिया रहे थे। यह ऋषि विश्वामित्र के साथ आये हैं। सुना है इन्होंने ताड़का और उसके पुत्र सुबाहु और उनके साथी राक्षसों को मार कर ऋषि आश्रम को सुरक्षित किया है।" दूसरी सखी बोली,"अरि इनमें जो सांवले हैं उनके चरण स्पर्श से तो पति श्राप से पत्थर बनी मूर्ति अहिल्या माता जीवित हो गई हैं।" बातें सुन सीता जी की दृष्टि भी सामने श्री राम पर गई और श्री राम भी उस

समय इधर ही देख रहे थे। सीता जी ने एक दृष्टि में ही श्री राम को देख पलकें झुका लीं क्योंकि श्री राम भी इधर ही देख रहे थे और वोह लजा गई थीं। उधर श्री राम ने सीता जी को देखा तो उन्हें अपने मन में सीता जी के लिए कुछ प्रेम भाव प्रगट हुआ जो एक पुरुष के मन में अपनी प्रेमिका के लिए होता है। सीता जी भी मन ही मन देवी माता को प्रार्थना कर रही थीं कि यह सांवला युवक ही धनुष प्रतियोगिता को जीत मुझे वर ले। मन की बातें मन में ले सभी वहां से लौट लिए।

स्वयंवर का दिन आ गया। सभी अतिथि ऋषि और राजा लोग पहुँच कर अपने अपने आसन ग्रहण कर रहे थे। ऋषि विश्वामित्र भी राम और लक्ष्मण को साथ ले पहुँच गए तो महाराज जनक ने उनका स्वागत किया और शतानन्द जी ने उनको आसन तक पहुँचाया। नगरवासी तथा और भी बहुत से लोग इस स्वयंवर को देखने आये थे। सेवकों ने सब को उचित स्थान दे बैठा दिया। मध्य भाग में शिव धनुष को व्यवस्थित तरीके से रखा गया। शुभ समय के अनुसार माता सुनयना और दूसरी राजघराने की स्त्रियां रनिवास से राज कुमारी सीता को ले कर आईं और इन सब के लिए बनाये गए सुन्दर ऊंचे मंच पर विराजमान हुईं।

राज पुरोहित शतानन्द जी ने स्वयम्वर की शर्तें बता कर, शुरू करने की घोषणा कर दी। स्वयंवर की शर्त एक ही थी, वह थी "वहां रखे शिव धनुष की प्रतंच्या चढ़ाना"।

यह एक दिव्य शिव धनुष था जिसे परशुराम जी शिव जी के कहने पर महाराज जनक के पास छोड़ कर गए हुए थे। इस दिव्य धनुष को एक बार राजकुमारी सीता ने एक हाथ से उठा कर एक जगह से दूसरी जगह रख दिया था। इसी से जनक पिता के मन में पुत्री के लिए इस दिव्य धनुष की प्रतंच्या चढ़ाने वाले राजकुमार को उसकी शादी के लिए चुनने की इच्छा जागृत हुई थी। इस तरह से इस स्वयम्वर के लिए बड़े बहादुर राजाओं को आमंत्रण भेजे गए थे।

घोषणा होने पर एक तरफ से प्रतियोगी प्रतियोगिता में भाग लेने को उठने लगे। परन्तु यह क्या? प्रतंच्या चढ़ाना तो दूर कोई भी धनुष को उस की जगह से हिला भी नहीं पा रहा था। महाराज जनक बहुत निराश हो गए और उन्होंने कह दिया,"मुझे मालूम नहीं था कि यह पृथ्वी अब शूरवीरों से शून्य हो गई है"।

लक्ष्मण को यह शब्द सहन करने मुश्किल थे और वोह भड़क उठे। राम ने उन्हें शांत हो बैठने को कहा। राम लक्ष्मण प्रतियोगिता के लिए आमंत्रित नहीं थे वोह तो ऋषि के साथ आये थे इस लिए उठे ही नहीं थे। जब सब और से निराश हो महाराज जनक दुखी हो बोले कि पृथ्वी वीरों से शून्य हो गई है और लक्ष्मण की सहन-शीलता जब जबाव देती दिखाई दी तो ऋषि विश्वामित्र ने अपने साथ बैठे युवराज राम को धनुष की और जाने के लिए कहा।

जयमाला पहनाना

राजकुमारी सीता को वर माला के साथ कुटुंब की स्त्रियां राम को वरमाला पहनाने के लिए ले चलीं। बहुत ख़ुशी का वातावरण था। जनक दुलारी सीता ने दशरथनंदन श्री रामचंद्र को वरमाला पहना एक अटूट सम्बन्ध की शुभ शुरुआत की।

हार खाये राजाओं की अनर्गल बातें

इस बड़ी खुशी के समय में उपस्थित कुछ घमंडी राजा कुछ उलटी-सीधी बातें करने लगे थे। कह रहे थे कि इन राजकुमारों को बंदी बना जनक नंदिनी को छीन ले चलो। धनुष प्रतियोगिता में हार खाये हुए कुछ राजाओं की ऐसी अनर्गल बातें सुन सीता व सखाओं के मन में डर हुआ और सखियाँ सीता जी को माता के पास मंच पर बापस ले गईं। लक्ष्मण जी को भी राजाओं की काना-फूसी सुनाई पड़ रही थी और उनके मन में बहुत क्रोध भी उठ रहा था परन्तु श्री राम के डर से कुछ कर नहीं पा रहे थे।

परशुराम का आगमन व क्रोध

उधर धनुष के टूटने की ध्वनि ने भगवान परशुराम जी का ध्यान भंग किया और वोह मन की गति से स्वयंवर सभा में आ पहुंचे।

परशुराम जी जैसे ही स्वयंवर स्थली पर आये तो उनको देखते ही वहां बैठे क्षत्रिय राजा तो भय-भीत हो उनके आगे आ आ कर नतमस्तक होने लगे। मिथिला के राजा महाराज जनक जिनका का वास्तविक नाम सिर ध्वज था तथा इनके भाई का नाम कुश ध्वज था; अपने भाई कुश ध्वज और कुल गुरु शतानन्द के साथ जाकर परशुराम जी का स्वागत किया। महर्षि विश्वामित्र जी ने उनका अभिवादन कर श्री राम लक्ष्मण ने भी उनको प्रणाम किया।

परशुराम के यहाँ आने का कारण था धनुष के टूटने की ध्वनि जिसने उनकी ध्यान समाधि भंग कर दी थी। उन्होंने वहां एकत्रित बड़ी भीड़ को देख पूछ लिया,"यहाँ यह इकट्ठ किस लिए हो रहा है?" जनक जी ने पुत्री सीता के स्वयंवर की बात बताई। चारों ओर परशुराम जी ने देखा तो उनको बीच मंच पर पड़ा खंडित शिव धनुष दिखाई पड़ गया और उन्होंने क्रोधित हो जनक जी से पूछा,"शिव धनुष कैसे खंडित हुआ?" उपस्थित सभी राजा उनके क्रोध से भय-भीत हो शांत हो कर बैठ गए हुए थे। परशुराम जी की क्रोध भरी बातों और उनकी भेष-भूषा को देख लक्ष्मण जो श्री राम के धनुष भंग करने के बाद से काफी उत्साहित थे, परशुराम जी से बाद-विवाद में उलझ गए। उपस्थित राजा लोगों की तो डर के मारे बोलती बंद थी। राम ने लक्ष्मण को चुप रहने का इशारा किया और आगे हो कर बताया कि आप का अपराधी मैं हूँ, मेरे हाथ से यह पुराना धनुष टूट गया। कुछ बात-चीत और राम के नम्र व्यवहार से प्रभावित हो राम को परखने के लिए अपने हाथ का धनुष राम को दे उस की प्रतंच्या पर बाण का अनुसन्धान करने को कहा। राम ने तुरंत बाण का अनुसन्धान कर पूछा इस वाण को कहाँ छोड़ना है तो उन्होंने कहा इस से मेरे क्रोध को नष्ट कर दो। परशुराम जी स्वयं भी भगवान विष्णु के अंश अवतार थे परन्तु राम के रूप में भगवान के अवतरित होने की महिमा को वोह समझ गए थे। उन्होंने श्री राम की परिक्रमा की तो राम ने उनको प्रणाम किया और वोह वहां से चले गए।

स्वयंवर की शर्त के पूरा होने के साथ ही सीता राम की शादी का रास्ता साफ हो गया। अयोध्या को निमंत्रण भेज दिया गया और मिथिला में बारात के स्वागत की तैयारियां शुरू हो गईं। ऋषि विश्वामित्र और राम लक्ष्मण को विशेष अतिथि का सम्मान दे उचित व्यवस्था कर ठहराया गया।

अयोध्या में निमंत्रण पहुँचने पर राजमहल और नगर ख़ुशी में झूम उठा था। बारात जाने की तैयारी होने लगी। कुल गुरु वशिष्ठ के आदेश अनुसार निश्चित समय पर बारात ने अयोध्या से प्रस्थान किया।

मिथिला नगर में पहुँचने पर महाराज जनक द्वारा बारात का भव्य स्वागत हुआ। बढ़िया रीती रिवाज के साथ मेल मिलाप और अतिथि सत्कार हुआ और सुंदर रीती से सीता राम का विवाह लग्न संपन्न हुआ। दोनों ओर के कुल गुरु की इच्छा का सम्मान करते हुए जनक पुत्री उर्मिला का विवाह लक्ष्मण के साथ

किया गया। महाराज जनक के छोटे भाई कुषकेतु (कुश ध्वज) की पुत्री मांडवी का भरत से और श्रुति कीर्ति का शत्रुघ्न से विवाह किया गया। महाराज जनक ने बार बार आग्रह कर महाराज दशरथ और बारात को शादी की रस्म पूरी होने के बाद भी कुछ दिन और रोक कर रखा परन्तु विदाई तो होनी ही

थी। बड़े भारी मन से चारों राज-कन्याओं की विदाई हुई।

दुल्हनों को ले बारात अयोध्या पहुँच गई। राजभवन में दूल्हा-दुल्हनों का भव्य स्वागत हुआ। महाराज दशरथ और तीनों रानियां और अयोध्या के लोग बहुत खुश थे। राजभवन में कुल गुरु, साधु-संतों और ब्राह्मणों को दान-दक्षिणा व उपहार दे सम्मानित किया गया और अन्य भिक्षुकों को भी दिल खोल कर दान दिए गए।

राज्य के काम काज में चारों राज कुमार पिता महाराज दशरथ की इच्छा और आज्ञा अनुसार सहायता करते थे। राणीवास में भी बहु-सास आनंद में थीं। अयोध्या की जनता-जनार्दन भी बहुत खुश थी। राम भाईओं को स्नेह तो करते ही थे भाई भी उनकी किसी बात की अवज्ञा नहीं करते थे। भाईओं में बहुत प्रेम था। जब कभी आखेट के लिए जाते तो सभी मिल कर ही जाते थे।

नगर के लोगों में बात उठने लगी कि राम को अब युवराज घोषित कर देना चाहिए। महाराज दशरथ के मन में भी यह बात उठी तो उन्होंने कुल गुरु वशिष्ठ जी से कही। गुरु वशिष्ठ ने महाराज की बात का तुरंत समर्थन कर बिना बिलम्व कार्य पूर्ण करने को कह दिया। महाराज दशरथ ने मंत्रिमंडल में घोषणा कर दी और तुरंत तैयारी आरम्भ करने के आदेश दे दिए। अयोध्या नगर में दावानल की आग की तरह बात फैल गई कि महाराज दशरथ कल ही श्री राम को युवराज बना रहे हैं। नगर में सब लोग बहुत खुश थे और एक दूसरे से श्री राम की ही बात करते दिखाई देते थे। राजमहल और राणीवास में इस खबर से ख़ुशी का माहौल बन गया था।

केकई को महाराज दशरथ के द्वारा दिए गए दो वचन - "भरत के लिए राज और राम के लिए १४ बर्ष का वनवास":

रानी केकई की दासी मंथरा श्री राम को युवराज पद मिले उस से खुश नहीं थी और उसने यह सुन रानी को उलटी पट्टी पढ़ानी शुरू कर दी। दासी मंथरा ने रानी को महाराज के द्वारा पहले के दिए हुए दो वचनों की याद दिलाई। उस ने

रानी को महाराज दशरथ के दिए हुए दो बचनी के सामने भरत के लिए युवराज पद और राम के लिए १४ बर्ष का वनवास मांगने के लिए राजी कर लिया था।

महाराज दशरथ उस दिन बड़े खुश थे परन्तु उन्हें क्या मालूम था कि आने वाले कुछ पल में उनकी ख़ुशी सदा के लिए जाने वाली है।

केकई द्वारा महाराज दशरथ के द्वारा दिए गए दो बचन के बदले भारत के लिए राज और राम के लिए १४ बर्ष का वनवास की मांग:

महाराज दशरथ की रानी केकई बहुत अच्छे स्वभाव की स्त्री थी। वोह भरत की माता थी परन्तु राम उसको बहुत प्यारा था। सब जानते थे कि राम केकई को बहुत प्यारा है इसलिए महाराज दशरथ सबसे पहले केकई को यह बताने के लिए कि वोह राम को युवराज घोषित करने जा रहे हैं, शाम को सर्वप्रथम उसी के भवन में गए थे। महाराज दशरथ रानी केकई को कुछ कह पाते इस से पहले ही रानी ने त्रिया चरित्र दिखाने आरम्भ कर दिए। वोह कोप-भवन में जा रूठने का नाटक करने लगती है। महाराज दशरथ उस को राम युवराज होंगे बता खुश करना चाहते हैं और वोह अब सामने से महाराज द्वारा दिए गए दो वचनों की याद दिलाती है। महाराज दशरथ कहते हैं आज बड़ा ख़ुशी का दिन है जो मांगो मिलेगा। और फिर जो माँगा उस ने तो राजा को जड़ से झिंझोड़ के रख दिया,"राम के लिए १४ बर्ष वनवास और भरत बने युवराज।" केकई का आज रंग-ढंग ही बदला हुआ था। रात बीत गई परन्तु केकई मंथरा की सिखाई बात पर अड़िग रही। महाराज दशरथ ने बहुत समझाया, यह भी कहा कि भरत को युवराज बना देंगे परन्तु राम के लिए चौदां बर्ष वनवास की जिद्द छोड़ दे। केकई राम के लिए चौदां बर्ष वनवास पर ही अड़िग रही।

ऐसे ही रात बीत गई और महाराज दशरथ जो अमृत वेले में ही जग जाते थे, सुबह किसी को भी नहीं दिखाई पड़े। राज दरबारियों में चिंता होने लगी तो महामंत्री सुमंत्र राज भवन में आए तो उन्हें बताया गया कि महाराज रानी केकई के भवन में हैं। सुमंत्र ने केकई के यहाँ महाराज दशरथ को पृथ्वी पर दयनीय दशा में पड़े देखा तो दुखी तो होना ही था अचम्भित भी हुए। ऐसा कैसे और क्यों? अभी सोच ही रहे थे और महाराज दशरथ से कुछ कहते तो उस से पहले ही रानी ने कहा तुम राम को बुला लाओ। सुमंत्र तुरन्त राम को पिता महाराज दशरथ की स्वास्थ्य अवस्था के बारे में सूचित करते हैं तो राम उनके साथ ही

महाराज के पास पहुँच जाते हैं। पिता को बुलाते हैं परन्तु वोह कुछ बोल नहीं पाते तो माता से पूछते हैं कि पिता जी क्यों ऐसे पड़े हुए हैं और राम और सुमंत्र उनको पलंग पर बैठाते हैं। कैकई रूखे बोल में बताती है,"राम, महाराज ने मुझे दो बचन दे रखे थे जो मैंने आज मांगे तो इनका यह हाल हो रहा है"। राम ने पूछा,"माता, आप ने क्या माँगा है?" केकई ने कहा," मैंने भरत कि लिए राज और तुम्हारे लिए चौदां बर्ष का वनवास"।

राम ने सरलता से उत्तर दिया,"इतनी सी बात, यह तो ख़ुशी की बात है। भरत राजा बनेगा और मुझे तो वन में ऋषि-मुनिओं के दर्शन करने का सौभाग्य प्राप्त होगा। महाराज आप दुखी न हों, माता आप ने जो बचन मांगे हैं उसमें मेरा ही हित है।" केकई का संकेत समझ कर राम माता कौशल्या के पास आए और वन जाने की आज्ञा मांगी। सीता और लक्ष्मण भी साथ जाने को तैयार हो गए। सीता जी को श्री राम और माता कौशल्या ने बहुत समझाया और लक्ष्मण तो राम के बिना रहने वाले ही कहाँ थे, बहुत समझाया गया, पर नहीं माने। महाराज दशरथ की आज्ञा लेने आए तो केकई ने भगवें वस्त्र देते हुए कहा, यह पहन लो और जल्दी जाओ।

राम अपने पिता के बचन को निभाने के लिए, पिता के बिना कहे, माता केकई के कहने पर तुरंत वन जाने के लिए बिना देर किये पैदल ही निकल पड़े। उनके पीछे सीता और लक्ष्मण भी हो लिए। महाराज दशरथ चाहते हुए भी किसी को रोक नहीं पाए थे।

महाराज दशरथ के कहने पर मंत्री सुमंत्र रथ लेकर राम सीता और लक्ष्मण को तमसा नदी और फिर श्रृंगवेरपुर तक ले कर गए। और बापस लौटने का महाराज दशरथ का सन्देश भी सुनाया परन्तु राम लक्ष्मण तो क्या सीता भी लौटने को तैयार नहीं हुई। श्री राम जी ने मंत्री सुमंत्र को समझा कर बापस लौटाया। उस समय रथ के घोड़े भी एक टक श्री राम, लक्ष्मण और सीता जी की ओर ही निहार रहे थे, हांकने पर घूम घूम कर श्री राम की ओर ही जाना चाहते थे। बड़ा मार्मिक दृश्य था। श्री राम ने प्यार और स्नेह से अश्वों को अपने हाथ से सहला कर अयोध्या लौटने के लिए कहा।

महाराज दशरथ को उनके कहने पर सेवक महारानी कौशल्या के भवन में ले आये थे।

सुमंत्र खाली रथ ले कर बड़े दुखी मन से अयोध्या बापस आये थे। महाराज दशरथ को सुमंत्र ने आकर सब बात बताई तो महाराज तो अचेत ही हो गए। होश में आने पर हाय राम, हाय राम कहते हुए उन्होंने श्रवण कुमार के माता पिता के श्राप को याद किया। महाराज दशरथ को अपने जीवन की बहुत पहले की घटना स्मरण हो आई और उन्होंने महारानी कौशल्या को बताया कि एक पितृभग्त श्रवण कुमार की उनका तीर लगने से मृत्यु हो गई थी और उसके अंधे माता-पिता ने प्राण छोड़ते हुए श्राप दिया था,"तुम्हारी मौत भी पुत्र वियोग में ही होगी"। महाराज दशरथ फिर हाय राम, हाय राम कह कराहने लगे और कुछ देर में हे राम, हे राम कहते प्राण त्याग दिए। सब जगह शोक का वातावरण बन गया था। राज भवन और नगर में लोग बहुत दुखी थे।

भरत और शत्रुघ्न ननिहाल गए हुए थे। कुल गुरु वशिष्ठ ने घुड़ सवारों को भरत के ननिहाल भेज कर दोनों भाईओं को तुरंत अयोध्या लौट आने का सन्देश भेजा। कुल गुरु वशिष्ठ जी ने महारानी कौशल्या और सुमित्रा और राज भवन के सभी को और अयोध्या निवासियों को धर्म ज्ञान की बातें कहते हुए धैर्य रखने के लिए समझाया। महाराज दशरथ के मृत शरीर को उबले तेल में संभाल कर रखा। अयोध्या नगर जो एक दिन पहले उत्सव मनाने को तैयार होने लगा था, मंथरा और केकई की स्वार्थी सोच ने दुःख में भर दिया।

श्रृंगवेर पुर में निषाद राज गुह्य से भेंट:

श्रृंगवेरपुर में निषाद राज गुह्य के स्वाभाविक प्रेम से श्री रामचन्द्र जी बहुत प्रभावित हुए और निषाद राज गुह्य को अपना मित्र मान लिया। फिर निषाद राज गुह्य अपनी जाति के लोगों के साथ श्री राम को गंगा पार कराने के लिए साथ आये। यहाँ से निषाद राज ने अपने लोगों को बापस लौट जाने को कहा और स्वयं रास्ता बताने के बहाने सेवक भाव श्री राम के साथ हो लिए।

केवट की नाव में गंगा पार करना और सीता जी द्वारा गंगा पूजन करना

गंगा पार करनी थी तो केवट ने कहा प्रभु पहले आपके चरण धोने होंगे तभी आप नाव में बैठ पाओगे। सुना है कि आप ने एक पत्थर की शिला को अपना पग लगा स्त्री रूप में बदल दिया था। इस नाव से ही मेरे परिवार की जीविका चलती है। इस नाव में चढ़ाने से पहले मुझे आप के चरण तो धोने ही होंगे? श्री राम तो मन की जानने वाले थे। केवट की अटपटी बातें सुन मुस्काते हुए उस को कहा, "अच्छा भाई, लो धो लो।" केवट ने बड़े प्रेम से श्री राम के चरण धोये और पूर्ण श्रद्धा से परिवार के साथ चरणामृत लिया। फिर श्री राम, देवी सीता जी और वीर लक्ष्मण और निषाद राज गुह्य को नाव में बिठा, प्रभु के चरणों में इक चित हो, बड़े प्रेम से गंगा पार करा दी।

देवी सीता ने गंगा माता को प्रणाम कर मान्यता मांगी कि मैं अपने पति और देवर के साथ वनवास की अवधि सकुशल पूर्ण कर आऊंगी तो आपका यहाँ पूजन कर अयोध्या लौटूंगी।

आगे चलने से पहले श्री राम का संकेत समझ सीता जी अपनी अंगूठी केवट को देने लगीं तो केवट श्री राम के चरणों में बैठ हाथ जोड़ कहने लगा प्रभु आप भी तो एक बड़े भव सागर के केवट हैं। आप भी हमें पार करा देना

परन्तु मुझे अभी कुछ नहीं लेना। श्री राम केवट की चतुर भाव बंदना से बहुत खुश हुए और उसे धन्यवाद कह कर आगे बढ़ गए। निषाद राज गुह्य को साथ ले दक्षिण दिशा में प्रयागराज की और बढ़ते हैं।

प्रयाग पहुँचना, भरद्वाज संवाद, यमुना तीर निवासियों का प्रेम:

प्रयागराज में भरद्वाज ऋषि का आश्रम था। वैदिक ऋषियों में भरद्वाज ऋषि का अति उच्च स्थान है। अंगिरावंशी भरद्वाज के पिता बृहस्पति और माता ममता थीं। वनवास के समय प्रभु श्रीराम इनके आश्रम में आये थे। प्रयागराज पहुँच कर श्री राम ने गंगा, यमुना, सरस्वती तीनों नदियों की संगम स्थली संगम में स्नान किया। श्री राम तीर्थ के महात्म्य के बारे में सीता जी, लक्ष्मण और निषाद राज गुह्य को बताते हैं और फिर वोह ऋषि आश्रम में आते हैं।

ब्रह्मर्षि भरद्वाज जी के आश्रम में जा उनकी चरण बंदना कर आशीर्वाद लिया। भरद्वाज जी एक त्रिकालदर्शी महात्मा थे और वोह श्री राम अवतार के रहस्य को भी समझते थे। उचित सम्मान के साथ उन्होंने श्री राम का स्वागत किया और रात्रि विश्राम के लिए योग्य व्यवस्था कर उनको वहां ठहराया। प्रातः काल स्नान, पूजा-बंदना कर श्री राम ने महर्षि के चरणों में प्रणाम कर जाने की अनुमति मांगी और किसी अच्छे वन स्थल में अपने रहने के लिए उचित स्थान और मार्ग बताने की प्रार्थना भी की। महर्षि भरद्वाज ने श्री राम से महर्षि वाल्मीकि के पास जाने के लिए कहा और अपने चार ब्रह्मचारी शिष्य श्री राम के मार्ग दर्शन के लिए उनके साथ कर दिए।

वाल्मीकि ऋषि वैदिक काल के महान ऋषि माने गए हैं। वाल्मीकि वरुण अर्थात् प्रचेता के 10वें पुत्र थे और वरुण ब्रह्माजी के पुत्र थे। वाल्मीकि ने कठोर तप अनुष्ठान सिद्ध कर के महर्षि पद प्राप्त किया था। एक बार ध्यान में बैठे हुए वरुण-पुत्र के शरीर को दीमकों ने अपना घर बनाकर ढक लिया था। साधना पूरी करके जब यह दीमकों के घर, जिसे वाल्मीकि कहते हैं, से बाहर निकले तो लोग इन्हें वाल्मीकि कहने लगे।

श्री राम ने अनुज और भार्या सहित महर्षि वाल्मीकि जी को प्रणाम किया और अपना परिचय दिया। महर्षि वाल्मीकि एक समर्थ त्रिकाल दर्शी सिद्ध-पुरुष थे और सब जानते और समझते थे। उन्होंने श्री राम को उचित सम्मान दिया, कंदमूल और फल खाने के लिए प्रस्तुत किये और रात्रि विश्राम की व्यवस्था की। रात्रि विश्राम के बाद अगली सुबह श्री राम ने महर्षि वाल्मीकि जी से वनवास के चौदह बर्ष का समय व्यतीत करने के लिए किसी उचित स्थान रहने के लिए बतानें के लिये कहा तो महर्षि ने बड़े सुंदर शब्दों ने श्री राम के गुण गान करते हुए चित्र कूट सुंदर स्थल की जानकारी दी।

महर्षि वाल्मीकि के मार्गदर्शन पर श्री राम ने अति उत्तम, गंगाजी की धारा, मंदाकिनी की निर्मल जल धाराओं वाले मनोरम पर्वत की तलाटी में वहती धारा के पास रहने के लिए चित्र कूट की मनोरम सुंदर स्थली को रहने के लिए चुना। लक्ष्मण जी पर्णकुटी बनाने लगे तो अनेकों देवता भील भेष धारण कर साथ लग गए और देखते ही देखते दो सुंदर पर्णकुटी तैयार हो गई और श्री राम वहां रह अपना समय व्यतीत करने लगे। "अयोध्या के महाराज दशरथ के पुत्र राम, उनकी भार्या जनक नंदिनी सीता और भ्राता लक्ष्मण पिता आज्ञा से वन-विचरण को आये हैं और चित्र कूट में रह रहे हैं।" यह बात वहां पर्वत क्षेत्र में बहुत जल्दी फैल गई। वहां रहने वाले साधु-सन्यासी दर्शनार्थ आने लगे और हर दिन संत-समागम, धर्म-ज्ञान की बातें व सत्संग होने लगे थे। आस-पास वन में रहने वाले भील {जंगल में रहने वाली मानव प्रजाति} बड़े प्रेम से प्रभु के लिए, मना करने पर भी, कन्द-मूल फल ला कर भेंट करते थे। श्री राम के वहां निवास से सभी को बहुत अच्छा लगने लगा था।

भरत शत्रुघ्न का ननिहाल से बापस बुलाया जाना:

इधर गुरु सन्देश पा कर भरत शत्रुघ्न तुरंत अयोध्या के लिए निकल पड़े। अयोध्या में आने पर और सारी बात जान बहुत दुखी हुए। मंथरा और केकई पर बहुत क्रोधित हुए। माता कौशल्या और माता सुमित्रा के पास गए और पिता मृत्यु पर शोक प्रगट कर दर्द बांटने की कोशिश की। अपनी माता केकई के साथ अपनी कोई सहमति न होने के लिए विश्वास भी दिलाया। माताओं ने भी कहा कि वोह भरत को जानती हैं। भरत राम विरोधी हो ही नहीं सकता अतः माता कौशल्या ने भी उनको सांत्वना दी। महाराज की असमय मृत्यु के कारण सभी दुखी थे। भरत शत्रुघ्न ने धैर्य धर गुरु आज्ञा के अनुसार कार्य कर महाराज दशरथ के शरीर को राजकीय सम्मान और धार्मिक विधि से दाह-संस्कार कर पंचतत्व में विलीन किया। मरणोपरांत जो विधि-विधान कुल रीति और सनातन संस्कृति के अनुसार बनते थे, कुल गुरु वशिष्ठ की आज्ञा अनुसार पूर्ण किये गए।

अब सब को आशा थी कि माता द्वारा स्वर्गीय महाराज दशरथ से मांगे गए वरदान के अनुसार भरत राज्य पर सुशोभित होंगे और राजा बन आने वाले चौदह बर्ष के लिए अयोध्या का राज्य संभालेंगे। परन्तु यह क्या? भरत

जी ने अगले दिन दरबार में कुल गुरु और अयोध्या के सम्माननीय सामंतों के सामने घोषणा कर दी,"मैं, भरत श्री राम की गद्दी पर कभी बैठने की सोच भी नहीं सकता। आप सब पूजनीय ऐसा सोच भी कैसे सकते हैं कि मैं अपने पिता की मृत्यु और अपने पूजनीय भ्राता श्री राम, जनक नंदिनी और लक्ष्मण के वनवास का मूल कारण हो कर भी, अब यहाँ का राजा बन जाऊं? भैया ही इस राज गद्दी के उत्तराधिकारी हैं और वोही रहेंगे, हम तो उनके सेवक हैं।" गुरु वशिष्ठ और माता कौशल्या के समझाने पर भी भरत राज गद्दी स्वीकार करने को तैयार नहीं हुए। भरत ने वन में जा श्री राम को मिलने और मना कर वापस लाने का प्रस्ताव रखा जो सब को अच्छा लगा।

कुल गुरु वशिष्ठ और माताओं सहित बहुत लोग जाने के लिए तैयार हो गए। अयोध्या की सुरक्षा कुशल मंत्री गण के सुपुर्द कर भरत सभी को साथ ले राम को मिलने-मनाने को चले। गुरु वशिष्ठ, राजकुमार भरत, शत्रुघ्न और दूसरे श्रेष्ठ मान्य व्यक्तिओं के लिए रथ और घोड़े और गुरु माता और राज माताओं के लिए पालकियां तैयार थीं। प्रातः के पवित्र समय में यात्रा का श्री गणेश हुआ। कुछ सेना और कुछ सेवक सेविकाएं भी साथ ली गई थी। श्रृंगवेरपुर तक भरत, शत्रुघ्न ने गुरु और माताओं की देख रेख करते हुए रथ की सवारी से यात्रा की।

श्रृंगवेरपुर पहुँचने पर भीलों के सरदार और प्रभु श्री राम के भगत व मित्र निषाद राज गुह्य ने भरत जी का भव्य स्वागत किया। रहने और खाने की सुव्यवस्था की। रात्रि विश्राम श्रृंगवेरपुर में हुआ।

भरत जी और दूसरे लोगों ने निषाद राज के साथ जा कर वोह स्थान देखा जहाँ लक्ष्मण और निषाद राज द्वारा बिछाए गए कुश व घास के ऊपर लेट कर श्री राम और सीता जी ने रात्रि विश्राम किया था। सभी लोग बहुत भावुक हो रहे थे। कहाँ राजमहलों में पली-बड़ी सुकोमल राज रानी सीता और ऐसे ही श्री राम और कहाँ यह घास, जिस पर रात्रि बितानी पड़ी।

वन प्रदेश था इसलिए वन के घातक पशुओं का डर तो था ही। श्री राम और सीता जी की सुरक्षा में वीर लक्ष्मण वीरासन में कुछ दूर उनकी रक्षा हेतु बैठे थे और निषाद राज गुह्य भी रात्रि भर उनसे बातचीत कर वनवास के कारण आदि की बात-चीत करते हुए, रात्रि भर सजग हो जागृत रहे थे। अगली प्रातः निषाद राज भी भरत जी के साथ हो लिए। गंगा पार कर प्रयागराज की ओर बढ़ने लगे।

भरत जी ने रथ पर बैठने की जगह, यह सोच कर कि भैया राम और भावी सीता इस कठिन, धूल व काँटों से भरे रास्ते पर पैदल गए थे, पैदल ही चलने का निश्चय किया ओर निषाद राज ने उनका साथ दिया। गुरु और माताओं के समझाने पर भी भरत रथ में नहीं बैठे थे। उनका कहना था कि जिस रास्ते पर मेरे भैया-भावी पैदल गए हैं, मेरा रथ में बैठना कैसे उचित हो सकता है।

इंद्र-आदि देवता भरत जी की प्रभु राम के लिए प्रेम-भगति देख, भरत के लिए रास्ता सुकोमल बना दिया था। शत्रुघ्न को गुरु और माताओं की सुरक्षा-संभाल के लिए सेवा-रत कर दिया गया था।

संध्या समय प्रयागराज पवित्र स्थली पहुँच कर भरत जी गुरु वशिष्ठ जी के साथ महर्षि भरद्वाज जी के आश्रम में उनके दर्शनार्थ जाते हैं। त्रिकालदर्शी भरद्वाज सब जानते-समझते थे। उन्होंने भरत के साथ आये सभी को आश्रम में रात्रि विश्राम के लिए आमंत्रित किया। भरत की प्रभु राम के प्रति प्रेम-भगति, स्नेह और सद्गुण व नम्रता भरा व्यवहार देख, भरद्वाज मुनि बहुत प्रभावित हुए। उन्होंने अपने तपोबल से सिद्धियों को आकर्षित किया और उनको गुरु वशिष्ठ, भरत, माताओं और दूसरे सभी लोगों के लिए रहने खाने की सुंदर व योग्य व्यवस्था करने का आदेश दिया। रात्रि विश्राम में सभी तरो-ताजा हो गए। सुबह उठ अगली यात्रा के लिए महर्षि भरद्वाज जी से अनुमति ली। त्रिवेणी संगम स्नान-दान, तर्पण कर गंगा-यमुना पार की और मंजिल की और बढ़ने लगे।

भरत का चित्र कूट आगमन और श्री राम भरत मिलाप:

भरत का सेना समेत आने की सूचना पा लक्ष्मण भरत के प्रति आशंकित हो कुछ उत्तेजित वाक्य बोल देते हैं और धनुष-वाण उठा भरत सेना से सामना करने के लिए तैयार होने लगते हैं परन्तु श्री राम समझाते हुए कहते हैं,"लक्ष्मण तुम भरत को समझ ही नहीं सके हो। शांत हो जाओ और धैर्य रखो। कोई भी बात सोच समझ कर ही कहनी व करनी चाहिए वर्ना पीछे पछताना पड़ जाता है।"

श्री राम के आश्रम में प्रति दिन साधु-संत समागम और धर्म-ज्ञान की चर्चा होती थी। आज भी कुछ साधु-संत आये हुए थे। श्री राम उनसे धर्म संवाद कर

रहे थे और सीता जी भी श्री राम के पास बैठी थीं और लक्ष्मण तो सदा की तरह अपने धनुष-वाण के साथ सुरक्षा के लिए सेवा-रत हो खड़े थे।

ऐसे समय में भरत का आगमन होता है। भरत जैसे ही श्री राम के सामने आते हैं तो तुरंत पृथ्वी पर पाहि माम, पाहि माम {त्राहि माम} कहते हुए दंडवत हो जाते हैं। श्री राम का ध्यान साधु-संतों के साथ बातचीत में होता है और उनका ध्यान भरत की और नहीं जाता। तभी लक्ष्मण श्री राम को कहते हैं,"भैया, भरत भैया आप को दंडवत कर रहे हैं।" श्री राम तुरंत उठ भरत को उठा गले लगा लेते हैं। बड़ा भावुक हृदय स्पर्शी मिलन का दृश्य होता है। भरत फिर सीता भाभी के चरणों में झुक प्रणाम करते हैं और फिर चरण छू रहे लक्ष्मण को गले लगा लेते हैं। निषाद राज जुहार कर रहा होता है तो श्री राम उसे भी उठा गले लगा लेते हैं। फिर शत्रुघ्न श्री राम और सीता जी को दंडवत प्रणाम कर स्नेह-आशीर्वाद लेते हैं और फिर जब भाई लक्ष्मण को प्रणाम करता हैं तो लक्ष्मण उसको गले लगा लेते हैं। फिर उपस्थित साधु-संतों को प्रणाम कर आशीर्वाद लेते हैं।

सभी भावुक हो रहे होते हैं ऐसे में भरत कहते हैं,"गुरु और माताएं भी आई हैं।" शत्रुघ्न को आश्रम में सीता जी के पास छोड़ कर तुरंत स्वयं उनके साथ वहाँ जाते हैं जहाँ सभी लोग मन्दाकिनी के सुंदर छोर पर रुके हुए थे। माताओं का पहरावा देख श्री राम का मन द्रवित होना स्वाभाविक था। सब समझ जाते हैं परन्तु धैर्य रख सब को मिलते हैं और फिर गुरु वसिष्ट और माताओं को अपने आश्रम में ले कर आते हैं। गुरु वसिष्ट के कहने पर साथ आये सेवक और सब लोग अपने लिए अनुकूल स्थान देख व्यवस्था करने लगते हैं। सीता जी माताओं का पहरावा देख उनके चरणों लिपट रोने लगती हैं। महाराज दशरथ स्वर्ग-गामी हो गए थे इस कारण सब शोकग्रस्त हो रहे थे। कुछ मन हल्का होने के बाद गुरु वसिष्ट जी ने कुछ धर्म-ज्ञान की बात कह समझाया कि "होनी को कौन टाल सकता है।" संध्या हो गई थी और फिर वोह रात ऐसे ही जागरण में कट गई।

अगली सवेर श्री राम ने गुरु आज्ञा अनुसार स्वर्गीय पिता की आत्म-शांति के लिए नदी किनारे जा तर्पण आदि विधि की। बिना आहार किए वोह दिन रात बीत गए।

अगले दिन देव-प्रेरणा से भील लोग कंद-मूल फल ले कर आ गए जो फिर सब ने खाये। साथ आये सेवक भी व्यवस्थित हो अब भोजन का प्रबंध करने लग गए थे। ऐसे ही कुछ दिन निकल जाते हैं। श्री राम के पास आ सब का मन अब खुश था और वह वन प्रदेश ही सब को अच्छा लगने लगा था।

श्री राम-भरत-संवाद, पादुका प्रदान, भरतजी की बिदाई:

भरत राम की दृढ़ प्रतिज्ञा के आगे नतमस्तक हो उन्हें बापस अयोध्या आने के लिए चाह कर भी कह नहीं पाते और अंततः राम-बनवास की अवधि के लिए कुछ आधार के रूप में उनकी खड़ाउँ ले कर बा:पस अयोध्या लौट आते है। बापस आ राजगद्दी पर राम के चिन्ह-रूप उनकी खड़ाउँ को रख आप स्वयं नंदी ग्राम में रह बनवासी जैसा जीवन अवधि भर बिताते हैं।

अयोध्या वासी और मिथिला नरेश जनक के वापस जाने के बाद राम ने चित्र कूट को छोड़ने का विचार किया।

कुछ दूर वोह सब से पहले महर्षि अत्रि आश्रम में पहुंचे और ऋषि की वंदना पूजा की और आशीर्वाद लिया। महर्षि अत्रि एक बहुत बड़े तपस्वी पहुंचे हुए महात्मा थे। महर्षि अत्रि आत्म-ज्ञानी थे और वोह राम के रूप में भगवान विष्णु के अवतरित होने के रहस्य को भी समझते थे।

ऋषि पत्नी माता अनुसूईया भी एक समर्थ पतिव्रता स्त्री थी। उन्होंने एक बार पति की प्यास बुझाने के लिए गंगा को प्रगट करा दिया था जो आज भी चित्र कूट में मन्दाकिनी के नाम से एक सौ धारा में वह रही है।

एक बार माता अनुसूईया की सतीत्व परीक्षा लेने के लिए तीनों आदि देविओं के कहने पर तीनों आदि देव (ब्रह्मा, विष्णु और महादेव) आये और साधु बन के भिक्षा मांगी। उन्होंने शर्त रख दी के भिक्षा तभी स्वीकारी जाएगी यदि निर्वस्त्र हो कर दी जाएगी। शिक्षकों को खाली हाथ लौटना माता ने ठीक समझा और उन्होंने प्रार्थना की कि यदि मेरे पति-धर्म निभाने में कोई कमी न हो तो यह तीनों साधु छै महीने के अंदर के बालक बन जाए और तुरंत तीनों देव अभोल बालक रूप में परिवर्तित हो गए। माता अनुसूईया ने तीनों को भिक्षा रूप में एक एक कर अपना दूध पिलाया और पेनों में सुला दिया। तीनों देविओं ने जब आकर प्रार्थना की तब तीनों देवों को उनके रूप में लौटाया। त्रिदेव ने ऋषि पत्नी के पुत्र दत्तात्रेय के रूप में जनम लिया था।

माता अनुसूईया ने सीता को पत्नी धर्म की शिक्षा दी और पहनने के लिए अलौकिक वस्त्र और आभूषण भी दिए जो कभी मलिन नहीं होने वाले थे और ना हीं फटने वाले थे।

महर्षि अत्रि और माता अनुसूईया का आशीर्वाद प्राप्त कर श्री राम महर्षि अत्रि के कहने पर शरभंग ऋषि के आश्रम की और जा रहे होते हैं। महर्षि अत्रि ने श्री राम को बताया था कि शरभंग ऋषि बहुत बृद्ध हो गए हैं और आपका ही रास्ता निहार रहे हैं। श्री राम के दर्शन की उनकी तीव्र इच्छा के कारण ऋषि शरभंग ने उनको लेने के लिए दिव्य विमान लेकर आये हुए देवराज इंद्र को भी लौटा दिया था। ऋषि शरभंग श्री राम को भगवान विष्णु का साकार स्वरूप ही समझते थे जो उस समय वन में आये हुए थे। श्री राम तो भगत वत्सल हैं और वोह बहुत शीघ्र ही ऋषि शरभंग के आश्रम में पहुंच जाते हैं। श्री राम को सामने पाकर शरभंग मुनि बोले," आ गये राम, मैं तुम्हारी ही उडीक में था। तुम्हारे दर्शन की अभिलाषा पूरी हो गई और अब मेरा इस नश्वर देह को छोड़ने का समय है" और यह कह ऋषि शरभंग ने अपने शरीर को योगा-अग्नि में दाह कर दिया और उनकी पवित्र आत्मा अपनी सद्गति को प्राप्त हो गई।

विराध को श्री राम का शाप मुक्त कर उद्धार करना

सीता और लक्ष्मण के साथ राम दंडक वन में आये। वहां पर ऋषि-मुनियों के बहुत आश्रम थे। राम उन्हीं ऋषि-मुनियों के आश्रमों में विचरण करते हुए कुछ समय के लिए ऋषि-मुनिओं के साथ ज्ञान-गोष्टिऍ करते रहे। ऋषियों ने उन्हें एक राक्षस "विराध" के उत्पात की जानकारी दी। राम ने उन्हें निर्भीक किया। वहां से उन्होंने महावन में प्रवेश किया, जहां नाना प्रकार के हिंसक पशु और नर भक्षक राक्षस निवास करते थे। ये नर भक्षक राक्षस ही तपस्वियों को कष्ट दिया करते थे। कुछ ही दूर जाने के बाद ताप बाघम्बर धारण किए हुए एक पर्वत कार राक्षस दृष्टिगत हुआ। वह राक्षस हाथी के समान चिंघाड़ता हुआ सीता पर झपटा। उसने राम और लक्ष्मण से कहा," तुम धनुष-बाण लेकर दंडक वन में घुस आए हो। तुम दोनों कौन हो? क्या तुमने मेरा नाम नहीं सुना? मैं प्रतिदिन ऋषियों का मांस खाकर अपनी क्षुधा शांत करने वाला विराध हूं। तुम्हारी मृत्यु ही तुम्हें यहां ले आई है। मैं तुम दोनों का अभी रक्त पान करके इस सुन्दर स्त्री को अपनी पत्नी बनाऊंगा। "विराध ने हंसते हुए कहा," तुम मुझे जानते नहीं हो, जानना चाहते हो तो सुनो! मैं जय राक्षस का पुत्र हूं। मेरी माता का नाम शतह्रदा है। मुझे ब्रह्माजी से वर प्राप्त है कि किसी भी प्रकार के अस्त्र-शस्त्र से मेरी मृत्यु नहीं हो सकती। यदि तुम इस स्त्री को मेरे पास छोड़कर चले जाओगे तो मैं तुम्हें नहीं मारूंगा।"

राम और लक्ष्मण ने उस पर घोर बाण बर्षा की परन्तु वोह तो निर्भय खड़ा था। राम बोले,"लक्ष्मण! वरदान के कारण यह दुष्ट मर नहीं सकता इसलिए पहले इसकी भुजाएं काट देते हैं और उन्होंने अपने वाणों से उसकी दोनों भुजाएं काट दीं। भुजा काट देने से आहत हो वोह पृथ्वी पर गिर पड़ा और तब राम ने लक्ष्मण से कहा हम भूमि में गड़्ढा खोदकर इसे उस में दबा देते हैं। लक्ष्मण गड़्ढा खोदने लगे और राम विराध की गर्दन पर पैर रखकर खड़े हो गए। तब विराध बोला,"हे प्रभु! मैं तुम्बुरू नाम का गंधर्व था। कुबेर के श्राप के कारण मेरा राक्षस योनि में जन्म हुआ था। आज आपकी कृपा से मुझे उस शाप से मुक्ति मिल रही है।" राम और लक्ष्मण ने उसे उठाकर गड़्ढे में डाल दिया और गड़्ढे को भर दिया।

राम वन में आगे बढ़ने लगे।

एक जगह हड्डियों और कंकालों का बड़ा ढेर देखा तो वहां उपस्थित ऋषिओं ने बताया कि यह सभी राक्षसों द्वारा मारे-खाए गए ऋषिओं के कंकाल हैं। राम को सुन बहुत दुःख हुआ और उन्होंने उसी समय सौगंध ली कि इस पृथ्वी को राक्षस शून्य कर दूंगा।

महर्षि अगस्त के एक शिष्य थे "सुतीक्षण"। उनकी शिक्षा पूर्ण होने पर जब उन्होंने गुरु दक्षिणा के लिए आग्रह किया तो महर्षि ने कहा की तुम दक्षिणा के रूप में मेरे आश्रम में राम को ले आना।

सुतीक्षण ऋषि अपना अलग से आश्रम बना एकांत में राम नाम का जप करने लग गए। उनके अंतर ध्यान में राम रूप जागृत होने लगा और वोह एक चित ध्यानमग्न हो गए। राम सीता और लक्ष्मण उस के आश्रम में पहुँच गए और उस को बुलाने लगे परन्तु वोह तो राम रूप में ध्यानमग्न बाहरी संसार से दूर था। अंततः श्री राम ने उस के हृदय ध्यान से अपने राम रूप को हटा चार चतुर्भुज रूप प्रगट किया तो उसने हड़बड़ाकर घबराकर आंखें खोल दीं। आंखें खोलीं तो खुली की खुली रह गईं। सामने अपने प्रभु को देख उस की ख़ुशी का ठिकाना नहीं था।

ऐसे और इतनी जल्दी राम दर्शन हो जायेंगे? उसने सोचा भी नहीं था। चेतना जागृत हुई तो वोह अपने ध्येय प्रभु श्री राम के चरणों में दंडवत हो

गया। श्री राम ने उसको उठाया और फिर वोह सभी को लेकर अपने आश्रम में आया और भाव भरपूर सेवा की और रात्रि विश्राम के लिए उचित व्यवस्था की।

अगले दिन वोह साथ ही अपने गुरु महर्षि अगस्त मुनि के आश्रम तक उन्हें ले कर आए।

दंडकारण्य के सघन वन में घूमते चलते रुकते लम्बी यात्रा, पूर्व के चित्र कूट से पश्चिम में दूसरी ओर अगस्त्य मुनि आश्रम में पहुँचने तक श्री राम सीता लक्ष्मण को १० बर्ष से अधिक समय बीत गया था।

राम बोले, लक्ष्मण यह महर्षि के तपोबल का ही प्रभाव है कि यहाँ आकर राक्षस भी उपद्रव करना भूल जाते हैं। महर्षि अगस्त्य से प्रभावित होकर अनेक राक्षसों ने अपनी तामसी वृति को त्याग दिया है और महर्षि के अनन्य भक्त बन गये हैं। इस युग के ऋषि-मुनियों में महामुनि अगस्त्य का स्थान सर्वोपरि है। ऐसे महात्मा महर्षि के दर्शन का सौभाग्य आज हमें प्राप्त होगा।

सुतीक्षण मुनि अपने गुरु को जाकर अपने साथ आए श्री राम के आगमन की सूचना देते हैं। महर्षि अगस्त्य बहुत प्रसन्न हुए और शिष्य सुतीक्षण को आशीर्वाद देते हुए कहा तुमने अपनी गुरु दक्षिणा बहुत बढ़िया दी है और कहा कि श्री राम लक्ष्मण और जानकी जी को स्वागत सत्कार के साथ आश्रम में ले कर आओ। सुतीक्षण मुनि और आश्रम के कुछ दूसरे ऋषि श्री राम को आश्रम में महर्षि अगस्त्य के पास लेकर आते हैं। श्री राम लक्ष्मण और सीता जी महर्षि को प्रणाम करते हैं और महर्षि अगस्त्य उनको आशीर्वाद दे उनके प्रति स्वागत बचन कहते हैं। शिष्टाचार में रहते हुए अपनी वाणी की शब्दावली के रूप में महर्षि के सन्मान में श्री राम बहुत श्रद्धा सुमन अर्पित करते हैं। महर्षि भी श्री राम, जनक नंदिनी सीता और लक्ष्मण की, उनकी कर्तव्य परायणता और धर्म निष्ठा जैसे और वन में ऋषिओं की सुरक्षा के लिए राक्षसों के दमन आदि के लिए सराहना करते हैं।

महामुनि अगस्त्य ने प्रेम पूर्वक उन सबको बैठने के लिये आसन दिये। कुशल क्षेम पूछने तथा फल-फूलों से उनका सत्कार करने के पश्चात वे बोले, हे राम मैंने दस वर्ष पूर्व तुम्हारे दण्डक वन में प्रवेश करने का समाचार सुना था। उसी समय से मैं तुम्हारी प्रतीक्षा कर रहा हूँ। यह मेरा सौभाग्य है कि आज

मेरी इस कुटिया में तुम जैसा धर्मात्मा, सत्य परायण, प्रतिज्ञा पालक, पितृभक्त अतिथि आया है। मेरी कुटिया तुम्हारे आगमन से धन्य हो गई है।

इसके पश्चात महर्षि ने राम को कुछ दैवी अस्त्र-शस्त्र देते हुये कहा, हे राघव देवासुर संग्राम के समय से ये कुछ दिव्य अस्त्र मेरे पास रखे थे। आज इन्हें मैं तुम्हें देता हूँ। इनका जितना उचित उपयोग तुम कर सकते हो अन्य कोई धर्मपरायण योद्धा नहीं कर सकता। इस धनुष का निर्माण विश्वकर्मा ने स्वर्ण और वज्र के सम्मिश्रण से किया है। ये बाण स्वयं ब्रहमा जी ने दिये थे। सूर्य के समान दैदीप्यमान ये बाण कभी व्यर्थ नहीं जाते। इन्द्र के द्वारा प्रदत्त यह तरकश भी मैं तुम्हें दे रहा हूँ। इनमें अग्नि की भाँति दाहक बाण भरे हुये हैं। यह खड्ग कभी न टूटने वाला है चाहे इस पर कैसा ही वार किया जाये। इन अस्त्र-शस्त्रों को धारण कर के तुम इन्द्र की भाँति अजेय हो जाओगे। इनकी सहायता से इस दण्डक वन में जो राक्षस हैं, उनका नाश करो।

राम ने महर्षि के इस उपहार के लिये उन्हें धन्यवाद देते हुए कहा , मुनिराज, आपने मुझे इन अस्त्र-शस्त्रों के योग्य समझा, यह आपकी मुझ पर अत्यन्त अनुकम्पा है। मैं अवश्य ही इनका उचित उपयोग करने का प्रयास करूँगा।

मुनि ने कहा, राम तुम मेरे आश्रम में आने वाले असाधारण अतिथि हो। तुम्हें देख कर मैं कृत-कृत्य हो गया हूँ। लक्ष्मण भी कम महत्वपूर्ण अतिथि नहीं है। ऐसा प्रतीत होता है कि इनकी विशाल बलिष्ठ भुजाएँ विश्व पर विजय पताका फहराने के लिये ही बनाई गई हैं। और जानकी का तो पति-प्रेम तथा पति-निष्ठा संसार की स्त्रियों के लिये अनुकरणीय आदर्श है। इन्होंने कभी कष्टों की छाया भी नहीं देखी, तो भी केवल पति-भक्ति के कारण तुम्हारे साथ इस कठोर वन में चली आई। तुम तीनों को अपने बीच में पाकर मेरा हृदय प्रफुल्लित हो उठा है। तुम लोग लम्बी यात्रा करके आये हो, थक गये होगे। अतएव अब विश्राम करो। मेरी तो इच्छा यह है कि तुम लोग वनवास की शेष अवधि यहीं व्यतीत करो। यहाँ तुम्हें किसी प्रकार का कष्ट न होगा।

ऋषि के स्नेह युक्त वचन सुन कर राम ने हाथ जोड़ कर उत्तर दिया, हे मुनि राज आपके दुर्लभ दर्शन का सौभाग्य मुझे आज प्राप्त हुआ है। भला इस संसार में मुझसे बढ़ कर भाग्यशाली कौन होगा? आपकी इस महान कृपा और

अतिथि सत्कार के लिये मैं सीता और लक्ष्मण सहित आपका अत्यन्त कृतज्ञ हूँ। आपकी आज्ञा का पालन करते हुये हम लोग आज की रात्रि अवश्य यहीं विश्राम करेंगे किन्तु वनवास की शेष अवधि आपके मनोरम आश्रम में हृदय से चाहते हुये भी बिताना सम्भव नहीं होगा। मैं आपकी तपस्या में किसी भी प्रकार की बाधा उपस्थित नहीं करना चाहता, परन्तु आपकी सत्संगति के लाभ से भी वंचित नहीं होना चाहता। इसलिये कृपा करके आपके इस आश्रम के निकट ही कोई ऐसा स्थान बताइये जो फलयुक्त वृक्षों, निर्मल जल तथा शान्त वातावरण से युक्त सघन वन हो। वहाँ हम एकांत में रह निवास करेंगे।

महामुनि अगस्त्य ने कुछ क्षण विचार करके उत्तर दिया, हे राम यदि तुम किसी एकान्त स्थान में अपना आश्रम बनाना चाहते हो तो यहाँ से आठ कोस दूर पंचवटी नामक महावन है। वह स्थान वैसा ही है जैसा तुम चाहते हो। वहाँ पर गोदावरी नदी बहती है। वह स्थान अत्यन्त रमणीक, शान्त, स्वच्छ एवं पवित्र है। वह स्थान इतना आकर्षक है कि उसे खोजने में तुम्हें कोई कठिनाई नहीं होगी।

मुनि का आदेश पाकर सन्ध्यावन्दन आदि करके राम ने सीता और लक्ष्मण के साथ रात्रि अगस्त्य मुनि के आश्रम में ही विश्राम किया। प्रातःकालीन कृत्यों से निवृत्त होकर महामुनि से विदा हो राम ने अपनी पत्नी तथा अनुज के साथ पंचवटी की ओर प्रस्थान किया।

महर्षि अगस्त्य के बताये अनुसार गोदावरी तट पर एक सुंदर स्थल पर श्री राम अपना वसेरा बना रहने लगते हैं। इस जगह पर लक्ष्मण ने बरगद के पांच पेड़ लगाए थे। पंचवटी का शाब्दिक अर्थ है बरगद के पांच पेड़ और इस जगह का नाम पंचवटी प्रसिद्ध हुआ। यह जगह अब नासिक शहर में घिर चुकी है।

अब आगे जो होने वाला है वह सब नारद मुनि के श्राप के अनुसार ही घटित होने जा रहा है

चित्र कूट के बाद अब पंचवटी में अपना आश्रम बना राम शांत वातावरण में आनंद से रह रहे थे। अब तक १२ बर्ष से अधिक का वनवास पूरा हो गया था।

पंचवटी में श्री राम की वृद्ध बड़े गिद्ध पक्षी जटायु से पहचान हुई। जटायु ने बताया के उनके पिता महाराज दशरथ उनके मित्र थे इस तरह तुम मेरे लिए

भी बच्चों की तरह ही हो। तुम लोग यहाँ सावधानी से रहना क्यों कि आस-पास के वन में बहुत उपद्रवी राक्षस रहते हैं।

एक दिन राम और लक्ष्मण आश्रम में खुले में ही बैठे थे कि एक राक्षश स्त्री आकाश में उड़ती घूमती हुई वहां आ निकली। राम को देख वोह मोहित हो गई। सुंदर स्त्री रूप धारण कर वोह राम के सामने पहुँच गई और शादी करने के लिए कहने लगी। राम ने उसे लक्ष्मण की ओर भेज दिया और लक्ष्मण ने फिर राम की ओर लौटा दिया। उनकी यह टाल-मटोल देख वोह अपने असली भयंकर राक्षसी रूप में प्रगट हो गई ओर सीता को डराने लगी। लक्ष्मण ने जब उसे सीता की ओर झपटते देखा तो तलवार से उस के नाक-कान छेद दिए। वोह राक्षस स्त्री राक्षसों के अति बलशाली राजा लंका-पति रावण की बहिन थी। उस राक्षस स्त्री का नाम स्वरूपनखा था। रावण के दो बलशाली भाई खर और दूषण पंचवटी से कुछ दूर दक्षिण में अपनी बड़ी राक्षस सेना के साथ रहते थे।

स्वरूपनखा रोती-बिलखती हुई उनके पास पहुँच गई। उस ने बताया के दो वनवासी गोदावरी तट पर रह रहे हैं और उन्होंने उसकी ऐसी दशा की है। उनके साथ एक सुंदर स्त्री भी है। स्वरूपनखा ने भाईओं को कहा कि "तुम उनको मार कर उस सुंदर स्त्री को ले आओ। ऐसा ही होगा कह, खर-दूषण तुरंत तैयार हो गए।

राम तो स्वयं भगवान विष्णु स्वरूप थे और भूत-भविष्य को समझते थे और सीता भी स्वयं लक्ष्मी का स्वरूप थीं। लक्ष्मण आश्रम से बाहर जंगल में गए हुए थे ऐसे एकांत में राम ने सीता से कहा, "सीते, अब कुछ लीला करने का समय आ गया है अतः तुम अपनी परछाई स्वरूप छोड़ कर कुछ दिन अग्नि में निवास कर लो"। सीता जी ने तुरंत पति आज्ञा अनुसार वही किया। लक्ष्मण इस प्रभु लीला से अनभिज्ञ थे और सीता क परछाई स्वरूप को सीता ही समझते थे।

खर दूषण स्वयं बहुत बलशाली थे परन्तु राक्षस बुद्धि, दो वनवासिओं को मारने के लिए सेना साथ ले चल पड़े। शायद प्रभु की इच्छा ही कुछ ऐसे थी। राक्षसी सेना को आते देख लक्ष्मण को कहा, "तुम सीता को अलग जगह ले जाओ और मैं इस राक्षस सेना से समझ लेता हूँ।

खर दूषण ने कहा,"यदि बचना चाहते हो तो स्त्री को हमें सौंप दो"। राम ने धनुष टंकार कर उन्हें युद्ध का सन्देश दिया और अकेले राम के साथ खर-दूषण सेना का युद्ध शुरू हो गया। श्री राम पहले ही राक्षस संहार के लिए सौगंध लिए हुए थे अतः उन्होंने राक्षसों के ऊपर भ्रम फैलाने वाले दिव्य वाणों से प्रहार किया। राक्षसों को एक दूसरे के सामने अपने ही लोग राम रूप में दिखाई देने लगे और एक दूसरे को मारने काटने लग गए और बहुत जल्द ही सेना समाप्त हो गई। खर-दूषण अपनी सेना को मरते-कटते देखते ही रह गए। उन दोनों को भी श्री राम ने अपने तीखे वाणों से जीवन मुक्त कर दिया और आश्रम में सीता और लक्ष्मण के पास आ गए।

स्वरूपनखा के सामने अकेले राम ने सारी सेना और दोनों भाईओं को जब मार डाला तो वोह तुरंत रोती-कुरलाती रावण के दरबार में जा पहुंची और सारी घटना कह सुनाई।

खर-दूषण और सेना एक तपस्वी, जो अयोध्या के महाराज दशरथ का बड़ा लड़का है और अपनी पत्नी और भाई के साथ वन भ्रमण कर रहा है, उस के हाथों मारे गए, रावण का मन मानने को तैयार नहीं हो रहा था। स्वरूपनखा ने अपने नाक-कान के जख्म दिखाए और विश्वास दिलाया और रावण को बदला लेने के लिए उकसाया।

खर दूषण के मारे जाने के कारण रावण दुखी व चिंतित तो था परन्तु अचंभित भी था। वोह सोच रहा था कि खर और दूषण तो उसकी तरह ही शक्तिशाली थे फिर वोह एक अकेले राज-पुत्र के हाथों कैसे मारे गए? राक्षस बुद्धि और उसके अहंकार से भरे मन ने उसको बदला लेने के लिए तैयार कर ही दिया। उसने सोचा कि सब से बढ़िया रहेगा कि उसकी स्त्री को ही उठा ले आता हूँ। कहाँ ढूंढेंगे, समुद्र पार लंका में आने से तो रहे। जंगल में अपनी पत्नी को ढूँढ़ते फिरते अपने आप ही मर-खप जायेंगे।

रावण समझ गया था कि खर-दूषण को सेना के साथ समाप्त कर देने वाला कोई साधारण मानव नहीं हो सकता। स्वरूपनखा ने रावण को बदला लेने के लिए उकसाते हुए सीता की सुन्दरता को भी बढ़ा चढ़ा कर बताया था और कहा था कि तुम उनको मार कर उनकी स्त्री को ले आओ। रावण के मन में एक डर बैठ गया था इस लिए उसने छल से सीता हरण के लिए सोचा।

रावण मरीच के पास पहुँच गया। मरीच रावण का मामा लगता था। वोह मायावी था और रूप भी बदल सकता था। मरीच ने राम के तीर का असर देख हुआ था और अब वोह मौत के मुंह में नहीं जाना चाहता था। रावण ने उसको धमकाया तो मरीच को उसके साथ जाना ही पड़ा। पंचवटी के पास आकर रावण ने मरीच को स्वर्ण-मृग बन सीता राम के सामने से निकलने का कहा।

मरीच ने एक सुन्दर स्वर्ण-मृग का रूप धारण किया और सीता-राम के सामने चक्र लगाने लग गया। सीता ने देखा तो श्री राम को उस का शिकार कर लाने के लिए कहा। श्री राम ने समझाने की कोशिश की यह कोई मायावी हो सकता है परन्तु सीता ने तो जिद्द ही पकड़ ली थी। श्री राम ने लक्ष्मण को बुला कर कहा कि मैं उस मृग के पीछे जा रहा हूँ और तुम मेरे बापस आने तक सीता को अकेले नहीं छोड़ना। राम मृग के पीछे जाते हैं और वोह मृग राम को छुपते छपाते जंगल में कुछ दूर ले जाता है। अंततः राम मृग को तीर मार देते हैं और तीर लगते ही वोह राक्षस अपने असली रूप में आ जाता है और प्राण छोड़ने से पहले राम की आवाज़ में जोर से "हे लक्ष्मण हे लक्ष्मण∗ पुकारता है।

राम की आवाज़ सुन सीता चिंतित हो जाती है कि कहीं राम किसी कठिनाई में तो नहीं फस गए और लक्ष्मण को राम की सहायता के लिए जाने को कहती हैं। बहुत समझाने पर भी जब सीता नहीं मानती और कुछ असहनीय शब्द लक्ष्मण के सामने बोल देती हैं तो लक्ष्मण अपने तीर से कुटिया के आगे एक रेखा खींच कर कहता है कि किसी भी अवस्था में उनके लौट आने तक इस रेखा को पार कर बाहर नहीं जाना। लक्ष्मण जैसे ही जंगल में राम की खोज के लिए जाते हैं तो रावण एक साधु भिक्षुक के रूप में कुटिया के आगे अलख जगाता है (भिक्षा के लिए आवाज़ लगता है)। दरवाजे पर भिक्षुक आए तो उसको खाली हाथ लौटाने की परम्परा तो है नहीं इस लिए सीता साधु के लिए कुछ कन्द-मूल फल ले कर आती हैं। रावण जैसे ही रेखा की तरफ बढ़ता है तो उसे बड़ी भय लगती है और वहीं रुक जाता है और वहीं भिक्षा उसकी झोली में डालने को कहता है। सीता उसको कहती है कि वोह रेखा पार नहीं कर सकती। रावण कहता है," क्या भिक्षुक को खाली हाथ लौटाओगी?" अंततः सीता उसकी बातों में आ रेखा के बाहर आ गई। रावण तो इसी ताक में था और तुरंत सीता को उठा अपने विमान में बैठा उड़ चला।

लक्ष्मण जंगल में जिस ओर से उनका नाम पुकारा गया था उस ओर जल्दी जल्दी जा रहे थे कुछ दूर जाने पर उन्हें सामने से राम आते मिल गए। राम ने तुरंत पूछा,"लक्ष्मण तुम यहाँ? मैंने तुम्हें वहां ही रहने के लिए कहा था, तुम क्यों सीता को वहां अकेली छोड़ आये?" लक्ष्मण ने सारी बात बताई तो राम बोले," मुझे लगता है हमारे साथ बड़ा छल हुआ है। सीता आश्रम में नहीं मिलेगी।" जल्दी जल्दी दोनों भाई आश्रम में आये। लक्ष्मण द्वारा खींची गई रेखा के पास कन्द-मूल फल गिरे पड़े थे परन्तु सीता कहीं भी दिखाई नहीं पड़ रही थी।

रावण के विमान में मदद के लिए पुकारती हुई सीता की आवाज़ बड़े वृद्ध पक्षी जटायु को सुनाई पड़ी और वोह सीता को भी पहचान गया था। जटायु की मित्रता महाराज दशरथ से हुई थी इस से वोह सीता को अपनी बेटी जैसी ही मानता था। जटायु ने रावण को सीता को छोड़ देने के लिए कहा और जब नहीं माना तो उस के ऊपर अपनी चोंच से चोट कर मूर्छित कर दिया। परन्तु इससे पहले कि वोह सीता को छुड़ा पाता, रावण ने सचेत हो कर अपनी खड्ग [तलवार] उठा ली और उसने जटायु का एक पंख काट कर उसे पृथ्वी पर गिरा दिया और सीता को ले कर चला गया।

राम लक्ष्मण सीता के आश्रम में ना मिलने पर अब जंगलों में ढूंढने लगे। राम 'सीते' और लक्ष्मण भावी कह जोर जोर से पुकारते और चारों ओर देखते ढूंढते जा रहे थे। कुछ आगे जाने पर उन्हें एक दर्द भरी आवाज़ सुनाई पड़ी तो वोह उसकी ओर गए। घायल पक्षी गरुड़ को राम ने तुरंत पहचान लिया और पूछा कि किसने घायल किया? गरुड़ ने कहा," राम, मैं तुम्हें ही उडीक रहा था" ओर फिर सारी घटना से राम लक्ष्मण को अवगत किया और बता दिया कि रावण सीता को विमान में बिठा कर ले गया है। जटायु ने राम की गोद में अपने भौतिक शरीर को छोड़ कर परमगति प्राप्त की। राम लक्ष्मण उसके शरीर का दाह संस्कार कर दक्षिण दिशा की ओर, जिस दिशा को रावण सीता को लेकर गया बताया गया था, बढ़ने लगे।

सीता की खोज में राम लक्ष्मण वन में जा रहे थे। उसी समय शिवजी देवी सती के साथ "कुभध ऋषि" के आश्रम से लौट कर आ रहे थे। शिवजी ने दूर से ही श्री राम को "सच्चिदानंद श्याम प्रभु" कह कर प्रणाम किया। सती को

समझ नहीं आया कि शिव ने ऐसे एक आम मानव को सच्चिदानंद कह कर प्रणाम क्यों किया।

शिवजी से उन्होंने पूछा," आप इस एक मानव को सच्चिदानंद कह प्रणाम क्यों कर रहे हैं? यह तो अपनी पत्नी की खोज में भटक रहे हैं"।

शिव जी ने कहा,"देवी, यह मेरे आराध्य विष्णु ही हैं जिन्होंने दशरथ नंदन राम के रूप में अवतार लिया है। इनकी भार्या को छल से राक्षस हरन कर ले गया है"। देवी सती सोच रही थी कि यदि यह राम विष्णु का अवतार हैं तो ऐसे पत्नी को क्यों वन में ढूंढते फिर रहे हैं? शिवजी ने समझाने की बहुत कोशिश की परन्तु देवी सती समझ नहीं सकी तो शिवजी ने कहा तुम स्वयं परीक्षा कर लो।

देवी सती ने सीता का रूप धारण किया और जहाँ राम लक्ष्मण जा रहे थे तो उनके आगे आगे चलने लगी। राम ने आगे बढ़ कर देवी सती को माता कह सम्बोधन किया और पूछा, "माता अकेली क्यों घूम रही हैं, भोलेनाथ कहाँ है?" देवी सती राम द्वारा पहचाने जाने पर एक दम घबरा गई और बिना कुछ बोले शिवजी के पास लौट आईं। शिवजी ने देवी सती की घबराहट को भांपते हुए पूछा," क्या परीक्षा ली? क्या जान पहचान पाई?" देवी सती कोई ठीक उत्तर नहीं दे पाई तो शिवजी ने अपनी दिव्य अंतर्दृष्टि से पूर्ण घटनाक्रम को देख-समझ लिया। देवी सती को राम पत्नी सीता के रूप में देखा तो उन्हें यह ठीक नहीं लगा। शिवजी सोचने लगे कि सती ने जो रूप धारण किया वोह तो मेरे लिए आदरणीय है और मेरे आराध्य प्रभु की भार्या होने के कारण पूजनीय भी है। उन्होंने उसी समय देवी सती का भार्या रूप में मानसिक त्याग कर दिया। आकाशवाणी हुई,"धन्य हैं शिव आप और आपकी निष्ठा। दूसरा कौन ऐसा कठिन प्रण ले परित्याग कर सकता है?" देवी सती ने भी आकाशवाणी सुनी परन्तु समझ नहीं सकी तो शिव जी से पूछने लगी परन्तु शिव जी ने कोई उत्तर नहीं दिया। कैलाश बापस आ शिव जी ने समाधि लगाली। इस घटना के पश्चात देवी सती अपने पिता के यज्ञ में स्वयं को योग-अग्नि में भस्म कर लेती है और फिर अगले जन्म में पर्वत राज की पुत्री पार्वती के रूप में शादी रचा पुनः शिव भार्या बनती हैं।

जटायु के दिशा निर्देश के अनुसार राम लक्ष्मण दक्षिण की ओर बढ़ने लगे। एक जगह जब वोह जंगल में जा रहे थे तो उन्हें आश्चर्यजनक सा कुछ दिखाई दिया। राम लक्ष्मण ने देखा जैसे उनको दोनों ओर से पकड़ में लेने के लिए दो बड़े नाखूनों वाले विकराल हाथ आगे आ रहे थे। बड़ी अद्भुत लम्बी बाजु उनको दोनों ओर दिखाई पड़े तो लक्ष्मण ने तुरन्त अपनी तलवार से काट दिए। आवाज़ आती है, "मेरी बाजु काटने वाले क्या तुम राम लक्ष्मण हो?" राम लक्ष्मण को जहाँ से आवाज़ आती है उधर देखते हैं, तो एक अद्भुत प्राणी दिखाई पड़ा जिसके पेट और मुख ही दिखाई पड़ रहे थे। राम ने पूछा,"तुम कौन हो और तुम हमारे नाम कैसे जानते हो?" उसने बताया कि एक बड़े 'तेजस्वी महर्षि स्थूलशिरा' के श्राप के कारण मैं राक्षस हूँ। मैं "दनु" नाम का गन्धर्व था परन्तु एक बार जब मैं राक्षस रूप धारण कर ऋषिओं को अपने खेल खेल में तंग करा रहा था तो मैंने महर्षि को कुपित कर दिया और उन्होंने मुझे राक्षस रूप मै ही बने रहने का श्राप दे दिया था। मैंने उनसे क्षमा मांगी तो उन्होंने कहा था कि जब राम अपनी भार्या की खोज में अपने भाई लक्ष्मण के साथ आएंगे और तुम्हारी बाजू काटेंगे और तुम्हारा दाह-संस्कार करेंगे तो तुम अपने गन्धर्व स्वरूप को पुनः प्राप्त कर लोगे। ब्रहमा के वरदान के कारण मेरी शस्त्र से मृत्यु नहीं हो सकती। इंद्र से मेरा एक बार युद्ध हुआ तो इंद्र मुझे मार तो नहीं सका था परन्तु उस के बज्र के प्रहार से मेरा सर और टाँगें मेरे कबंध (पेट) में घुस गई हैं। आप मुझे श्राप मुक्त कर देंगे तो मैं आपकी भार्या को खोजने में भी कुछ सहायता कर सकूंगा परन्तु वह तभी सम्भव हो सकेगा जब मैं इस देह को त्याग गन्धर्व रूप धारण कर लूँगा।

दाह संस्कार होते ही कबन्ध को ऋषि 'स्थूलशिरा' के श्राप से मुक्ति मिली व पुनः उन्होंने अपने दनु गन्धर्व के शरीर को प्राप्त किया। इसके बाद उसने श्री राम को बताया कि लंका का राजा रावण जो एक बहुत बलशाली राक्षस है और राक्षसों का राजा भी है, वोही आपकी भार्या को दक्षिण दिशा में लेकर गया है। इस समय सीता जी को उसने कहाँ रखा है यह मैं देख नहीं सकता। श्री राम ने कहा तो हम कैसे उस को ढूंढ पाएंगे। गन्धर्व दनु ने कहा," आप यहाँ से दक्षिण दिशा को जायेंगे तो पम्पा सरोवर आएगा जहाँ सद्गति प्राप्त श्रेष्ठ मुनि मतङ्ग का आश्रम है।

वहां उनकी शिष्य और आपकी भगत एक वृद्धा औरत शवरी नाम की भीलनी आपका रास्ता निहार रही है। वोह ही आपको वानरों के राजा सुग्रीव का पता बताएगी जो आपकी सीता माता की खोज में सहायक भी होंगे और मैं देख रहा हूँ कि अंततः आप की जीत होगी।" यह सब कह दनु गन्धर्व अंतध्यान हो जाता है।

गंधर्व दनु के बताये रास्ते पर मातंग ऋषि आश्रम की ओर राम लक्ष्मण आगे बढ़ते हैं। लम्बा रास्ता तय कर श्रीराम व लक्ष्मण मातंग ऋषि के आश्रम पहुंचे। वहां आश्रम के पास अपनी झोंपड़ी नुमा कुटिया के द्वार पर वृद्धा शवरी भक्ति में लीन थी। मातंग ऋषि अपने तप व योग के बल पर अन्य ऋषियों सहित दिव्य लोक पहुंच चुके थे। मातंग ऋषि के आश्रम में आश्रय मिल जाने के बाद से शवरी ऋषि को अपना गुरु मान कर श्रद्धा भाव से आश्रम में सेवा करती थी।

उस की सेवा व भगति भाव से प्रसन्न हो ऋषि मातंग ने शवरी को वरदान स्वरूप एक बार कह दिया था कि श्री राम जो भगवान विष्णु का अवतार हैं, स्वयं तुम्हारी कुटिया में आएंगे। ऋषि तो अब नहीं थे परन्तु गुरु बचन उस के हृदय में उतर गए था। वोह हर दिन सुबह-शाम अपने भगवान श्री राम का रास्ता निहारती थी। शवरी बहुत बूढ़ी हो गई थी, परंतु उस का गुरु बचन पर भरोसा अटूट था।

शवरी का घर परिवार का नाम "श्रमणा" था। श्रमणा भील समुदाय की "शवरी" जाति से थी। संभवतः इसी कारण श्रमणा से उसका नाम "शवरी" पड़ गया होगा। श्रमणा बचपन से ही अच्छे बिचार और गुणों वाली कन्या थी और भगवान की भगति में आस्था रखती थी। श्रमणा का विवाह अपनी प्रजाति के जिस पुरुष से हुआ उसका स्वभाव अच्छा नहीं था। श्रमणा ने अपने पति के आचार-विचार बदलने की बहुत चेष्टा की, लेकिन उसके पति के पशु संस्कार इतने प्रबल थे की श्रमणा को उसमें सफलता नहीं मिली। अंततः अपने पति के कुसंस्कारों और अत्याचारों से तंग आकर श्रमणा ने ऋषि मातंग के आश्रम में शरण ली। आश्रम में श्रमणा प्रभु नाम स्मरण करती ऋषियों की पूर्ण श्रद्धा भाव से सेवा करती थी। शवरी गुरु आश्रम को साफ-सुथरा रखती थी और जंगल से फल और फूल तोड़ कर लाती थी।

शवरी को भक्ति-साहित्य में एक विशिष्ट स्थान प्राप्त है। प्रभु राम ने शवरी के झूठे फल खाए थे। यह विषय मर्यादा, शालीनता और व्यवहार का विवाद का न हो कर एक आंतरिक प्रेम अभिव्यक्त करने का प्रसंग है। प्रतीक्षा में शवरी स्वयं प्रतीक्षा का प्रतिमान हो जाती है।

मातंग आश्रम में अब अकेली शवरी अपनी कुटिया में रहती थी। आश्रम को अब भी वोह साफ सुथरा रखती थी। वन में से चुन चुन कर फूल और मीठे फल लाती थी और श्री राम लक्ष्मण की राह निहारती थी। यह सब वोह अपने प्रभु श्री राम के स्वागत के लिए करती थी। गुरु बचनो का विश्वास अडिग था,"मेरे प्रभु राम आएंगे।" उम्र ढल बुढ़ापा आ गया था। मन में प्रभु का स्मरण और उड़ीक लिए कुटिया द्वार पर बैठी रहती थी। और अंततः वोह दिन आ ही गया। सामने कुटिया की ओर दो धनुषधारी आ रहे थे। धनुषधारी यहाँ कौन हो सकते हैं? उसने आगे हो कर पूछ ही लिया," आप कौन हैं?" राम ने कहा,"माता, मेरा नाम राम और यह मेरे भाई लक्ष्मण हैं।" शवरी तो सुनते ही एकदम भाव विभोर हो उठी और ऋषि मातंग के दिए

आशीर्वाद को स्मरण करके गदगद हो गईं। वह दौड़कर अपने प्रभु श्रीराम के चरणों से लिपट गईं। इस भावनात्मक दृश्य को गोस्वामी तुलसी दास इस प्रकार रेखांकित करते हैं:

"सरसिज लोचन बाहु बिसाला। जटा मुकुट सिर उर वनमाला।।

स्याम गौर सुंदर दोउ भाई। सबरी परी चरन लपटाई।।

प्रेम मगर मुख बचन न आवा। पुनि पुनि पद सरोज सिर नावा।।

सादर जल लै चरन पखारे। पुनि सुंदर आसन बैठारे।।"

अर्थात,

कमल-सदृश नेत्र और विशाल भुजा वाले, सिर पर जटाओं का मुकुट और हृदय पर वनमाला धारण किये हुए सुन्दर साँवले और गोरे दोनों भाईयों के चरणों में शबरीजी लिपट पड़ीं। वह प्रेम में मग्न हो गईं। मुख से वचन तक नहीं निकलता। बार-बार चरण-कमलों में सिर नवा रही हैं। फिर उन्हें जल लेकर आदरपूर्वक दोनों भाईयों के चरण कमल धोये और फिर उन्हें सुन्दर आसनों पर बैठाया।

प्रभु आप को भूख लगी होगी कह कर शवरी कुटिया के अंदर से कंद-मूल और बेर लेकर आती है और भक्ति प्रेम भाव में विभोर हो कहती है,"प्रभु खाइये, बहुत मीठे हैं, मैंने चख कर रखे हैं। श्रीराम शवरी की अगाध श्रद्धा व अनन्य भक्ति के वशीभूत होकर सहज भाव एवं प्रेम के साथ जूठे बेर खाते रहे, लेकिन लक्ष्मण ने झूठे बेर खाने में संकोच किया। श्रीराम ने शवरी द्वारा श्रद्धा से भेंट किए गए बेरों व कन्द-मूल फलों को बड़े प्रेम से खाया और अपने प्रेम सने शब्दों से उनकी स्वादिष्ट होने की प्रशंसा करते हुए मन विभोर हो कहा कि मुझे ऐसा महसूस हो रहा है जैसे माता कौशल्या ही सामने बैठी मुझे खिला रही है।

श्री राम शवरी को बताते हैं कि उनकी पत्नी सीता को एक राक्षस रावण छल से उठा ले गया है। शवरी कहती है कि कैसे महर्षि मातंग ने उसे आप को बानर राज सुग्रीव जो ऋषिमुक पर्वत पर रहते हैं, उनके पास जाने के लिए कहने को कहा था। राम विदा मांगते हैं तो शवरी श्री राम लक्ष्मण को अपने गुरु ऋषि मातंग की तपो स्थली पर ले जाती है और राम से कहती है कि मेरे गुरु ने कहा था कि तुम श्री राम से नवदा भगति ज्ञान प्राप्त करना और फिर हमारे पास आ जाना। अतः शवरी को उसकी योगाग्नि से हरि पद लीन होने से पहले प्रभु राम ने शवरी को नबदाभक्ति के अनमोल वचन कहे:

"नवधा भगति कहउँ तोहि पाहीं। सावधान सुनु धरु मन माहीं॥
प्रथम भगति संतन्ह कर संगा। दूसरि रति मम कथा प्रसंगा॥4॥"

{मैं तुझसे अब अपनी नवदा भक्ति कहता हूँ। तू सावधान होकर सुन और मन में धारण कर

पहली भक्ति है संतों का सत्संग। दूसरी भक्ति है मेरे कथा प्रसंग में प्रेम॥}

गुर पद पंकज सेवा, तीसरि भगति अमान।
चौथि भगति मम गुन गन, करइ कपट तजि गान॥35॥

{तीसरी भक्ति है अभिमान रहित होकर गुरु के चरण कमलों की सेवा और चौथी भक्ति यह है कि

कपट छोड़कर मेरे गुण समूहों का गान करें॥}

मंत्र जाप मम दृढ़ बिस्वासा। पंचम भजन सो बेद प्रकासा॥
छठ दम सील बिरति बहु करमा। निरत निरंतर सज्जन धरमा॥1॥

{मेरे (राम) मंत्र का जाप और मुझमें दृढ़ विश्वास- यह पाँचवीं भक्ति है, जो वेदों में प्रसिद्ध है। छठी भक्ति है इंद्रियों का निग्रह, शील (अच्छा स्वभाव या चरित्र), बहुत कार्यों से वैराग्य और निरंतर संत पुरुषों के धर्म (आचरण) में लगे रहना॥}

सातवँ सम मोहि मय जग देखा। मोतें संत अधिक करि लेखा॥
आठवँ जथालाभ संतोषा। सपनेहुँ नहिं देखइ परदोषा॥2॥

{सातवीं भक्ति है जगत भर को समभाव से मुझमें ओतप्रोत (राममय) देखना और संतों को मुझसे भी अधिक करके मानना। आठवीं भक्ति है जो कुछ मिल जाए, उसी में संतोष करना और स्वप्न में भी पराए दोषों को न देखना॥}

नवम सरल सब सन छलहीना। मम भरोस हियँ हरष न दीना॥
नव महुँ एकउ जिन्ह कें होई। नारि पुरुष सचराचर कोई॥3॥

{नवीं भक्ति है सरलता और सबके साथ कपट रहित बर्ताव करना, हृदय में मेरा भरोसा रखना और किसी भी अवस्था में हर्ष और दैन्य (विषाद) का न होना। इन नवों में से जिनके एक भी होती है, वह स्त्री-पुरुष, जड़-चेतन कोई भी हो॥}

सोइ अतिसय प्रिय भामिनि मोरें। सकल प्रकार भगति दृढ़ तोरें॥
जोगि बृंद दुरलभ गति जोई। तो कहुँ आजु सुलभ भइ सोई॥4॥

{हे भामिनि! मुझे वही अत्यंत प्रिय है। फिर तुझ में तो सभी प्रकार की भक्ति दृढ़ है। अतएव जो गति योगियों को भी दुर्लभ है, वही आज तेरे लिए सुलभ हो गई है॥}

शबरी प्रसंग से यह पता चलता है की प्रभु सदैव भाव के भूखे हैं और अन्तर की प्रीति पर रीझते हैं।

***

पुनः याद कर लें मुनिश्रेष्ठ नारद द्वारा प्रभु श्री विष्णु को दिया गया श्राप जिसमें उन्होंने कहा था,"तुमने जो रूप मुझे दिया है इसी रूप की सहायता से तुम अपनी स्त्री को पुनः प्राप्त कर पाओगे।"

नारद-राम संवाद:

श्री राम और लक्ष्मण पम्पासरोवर के पास एक पेड़ की छाया में बैठ आराम कर रहे थे। नारद मुनि ऐसे समय में श्री राम के पास पहुँच जाते हैं। मुनि नारद सोच रहे थे कि मेरे श्राप के कारण ही मेरे प्रभु इस मानव रूप में यह कष्ट सहन कर रहे हैं।

गोस्वामी तुलसीदास जी ने श्री रामचरित्रमानस में सुंदर शब्दों में लिखा है:

बिरहवंत भगवंतहि देखी। नारद मन भा सोच बिसेषी॥
मोर साप करि अंगीकारा। सहत राम नाना दुख भारा॥

{भगवान को विरह युक्त देखकर नारदजी के मन में विशेष रूप से सोच हुआ। उन्होंने विचार किया कि मेरे ही शाप को स्वीकार करके श्री रामजी नाना प्रकार के दुःख उठा रहे हैं॥}

सरसिज लोचन बाहु बिसाला। जटा मुकुट सिर उर बनमाला॥
स्याम गौर सुंदर दोउ भाई। सबरी परी चरन लपटाई॥

{ऐसे (भक्त वत्सल) प्रभु को जाकर देखूँ। फिर ऐसा अवसर न बन आयेगा। यह विचार कर नारदजी हाथ में वीणा लिए हुए वहाँ गए, जहाँ प्रभु सुखपूर्वक बैठे हुए थे॥}

गावत राम चरित मृदु बानी। प्रेम सहित बहु भाँति बखानी॥
करत दंडवत लिए उठाई। राखे बहुत बार उर लाई॥

{वे कोमल वाणी से प्रेम के साथ बहुत प्रकार से बखान कर रामचरित्र का गान कर रहे थे। दण्डवत् करते देखकर श्री रामचंद्रजी ने नारदजी को उठा लिया और बहुत देर तक हृदय से लगाए रखा॥}

स्वागत पूँछि निकट बैठारे। लछिमन सादर चरन पखारे॥

{फिर कुशल पूछकर पास बैठा लिया। लक्ष्मणजी ने आदर के साथ उनके चरण धोए॥}

नाना बिधि बिनती करि प्रभु प्रसन्न जियँ जानि।
नारद बोले बचन तब जोरि सरोरुह पानि॥

{बहुत प्रकार से विनती करके और प्रभु को मन में प्रसन्न जानकर तब नारदजी कमल के समान हाथों को जोड़कर वचन बोले-॥}

राम नाम को प्रभु के सभी दूसरे नाम से अधिक श्रेष्ट होने का नारद को वरदान:

सुनहु उदार सहज रघुनायक। सुंदर अगम सुगम बर दायक॥
देहु एक बर मागउँ स्वामी। जद्यपि जानत अंतरजामी॥

{स्वभाव से ही उदार श्री रघुनाथ जी! सुनिए। आप सुंदर अगम और सुगम वर के देने वाले हैं। हे स्वामी! मैं एक वर माँगता हूँ, वह मुझे दीजिए, यद्यपि आप अंतर्यामी होने के नाते सब जानते ही हैं॥}

जानहु मुनि तुम्ह मोर सुभाऊ। जन सन कबहुँ कि करउँ दुराऊ॥
कवन बस्तु असि प्रिय मोहि लागी। जो मुनिबर न सकहुँ तुम्ह मागी॥

{श्री रामजी ने कहा- हे मुनि! तुम मेरा स्वभाव जानते ही हो। क्या मैं अपने भक्तों से कभी कुछ छिपाव करता हूँ? मुझे ऐसी कौन सी वस्तु प्रिय लगती है, जिसे हे मुनिश्रेष्ठ! तुम नहीं माँग सकते?॥}

जन कहुँ कछु अदेय नहिं मोरें। अस बिस्वास तजहु जनि भोरें॥
तब नारद बोले हरषाई। अस बर मागउँ करउँ ढिठाई॥

{मुझे भक्त के लिए कुछ भी अदेय नहीं है। ऐसा विश्वास भूलकर भी मत छोड़ो। तब नारदजी हर्षित होकर बोले- मैं ऐसा वर माँगता हूँ, यह धृष्टता करता हूँ-॥}

जद्यपि प्रभु के नाम अनेका। श्रुति कह अधिक एक तें एका॥
राम सकल नामन्ह ते अधिका। होउ नाथ अघ खग गन बधिका॥

{यद्यपि प्रभु के अनेकों नाम हैं और वेद कहते हैं कि वे सब एक से एक बढ़कर हैं, तो भी हे नाथ! रामनाम सब नामों से बढ़कर हो और पाप रूपी पक्षियों के समूह के लिए यह वधिक के समान हो॥}

राका रजनी भगति तव राम नाम सोइ सोम।

{अपर नाम उडगन विमल बसहुँ भगत उर व्योम॥ आपकी भक्ति पूर्णिमा की रात्रि है, उसमें 'राम' नाम यही पूर्ण चंद्रमा होकर और अन्य सब नाम तारागण होकर भक्तों के हृदय रूपी निर्मल आकाश में निवास करें॥}

एवमस्तु मुनि सन कहेउ कृपासिंधु रघुनाथ।
तब नारद मन हरष अति प्रभु पद नायउ माथ॥

{कृपा सागर श्री रघुनाथ जी ने मुनि से 'एवमस्तु' (ऐसा ही हो) कहा। तब नारदजी ने मन में अत्यंत हर्षित होकर प्रभु के चरणों में मस्तक नवाया॥}

जब श्री विष्णु का श्री राम रूप में अवतरित होने का समय आया तो जगत पिता ब्रह्मा जी के कहने पर, मुनि श्रेष्ठ नारद जी के श्राप को फली भूत करने के लिए, उस से पहले ही सभी देवता अपने प्रभु के सहायक व सेवक बनने के लिए बानर रूप धार कर प्रगट होने लग गए थे। स्वयं भोले नाथ शिव हनुमान के रूप में अवतरित हो अंजनी पुत्र व केसरी नंदन कहलाये। सूर्य स्वयं सुग्रीव रूप ले कर आये थे।

अपनी भगत शवरी के बताये हुए रास्ते पर आगे बढ़ते हुए राम लक्ष्मण पम्पा सरोवर से चलकर ऋषिमुक पर्वत के निकट पहुँच कर विश्राम के लिए रुकते हैं। ऋषिमुक पर्वत के ऊपर एक गुफा में वानरों का राजा सुग्रीव अपने भाई बाली के डर से अपने कुछ मंत्रिओं के साथ छुप कर रहता था क्यों कि ऋषि मतङ्ग के श्राप के कारण बाली वहां नहीं आ सकता था।

एक बार बाली का दुदुम्भी राक्षस से युद्ध हुआ था और दुदुम्भी बाली के हाथों मारा गया था। बाली ने उस को उठा दूर फैंक दिया था। उस समय उस राक्षस के शरीर से वहती खून की बूँदें महर्षि मतङ्ग के आश्रम पर गिरी थीं। ऋषि अपनी अंतर्दृष्टि से सब देख क्रोधित हुए और श्राप दिया के आश्रम से एक कोस के अन्दर यदि बाली ने पैर रखा तो उसकी मृत्यु हो जाएगी।

सुग्रीव के गुप्तचर बंदर ने बताया कि दो धनुषधारी मानव सुग्रीव को ढूंढते हुए फिर रहे हैं। सुग्रीव और मंत्री गण आशंकित हो विचार करने लगे कि कहीं बलि के गुप्तचर तो नहीं होंगे। हनुमान को जानकारी जुटाने के लिए भेजा गया। भेष बदल हनुमान जाते हैं और पूछ-ताछ करने लगते हैं परन्तु जैसे ही पहचान होती है तो हनुमान श्री राम के चरणों में पड़ अपने को उनका चिर-परिचित दास बताते हैं। राम भी आत्म-विभोर हो कर हनुमान को गले लगा लेते हैं। मधु मिलन होता है और फिर राम लक्ष्मण को अपने कन्धों पर बैठा वायु वेग से ऋषिमुक पर्वत पर ले आते है। सुग्रीव और राम की अग्नि को साक्षी मान कर मित्रता होती है। सुग्रीव कुछ गहने श्री राम को दिखाते हैं जो माता सीता ने रावण द्वारा हरण के समय विमान में से गिराए थे। श्री राम उन्हें पहचान कुछ समय के लिए विरह-विभोर हो जाते हैं।

सुग्रीव बाली से डरते हुए छुप कर क्यों रहता है? सुग्रीव ने श्री राम लक्ष्मण को अपनी पूरी व्यथा सुनाते हुए बताया कि दुंदुभि एक भैंसा रूपी दानव था। वह मयासुर नामक दानव का पुत्र तथा मायावी नामक दानव का छोटा भाई तथा मंदो दरी और दम्यमालिनी का बड़ा भाई था। उसने एक बार रात्रि के समय किष्कन्धा में आ कर बाली को युद्ध के लिए ललकारा। जैसे ही हम दोनों भाई बाहर आये तो दुंदुभि भाग कर एक गुफा में घुस गया। हम दोनों भाई उस के पीछे गए। बाली मेरा बड़ा भाई मेरे से शक्तिशाली था। बाली मुझे गुफा के बाहर १५ दिन तक रुकने के लिए कह दुंदुभि के पीछे गुफा में चला गया। एक महीने तक मैं वहां रुका हुआ था। एक दिन गुफा के अंदर से खून की धार द्वार के बाहर उन आती देखी तो मेरे को लगा कि दुंदुभि के हाथों बाली मारा गया होगा।

मैं डर गया था और सोच रहा था कि जिस राक्षस ने बाली को मार दिया है वोह अब बाहर आकर मुझे भी नहीं छोड़ेगा। गुफा से दुंदुभि व मायावी राक्षश बाहर ना आ पायें इसलिए मैंने गुफा के द्वार पर एक बड़ी पत्थर सिला लगा कर गुफा का द्वार बंद कर दिया था। परन्तु मेरी सोच गलत थी क्योंकि बाली ने दुंदुभि और मायावी दोनों को ही मार दिया था और जो खून की धार गुफा द्वार तक आ गई थी वोह के शरीर से निकल कर आ रही थी। मैं बापस किष्किंधा आ गया और सब को यही बताया कि बाली मारा गया था।

बाली अब नहीं रहा यही सोच कर हमारे मंत्रियों ने मेरा राज्याभिषेक करना शुरू किया ही था कि बाली बापस पहुँच गया। वोह मेरा राज्याभिषेक होते देख कर एक दम आग-बबूला हो गया था।

बाली को जीवित बापस आया देख हम सब बहुत खुश हो रहे थे परन्तु वोह क्रोध से अँधा हो रहा था। किसी की सुनने को तैयार नहीं था और मुझे मार देने को उद्यत हो रहा था। जामवंत जी की भी जब उसने नहीं सुनी तो मेरे पास भाग कर प्राण बचाने के बिना दूसरा कोई रास्ता नहीं था। तब से हम इस पर्वत-गुफा में रह रहें हैं क्यों कि मातंग ऋषि कि श्राप के कारण बाली यहाँ नहीं आ सकता।

हम सब स्वयं ही बाली का राज्याभिषेक करा देने वाले थे परन्तु वोह बहुत क्रोधित था और किसी की सुनने को तैयार नहीं था। उस की सोच में यह बात बैठ गई थी कि मैं उसे धोखा दे गुफा के अंदर बंद कर आया था इसलिए अब बदला लेने के लिए मुझे मारने के लिए उद्यत हो रहा था। बाली किसी की सुनने को तैयार नहीं था इसीलिए मुझे भाग यहाँ आ कर प्राण बचाने के लिए छुप कर रहना पड़ रहा है। मातंग ऋषि के श्राप के कारण बाली यहाँ आ नहीं सकता।

श्री राम ने श्राप का कारण जानने की इच्छा प्रगट की तो सुग्रीव ने बताया कि बाली ने जख्मी दुंदुभि को उसकी पूंछ से पकड़ कर घुमाते हुए दूर फेंक दिया था। उसके खून के छींटे मातंग ऋषि के आश्रम के ऊपर भी गिरे थे। मातंग ऋषि ने तब श्राप दे दिया था,"जहाँ यह खून की बूँदें गिरी हैं वहां बाली आएगा तो समाप्त हो जायेगा।" तब से मैं अपने इन कुछ मंत्री साथियों के साथ यहाँ रहता हूँ। सुग्रीव ने बताया कि उसकी पत्नी रूमा को भी बाली ने छीन लिया है।

इस पर श्री राम ने कहा कि इस से तो बाली दंड का अधिकारी है। श्री राम ने कहा कि कल ही हम बाली का बद्ध कर आप को राजा बना देंगे।

अगले दिन श्री राम बाली के साथ युद्ध करने के लिए सुग्रीव को भेजते हैं। दोनों भाईओं की शक्ल-सूरत एक जैसी होने के कारण बाली को पहचान ही नहीं पाए। सुग्रीव की जमकर पिटाई हुई और अंततः उसको जान बचाने के लिए भाग कर आना पड़ा। सुग्रीव मार खा दर्द से दुखी तो था ही उस को श्री राम पर क्रोध भी हो रहा था। श्री राम ने उसके शरीर पर हाथ फेरा तो वह उसी समय

दर्द मुक्त हो पूर्ण स्वस्त हो जाता है। श्री राम उस को बताते हैं कि तुम्हें न पहचान सकने के कारण हम वाण नहीं छोड़ सके थे।

अगले दिन सुग्रीव के गले में पहचान के लिए एक फूलों की माला डाल कर दूसरी बार बाली के पास युद्ध के लिए भेजते हैं। बाली की पत्नी तारा पति को रोकती है और बहुत तरह से राम की शक्ति और समर्थता की बात समझाती है परन्तु बाली सुग्रीव की युद्ध के लिए ललकार सुन कर कैसे शांत बैठ सकता था। उसने तारा को कहा कि युद्ध के लिए सुग्रीव जैसा कायर ललकारे तो मैं कैसे ना जाऊँ? यदि राम स्वयं भगवन हैं और मुझे मारते हैं तो इस से अच्छी और क्या बात हो सकती है और वोह आकर सुग्रीव से भिड़ जाता है। दोनों भाइयों में गदा युद्ध होता है, मल्ल युद्ध भी होता है और फिर बाली सुग्रीव पर मुष्टिका प्रहार कर पिटाई करने लगता है तब इस से पहले कि सुग्रीव प्राण बचाने कि लिए दौड़ता उस से पहले ही झाड़ी की ओट में छिपे श्री राम के एक तीखे वाण ने महाबली बाली की छाती को भेद दिया।

बाली धाराशाई हो गया तो श्री राम, लक्ष्मण, जामवंत, हनुमान जी सभी बाली के पास आ गए। विलाप करती हुई बाली पत्नी रानी तारा भी पुत्र अंगद के साथ वहां दौड़ कर पहुँच जाती हैं। हनुमान जी ने बाली के शीश को अपनी गोद में रख लिया। ऊपर उठे चेहरे से बाली ने श्री राम को सामने देखा तो उसने श्री राम से जो बचन कहे वोह तुलसी दास के शब्दों में इस प्रकार थे:

धर्म हेतु अवतरेहु गोसाईं। मारेहु मोहि ब्याध की नाईं॥
मैं बैरी सुग्रीव पिआरा। अवगुन कवन नाथ मोहि मारा॥

[आपने धर्म की रक्षा के लिए अवतार लिया है और मुझे व्याध की तरह (छिपकर) मारा? मैं बैरी और सुग्रीव प्यारा? हे नाथ! किस दोष से आपने मुझे मारा?]

अनुज बधू भगिनी सुत नारी। सुनु सठ कन्या सम ए चारी॥
इन्हहि कुद्रष्टि बिलोकइ जोई। ताहि बधें कछु पाप न होई॥

[श्री राम ने कहा, हे मूर्ख! सुन, छोटे भाई की स्त्री, बहिन, पुत्र की स्त्री और कन्या- ये चारों समान हैं। इनको जो कोई बुरी दृष्टि से देखता है, उसे मारने में कुछ भी पाप नहीं होता॥]

श्री राम ने बाली और उस की पत्नी को कुछ धर्म ज्ञान की बातें कह सांत्वना दी और बाली को पूछा कि तुम जीवित रहना चाहते हो तो बताओ। बाली ने कहा प्रभु मृत्यु तो एक दिन सब को आती है। आप सामने हों तो प्राण त्यागने का अवसर तो मैं कैसे जाने दूँ। मेरी प्रार्थना अब आप से एक ही है कि मेरे पुत्र अंगद को आप निराश्रित ना होने देना। वह बलशाली है और आप की सेवा करेगा और इतना कह हृदय में श्री राम स्वरूप को मन में धारण कर बाली ने प्राण त्याग दिए।

बाली के बद्ध के बाद श्री राम ने सुग्रीव को बाली की राजकीय सम्मान के साथ अंतिम दाह-संस्कार क्रिया और मरणोपरांत के विधि-विधान पूर्ण करने के लिए कहा और स्वयं लक्ष्मण के साथ अपनी गुफा में आ गए। यह सब संस्कार क्रिया पूर्ण कर सुग्रीव जामवंत और हनुमान आदि वानर मंत्रियों के साथ श्री राम के पास आते हैं। अब श्री राम ने लक्ष्मण को इन सब के साथ सुग्रीव को राज-तिलक करने के लिए भेजा। लक्ष्मण जी ने किष्किंधा नगरी में राज-महल में सुग्रीव को राज्य सिंहासन पर बिठाया। ब्राह्मण ने मंत्रोचार कर तिलक किया और लक्ष्मण जी ने राज-मुकुट पहना कर सुग्रीव को राजा और अंगद को युवराज घोषित किया।

चौमासे (बरसात) का मौसम शुरू हो जाने के कारण सीता की खोज अभी के लिए रोक दी जाती है और राम लक्ष्मण वहीं पर एक गुफा में रुकते हैं और सुग्रीव और उसके मंत्री अपने राज्य महलों में चले जाते हैं। बादलों से आकाश साफ हुआ तो सुग्रीव ने वानरों को सीता जी की खोज के लिए सभी और भेजना शुरू किया।

युवराज अंगद के नेतृत्व में जामवंत, हनुमान और कुछ दूसरे वानरों के दल को दक्षिण दिशा में भेजा गया। श्री राम ने हनुमान को बुला अपनी अंगूठी सीता जी को भरोसा दिलाने के लिए दी। वन में सभी जगहों पर खोज करते हुए भूखे-प्यासे एक ऐसी जगह पहुँचते हैं जहाँ बहुत शांत वातावरण होता है, साफ जल का तालाब और फलों से भरे पेड़ भी होते हैं। वहां उनके सामने एक अद्भुत तेज वाली तपस्विनी आती है और पहचान और कार्य जान कर उनको भर पेट इच्छित फल खाने और जल-पान करने की अनुमति देती है। वोह तपस्विनी उनको कहती है कि तुम सभी कुछ देर के लिए आंखें बंद कर

लो। जब कुछ देर बाद यह लोग आंखें खोलते हैं तो अपने आप को समुद्र के किनारे पहुँच गए देखते हैं। आगे क्या करें, कहाँ जाएँ कुछ समझ नहीं पा रहे थे। इनकी आवाज़ सुन कर पास की एक गुफा से एक बड़ा वृद्ध गिद्ध निकल आता है। इनको देख कर खुश हो कहता है" बहुत दिन से भूखा हूँ, आज इन को खाकर भूख मिटाऊंगा। सब वानर घबराते है परन्तु जामवंत जटायु का नाम ले कर कहता है,"धन्य है जटायु की करनी जिसने एक स्त्री को बचाने के लिए रावण से युद्ध किया।

इतनी बात सुनते ही गिद्ध बोला,"तुम जटायु के बारे में क्या जानते हो, मुझे बताओ।" जामवंत ने सारी बात बताई तो गिद्ध ने बताया,"मेरा नाम सम्पाती है और जटायु मेरा छोटा भाई था।" फिर उसने कहा," एक बार हम दोनों उड़कर सूर्य की और जाने लगे। काफी ऊपर जाने पर अधिक गर्मी लगने लगी तो जटायु तो बापस आ गया परन्तु मैं अपनी शक्ति के अभिमान में चूर और आगे बढ़ने लगा और सूर्य की गर्मी से मेरे पंख जलने लगे और तब मैं पृथ्वी पर यहाँ आ गिरा।" उसने कहा मैं अपने भाई जटायु की आत्मा को अंजलि जल अर्पित कर दूँ और फिर तुम को सीता माता का पता भी बता दूंगा। समुद्र किनारे जा कर सम्पाती ने जटायु की आत्म शांति के लिए अपनी तर्पण विधि की और फिर नज़र उठा समुद्र के पार लंका और उसके अशोक वृक्ष के नीचे बैठी जानकी जी को भी देखा। उसने सब जानकारी उस वानर समूह को दी। मैं उन्हें देख रहा हूँ, तुम नहीं देख सकते, क्योंकि गीध की दृष्टि अपार होती है।

श्री राम नाम का महात्म्य:

गिद्ध सम्पाती ने बताया कि जो समुद्र लाँघ सकेगा और बुद्धि निधान होगा, वही श्री रामजी का कार्य कर सकेगा। घबराओ मत, मुझे देखकर मन में धीरज धरो। देखो, श्री रामजी की कृपा से देखते ही देखते मेरा शरीर कैसा हो गया। बिना पाँख का बेहाल था, पाँख उगने से सुंदर हो गया ! पापी भी जिनका नाम स्मरण करके भवसागर से तर जाते हैं तुम तो उनके दूत हो। अतः चिंता छोड़कर श्री रामजी को हृदय में धारण करके उपाय करो। तुम जरूर देवी सीता की खोज करने में सफल हो जाओगे ! इतना कह सम्पाती अपने नए उगे पंखों के सहारे आकाश में उड़ान भर चला गया।

सीता माता लंका में हैं यह तो सुनिश्चित हो गया था परन्तु वहां इस बड़े समुद्र को पार कर जाया कैसे जायेगा, यह बड़ा प्रश्न था। अपनी अपनी शक्ति-समर्थता को सब ने परख कर लंका तक जा कर आने में असमर्थता बताई।

ऋक्षराज जाम्बवन्त कहने लगे,"मैं बूढ़ा हो गया हूँ, शरीर में पहले वाला बल नहीं रहा। वामन अवतार के समय तब मैं जवान था और मुझ में बड़ा बल था। राजा बलि से तीन पग पृथ्वी लेते समय प्रभु ने अपने शरीर को बढ़ा कर तीनों लोकों को नाप लिया था। मैंने दो ही घड़ी में दौड़कर (उस शरीर की) सात प्रदक्षिणाएँ कर ली थीं।"

अंगद ने कहा,"मैं पार तो चला जाऊँगा, परंतु लौटने के लिए हृदय में कुछ संदेह है।" जाम्बवन्त ने कहा,"तुम सब प्रकार से योग्य हो, परंतु तुम युवराज हो और अब नेता भी हो, तुम्हें कैसे भेजा जाए?"

जाम्बवन्त का हनुमान जी को बल याद दिलाकर उत्साहित करना।

हनुमान जी अपने राम-नाम की धुन में एक ओर बैठे थे। जामवंत ने हनुमान को कहा," हनुमान! तुम कहाँ खोये हो? अपनी शक्ति भूले बैठे हो। महाबली उठो, तुम्हारा तो जन्म ही राम काज करने के लिए हुआ है। तुम्ही लंका जा कर सीता माता की खोज कर सकते हो।"

तुलसी दास जी के सुन्दर शब्दों में:

कहइ रीछपति सुनु हनुमाना। का चुप साधि रहेहु बलवाना॥
पवन तनय बल पवन समाना। बुधि बिबेक बिग्यान निधाना॥।

[ऋक्षराज जाम्बवन्त ने श्री हनुमान जी से कहा,"हे हनुमान! हे बल निधान! तुम यह क्या मौन धारे बैठे हो? तुम पवन के पुत्र हो और बल में पवन के समान हो। तुम बुद्धि-विवेक और विज्ञान की खान हो।"]

कवन सो काज कठिन जग माहीं। जो नहिं होइ तात तुम्ह पाहीं॥
राम काज लगि तव अवतारा। सुनतहिं भयउ पर्बताकारा॥

[जगत में कौन सा ऐसा कठिन काम है जो हे तात! तुमसे न हो सके। श्री रामजी के कार्य के लिए ही तो तुम्हारा अवतार हुआ है। यह सुनते ही हनुमान जी पर्वत के आकार के (अत्यंत विशालकाय) हो गए। }

कनक बरन तन तेज बिराजा। मानहुँ अपर गिरिन्ह कर राजा॥
सिंहनाद करि बारहिं बारा। लीलहिं नाघउँ जलनिधि खारा॥

[उनका सोने का सा रंग है, शरीर पर तेज सुशोभित है, मानो दूसरा पर्वतों का राजा सुमेरु हो। हनुमान जी ने बार-बार सिंहनाद करके कहा,"मैं इस खारे समुद्र को खेल में ही लाँघ सकता हूँ। }

सहित सहाय रावनहि मारी। आनउँ इहाँ त्रिकूट उपारी॥
जामवंत मैं पूँछउँ तोही। उचित सिखावनु दीजहु मोही॥

[सहायकों सहित रावण को मारकर त्रिकूट पर्वत को उखाड़कर यहाँ ला सकता हूँ। हे जाम्बवन्त! मैं तुमसे पूछता हूँ, तुम मुझे उचित सीख देना कि मुझे क्या करना चाहिए।]

एतना करहु तात तुम्ह जाई। सीतहि देखि कहहु सुधि आई॥
तब निज भुज बल राजिवनैना। कौतुक लागि संग कपि सेना॥

[जाम्बवन्त ने कहा,"हे तात! तुम जाकर देवी सीता जी को देखकर लौट आओ और उनकी सब सूचना ला दो। फिर कमलनयन श्री रामजी अपने बाहुबल से राक्षसों का संहार कर सीताजी को ले आएंगे और केवल खेल के लिए ही वे वानरों की सेना साथ लेंगे।]

वानरों की सेना साथ लेकर राक्षसों का संहार करके श्री रामजी सीताजी को ले आएंगे। तब देवता और नारदादि मुनि भगवान के तीनों लोकों को पवित्र करने वाले सुंदर यश का बखान करेंगे, जिसे सुनने, गाने, कहने और समझने से मनुष्य परम पद पाते हैं और जिसे श्री रघुवीर के चरणकमल का मधुकर (भ्रमर) तुलसी दास गाता है।

हनुमान जी को शंकर सुमन और पवन पुत्र के नाम से भी पुकारा जाता है। "अंजनी" हनुमान जी की माता जो एक परी थी ऋषि दुर्वासा से मिले श्राप के कारण वानर रूप में जन्मीं थी परन्तु मानव रूप में बदलने का वरदान भी उस को प्राप्त था। अंजनी और उसके पति वानर राज केसरी, दोनों शिव भगत थे। पुत्र प्राप्ति के लिए शिव जी की बहुत भक्ति भाव के साथ तपस्या की थी। वरदान स्वरूप शिव जैसे ही शक्ति संपन्न पुत्र ने अंजनी माता की कोख से जन्म लिया था। जन्म से ही उनमें अद्भुत शक्तियां थीं। पवन देव के वरदान

के कारण वोह पवन वेग से कही भी जा सकते थे। बालपन में ही उगते सूर्य को मीठा फल समझ कर उन्होंने, इतनी दूर और उंचाई पर जा कर अपने मुख में ले लिया था। सब और अँधेरा छा गया तो सब लोग सूर्य को देखने पहुंचे तो सूर्य तो बालक के मुख में था। सब ने कहा कि सूर्य को मुंह से निकाल दो परन्तु बाल हठ, नहीं माने तो देवराज इंद्र ने इनके मुख पर वज्र से प्रहार किया तो सूर्य मुख से छूट गए परन्तु इनकी मुख आकृति में जो परिवर्तन हुआ उसके कारण ब्रह्मा जी ने इनको हनुमान नाम से सम्भोदित किया।

पवन देव अबोध बालक जिसको अपना पुत्र मान पवनपुत्र नाम और शक्ति भी दिए थे, उसपर इंद्र के वज्र प्रहार से दुखी हुए और उन्होंने सृष्टि को वायु वंचित ही कर दिया। सब और दम घुटने लगे, हाहाकार मच गई। सब देवताओं ने वायु देव को खुश करने के लिए पवन पुत्र को अनेकों वरदान दिए। ब्रह्मा जी ने ब्रह्मास्त्र जैसे शस्त्रों के प्रहार का भी इनके ऊपर प्रभाव नहीं पड़ेगा और देवराज इंद्र ने सदा अजय होने का वरदान दिया। ऐसे ही सब देवताओं ने अनेकों वरदान हनुमान को दिए।

वानर बुद्धि तो स्वभाव से ही चंचल होती है। अनेकों वरदान पा बालक हनुमान अब बहुत शक्ति शाली हो गया था। वन में जा कर तपस्या में बैठे ऋषियों के साथ बाल बुद्धि से शरारतें कर उनकी तप-साधना में विघ्न डालते थे।

बार बार समझाने पर भी नहीं समझे तो अंगिरा और भृगुवंशीय मुनियों ने हनुमान जी को श्राप दिया,"आप अपने बल और तेज को भूल जायेंगे। माता अंजनी ने जाकर ऋषिओं को अपने बालक को क्षमा करने के लिए प्रार्थना की तो श्राप को सीमित करते हुए कहा,"जब कोई आप की शक्तियों की याद दिलाएगा तो पुनः सब शक्तियां जागृत हो जाएंगी और आप उनका उपयोग कर सकोगे।"

अब जब हनुमान को जामवंत ने उनका बल याद दिलाया और कहा, "राम काज लगि तब अवतारा सुनतहि भयउ पर्वताकारा।" जामवंत के राम काज याद कराते ही हनुमान जी के अन्दर उनकी ऊर्जा शक्ति उजागर हो तुरन्त जाग्रित हो गई और उन्होंने श्री राम उचारते हुए दहाड़ लगाई और उनका शरीर भी पर्वताकारा (बड़ा आकार) हो गया| हनुमान ने जामवन्त से कहा,"मुझे बताओ कि मुझे क्या करना होगा?" जामवंत ने कहा,"तुम लंका में जाकर जानकी जी की सूचना ले कर आ जाओ| हनुमान ने तुरन्त "जय श्री राम" कहकर ऊंची

छलांग लगाई और आकाश में पवन वेग से जाते हुए उन सब की आँखों से ओझल हो गए।

समुद्र के ऊपर से जा रहे होते हैं तो मैनाक नाम का पर्वत समुद्र में से उभर कर उनके रास्ते में आ कहता है कि कुछ देर विश्राम कर लो। हनुमान जी ने उसका स्पर्श कर धन्यवाद किया और कहा कि राम काज किये बिना कैसा आराम और आगे निकल गए। आगे जाने पर बड़ा मुंह खोले भयंकर राक्षसी खड़ी है। वोह कहती है," मेरा नाम सुरसा है मैं भूखी हूँ और तुझे खा कर भूख मिटाऊँगी। तुम मुझे लाँघ कर नहीं जा सकते हो। मेरे मुख में आ जाओ और यदि मेरे मुख से निकल कर बापस जा सको तो जाने दूँगी। हनुमान जी अपना आकार बढ़ाते हैं तो वोह मुख का आकार भी बढ़ाती है। हनुमान बड़े खुले मुख में जा फिर सूक्ष्म रूप ले बाहर आ जाते हैं। अब वोह अपने असल रूप में प्रगट हो कहती हैं,"में नाग माता हूँ और मुझे देवताओं ने तुम्हारे धैर्य, बल और बुद्धि की परीक्षा के लिए भेजा था और तुम उत्तीर्ण हुए। उसने आशीर्वाद देते हुए कहा,"तुम अपने कार्य में सफल हो कर आओगे" हनुमान जी नाग माता को धन्यवाद कह आगे जाते हैं तो उनको ऐसा आभास होता है के जैसे किसी ने उनको पकड़ लिया हो और उनकी शक्ति काम ही नहीं कर रही होती। समुद्र में रहती एक भयंकर राक्षसी "सिंहिका" उड़ते पक्षियों की छाया को पकड़ कर उनको खा जाती थी। हनुमान की छाया भी उसकी पकड़ में आ गई थी और उस ने हनुमान को मुख में ले लिया था। हनुमान को समझने में देर नहीं लगी और उन्होंने इसके माथे को गदा से फाड़ दिया और बाहर निकल आए। इस तरह सरलता से बाधाओं को पार कर हनुमान जी समुद्र पार कर लंका पहुँच गए।

हनुमान जी दिन के समय लंका पहुंचे परन्तु लंका में प्रवेश के लिए इन्होंने रात के समय को ठीक समझा।

हनुमान जी रात में जब लंका में सूक्ष्म रूप धार प्रवेश करने लगे तब लंका की रात्रि में रक्षा करने वाली लंकिनी की नजर उन पर पड़ गई और उन्होंने हनुमान जी को लंका में प्रवेश करने से रोक कहा,"मुझे लाँघ कहाँ जा रहे हो।" हनुमान जी ने लंकिनी को एक मुक्का मारा तो उसके मुंह से खून निकल आया और वोह बेहाल सी हो गई। होश आने पर हनुमान जी को प्रणाम कर बताया कि रावण को वरदान देते समय ब्रह्मा जी ने मुझ को कहा था कि जब तुम किसी बंदर के मारे व्याकुल हो जाओगी तो समझ लेना कि राक्षसों का अंत

आ गया। श्री राम भगत के दर्शन कर आज मुझे शाप से मुक्ति मिल गई है और मैं अब लंका छोड़कर जा रही हूँ। आज से लंका का अंत शुरु हो गया है।

इसके बाद हनुमान जी मच्छर के समान रूप बनाकर लंका में प्रवेश कर रावण के महिलों में जा सीता माता की खोज करने लगे। किसी भी राज भवन में सीता जी नहीं दिखाई पड़ रहीं थी। इतने में हनुमान जी को एक राज भवन में तुलसी के पेड़ और कुछ वैष्णव चिन्ह अंकित दिखाई पड़े। हनुमान सोचने लगे कि इस राक्षस नगरी में विष्णु भगत कौन हो सकता है? अमृत वेला हो गया था, हनुमान जी वहां रुक गए। कुछ देर बाद हरी नाम सिमरन करते हुए एक पुरुष बाहर आए तो हनुमान जी ब्राह्मण भेष धार उनके सामने आ जय श्री राम कह प्रणाम करते हैं और पूछते हैं कि इस राक्षस नगरी में आप हरी भगत कैसे और कौन हैं। जबाव मिलता है,"मैं रावण का अनुज विभीषण हूँ परन्तु आप कौन हैं? इस समय आप यहाँ कैसे है।" हनुमान जी ने अपना परिचय देते हुए कहा,"मैं श्री राम का सेवक हूँ और उनकी भार्या सीता माता को रावण छल से उठाकर यहाँ ले आया है, मैं उन्हीं सीता माता की खोज में यहाँ आया हूँ। आप के यहाँ अंकित वैष्णव चिन्ह और तुलसी देख आप से बात कर जानकारी प्राप्त करने की इच्छा से आया हूँ।

विभीषण जी राक्षस रावण के अनुज थे और राक्षस राजधानी लंका में ही निवास भी करते थे परन्तु वोह सब से अलग थे। वोह हरी भगत और सत्यवादी कुशल नीतिवान थे। विभीषण जी रावण के इस कुकर्म का विरोध करते थे परन्तु उनकी सुनने वाला वहां कोई नहीं था। उनकी ही पुत्री त्रिजटा, अशोक वाटिका में सीता जी की रक्षक और सहायक बन कर रहती थी। हनुमान जी का अभिप्राय जान कर विभीषण जी ने, सीता जी जिस प्रकार लंका के अशोक वाटिका में रह रही थीं वह सब हनुमान जी को बता दिया। तब हनुमान जी ने जो ब्राह्मण भेष में थे, अपने असली रूप में आ अपना पूर्ण परिचय दिया और फिर धन्यवाद कह सूक्ष्म रूप में अशोक वाटिका जा पहुंचे।

राज रानी सीता माता को अशोक वृक्ष के नीचे पृथ्वी पर बैठा देख हनुमान का मन बहुत दुखी होता है। रक्षार्थ वहां बहुत सी राक्षस स्त्रियां चारों ओर पहरे पर थी। हनुमान जी छोटा रूप ले अशोक वृक्ष के पत्तों-डालियों में छुप कर सही समय की प्रतीक्षा करने लगे।

कुछ देर बाद रावण अपनी पत्नी मंदोदरी के साथ आता है और सीता माता के सामने अपने बल पराक्रम का वखान करते हुए सीता माता को उसकी रानी बनना स्वीकार करने को कहता है। कहता है कि क्या रखा है उन वन में भटकते वनवासिओं के पास, यहाँ तक तो वोह पहुँच ही नहीं पाएंगे, तुम एक बार हाँ कह दो तो मंदोदरी भी तुम्हारी दासी बन कर सेवा करेगी। कहता है,"कहाँ मैं ओर मेरा वैभव, देवता भी मेरे आगे झुकते हैं ओर कहाँ वोह भूखे प्यासे वनों में भटकते फिरते वनवासी।" सीता माता ने पलट कर जबाव में कहा,"चोरों की तरह तू मुझे छल से उठा लाया। लज्जा नहीं आती तुझे अपनी करनी पर। आर्य पुत्र के सामने तुम सूर्य के सामने जुगनू की तरह हो। मुझे ला कर तुमने अपनी मौत को आमंत्रित किया है।" यह सुन रावण क्रोधित हुआ परन्तु मंदोदरी समझा कर उसे वहां से ले जाती है।

त्रिजटा नाम की राक्षसी सीता जी को बेटी की तरह मानती है और उन्हें शांत कर शाम होने पर दूसरी राक्षसियों को भी सीता जी से दूर रहने को कहा और वोह घर चली गई।

'अप्सरा रम्भा' के पति 'नल कुबेर' जो कुबेर के पुत्र थे, उस ने रावण को रम्भा के साथ ग़लत बर्ताव के कारण श्राप दिया था कि यदि रावण ने किसी भी स्त्री को उसकी स्वीकृति के बिना अपने महल में रखा या व्यभिचार की कोशिश भी करेगा तो उसके सिर के सात टुकड़े हो जायेंगे और इसी श्राप के डर से रावण ने देवी सीता को राजमहल में न रखते हुए राजमहल से दूर अशोक वाटिका में रखा था।

हनुमान जी ने माता सीता को अकेला होने पर अनुकूल समय देख, श्री राम की दी हुई मुंदरी माता सीता के आगे गिरा दी। पास ही गिरी थी मुंदरी तो सीता माता कुछ अचंभित सी हुई परन्तु मुंदरी पहचानी सी लगी तो उन्होंने उठा ली। मुंदरी को पहचान सोचने लगीं,"श्री राम की मुंदरी यहाँ कैसे?" उन्होंने ऊपर देखा, चारों ओर भी देखा, कोई भी तो नहीं था। जानकी जी को सोच व चिंता में देख हनुमान जी ने धीमे मीठे स्वर में राम नाम गुणगान शुरू कर दिया। जानकी जी ने कहा,"जो भी हो मेरे सामने आओ, छुप क्यों रहे हो"? हनुमान जी ने पेड़ से छलांग लगाई ओर माता सीता के सामने आ हाथ जोड़ कर प्रणाम मुद्रा में खड़े हो गए। माता ने देखते ही मुंह घुमा लिया, उनको संदेह हुआ कि कहीं कोई राक्षस रूप बदल कर ना आया हो।

हनुमान जी ने कहा,"माता, में श्री राम जी का सेवक हनुमान हूँ और यह मुंदरी आपको मुझ पर विश्वास हो इस के लिए प्रभु ने मुझे दी थी।" माता सीता ने पूछा,"मानव बानर का मिलन कैसे?" हनुमान जी ने राम सुग्रीव मित्रता और बाली के वध और सीता की खोज के लिए निकली बंदर सेना की सारी बात बताई और कहा,"अब बानर सेना के साथ श्री राम, भाई लक्ष्मण आएंगे और रावण और उसकी सेना को मार आप को ले जायेंगे।" माता ने कहा,"राक्षस तो बहुत बलशाली हैं, तुम इतने छोटे बानर उनका सामना कैसे कर पाओगे?" सीता जी की शंका दूर करने के लिए हनुमान जी ने "जय श्री राम" कहते हुए अपना पर्वताकार शरीर प्रगट कर माता को दिखाया। माता को विश्वास हुआ और प्रसन्न हो हनुमान जी को प्रभु राम का प्यारा होने और अमरता का वरदान दिया जो हनुमान जी को बहुत अच्छा लगा। सीता माता को प्रसन्न देख हनुमान जी ने माता से पुछा,"माता मुझे भूख लग रही है, आपकी अनुमति हो तो मैं बाग में कुछ फल खा आऊं"? सीता माता ने कहा,"बगीचे में राक्षस पहरा देते हैं।" हनुमान जी ने कहा,"आपकी अनुमति है तो उनका मुझे कोई डर नहीं।" जानकी जी को अब हनुमान की शक्ति पर विश्वास हो गया था, वोह बोलीं जाओ पुत्र पेट भर मीठे मीठे फल खाओ।

रामचरित्र मानस में गोस्वामी तुलसी दास के सुन्दर बचन इस प्रकार हैं:

मोरें हृदय परम संदेहा। सुनि कपि प्रगट कीन्हि निज देहा॥
कनक भूधराकार सरीरा। समर भयंकर अतिबल बीरा॥

[अतः मेरे हृदय में बड़ा भारी संदेह होता है (कि तुम जैसे बंदर राक्षसों को कैसे जीतेंगे!) यह सुनकर हनुमान जी ने अपना शरीर प्रकट किया। सोने के पर्वत (सुमेरु) के आकार का (अत्यंत विशाल) शरीर था, जो युद्ध में शत्रुओं के हृदय में भय उत्पन्न करने वाला, अत्यंत बलवान और वीर था॥]

सीता मन भरोस तब भयऊ। पुनि लघु रूप पवनसुत लयऊ॥

[तब (उसे देखकर) सीताजी के मन में विश्वास हुआ। हनुमान्जी ने फिर छोटा रूप धारण कर लिया॥]

सुनु माता साखामृग नहिं बल बुद्धि बिसाल।
प्रभु प्रताप तें गरुड़हि खाइ परम लघु ब्याल॥

[हे माता! सुनो, वानरों में बहुत बल-बुद्धि नहीं होती, परंतु प्रभु के प्रताप से बहुत छोटा सर्प भी गरुड़ को खा सकता है। (अत्यंत निर्बल भी महान् बलवान को मार सकता है)॥]

मन संतोष सुनत कपि बानी। भगति प्रताप तेज बल सानी॥
आसिष दीन्हि राम प्रिय जाना। होहु तात बल सील निधाना॥1॥

[भक्ति, प्रताप, तेज और बल से सनी हुई हनुमान जी की वाणी सुनकर सीताजी के मन में संतोष हुआ। उन्होंने श्री रामजी के प्रिय जानकर हनुमान जी को आशीर्वाद दिया कि हे तात! तुम बल और शील के निधान होओ॥]

अजर अमर गुननिधि सुत होहू। करहुँ बहुत रघुनायक छोहू॥
क प्रभु अस सुनि काना। निर्भर प्रेम मगन हनुमाना॥

[हे पुत्र! तुम अजर (बुढ़ापे से रहित), अमर और गुणों के खजाने होओ। श्री रघुनाथ जी तुम पर बहुत कृपा करें। 'प्रभु कृपा करें' ऐसा कानों से सुनते ही हनुमान जी पूर्ण प्रेम में मगन हो गए॥]

बार बार नाएसि पद सीसा। बोला बचन जोरि कर कीसा॥
अब कृतकृत्य भयउँ मैं माता। आसिष तव अमोघ बिख्याता॥

[हनुमान जी ने बार-बार सीताजी के चरणों में सिर नवाया और फिर हाथ जोड़कर कहा- हे माता! अब मैं कृतार्थ हो गया। आपका आशीर्वाद अमोघ (अचूक) है, यह बात प्रसिद्ध है॥]

सुनहु मातु मोहि अतिसय भूखा। लागि देखि सुंदर फल रूखा॥
सुनु सुत करहिं बिपिन रखवारी। परम सुभट रजनीचर भारी॥

[हे माता! सुनो, सुंदर फल वाले वृक्षों को देखकर मुझे बड़ी ही भूख लग आई है। (सीताजी ने कहा-) हे बेटा! सुनो, बड़े भारी योद्धा राक्षस इस वन की रखवाली करते हैं॥]

तिन्ह कर भय माता मोहि नाहीं। जौं तुम्ह सुख मानहु मन माहीं॥

[(हनुमान जी ने कहा-) हे माता! यदि आप मन में सुख मानें (प्रसन्न होकर) आज्ञा दें तो मुझे उनका भय तो बिलकुल नहीं है॥]

जनक नंदिनी सीता जी की अनुमति पा, हनुमान रावण के शाही बगीचे में पहुँच गए। शाही बगीचा अनेक तरह के फलदार वृक्षों से भरा हुआ था। हनुमान जी फलदार पेड़ों पर चढ़ कर फल खाने लगे। पेट भर खाने के बाद उन्होंने पेड़ों के तने टहनियां तोड़नी शुरू कर दीं तो राक्षस पहरेदार दौड़े आये। यही तो हनुमान जी चाहते थे। राक्षस सोच रहे थे यह उत्पाती बानर कहाँ से आ गया और कुछ उसको भगाने के लिए दौड़े परन्तु यह क्या? हनुमान जी ने उनको धाराशाई ही कर दिया। यह देख कर कि यह कोई साधारण बानर नहीं है, बहुत से राक्षस हनुमान को भगाने-मारने के लिए एक साथ आये। उनमें से कुछ तो मारे गए कुछ अधमरे हो बचकर दौड़ गए और रावण दरबार में जा बताया कि एक बानर बाग़ उजाड़ रहा है और कितने पहरेदारों को तो उस ने मार भी दिया है।

लंकापति रावण ने पुत्र अक्षय कुमार को कहा,"तुम जाओ और देखो तो यह कहाँ का कौन सा बानर है जो हमारे राक्षस वीरों पर भारी पड़ रहा है"। अक्षय कुमार एक छोटी सैनिक टुकड़ी ले कर गए। इन्होंने हनुमान जी को पकड़ना चाहा परन्तु हनुमान जी ने उनके ऊपर पेड़ उखाड़ कर फेंकने शुरू कर दिए। कितनों ने तो पेड़ों के नीचे दव कर ही दम तोड़ दिया और कितने हनुमान जी के हाथों मारे गए। उन्होंने अक्षय कुमार को भी एक पेड़ के प्रहार से मौत के घाट उतार दिया। बचे-खुचे कुछ एक सैनिकों ने हाय-बू करते रावण के दरबार में पहुँच अक्षय कुमार और दूसरे सैनिकों के मारे जाने की सूचना दी।

इस बार मेघनाथ उठ खड़ा हुआ और कहा,"मैं देखता हूँ इस बानर को। रावण ने कहा कि संभव हुआ तो उसको पकड़ के ले आना। मेघनाथ अपनी सेना टुकड़ी के साथ जाता है। हनुमान जी ने उस के आते ही उसके रथ के ऊपर एक बड़ा पेड़ उखाड़ कर फैंक दिया। रथ टूट गया और मेघनाथ भी चोट लगने से मूर्छित हो गया। सैनिकों को भी हनुमान जी दौड़ा दौड़ा कर मारने लगे। कुछ देर बाद मूर्छा खुली तो वोह समझ गया कि यह कोई असाधारण बलशाली शायद कोई देवता ही बानर के रूप में है। उसने ब्रह्मास्त्र का संधान कर हनुमान जी पर छोड़ दिया।

ब्रह्मा जी से मिले वरदान के अनुसार हनुमान जी के ऊपर ब्रह्मास्त्र के प्रहार का कोई असर नहीं होने वाला था। परन्तु हनुमान जी ने ब्रह्मास्त्र की महानता का सम्मान करते हुए उसको अपने ऊपर ले लिया और कुछ मूर्छित से

हो गए। मेघनाथ ने तुरंत उन्हें नागपाश में बांध लिया और बड़े खुश हो अपने पिता के पास ले जाने के लिए चले।

जासु नाम जपि सुनहु भवानी। भव बंधन काटहिं नर ग्यानी॥
तासु दूत कि बंध तरु आवा। प्रभु कारज लगि कपिहिं बँधावा॥

{(शिवजी कहते हैं-) हे भवानी सुनो, जिनका नाम जपकर ज्ञानी (विवेकी) मनुष्य संसार (जन्म-मरण) के बंधन को काट डालते हैं, उनका दूत कहीं बंधन में आ सकता है? किंतु प्रभु के कार्य के लिए हनुमान जी ने स्वयं अपने को बँधा लिया॥}

बंदर का बाँधा जाना सुनकर लंका निवासी दौड़े आये और ऐसे कौतुकी बंदर को देखने के लिए सभा में आ गए। हनुमान जी का देखने के लिए दरबार के अंदर और बाहर लोगों की भीड़ जुट गई थी। हनुमान जी ने जाकर रावण की सभा देखी। रावण दरबार और सभा की प्रभुता अपने आपमें एक उदाहरण थी। दिक्पाल और शनि देव और कुछ दूसरे देव भी रावण के बंधन में थे। रावण की शक्ति और वैभव देख कर हनुमान जी कुछ भी प्रभावित नहीं हुए और वोह निर्भीक हो सभा के बीच रावण के सामने खड़े हो गए। रावण सभा में पहुँचते ही हनुमान जी ने अपने पाश-बंधन को बिना प्रयास निकाल दिया और निडर हो खड़े हो गए।

रावण ने पूछा,"तुम उदण्ड बानर कहाँ से आये हो? यहाँ के तुम हो नहीं, क्या किसी के कहने पर तुम यहाँ आये हो?" हनुमान जी ने उत्तर दिया,"तुम ने ठीक समझा, मैं हनुमान श्री राम जी का सेवक सीता माता की खोज में आया हूँ।" रावण अपने बल-बहादुरी वैभव की बातें कहता है तो हनुमान जी उसको समझाने की कोशिश करते हुए कहते हैं,"श्री राम कोई साधारण मानव नहीं हैं। वोह ब्रह्माण्ड के स्वामी हैं"।

रामचरित्र मानस - हनुमान-रावण संवाद

हनुमान जी को देखकर रावण दुर्वचन कहता हुआ खूब हँसा। फिर पुत्र वध का स्मरण किया तो उसके हृदय में विषाद उत्पन्न हो गया॥ लंकापति रावण ने कहा- रे वानर! तू कौन है? किसके बल पर तूने वन को उजाड़कर नष्ट कर डाला? क्या तूने कभी मुझे (मेरा नाम और यश) कानों से नहीं सुना? रे शठ!

मैं तुझे अत्यंत निशंक देख रहा हूँ॥ तूने किस अपराध से राक्षसों को मारा? रे मूर्ख! बता, क्या तुझे प्राण जाने का भय नहीं है?

हनुमान जी ने कहा,"हे रावण! सुन, जिनका बल पाकर माया संपूर्ण ब्रह्मांडों के समूहों की रचना करती है, जिनके बल से हे दशशीश! ब्रह्मा, विष्णु, महेश (क्रमशः) सृष्टि का सृजन, पालन और संहार करते हैं, जिनके बल से सहस्र मुख (फणों) वाले शेष जी पर्वत और वन सहित समस्त ब्रह्मांड को सिर पर धारण करते हैं, जो देवताओं की रक्षा के लिए नाना प्रकार की देह धारण करते हैं और जो तुम्हारे जैसे मूर्खों को शिक्षा देने वाले हैं, जिन्होंने शिवजी के कठोर धनुष को तोड़ डाला और उसी के साथ राजाओं के समूह का गर्व चूर्ण कर दिया॥ जिन्होंने खर, दूषण, त्रिशिरा और बालि को मार डाला, जो सब के सब अतुलनीय बलवान थे, जिनके लेशमात्र बल से तुमने समस्त चराचर जगत को जीत लिया और जिनकी प्रिय पत्नी को तुम (चोरी से) हर लाए हो, मैं उन्हीं का दूत हूँ॥ मैं तुम्हारी प्रभुता को खूब जानता हूँ सहस्रबाहु से तुम्हारी लड़ाई हुई थी और बालि से युद्ध करके तुमने यश प्राप्त किया था। हनुमान जी के (मार्मिक) वचन सुनकर रावण ने हँसकर बात टाल दी॥ हे (राक्षसों के) स्वामी मुझे भूख लगी थी, (इसलिए) मैंने फल खाए और वानर स्वभाव के कारण वृक्ष तोड़े। हे (निशाचरों के) मालिक! देह सबको परम प्रिय है। कुमार्ग पर चलने वाले (दुष्ट) राक्षस जब मुझे मारने लगे॥ तब जिन्होंने मुझे मारा, उनको मैंने भी मारा। उस पर तुम्हारे पुत्र ने मुझको बाँध लिया (किंतु), मुझे अपने बाँधे जाने की कुछ भी लज्जा नहीं है। मैं तो अपने प्रभु का कार्य करना चाहता हूँ॥ हे रावण! मैं हाथ जोड़कर तुमसे विनती करता हूँ, तुम अभिमान छोड़कर मेरी सीख सुनो। तुम अपने पवित्र कुल का विचार करके देखो और भ्रम को छोड़कर भक्त भय हारी भगवान को भजो॥

जाकें डर अति काल डेराई। जो सुर असुर चराचर खाई॥
तासों बयरु कबहुँ नहिं कीजै। मोरे कहें जानकी दीजै॥

[जो देवता, राक्षस और समस्त चराचर को खा जाता है, वह काल भी जिनके डर से अत्यंत डरता है, उनसे कदापि वैर न करो और मेरे कहने से जानकीजी को दे दो॥]

प्रनतपाल रघुनायक करुना सिंधु खरारि।
गएँ सरन प्रभु राखिहैं तव अपराध बिसारि॥

[खर के शत्रु श्री रघुनाथ जी शरणागत के रक्षक और दया के समुद्र हैं। शरण जाने पर प्रभु तुम्हारा अपराध भुलाकर तुम्हें अपनी शरण में रख लेंगे॥]

राम चरन पंकज उर धरहू। लंका अचल राजु तुम्ह करहू॥
रिषि पुलस्ति जसु बिमल मयंका। तेहि ससि महुँ जनि होहु कलंका॥

[तुम श्री रामजी के चरण कमलों को हृदय में धारण करो और लंका का अचल राज्य करो। ऋषि पुलस्त्य जी का यश निर्मल चंद्रमा के समान है। उस चंद्रमा में तुम कलंक न बनो॥]

सुनु दसकंठ कहउँ पन रोपी। बिमुख राम त्राता नहिं कोपी॥
संकर सहस बिष्नु अज तोही। सकहिं न राखि राम कर द्रोही॥4॥

[हे रावण! सुनो, मैं प्रतिज्ञा करके कहता हूँ कि राम विमुख की रक्षा करने वाला कोई भी नहीं है। शंकर, विष्णु और ब्रह्मा भी श्री रामजी के साथ द्रोह करने वाले तुमको नहीं बचा सकते॥]

यद्यपि हनुमान जी ने भक्ति, ज्ञान, वैराग्य और नीति से सनी हुई बहुत ही हित की वाणी कही, तो भी वह महान् अभिमानी रावण बहुत हँसकर (व्यंग्य से) बोला कि हमें यह बंदर बड़ा ज्ञानी गुरु मिला!॥

रे दुष्ट! तेरी मृत्यु निकट आ गई है। अधम! मुझे शिक्षा देने चला है। हनुमान जी ने कहा- इससे उलटा ही होगा (अर्थात् मृत्यु तेरी निकट आई है, मेरी नहीं)। यह तेरा मतिभ्रम (बुद्धि का फेर) है, मैंने प्रत्यक्ष जान लिया है॥

फिर भी हनुमान जी उसको सीता माता को मान-मर्यादा के साथ श्री राम के पास पहुँचाने के लिए कहते हैं। अहंकारी रावण उलटा कहता है,"अब एक बानर हमें ज्ञान देने आया है और दरबारी मंत्री भी उसके साथ हस्ते हैं। कुछ और मीठे-कड़वे उत्तर-प्रत्युत्तर होते हैं।

हनुमान जी रावण को याद दिलाते हुए कहते है," मैंने भी तुम्हारी बहादुरी की कुछ बातें सुनी हैं, मैंने सुना है कि तुम्हें एक बार सहस्त्रवाहु ने अपने कारागार में बांध करँ रखा था और परशुराम जी की कृपा से छूट पाए थे। हाँ

बाली जो श्री राम के एक बाण से ढेर हो गए, सुना है तुम उस से भी छह महीने तक छूट नहीं पाए थे। और अब एक निर्बल का छल से अपहरण करने से बड़ी तुम्हारी बहादुरी और क्या हो सकती है।"

हनुमान जी की निर्भीकता भरी बातें सुन क्रोध में आ जाता है और सैनिकों को हनुमान जी को पकड़ मारने का आदेश देता है। उसी समय बिभीषन जी का आगमन दरबार में होता है। बिभीषन जी कहते हैं कि किसी भी दूत को मारना नीति विरुद्ध है। कुछ दूसरे मंत्री कहते हैं कि इस का अंग-भंग कर छोड़ दिया जाये। रावण कहता है," बंदर को पूंछ बहुत प्यारी होती है, इस की पूंछ को आग लगा दो" कह कर चला जाता है।

सुनि कपि बचन बहुत खिसिआना। बेगि न हरहु मूढ़ कर प्राना॥
सुनत निसाचर मारन धाए। सचिवन्ह सहित बिभीषनु आए॥3॥

[हनुमान् जी के वचन सुनकर वह बहुत ही कुपित हो गया। (और बोला-) अरे! इस मूर्ख का प्राण शीघ्र ही क्यों नहीं हर लेते? सुनते ही राक्षस उन्हें मारने दौड़े उसी समय मंत्रियों के साथ विभीषण जी वहाँ आ पहुँचे॥]

नाइ सीस करि बिनय बहूता। नीति बिरोध न मारिअ दूता॥
आन दंड कछु करिअ गोसाँई। सबहीं कहा मंत्र भल भाई॥4॥

[उन्होंने सिर नवाकर और बहुत विनय करके रावण से कहा कि दूत को मारना नहीं चाहिए, यह नीति के विरुद्ध है। हे गोसाईं। कोई दूसरा दंड दिया जाए। सब ने कहा- भाई! यह सलाह उत्तम है॥]

सुनत बिहसि बोला दसकंधर। अंग भंग करि पठइअ बंदर॥5॥

[यह सुनते ही रावण हँसकर बोला- अच्छा तो, बंदर को अंग-भंग करके भेज (लौटा) दिया जाए॥]]

हनुमान जी मन ही मन प्रभु की लीला को समझ खुश होते हैं। सैनिक हनुमान जी की पूँछ पकड़ कपड़े लपेटने लगते हैं तो पूंछ और लम्बी होती जाती है और फिर उस पर घी डाल विघोते हैं। हनुमान जी शांत बैठ सब देखते हैं। जैसे ही पूँछ को आग लगा सैनिक पीछे हटते हैं तो हनुमान जी अपना लघु रूप बना अटारियों पर चढ़ जाते हैं और विभीषण का भवन छोड़, पूरी लंका में

आग लगा समुद्र में छलांग लगा, पूंछ में लगी आग बुझा सीता माता के पास आ जाते हैं।

जानकी जी के पास आ हनुमान जी ने कहा,"माता, मेरे जाने के बाद श्री राम जी सुग्रीव की बानर भालू सेना के साथ बहुत जल्दी यहाँ आ राक्षसों का विनाश कर आप को ले जायेंगे। परन्तु माता, श्री राम जी को कैसे विश्वास दिलाऊंगा कि मैं आप से मिल कर आया हूँ।" माता सीता ने अपना एक कंगन उतार कर देते हुए कहा,"इसे तुम ले जाओ और दिखाओगे तो वोह समझ जायेंगे।" हनुमान जी ने सीता जी को प्रणाम कर माता का स्नेह भरा आशीर्वाद पा प्रस्थान किया।

युवराज अंगद और जामवंत के साथ सभी लोग बैठे चिंता में थे कि न जाने कब और कितने दिनों में हनुमान लौट कर आएगा तभी उनको वायु वेग से आकाश मार्ग से आते हुए हनुमान दिखाई पड़ गए। सभी उछल खड़े हो हनुमान के पहुँचने की प्रतीक्षा करने लगे। उन सब को सुना हनुमान जी ने जोर से किलकिला आवाज़ की तो यह समझ गए कि सीता माता को मिल कर आया होगा। कुछ पल बाद ही हनुमान उनके पास पहुँच गए और सब बहुत खुश हो किष्किंधा के लिए बिना देर किये चल पड़े। रास्ते में हनुमान जी ने सीता माता से कैसे भेंट हुई, फल खाते हुए कैसे बाग़ उजाड़ राक्षसों का संहार किया और रावण के भव्य दरबार में हुए बात-व्यवहार और लंका दहन की सब बातें बताई। किष्किंधा पहुँचते इस से पहले रास्ते में शाही बाग़ था जहाँ युवराज की अनुमति से भूख मिटाने के लिए फल तोड़ खाने लगे। पहरेदारों की नहीं सुनी तो वोह सुग्रीव के पास दौड़े आये,"महाराज युवराज और उसके साथी बाग़ में फल तोड़ कर खा रहें हैं और रोकने पर हमको डांटने लगे"। सुग्रीव समझ गए कि जानकी जी की खोज कर आये होंगे। इतने में सभी आ गये और सुग्रीव सब को साथ ले श्री राम जी के पास जाने को निकल पड़े।

महाराज सुग्रीव, युवराज अंगद, जामवंत, हनुमान और दूसरे सब लोग श्री राम जी के पास पहुँच गए। श्री राम जी को प्रणाम किया। श्री राम इनके खिड़े चेहरे देख समझ गए कि सीता की खोज कर लाये होंगे। जामवंत ने बताया कि कैसे हनुमान समुद्र पार कर लंका में जा कर जो जो कर के आया और माता सीता जी को कैसे मिल के आये सब बताया। श्री राम ने हनुमान जी को पास बुला बहुत प्रेम से रावण, लंका और सीता जी के बारे में पूछ परख करने लगे। हनुमान ने श्री राम जी को जानकी द्वारा दिया गया कंगन दिया

तो राम जी विह्वल हो गए। उनकी सराहना करते हुए कहा,"हनुमान मैं तो अब तुम्हारा ऋणी हो गया हूँ"। इतना सुनते ही हनुमान जी ने श्री राम के चरण पकड़ लिए, उनकी आंखें भर आई थीं। श्री राम जी ने हनुमान से आशीर्वाद देते हुए बात बदली और सुग्रीव को कहा अब और देरी किसलिए, अपनी सेना को तैयार कीजिये।

महाराज सुग्रीव ने तुरंत सभी सेनापतियों को आदेश किया और बहुत जल्दी बानर सेना श्री राम लक्ष्मण के साथ लंका जाने के लिए चल पड़ी। समुद्र किनारे पहुँच कर अब इस बड़ी-गहरी जल राशि को पार करने की चिंता हुई।

उधर लंका दहन के बाद लोगों में भय का वातावरण बना हुआ था। मंदोदरी ने अपनी चिंता व्यक्त करते हुए रावण को समझाने के लिए बड़ी प्रार्थना की परन्तु वोह अपनी बहादुरी के गुण-गान करता हुआ अपने राज दरबार के लिए निकल गया। दरबार में पहुँचने पर सूचना मिली कि राम बड़ी बानर सेना के साथ दूसरी ओर समुद्र के किनारे पहुँच गए हैं।

दरबार में रावण को खुश करने के लिए चापलूस मंत्री बड़ी बड़ी बातें कर रावण को आश्वस्त कर रहे थे परन्तु विभीषण ने रावण को समझाने का प्रयत्न करते हुए बड़ी विनम्र बिनती के साथ जनक-नंदिनी सीता को राम जी को लौटाने की बात की। सीता जी को लौटाने की बात सुन कर तो रावण क्रोधित हो गया। पर-स्त्री मोह को गलत और विनाशकारी बताते हुए रावण को सीता जी को श्री राम को लौटाने की छोटा भाई होने के नाते पास जाकर हाथ जोड़ कर जब विभीषण ने दोबारा समझाने का प्रयास किया तो रावण ने भरे दरबार में उन को पैर से धकेलते हुए क्रोध से कहा, "दूर हो जा मेरी आँखों से।" अब ओर कोई रास्ता नहीं था अतः विभीषण अपने मंत्रियों के साथ आकाश में आ बोले," मैं श्री राम की शरण में जा रहा हूँ। तुम अपने साथ लंका वासियों का भी विनाश करने जा रहे हो।"

राक्षस प्रजाति के होने के कारण विभीषण आकाश मार्ग से जाने की कला जानते थे इस लिए वोह समुद्र के ऊपर से इस ओर आ गए। कुछ वानरों ने देखा तो सुग्रीव को जा सूचना दी,"महाराज, आकाश मार्ग से कुछ मानव आ रहे हैं। सुग्रीव ने आ कर देखा तब तक वोह पास पहुँच गए थे। सुग्रीव पूछते इस से पहले ही विभीषण ने कहा,"मैं लंकापति रावण का छोटा भाई विभीषण

श्री राम के दर्शन करना चाहता हूँ।" सुग्रीव ने उनको वहीं रुकने के लिए कहा ओर स्वयं श्री राम को सूचित करने को आये। सुग्रीव ने कहा,"प्रभु,रावण का भाई विभीषण आया है और आप के दर्शन की अनुमति मांग रहा है"। सुग्रीव ने अपने मन की शंका प्रगट करते हुए कहा,"कहीं कोई भेद लेने तो नहीं आया होगा, राक्षसों का भरोसा नहीं किया जा सकता"।

श्री राम तो स्वयं भगवान थे उनसे तो कुछ भी नहीं छुपा था। इस रचना के रचनाकार तो स्वयं वोह ही रहे तो उनसे किया छुपा था।

श्री राम ने उनको ले आने को कहा तो हनुमान और अंगद उनको लेने के लिए गए। हनुमान जी तो विभीषण से पहले लंका में मिल भी चुके थे अतः बड़े प्रेम भाव से वोह विभीषण को श्री राम को मिलाने को ले चले। श्री राम वनवासी साधु पहरावे में एक ऊँची पत्थर शिला पर बैठे थे और वैसे ही श्री लक्ष्मण उनके पीछे दाहिनी ओर धनुष धारण किये हुए खड़े थे। विभीषण के लिए यह एक अद्भुत दृश्य था ओर वोह कुछ देर के लिए मंत्र-मुग्ध से हो देखते रह गए। पास आ बोले,"श्री राम मैं रावण का भाई विभीषण, प्रभु मैं आप की शरण में आया हूँ और इतना कह जैसे ही वोह श्री राम चरणों में दंडवत करने लगे तो प्रभु ने उन्हें आगे हो कन्धों से पकड़ लिया और बड़े प्रेम के साथ अपने पास बिठा लिया और 'लंकापति महाराज विभीषण' नाम से बुलाते हुए उनके साथ वार्तालाप करने लगे। विभीषण ने बताया कि रावण को समझाने की बहुत कोशिश की कि वोह आदर सहित जनक-नंदिनी सीता जी को आपके पास लौटा दे परन्तु उसने मुझे ही अपमानित कर निकल जाने को कहा और अब मैं आपकी शरण में आया हूँ। श्री राम जी ने उसी समय समुद्र का जल मंगाया और उस से विभीषण को तिलक करते हुए कहा,"हमारे पास शरण मांगने को आये थे परन्तु हम तुम्हें लंका के राजा और अपना मित्र घोषित करते हैं" और फिर विभीषण को गले लगा लेते हैं। हनुमान और सभी "जय श्री राम" के नाम का घोष करने लगते हैं।

श्री राम विभीषण से पूछते हैं कि इस गहरे समुद्र को कैसे पार करें? विभीषण ने कहा प्रभु आप सर्व समर्थ हैं परन्तु यदि नीति की बात कहूं तो पहले समुद्र से प्रार्थना कर रास्ता मांगना चाहिए। लक्ष्मण को यह बात उचित नहीं लगी और बोले "देव देव आलसी पुकारें" भाव जो आलसी होते हैं वोह सहारे

ढूंढा करते हैं।" राम जी ने कहा,"धैर्य रखो" और वोह कुश आसन विछा उस पर बैठ समुद्र को जागृत करने के लिए आराधना करने लगे।

विभीषण रावण की सभा और लंका छोड़ कर आये तो रावण ने उसके पीछे गुप्तचर को लगा दिया था। वोह बानर रूप धारण कर बानर समूह में घूम रहा था ताकि कोई उस को पहचान न सके। उस ने देखा कि कैसे श्री राम ने विभीषण को गले लगा अपनाया और तिलक कर लंकापति भी घोषित कर दिया था। उसने बानर छावनी में घूम फिर कर बानर वीरों का जोश भी देखा। वोह भूल गया कि वोह कौन है और किस लिए यहाँ आया था और प्रभु श्री राम का प्रभाव और बानर सेना का जोश देख वोह प्रभावित हो 'जय श्री राम', 'जय श्री राम' कहने लगा। कुछ वानरों का उसके ऊपर ध्यान गया और वोह पहचाना गया। कुछ बानर उस को पकड़ कर मार-फटकार तंग करने लगे और उस के नाक-कान काटने की बात करने लगे तो उसने उनको राम के नाम की सौगंध दी। उसको पकड़ तब वोह लक्ष्मण के पास ले कर आ गए। विभीषण ने उसको पहचान लिया और बताया कि वोह रावण का गुप्तचर है। लक्ष्मण ने उसको कहा,"रावण को कहना कि उस की मौत उसके द्वार पर पहुँच गई है। अब भी यदि वोह बचना और लंका के विध्वंस को रोकना चाहता है तो क्षमा मांग माता सीता जी को सम्मान के साथ श्री राम को लौटा दे वरना परिणाम भुगतने को तैयार रहे। जाओ मेरा सन्देश अपने स्वामी को सुना देना।"

रावण के पास वो लौट कर आता है और रावण को सब बात बताता है और लक्ष्मण का सन्देश सुना स्वयं भी बिनती करता है कि माता सीता को लौटा दे। सीता को लौटाने की बात सुनते ही रावण क्रोधित हो उसको भी निकल जाने को कह देता है। राक्षस वहां से श्री राम की शरण में आ जाता है और प्रभु की कृपा दृष्टि पा शाप मुक्त हो जाता है। वोह ऋषि के श्राप से राक्षस बना था जो अपने यथार्थ रूप को प्राप्त कर तपस्या के लिए चला जाता है।

तीन दिन बीत जाते हैं परन्तु समुद्र पर कोई असर नहीं दिखाई दिया तो श्री राम ने लक्ष्मण से अपने धनुष-वाण मंगवाए और कहते हुए 'भय बिन प्रीत न होये', अग्नि वाण का संधान करने लगे। समुद्र के जल के अन्दर गर्मी का प्रभाव बढ़ने लगा तो जल-जीव को प्रभावित होते देख समुद्र को समझ आई और वोह अपना देव रूप धारण कर श्री राम के सामने प्रगट हो क्षमा मांग ब्रह्मास्त्र को शांत कर वापस लेने के लिए याचना करने लगे। श्री राम ने वाण का संधान

करना रोक दिया और कहा,"हमें लंका जाने के लिए रास्ता चाहिए।" देव रूप में आए सागर ने कहा,"प्रभु आप की शक्ति अपार है। यह तो आप की विनम्रता है जो मुझसे रास्ता मांग रहे हैं और अब उपाय पूछ रहे हैं। प्रभु आपकी सेना में नल और नील नाम के दो शक्तिशाली बानर हैं और उनको वरदान मिला हुआ है कि उनका छोड़ा हुआ पत्थर जल में डूबेगा नहीं। आप उनकी सहायता से सेतु बनवा उस पार लंका में जा सकेंगे।"

अब क्या था? बानर राज सुग्रीव ने वानरों को पत्थर ला नल-नील को देने का आदेश दिया और नल और नील दोनों पत्थर ले उन पर 'राम' लिख जल पर टिका सेतु का निर्माण करने लगे। सभी लोग इस काम में हाथ वटा रहे तो श्री राम जी ने भी एक पत्थर उठा पानी में डाला परन्तु वोह तो डूब गया। राम जी ने नल से कहा," 'राम' लिख कर तुम पत्थर डालते हो तो वोह तो डूबता नहीं परन्तु मेरा छोड़ा हुआ पत्थर क्यों डूब गया"? नल ने बड़ा ही सुंदर उत्तर दिया,"प्रभु, जिसको आप छोड़ दोगें उस को तो डूबना ही होगा। आप और आप का नाम ही तो तारण हारे हैं।"

श्री राम ने सागर-सेतु का निर्माण हो जाने पर अपने इष्टदेव शिव भोले नाथ की पूजा करने के लिए हनुमान जी को कैलाश से शिव जी से शिव लिंग लाने को भेजा। जब हनुमान कैलाश पर पहुंचे तो शिव जी वहां उपस्थित नहीं थे और हनुमान जी को वहां रुक कर प्रतीक्षा करनी पड़ी।

अब बात थी कि शिवलिंग की स्थापना और पूजा कौन कराएगा?

जामवंत के सुझाव पर रावण को इस के लिए आमंत्रित किया गया। रावण शिवजी का यदि उच्चकोटि का भगत था तो दूसरी ओर एक बहुत बड़ा विद्वान भी था और निति निपुण भी था। रावण ने शिवलिंग स्थापना-पूजा कराने के लिए हाँ कह दी। क्यों कि पूजा श्री राम के हाथों होनी थी ओर श्री राम तो शादी-शुधा थे ओर अकेले पूजा में नहीं बैठ सकते थे। रावण को अपनी शक्ति पर अभिमान था ओर राक्षस बुद्धि होने के कारण कुछ अत्याचारी भी था फिर भी वोह एक अच्छा नीतिवान भी था। इस का प्रमाण है कि बिना किसी डर के वोह सीता माता को विमान में बैठा पूजा विधि कि लिए साथ ले कर गया था। हनुमान अभी शिवलिंग लेकर लौट कर नहीं आए थे और मुहूर्त निकलता जा रहा था। माना गया है कि माता सीता ने रेत से ही एक शिव लिंग का निर्माण

कर दिया था और उसी की पूजा विधि रावण पूर्ण करा जनक-नंदिनी सीता जी को बापस ले आये और अशोक वाटिका में बापस छोड़ दिया था।

हनुमान जी शिवलिंग ले कर आए तब तक तो शिवलिंग की स्थापना भी हो गई हुई थी और पूजा भी सम्पन हो चुकी थी। शिव जी के देर से मिलने के कारण हनुमान जी देर से पहुंचे थे। हनुमान जी निराश हो दुखी हो रहे थे तो श्री राम जी ने उनको समझाया और उनको सीता जी द्वारा स्थापित किये गए शिव लिङ्ग को उखाड़ कर उनके द्वारा शिव जी के पास से लाये गए शिव लिंग को स्थापित कर देने को कहा। हनुमान जी खुश हो स्थापित शिव लिंग को पूंछ लपेट कर उखाड़ने लगे। हनुमान जी ने हर तरह की कोशिश की परन्तु वोह स्थापित शिवलिंग को जरा सा भी हिला नहीं सके। फिर राम जी के कहने पर हनुमान जी द्वारा लाये गए शिवलिंग को पास ही दूसरी जगह स्थापित करवा दिया था। लाखों बर्षों के बाद भी सीता माता द्वारा स्थापित शिवलिंग की मुख्य पूजा होती है। ऐसा भी हो सकता है कि प्रभु श्री राम की ही यह कुछ लीला रही होगी।

बताया जाता है कि पांचवें दिन श्री राम लक्ष्मण और विभीषण के साथ सुग्रीव सेना दूसरी और लंका तट पर जा उत्तरी थी। सुबेल पर्वत पर बानर सेना के साथ श्री राम ने डेरा डाला था। श्री राम जी की आज्ञा पा बानर पेड़ों से फल तोड़ कर खा अपनी भूख मिटाने लगे।

लक्ष्मण, हनुमान और अंगद आदि ने श्री राम जी के ठहरने के लिए सुव्यवस्था की और सभी ने रात्रि विश्राम किया। महाराज विभीषण के कहने पर वानर राज सुग्रीव ने छावनी को बड़े सुव्यवस्थित ढंग से शिविर बना कर वानर सेना को उतार दिया।

रात्रि विश्राम के पश्चात अगली सुबह सुग्रीव, विभीषण, जामवंत, हनुमान आदि प्रमुख सेनापति श्री राम के पास युद्ध नीति पर मंत्रणा करने के लिए इकठे हुए। वानर सेना के शिविर का निरीक्षण कर और वानर सेना को उत्साहित बचन कह सब का मनोबल बढ़ा श्री राम, लक्ष्मण, विभीषण और सुग्रीव आदि के साथ सुबेल पर्वत पर अपनी पर्णकुटी के बाहर बैठ मंत्रणा कर रहे थे। कुछ चमक की झलक बार बार कहीं से आ रही थी परन्तु कुछ समझ नहीं आ रहा था। सब अपना अपना अनुमान लगा रहे थे तब विभीषण ने बतायाकि त्रिकूट पर्वत पर

महाराज रावण अपनी महारानी मंदोदरी के साथ विलास-आँगन में नृत्य-गान का आनंद ले रहा है। जो चमक की झलक दिखाई पड़ रही है यह उनके मुकुट और महारानी के कर्णफूलों में लगे बहुकीमती हीरों की है। रावण की लंका वासियों को निर्भय बने रहने का सन्देश देने की यह एक रण नीति भी हो सकती है। यह सुन लक्ष्मण और सुग्रीव अचंभित हो रहे थे कि दुश्मन द्वार पर है और रावण अब भी वे-फ़िक्र मनोरंजन में रत है। श्री राम ने कहा कि अपने आने की रावण को सूचना दे देते हैं और धनुष पर बाण चढ़ा त्रिकूट पर्वत की ओर छोड़ दिया। उस बाण ने तीव्र गति से जा रावण के मुकुट-छत्रादि ओर मंदोदरी के एक कर्ण फूल गिरा दिए ओर वापस श्री राम के तूणीर में आ गया। इस से मंदोदरी का मन दहल उठा। मन्दोदरी फिर रावण को श्री राम की महिमा कह समझाने लगी परन्तु रावण का अहंकार कहाँ किसी की सुनने वाला था।

मेघनाथ ने कहा कि आज रात को ही सोई हुई वानर सेना पर हमला कर सब समाप्त कर देते हैं। परन्तु शुक ने कह दिया कि आज नहीं कल और आज हम उनकी सब व्यवस्था को देख आते हैं। शुक और सारण यह दोनों रावण के कुशल गुप्तचर थे। रावण को शुक की बात ठीक लगी और तुरंत जाने की आज्ञा दी। राक्षश मायावी तो होते ही हैं अतः दोनों वानर रूप धारण कर राम की सेना शिविरों में पहुँच जानकारी जुटाने लगे। इस से पहले के वोह बहां से निकल आते, महाराज विभीषण ने उन्हें पहचान लिया और श्री राम के पास ले आये। सभी ने गुप्तचरों को मृत्यु दंड देने की नीति बताई परन्तु श्री राम ने उन्हें आज़ाद करा दिया और बापस जाने के लिए छोड़ दिया।

अगली सुबह दरबार में रावण के आगे शुक और सारण ने वानर सेना की सूचना देते हुए बताया कि विभीषण द्वारा पकड़े जाने के बाद सुग्रीव आदि सब ने गुप्तचरों को मृत्यु दंड देने का विधान बताया परन्तु श्री राम ने हमें आज़ाद कर दिया और वापस आ कर आप को सब एकत्रित सूचना देने को भी कहा। शुक और सारण वानर बीरों की शक्ति व्याख्यान कर जो सूचना दे रहे थे रावण को उनपर विश्वास नहीं हो रहा था अतः उन को त्रिकूट पर्वत पर जा स्वयं निरीक्षण करना चाहा। पर्वत शिखर पर पहुँच रावण ने शिविर को देखा और सब बीर वानरों की पहचान शुक और सारण से जानने लगा। उसी समय श्री राम भी लक्ष्मण, विभीषण और सुग्रीव के साथ सुबेल पर्वत के शिखर पर लंका नगरी और उसकी सुरक्षा देखने के लिए चढ़ आए। लंका नगर एक किले

की भांति सुरक्षित किया गया था। चार बड़े द्वार, चारों और ऊँची दीवार और उसके बाहर साथ ही गहरी चौड़ी जल से भरी खाई। श्री राम ने कहा,"अद्भुत सुंदर और सुरक्षित रचना है। समुद्र के अंदर सुंदर हरी भरी पर्वत श्रृंखलाओं से सजी इस नगर की जो प्रशंसा करो सो काम है।" लक्ष्मण बोले,"ऐसी सुंदर रचना वाला नगर और ऐसा दुष्ट अत्याचारी राजा?" इतने में दूसरी और त्रिकूट पर्वत के शिखर पर रावण इन लोगों को दिखाई पड़ गया और सुग्रीव को ऐसा क्रोध हुआ कि वोह वायु वेग से आकाश मार्ग से त्रिकूट शिखर पर जा पहुंचा। उस ने रावण को ललकारा और दोनों में जम कर मल युद्ध हुआ। अंततः पिटता हुआ रावण राक्षसी माया का आसरा ले अदृश्य हो गया तो सुग्रीव बापस आ गया। श्री राम ने कहा,"यह आपने क्या किया, आप हमारे राजा हैं, आपको कुछ हो जाता तो अनर्थ ही हो जाता।" सुग्रीव ने क्षमा मांगते हुए कहा,"प्रभु, रावण को देखते ही मुझे माता सीता का ध्यान आया और मैं आपा खो बैठा था।" राम जी ने समझाया कि आगे से कुछ भी बिना बिचार-विमर्श के मत करना।

महाराज विभीषण जब श्री राम के पास आए थे तो उनके विश्वासपात्र चार मंत्री; अलक, पलक, सम्पाती और प्रमदि भी उनके साथ ही आ गए थे। अब यह चारों महाराज विभीषण के कहने पर रूप बदल कर लंका व रावण के दरबार की सब सूचना ले कर आते और बताते रहते थे। इनकी पहली सूचना थी कि युवराज अंगद के आने के बाद रावण ने युद्ध निति पर मंत्रणा के लिए प्रमुख सेना पतियों को छोड़ शेष सभी दरबारियों को दरबार से जाने के लिए कहा। रावण ने कहा के हम पहले अपनी तरफ से किले से बाहर जा कर युद्ध नहीं करेंगे। पूरी लंका नगरी ऊँची दीवारों के परकोटा से सुरक्षित थी और बाहर की ओर गहरी पानी से भरी हुई खाई से भी सुरक्षित थी। नगर में आने जाने के लिए चार बड़े प्रवेश द्वार थे जिन्हें अब बंद रखने के लिए कह दिया गया। चारों द्वार के ऊपर सुरक्षा कर्मी तैनात रहते ही थे।

विभीषण ने प्राप्त गुप्त सूचना के अनुसार पूर्ण विवरण देते हुए बताया कि पूर्व द्वार मुख्य द्वार है जिस की सुरक्षा के लिए रावण का बलशाली द्वितीय पुत्र प्रहस्त नियुक्त है। पश्चिम द्वार रावण के बड़े पुत्र अति बलशाली लंका के प्रमुख सेनापति मेघनाथ की सुरक्षा में है। दक्षिण द्वार जिसके अंदर पृथ्वी के तहखानों में लंका का बहुत बड़ा शस्त्रागार और कोष रहता है उस की सुरक्षा पर मायावी महापाश राक्षश सेना के साथ नियुक्त किया गया है। उत्तर दिशा का

द्वार भी एक प्रमुख द्वार है जिस की सुरक्षा की देख भाल सेना के साथ साथ स्वयं रावण अपने प्रमुख गुप्तचर शुक और सारण के साथ करते हैं। लंका नगर के मध्य भाग में सेनापति वीरूपाक्ष अपनी सेना के साथ किसी भी अचानक खतरे से निपटने के लिए तैयार रहता है।

रणनीति ऐसी बनाई गई है कि वानर सेना पूर्व द्वार व उत्तर द्वार पर आक्रमण की कोशिश करेगी। परन्तु किले की ऊँची दीवारों और द्वारों को उनके लिए पार करना सहज नहीं होगा। जब संध्या समय वानर सेना थक-हार बापस जाने लगेगी तो चारों और से आक्रमण कर उनका विनाश कर देना होगा।

श्री राम ने युद्ध के लिए तैयार वानर सेना का निरीक्षण किया और सेना और सेना-पतियों को समय अनुसार अपने जोशीले बचनो से उत्साहित किया। सेना में सब ओर से 'जय श्री राम', 'हर हर महादेव' का उद्घोष होने लगा और युद्ध आरम्भ करने के आदेश के लिए सब उत्सुक थे। परन्तु यह क्या? श्री राम ने गंभीर होते हुए कहा,"ऐसी आशा फलदाई हो ऐसा लगता तो नहीं है परन्तु जन-संहार को रोकने के लिए अपनी ओर से एक पहल क्यों न कर के देख ली जाये। यदि रावण जनक-नंदिनी को आदर सम्मान सहित लौटा क्षमा मांगने को तैयार हो तो युद्ध अब भी टाला जा सकता है। शांति-दूत बना किसी को भेजा जाये, परन्तु किसको? सुग्रीव और जामवन्त ने युवराज अंगद का नाम सुझाया। श्री राम जी ने अनुमोदन करते हुए कहा,"युवराज अंगद को भेज ये सन्देश एक बार रावण को दिया जाये और उस की नीयत को भी पहचान-परख लिया जाये।" श्री राम ने अंगद को अपने पास बुला उसको नीति की कुछ बातें समझाई और अपनी ओर से शांति-दूत घोषित कर रावण दरबार में जाने का आदेश दिया। युवराज अंगद ने श्री राम जी ओर वानर राज सुग्रीव के चरणों में प्रणाम किया और "जय श्री राम" का उद्घोष कर प्रस्थान किया।

अंगद लंका प्रवेश करते हैं तो पहली भेंट रावण के एक पुत्र से होती है जो अपने साथी लड़कों के साथ होता है। अंगद रावण दरबार का पता पूछता है तो यह लड़का कुछ उदंडता के साथ अंगद पर पैर से प्रहार करता है परन्तु अंगद उस का पैर पकड़ घुमा कर दूर पटक देता है जिस से उसकी मृत्यु हो जाती है। कुछ लड़के डर से भाग जाते हैं और जो वहां होते हैं वोह अंगद को आगे हो रास्ता बताने लगते हैं। इस तरह युवराज अंगद रावण के दरबार में श्री राम का दूत बन कर पहुँचते है। रावण के दरबार में युवराज अंगद ने बड़ी निर्भीकता

से रावण के साथ मीठे कड़वे उत्तर-प्रत्युत्तर किये। रावण अपने बल-बहादुरी की बातें कहता था तो अंगद उसको सहस्त्रवाहु, बलि और बाली से हुई हार की याद दिला दे देता था। युवराज अंगद बड़ी निर्भीकता से अपनी बात कहते हैं और बड़े अच्छे ढंग से रावण को श्री राम से क्षमा मांग माता सीता को बापस पहुँचाने की बात समझाने की कोशिश भी करते हैं। बहुत उत्तर-प्रत्युत्तर होने पर रावण क्रोधित हो अपने मंत्रियों को चिल्ला कर कहता है,"इस बंदर को पकड़कर मार डालो।"

गोस्वामी तुलसी दास जी ने बड़े सुंदर ढंग से श्री रामचरित्र मानस में अंगद की वीरता, बुद्धि मता और निर्भीकता का सुंदर वर्णन करते हुए लिखा है:

जब तेहिं कीन्हि राम कै निंदा। क्रोधवंत अति भयउ कपिंदा॥
हरि हर निंदा सुनइ जो काना। होइ पाप गोघात समाना॥1॥

[जब उसने श्री रामजी की निंदा की, तब तो कपिश्रेष्ठ अंगद अत्यंत क्रोधित हुए, क्योंकि (शास्त्र ऐसा कहते हैं कि जो अपने कानों से भगवान् विष्णु और शिव की निंदा सुनता है, उसे गो वध के समान पाप होता है॥]

कटकटान कपिकुंजर भारी। दुहु भुजदंड तमकि महि मारी॥
डोलत धरनि सभासद खसे। चले भाजि भय मारुत ग्रसे॥

[वानर श्रेष्ठ अंगद बहुत जोर से किटकिटाए (शब्द किया) और उन्होंने तमककर (जोर से) अपने दोनों भुजदण्डों को पृथ्वी पर दे मारा। पृथ्वी हिलने लगी, (जिससे बैठे हुए) सभासद गिर पड़े और भय रूपी पवन (भूत) से ग्रस्त होकर भाग चले॥]

गिरत सँभारि उठा दसकंधर। भूतल परे मुकुट अति सुंदर॥
कछु तेहिं लै निज सिरनि सँवारे। कछु अंगद प्रभु पास पबारे॥

[रावण गिरते-गिरते सँभलकर उठा। उसके अत्यंत सुंदर मुकुट पृथ्वी पर गिर पड़े। कुछ तो उसने उठाकर अपने सिरों पर सुधाकर रख लिए और कुछ अंगद ने उठाकर प्रभु श्री रामचंद्रजी के पास फेंक दिए॥]

आवत मुकुट देखि कपि भागे। दिनहीं लूक परन बिधि लागे॥
की रावन करि कोप चलाए। कुलिस चारि आवत अति धाए॥

[मुकुटों को आते देखकर वानर भागे। (सोचने लगे) विधाता! क्या दिन में ही उल्का पात होने लगा (तारे टूटकर गिरने लगे)? अथवा क्या रावण ने क्रोध करके चार वज्र चलाए हैं, जो बड़े धाए के साथ (वेग से) आ रहे हैं?॥]

कह प्रभु हँसि जनि हृदयँ डेराहू। लूक न असनि केतु नहिं राहू॥
ए किरीट दसकंधर केरे। आवत बालितनय के प्रेरे॥

[प्रभु ने (उनसे) हँसकर कहा- मन में डरो नहीं। ये न उल्का हैं, न वज्र हैं और न केतु या राहु ही हैं। अरे भाई! ये तो रावण के मुकुट हैं, जो बालिपुत्र अंगद के फेंके हुए आ रहे हैं॥]

पवन पुत्र श्री हनुमान जी ने उछलकर उनको हाथ से पकड़ लिया और लाकर प्रभु के पास रख दिया। रीछ और वानर तमाशा देखने लगे। उनका प्रकाश सूर्य के समान था॥

उहाँ सकोपि दसानन सब सन कहत रिसाइ।
धरहु कपिहि धरि मारहु सुनि अंगद मुसुकाइ॥

[वहाँ (सभा में) क्रोध युक्त रावण सबसे क्रोधित होकर कहने लगा कि- बंदर को पकड़ लो और पकड़कर मार डालो। अंगद यह सुनकर मुस्कराने लगे॥]

पुनि सकोप बोलेउ जुबराजा। गाल बजावत तोहि न लाजा॥
मरु गर काटि निलज कुलघाती। बल बिलोकि बिहरति नहिं छाती॥

[(रावण के ये कोप भरे वचन सुनकर) तब युवराज अंगद क्रोधित होकर बोले- तुझे गाल बजाते लाज नहीं आती! अरे निर्लज्ज! अरे कुल नाशक! गला काटकर (आत्महत्या करके) मर जा! मेरा बल देखकर भी क्या तेरी छाती नहीं फटती!॥]

जौं मम चरन सकसि सठ टारी। फिरिहिं रामु सीता मैं हारी॥
सुनहु सुभट सब कह दससीसा। पद गहि धरनि पछारहु कीसा॥

{और कहा, अरे मूर्ख! यदि तू मेरा चरण हटा सके तो श्री रामजी लौट जाएंगे, मैं सीताजी को हार गया। रावण ने कहा- हे सब वीरों! सुनो, पैर पकड़कर बंदर को पृथ्वी पर पछाड़ दो॥]

इंद्रजीत आदिक बलवाना। हरषि उठे जहँ तहँ भट नाना॥
झपटहिं करि बल बिपुल उपाई। पद न टरइ बैठहिं सिरु नाई॥

[इंद्रजित (मेघनाद) आदि अनेकों बलवान योद्धा जहाँ-तहाँ से हर्षित होकर उठे। वे पूरे बल से बहुत से उपाय करके झपटते हैं। पर पैर टलता नहीं, तब सिर नीचा करके फिर अपने-अपने स्थान पर जा बैठ जाते हैं॥]

पुनि उठि झपटहिं सुर आराती। टरइ न कीस चरन एहि भाँती॥
पुरुष कुजोगी जिमि उरगारी। मोह बिटप नहिं सकहिं उपारी॥

{वे देवताओं के शत्रु (राक्षस) फिर उठकर झपटते हैं, परन्तु अंगद का चरण उनसे वैसे ही नहीं टलता जैसे कुयोगी (विषयी) पुरुष मोह रूपी वृक्ष को नहीं उखाड़ सकते॥]

भूमि न छाँड़त कपि चरन देखत रिपु मद भाग।
कोटि बिघ्न ते संत कर मन जिमि नीति न त्याग॥

[जैसे करोड़ों विघ्न आने पर भी संत का मन नीति को नहीं छोड़ता, वैसे ही वानर (अंगद) का चरण पृथ्वी को नहीं छोड़ता। यह देखकर शत्रु (रावण) का मद दूर हो गया! ॥]

कपि बल देखि सकल हियँ हारे। उठा आपु कपि कें परचारे॥
गहत चरन कह बालिकुमारा। मम पद गहें न तोर उबारा॥1॥

[अंगद का बल देखकर सब हृदय में हार गए। तब अंगद के ललकारने पर रावण स्वयं उठा। जब वह अंगद का चरण पकड़ने लगा, तब बालि कुमार अंगद ने कहा,"मेरा चरण पकड़ने से तेरा बचाव नहीं होगा!॥]

गहसि न राम चरन सठ जाई॥ सुनत फिरा मन अति सकुचाई॥
भयउ तेजहत श्री सब गई। मध्य दिवस जिमि ससि सोहई॥

[अरे मूर्ख- तू जाकर श्री रामजी के चरण क्यों नहीं पकड़ता? यह सुनकर वह मन में बहुत ही सकुचाकर लौट गया। उसकी सारी श्री जाती रही। वह ऐसा तेजहीन हो गया जैसे मध्यान्ह में चंद्रमा दिखाई देता है ॥]

सिंघासन बैठेउ सिर नाई। मानहुँ संपति सकल गँवाई॥
जगदातमा प्रानपति रामा। तासु बिमुख किमि लह बिश्रामा॥

[वह सिर नीचा करके सिंहासन पर जा बैठा। मानो सारी सम्पत्ति गँवाकर बैठा हो। श्री रामचंद्रजी जगत्भर के आत्मा और प्राणों के स्वामी हैं। उनसे विमुख रहने वाला शांति कैसे पा सकता है?]

फिर अंगद ने अनेकों प्रकार से नीति कही। पर रावण नहीं माना, क्योंकि उसका काल निकट आ गया था। शत्रु के गर्व को चूर करके अंगद ने उसको प्रभु श्री रामचंद्रजी का सुयश सुनाया और फिर वह राजा बालि का पुत्र यह कहकर चल दिया॥

युवराज अंगद ने रावण का मद मर्दन कर अंतिम चेतावनी दे दी थी,"कल सूर्योदय तक माता सीता को श्री राम को लौटा क्षमा मांग लो वरना युद्ध के लिए तैयार रहना।" और इतना कह वोह बापस श्रीराम के पास आ गए और जो वहां हुआ, बिना किसी अभिमान के संक्षेप में सब वर्णन कर दिया।

अंगद के बापस जाने के बाद रावण को उसके वृद्ध नाना माल्यवान जो एक बहुत नीतिवान और समझदार व्यक्ति थे और रावण के राजदरवार के मंत्री भी थे। रावण भी उनका बहुत आदर करता था परन्तु जानकी को लौटाने की बात सुनने को तैयार नहीं था। रावण के ससुर यानी मंदोदरी के पिता दानव राज मय जो ज्योतिष तथा वास्तु शास्त्र के अद्भुत ज्ञाता थे। उन्होंने ही हनुमान जी द्वारा जलाई गई लंका को दो दिन में ही पुनः यथास्थिति में स्थापित कर दिया था। उनके समझाने पर भी रावण पर कोई असर नहीं हुआ था। रावण के पिता का नाम ऋषि विश्वश्रवा था. उसकी माता का नाम कैकसी था। [कैकसी ऋषि विश्वश्रवा की दूसरी पत्नी थीं. ऋषि विश्वश्रवा की पहली पत्नी इलाविडा थी, जिनसे रावण से पहले कुबेर का जन्म हुआ था।] अपनी माता के समझाने पर और पत्नी मंदोदरी के पैर पकड़ बार बार बिनती करने पर भी रावण सीता को लौटानी की किसी की भी बात को सुनने को तैयार नहीं था। सभी ने उसको समझाने की कोशिश की थी कि राम कोई साधारण मानव नहीं हैं, कोई देवी व अवतारी पुरुष हैं। यह भी समझाने की कोशिश रही कि हनुमान जिसे वायु पुत्र कहा जाता है ऐसे ही दूसरे प्रमुख वानर भी देव अंश ही हैं।

रावण ने त्रिलोक विजय की हुई थी अतः वोह अपने मद में था और किसी की बात पर ध्यान ही नहीं देता था और जनक नंदिनी सीता को लौटानी की तो बात भी सुननी नहीं चाहता था।

दूसरी और श्री राम अंगद के बापस आने पर सब बात जान लेने के बाद भी आस लगाए बैठे थे कि शायद रावण परिवार के बड़ों की बात मान संधि प्रस्ताव स्वीकार ही कर ले। रात्रि का प्रथम पहर बीत रहा था। सभी उत्सुकता से रावण के प्रत्युत्तर के लिए प्रतीक्षा कर रहे थे क्यों कि अंगद उसे सुबह तक का समय दे आया था। तभी विभीषण के गुप्तचर ने आकर सूचना दी कि रावण किसी की नहीं सुनी और वोह जनक-नंदिनी को नहीं लौटाएगा। यह समाचार सुन श्री राम जी ने अगली सुबह लंका के ऊपर चारों ओर से हमला करने का आदेश दे दिया।

सूर्य उदय होने के साथ ही वानर सेना ने,"श्री राम की जय"," जय श्री राम' "हर हर महादेव" के जय घोष करते हुए युवराज अंगद, हनुमान, नल नील आदि योद्धाओं के नेतृत्व में लंका के किले को चारों ओर से घेर लिया। लंका एक बड़ा सुरक्षित किला था जिसकी ऊँची दीवारें और चारों दिशा में बड़े दरवाजे थे।

वानर बीरों ने 'श्री राम' नाम का और 'हर हर महादेव' का जय घोष करते हुए राक्षस सेना को ललकारते हुए, दीवारों के ऊपर से ही बड़े बड़े पत्थर लंका के अंदर फेंकने शुरू कर दिए। अंगद, हनुमान आदि कई बलवान वानर वीर किले के प्रचुर, परकोटा और द्वारों पर चढ़ राक्षसी सेना को ललकार असुरों का संहार करने लग गए। पथरों की मार से नगर में हाहा कार होने लगी और कितने राक्षस तो जख्मी हो रहे थे और कितने ही मारे भी जा रहे थे। पथरों की चोट से नगर में बड़ा नुकसान होता देख रावण ने अपने वीर सेनानियों की राक्षस सेना को पश्चिम द्वार खोल बाहर मैदान में जा कर वानर सेना का विध्वंस करने की आज्ञा दी। दोनों सेनाएं अब आमने सामने थी। दोनों ओर की सेनाएं अपने अपने उद्घोष के साथ पुरजोश भिड़ रही थीं। प्रथम दिवस के युद्ध में रावण का एक प्रमुख सेनापति 'बज्रमुष्टि' वानर राज सुग्रीव के हाथों मारा गया था। शुक ने जब बज्रमुष्टि की मृत्यु की सूचना रावण दरबार में जाकर सुनाई तो रावण को जैसे विश्वास नहीं हो रहा था। दोनों ओर के और भी बहुत से सैनिक हता-हत हुए थे। राक्षस सेना की पहले ही दिन बहुत क्षति हो गई थी।

दूसरे दिन के युद्ध में रावण का पुत्र 'प्रहस्त' अपने पिता की आज्ञा से अपने कितने ही वीर सेना नायकों के साथ युद्ध में उतरा। प्रहस्त ने आते ही वानर सेना का संहार करना शुरू कर दिया तो लक्ष्मण उसके सामने आये। एक से ए

एक वढ़ कर वाणों से प्रहार कर रहे थे। जब प्रहस्त को लगा कि वोह लक्ष्मण का वाण प्रहार से युद्ध में सामना नहीं कर पायेगा तो उस ने वानर सेना के संहार के लिए वाण छोड़ने शुरू कर दिए। इस से लक्ष्मण ने क्रोधित हो उस के ऊपर प्राण-घाती बाण छोड़ उसे मृत्यु प्रदान कर दी। इसी दौरान रावण के एक प्रमुख सेना नायक 'दुर्मुख' का सामना पवनपुत्र हनुमान से हो गया और वोह हनुमान के हाथों मारा गया था।

प्रहस्त की मृत्यु का और अपने पिता की मृत्यु का बदला लेने के रावण के भाई खर के पुत्र 'मकराक्ष' ने युद्ध में आने की आज्ञा मांगी। मकराक्ष ने युद्ध भूमि आकर श्री राम को ललकारा। लक्ष्मण अंगद आदि जो उस को रोके हुए थे उनको पीछे कर श्री राम ने उस की युद्ध की चुनौती को स्वीकार किया और उसे पहले प्रहार करने को कहा। श्री राम के सामने मकराक्ष जब वेवस सा होने लगा तो उसने असुरी माया का सहारा ले आकाश में जा छुप के बाण छोड़ने शुरू कर दिए परन्तु श्री राम के सामने वोह अधिक आंख-मिचौनी नहीं कर पाया और श्री राम के बाण से मृत्यु को प्राप्त हो गया।

इस की मृत्यु से रावण बहुत विचलित हो गया था। रावण की सेना में और भी बहुत शक्तिशाली योद्धा थे। इसलिये यह आशा नही थी कि इतनी जल्दी स्वयं लंकापति रावण युद्धभूमि में आ जाएगा परन्तु उसने अगले दिन स्वयं ही युद्धभूमि में जाने का निर्णय ले लिया।

लंकापति रावण ने आते ही ललकारा," कहाँ हैं राम?

रावण के पास अनेकों दिव्य अस्त्र थे और उसने अपने दैवीय अस्त्रों से वानर सेना में रक्तपात मचा दिया। जैसे-जैसे रावण का रथ आगे बढ़ था उसी प्रकार चारों ओर वानरों की लादे बिछ रही थी। बानर सेना में भगदड़ मच गई।

वानर सेना का ऐसा संहार देखकर वानर राजा सुग्रीव तुरंत युद्धभूमि में आए और रावण को युद्ध के लिए ललकारा परन्तु वोह रावण के सामने अधिक टिक नहीं पाए। सुग्रीव को कमजोर पड़ते देख लक्ष्मण सामने आए। रावण और लक्ष्मण के बीच तीक्ष्ण वाणों के प्रहार से घोर संघर्ष हुआ और अंततः रावण लक्ष्मण को मूर्छित करने में सफल हो गया। हनुमान यह देख क्रोधित हो गए और उन्होंने बड़ा, विशालकाय शरीर धारण कर रावण पर अपनी गदा से प्रहार कर दिया परन्तु रावण ने हनुमान की गदा का प्रहार सह लिया और संभल कर

अपनी गदा उठा ली। गदा युद्ध में दोनों प्रवीण थे और संघर्ष में दोनों ओर से प्रहार पर प्रहार हो रहे थे।

युद्धभूमि में रावण के द्वारा मचाए जा रहे नरसंहार व सुग्रीव तथा लक्ष्मण की रावण के हाथों हुई पराजय की सूचना श्रीराम को दी गयी। सूचना पाते ही श्रीराम अपने धनुष-बाण के साथ युद्धभूमि में पहुँच गए। अपने बीच श्रीराम को अपने साथ देखकर वानर सेना में साहस बढ़ गया।

श्रीराम ने रावण को युद्ध के लिए ललकारा। अपने सामने श्रीराम को देखकर रावण व हनुमान ने युद्ध करना छोड़ दिया और हनुमान पीछे हट गए। रावण ने गदा छोड़कर अपने धनुष बाण उठा लिए। यह प्रथम बार था जब श्रीराम व रावण आमने-सामने थे।

सभी देवता आकाश से इस युद्ध को देख रहे थे। दोनों ओर से लगातार दिव्य अस्त्रों का प्रयोग किया जा रहा था। श्रीराम ने एक-एक करके रावण के सभी दिव्य अस्त्र समाप्त कर दिए। अपने दिव्य अस्त्रों को समाप्त होता देखकर रावण भयभीत हो गया। रावण अपने धनुष पर तीर चढ़ाने लगा तो श्रीराम ने एक बाण से उसके धनुष को ही तोड़ डाला। रावण ने युद्ध के लिए अपनी खड्ग उठायी तो श्रीराम ने उसके भी दो टुकड़े कर उसे निशस्त्र कर दिया और श्रीराम ने रावण के रथ का विजय ध्वज भी गिरा दिया। श्रीराम ने एक बाण से रावण के रथ का पहिया तोड़ दिया और उसको भी श्री राम के सामने पृथ्वी पर खड़ा होना पड़ गया था।

संपूर्ण राक्षस व वानर सेना इसी प्रतीक्षा में थी कि अब श्रीराम अपने अगले बाण से रावण का अंत कर देंगे व युद्ध समाप्त हो जाएगा परन्तु श्रीराम ने रावण का वध नहीं किया। श्री राम ने रावण को कहा,"हम क्षत्रिय अपने युद्ध धर्म के अनुसार निशस्त्र निहत्थे शत्रु पर वार नहीं करते"। अतः उन्होंने रावण को अगले दिन सशस्त्र हो कर आने को कह श्री राम लक्ष्मण के साथ बापस आ गए।

उधर युद्ध में हारे हुए रावण को भी बेबस शर्मसार हो अपने टूटे पहिये वाले रथ से उतरकर अपनी सेना के साथ राजमहल के लिए पैदल ही चल पड़ा। रावण के लिए दूसरा रथ आ गया था परन्तु वोह उस के ऊपर नहीं चढ़ा और पैदल ही चल कर बापस लंका द्वार की ओर गया। लंका के सैनिकों व प्रजा ने जब

अपने राजा को पराजित होकर राजमहल में पैदल आते देखा तो निराशा और भय का वातावरण व्याप्त हो गया।

राम ने जैसे उस के साथ बर्ताव किया था उसने उसको गहरी आत्म गलानी ने घेर लिया था ओर वोह उसी ग्लानि भरे दुखी मन से अपने महल में पहुँच गया। उस के नाना माल्यवान उससे कुछ कहने लगे तो रावण बोला,"आप तो सीता को लोटा कर हार मान लेने को कहेंगे।" माल्यवान ने कहा,"नहीं, वोह समय निकल गया है और अब युद्ध शुरू हो चुका है। अब तो मेरा कहना है कि तुम अपने भाई 'कुम्भकर्ण' की सहायता क्यों नहीं लेते? वोह अकेला ही वानर सेना का संहार कर सकता है।"

"वाह नाना जी वाह, आपने क्या बात कही। मुझे क्यों नहीं यह ध्यान में आया।" रावण ने कहा और तुरंत अपने सेवकों को कुम्भकर्ण को जगाने का आदेश दे दिया।

रावण ने नाना माल्यवान से अब अपनी मानसिक ग्लानि प्रगट करते हुए कहा,"नाना जी ऐसा प्रतीत हो रहा था कि राम जैसे मेरे साथ युद्ध नहीं कर रहा था, केवल मेरा उपहास कर रहा था। मेरे सभी शस्त्रों को काट और रथ और ध्वजा को क्षतिग्रस्त कर मुझे कहा हम रघुवंशी युद्ध भी निति से लड़ते हैं। निहथे निशस्त्र शत्रु पर भी वार नहीं करते और कहा जाओ कल फिर तैयार हो कर आना।" माल्यवान ने रावण से कहा,"युद्ध में ऊपर-नीचे होता ही रहता है।"

विशाल देह धारी कुम्भकर्ण को ब्रह्मा जी के वरदान के अनुसार छह मास की नींद और एक दिन के लिए जागने का वरदान मिला हुआ था। इस लिए वोह एक दिन में जाग कर पेट भर खाता-पीता और फिर छह महीने सोया रहता था। बड़ी मुश्किल से ढोल नगाड़े बजा कुम्भकर्ण को जगाया गया। नींद तो पूरी नहीं हुई थी इस लिए उसने इस तरह जगाने का कारण पूछा। सेवकों ने रावण द्वारा सीता हरण और श्री राम के साथ युद्ध की सब बात बताई और कहा कि रावण ने उसे बुलाया है।

कुम्भकर्ण आया और उसने रावण को फटकार लगाते हुए कहा,"मेरे भाई, तुमने यह क्या किया? साक्षात् जगदम्बा[6] है जनक नंदिनी सीता। परन्तु अब क्या हो सकता है?" कुम्भकर्ण स्वयं भी एक विद्वान थे। उसने रावण को कुछ नीति गत बातें कहीं और रघुकुल के एक राजा के श्राप की याद दिलाते हुए

यह भी कहा कि क्या तुम्ह उस श्राप को भी भूल गए हो। राम रूप में स्वयं नारायण ही अवतरित हुए हैं और राक्षस जाती का अंत अब सुनिश्चित समझ लो। मेरे भाई, अब मेरा अंतिम प्रणाम स्वीकार करो और इतना कह वोह सीधा युद्ध भूमि की ओर चल दिया।

युद्ध भूमि में विभीषण उस अपने बड़े भाई को मिलने और सब बात बताने तथा श्री राम की आज्ञा प्राप्त कर युद्ध रोकने का सुझाव ले कर उसके पास आय विभीषण अपनी धर्म नीति की सब बात कही और कुम्भ कर्ण को भी कहा कि यदि आप भी हमारे साथ आ जाओ तो लंका का विनाश रुक जायेगा। कुम्भ कर्ण ने कहा कि ऐसे कठिन समय में भाई का साथ देना ही मेरा धर्म है और तुमने जो किया वोह ठीक नहीं किया। अब तुम जाओ और अपने स्वामी राम का साथ निभाओ और मुझे अपना काम करने दो।

विभीषण बापस चला गया और कुम्भकर्ण वानर सेना की और बढ़ने लगा। वानर उसको आता देख भागने लगे। कितनों को उसने अपने पैरों के नीचे ही कुचल दिया था। महाराज सुग्रीव, युवराज अंगद और पवनपुत्र महाबली हनुमान आदि उस के ऊपर बड़े पत्थर फेंक रहे थे परन्तु उस के ऊपर कोई असर नहीं हो रहा था और जब यह सब असमर्थ जान पड़े तो वीर लक्ष्मण ने श्री राम से आगे जाने की आज्ञा मांगी। कुम्भकर्ण से युद्ध में लक्ष्मण कुछ असमर्थ से जान पड़े तो सुग्रीव आगे आया परन्तु कुम्भकर्ण ने उसे अपने हाथ में पकड़ लिया और रावण के पास ले जाने लगा। अंततः श्री राम उस के सामने आए। श्री राम के वाण उसके शरीर को पार कर निकल जाते थे। कुम्भकर्ण ने दिव्य अस्त्रों से प्रहार किया जो श्री राम ने अपने दिव्य वाणों से निरस्त कर दिए। श्री राम और कुम्भकर्ण में घोर युद्ध हुआ और अंततः श्री राम ने अपने वाणों से कुम्भकर्ण की दोनों भुजाओं को काट दिया और फिर उसके सर को धड़ से अलग कर दिया। उसके भारी बड़े शरीर के भी श्री राम ने अपने तीक्ष्ण वाणों द्वारा काट कर दो टुकड़े कर दिए और ऐसे उस महान बल शाली असुर कुम्भकर्ण का अंत कर उसे सद्गति प्रदान की। कुम्भकर्ण के कटे हुए भारी भरकम अंगों के नीचे भी कितने वानर दव गए थे।

कुम्भकर्ण का अंत वानर सेना के लिए जहाँ बड़ी राहत और ख़ुशी कि बात थी वहीं विभीषण अपने बड़े भाई की मृत्यु पर उस के स्नेह के कारण

मन विभोर हो दुखी भी हुए। श्री राम ने कुछ ज्ञान धर्म की बातें कह महाराज विभीषण को ढाढ़स बंधाया।

कुम्भकर्ण की मृत्यु की सूचना रावण के लिए एक बहुत बड़ा असहनीय आघात था। 'कुम्भकर्ण अब नहीं रहा' रावण का मन मानने को तैयार नहीं हो रह था परन्तु जो हो गया था वोह तो हो ही गया था। मेघनाथ, अतिकाय आदि रावण पुत्रों और सेना नायकों ने रावण की हिम्मत बंधाई और अगले दिन रावण पुत्र अतिकाय, त्रिशिरा, नरान्तक और देवान्तक ने युद्ध में जाने की आज्ञा प्राप्त की।

अगले दिन रावण पुत्र 'अतिकाय' अपने भाई त्रिशिरा, नरान्तक और देवान्तक तथा सेनापति अकम्पन और दारुक आदि प्रमुख सेना नायकों के साथ रावण को अपने बल पराक्रम का भरोसा दे और आज्ञा प्राप्त कर युद्ध के लिए प्रस्थान करता है।

त्रिजटा जनक नंदिनी सीता जी को कुम्भकर्ण की श्री राम के हाथों मृत्यु की बात बताती है और आज के युद्ध में जाने वाले रावण पुत्रों का परिचय भी देती हैं। सीता जी अपने पति श्री राम और देवर लक्ष्मण की सुरक्षा के लिए मन ही मन मां जगदम्बा से प्रार्थना करती हैं।

युद्धभूमि में आकर अतिकाय लक्ष्मण को ललकारता है। अपने सेना नायक 'मही' के हाथों राम के पास लक्ष्मण से युद्ध के लिए सन्देश भेजता है। लक्ष्मण जाने को उद्यत होते हैं तो विभीषण अतिकाय की वीरता से श्री राम ओर वीर लक्ष्मण को अवगत कराते हुए बताते हैं कि अतिकाय रावण की दूसरी पत्नी धन्यमालिनी का पुत्र है। कुम्भकर्ण ओर अतिकाय इस से पहले एक जन्म में मधु ओर कैटभ नाम के दो अत्यंत बलशाली ओर अपराजित योद्धा थे जिन्होंने देवलोक पर विजय प्राप्त कर क्षीर सागर में जा भगवान श्री विष्णु को भी युद्ध के लिए ललकार दिया था। घोर युद्ध हुआ परन्तु प्राप्त वरदान के कारण प्रभु इनको मार नहीं पा रहे थे। मायामय भगवान का खेल तो निराला ही होता है। प्रभु की माया ने इनकी बुद्धि घुमा दी और इन्होंने श्री विष्णु से कहा कि हम आप के युद्ध-कौशल से बहुत प्रसन्न हैं और तुम्हें वरदान देना चाहते हैं। भगवान ने कहा,"यदि तुम मुझ को वरदान देना चाहते हो तो सृष्टि के कल्याण के लिए बताओ कि तुम्हारी मृत्यु कैसे हो सकेगी? बता कर अपना बचन पूरा

करो।" उन्होंने कहा,"हमारी मृत्यु असंभव है परन्तु हम यदि मरेंगे तो तुम्हारी जांघों पर। हे विष्णु, अपना परिक्रम बताओ और हमें मृत्यु प्रदान करो।" श्री विष्णु ने अपने शरीर को बढ़ाना शुरू कर उन दोनों को अपनी जांघों में जकड़ लिया और फिर उनके शीश सुदर्शन चक्र से उनकी धड़ों से अलग कर उनका अंत किया था। वोही कैटभ अब मेरा भाई कुम्भकर्ण था और मधु अतिकाय है। इसने शिव के त्रिशूल के बार को रोक शिव को खुश कर उनसे देवताओं के लिए भी दुर्लभ शस्त्र विद्या प्राप्त की हुई है। वीर लक्ष्मण को यह सावधान करने के लिए बताया है।

लक्ष्मण के सामने पहले "दारुक" आते हैं। दोनों में युद्ध होने लगता है और लक्ष्मण बहुत जल्दी ही दारुक का वध कर देते हैं और तब लक्ष्मण और अतिकाय के बीच युद्ध आरम्भ हो जाता है। दोनों एक दूसरे के शस्त्रों को अपने अपने दिव्य वाणों से काटते हैं। घोर युद्ध होता है।

इसी बीच निरंतक और युवराज अंगद का युद्ध होता है और निरंतक मारा जाता है। रावण पुत्र देवान्तक और त्रिशिरा पवनपुत्र हनुमान के साथ युद्ध करते हुए मारे जाते हैं।

लंका के सेनापति को वानर राज सुग्रीव की गदा के एक ही प्रहार ने यमलोक पहुंचा दिया था। रावण पुत्र निकुम्भ भी युवराज अंगद के हाथों मारा जाता था।

जब अतिकाय लक्ष्मण के तीक्ष्ण वाणों के आगे टिक नहीं पाता तो रथ सहित आकाश में ऊपर उठ जाता है और लक्ष्मण पर वाण बरसाने लगता है। तब हनुमान जी के कहने पर लक्ष्मण उनके कंधे पर चढ़ जाते हैं और वायु पुत्र हनुमान लक्ष्मण को भी आकाश में अतिकाय के सामने ले जाता है। वीर लक्ष्मण हर तरह से वाण प्रहार करते हैं परन्तु उसके ऊपर असर नहीं होता। देवताओं को चिंता हुई तो इंद्र ने वायु देव को लक्ष्मण के पास भेजा। वायु देव ने लक्ष्मण को बताया कि ब्रह्मास्त्र के बिना इसकी मृत्यु संभव नहीं हैं और ब्रह्मास्त्र का अनुसन्धान करो और इस राक्षश का अंत करो। वीर लक्ष्मण ने वायु देव का धन्यवाद कर ब्रह्मास्त्र का अनुसन्धान कर रावण के इस अति बलशाली और मायावी पुत्र को यमलोक पहुंचा दिया।

आज के इस युद्ध में रावण के सभी पुत्र और सेनापति भी मारा गया था। उसके पास उसका एक मात्र पुत्र मेघनाथ बच गया था। अब तक के संग्राम में हर रोज की मिली पराजय और आज के इस एक दिन के संग्राम ने लंका को झंझोड़ कर रख दिया था। रावण की दोनों पत्नियां अपने पुत्रों के शोक में विलाप कर रहीं थीं। श्री राम के हाथों रावण की पराजय और अति बलशाली महाकाय कुम्भकर्ण की मृत्यु और अब एक ही दिन के युद्ध में रावण के चार मायावी संग्राम विजई पुत्र और अनुभवी प्रमुख सेनापति अपनी बहुत बड़ी सेना के साथ श्री राम की वानर सेना के हाथों काल ग्रस्त हो गए थे। दूसरे दिन भी लंका में प्रत्येक प्राणी शोक मग्न था और लंका द्वार भी बंद ही रहे। श्री राम ने वानर राज सुग्रीव को निर्देश दिया कि अपनी सेना आज पहले युद्ध घोष नहीं करेगी। जामवंत और महाराज सुग्रीव आदि तो सोचने लगे थे कि संभव है कि रावण अपने भाई कुम्भकर्ण और पुत्रों की क्षति के कारण युद्ध विराम के लिए ही आगे आ जाये। परन्तु विभीषण जानते थे कि रावण का राज हठ और मेघनाथ का अपनी युद्धकौशलता, अद्भुत मायावी शक्तियों की प्राप्ति और अति शक्तिशाली सिद्ध दिव्यास्त्रों का भरोसा उसे युद्ध भूमि में अवश्य खींच लाएगा। मेघनाथ ने कुलदेवी कुम्भला को प्रसन्न कर और असुर व राक्षस गुरु शुक्राचार्य के द्वारा भी कितनी गुप्त शक्तियां प्राप्त कर ली हुई हैं।

मेघनाथ ने पिता को अपनी शक्तियों का कुछ परिचय दे भरोसा दिलाया और अपनी पत्नी नाग कन्या सुलोचना को और माता मन्दोदरी और भाई अतिकाय की माता धन्यमालिनी को भी समझाया और कहा कि राज्य परिवार की स्त्रियां ऐसे समय में अपनों के लिए शोकग्रस्त हो विलाप नहीं करतीं। युद्ध में हमारे लिए मृत्यु को प्राप्त होने वाले सैनिकों के परिवारों के लिए भी सोच कर देखो। मेघनाथ ने रावण को भरोसा दिलाया और कहा,"पिता श्री मुझ को युद्ध के लिए जाने की आज्ञा दो और में कल ही युद्ध को विजय में बदल दूंगा।

अगले दिन रावण पुत्र इंद्रजित अपनी पूर्ण तैयारी के साथ युद्ध के लिए युद्धभूमि में आया। युवराज अंगद, महाराज सुग्रीव और पवनपुत्र हनुमान ने उसको रोकने की कोशिश की परन्तु इनमें से कोई भी उसके सामने टिक नहीं पा रहा था। उसने कहा,"मैं मर्कटों को मारने नहीं आया। कहाँ है मेरे भाई अतिकाय का हत्यारा लक्ष्मण? उससे कहो मैं उसे युद्ध के लिए ललकार रहा हूँ। हिम्मत है तो सामने आए।"श्री राम की आज्ञा प्राप्त कर वीर लक्ष्मण मेघनाथ के सामने

आते हैं। भीषण युद्ध होता है। हर तरह से मायावी व दिव्यास्त्रों से मेघनाथ के प्रहारों को लक्ष्मण निरस्त करते जाते हैं। दोनों का संघर्ष दिन भर चलता हैं और शाम ढलने लगती है तो विभीषण श्री राम को कहते हैं कि प्रभु सूर्य ढलते ही असुरी शक्ति बढ़ जाती हैं और इंद्रजित उस का प्रयोग कर सकता है। सहायता के लिए श्री राम लक्ष्मण के पास आएं इस से पहले ही मेघनाथ अलोप हो जाता है और सूरज ढलते ही वोह अपनी असुरी शक्ति का उपयोग कर श्री राम और वीर लक्ष्मण पर नागपाश अस्त्र का प्रयोग कर देता है। दोनों भाई नागपाश में बन्ध कर अचेत हो जाते हैं। ऋक्ष राज जामवंत, वानर राज सुग्रीव, महाराज केसरी और महाराज विभीषण दूसरे वानर वीर सेना नायकों के साथ निरुत्साहित हो चिंता ग्रस्त हो जाते हैं। विभीषण कहते हैं कि नागपाश का बंधन तो प्राण ले कर ही छोड़ता है और इसका कोई उपाय नहीं है। महाराज सुग्रीव बहुत दुखी और कुपित हो कर रावण और लंका को विद्धन्स करने की बड़ी बड़ी बातें कर अपना दुःख प्रगट करते हैं। सभी सेना नागपाश में बंधे अचेत पड़े श्री राम और लक्ष्मण के चारों ओर निराश हो खड़े थे। अचानक सुग्रीव और जामवंत आदि को हनुमान का ध्यान आता है जो वहां नहीं होते।

पवनपुत्र हनुमान जी की अपार शक्ति और ज्ञान को कौन समझ सकता है? हनुमान समझते होंगे कि नागपाश का उपाय केवल वैकुण्ठ वासी भगवान विष्णु के वाहन पक्षी राज गरुड़ ही हैं। वोह तुरंत मुनि श्रेष्ठ नारद जी को साथ लेकर गरुड़ के पास पहुँच गए और उन को लेकर आ गये। निराश सेना में आशा की किरण जाग उठती है। गरुड़ जी प्रभु की इस लीला को अचंभित हो देख और सोच रहे होते हैं तभी हनुमान कहते हैं के देर मत करिये और प्रभु श्री राम और लक्ष्मण जी को नागपाश से मुक्त कर दीजिये। अगले कुछ पलों में ही पक्षी राज गरुड़ ने नाग बंधन को अपनी तीखी चोंच से काट कर दोनों रघुकुल वीरों को बंधन मुक्त कर दिया और दोनों भाई सचेत हो बैठ गए। वानर सेना में एक नया उत्साह भर गया और उनके "जय सियाराम" के जय घोष से लंका ध्वनि ग्रस्त हो गई।

जनकनन्दिनी सीता जो निराश हो मां जगदम्बा का ध्यान लगाए बैठी थी उस को भी त्रिजटा ने यह सूचना दे खुश किया।

दूसरी ओर लंकापति रावण ओर मेघनाद जो श्री राम और वीर लक्ष्मण का अंत समझ इस रात निश्चिन्त और आनंद मग्न हो निद्रा सुख भोग रहे थे इस

वानर सेना के जयघोष ने उनकी निन्द्रा भङ्ग कर उन्हें चिंता में डाल दिया। वोह दोनों पिता पुत्र यह मान लेने को तैयार नहीं थे कि नागपाश के बंधन से भी कोई बच सकता है। परन्तु जब गुप्तचर शुक ने आकर बतया तो उन दोनों के मुख से निकला,"असंभव, यह असंभव है।" शुक ने जबाव में कहा,"महाराज, वहां असंभव भी संभव हो जाता है।"

रावण चिंतित हुआ तो मेघनाथ ने फिर पिता को कहा,"महाराज, कल का मेरा पराक्रम देखिएगा, आज बच गए तो क्या।"

सुबह होते ही मेघनाद अपने मायावी शक्तिओं और दिव्यास्त्रों तथा अपनी सेना के साथ मैदान में आकर गरजने लगा। श्री राम की आज्ञा प्राप्त कर हनुमान जी उसको रोकते हैं। उनके गदा प्रहार आगे वोह अदृश्य हो जाता है। फिर हनुमान और इंद्रजित दोनों के बीच युद्ध होता है परन्तु मायावी मेघनाथ के प्रहार भारी पड़ते देख अंगद जा कर श्री राम को बताते हैं। वीर लक्ष्मण उत्तेजित होते हैं तो श्री राम लक्ष्मण को मेघनाथ के साथ सामना करने के लिए जाने की आज्ञा देते हैं और महाराज विभीषण के परामर्श पर अंगद, हनुमान, नल और नील जैसे वानर वीरों को लक्ष्मण के आस-पास व साथ रहने के लिए जाने को कहते हैं। आज भी दिन भर दोनों वीरों में घोर संग्राम होता है। वीर लक्ष्मण मेघनाथ के हर प्रहार को निष्क्रिय कर देते हैं। संध्या समय होने को था। और सब तरह की कोशिश फेल हो जाने के बाद मेघनाथ छुप कर, आकाश में अलोप हो कर वाण बर्षा करने लगा। लक्ष्मण ने श्री राम से ब्रह्मास्त्र का प्रयोग करने की आज्ञा मांगी परन्तु उन्होंने इसे धर्म व नीति विरुद्ध कह उस अत्यंत विनाशकारी शस्त्र का उपयोग करने से लक्ष्मण को रोक दिया। लक्ष्मण अपने बुद्धि-विवेक से नीति अनुसार युद्ध करने लगे। जैसे तैसे वीर लक्ष्मण उस महाभट के प्रहारों को निष्क्रिय करते रहे। मेघनाथ सामने आ नहीं रहा था इसलिए लक्ष्मण उस के ऊपर प्रहार नहीं कर पा रहे थे परन्तु उसके हर वार को निरस्त कर देते थे। मेघनाथ समझ गया था कि कुछ अधिक करना पड़ेगा अतः उसने शक्ति का संधान कर लक्ष्मण के ऊपर उस अघोर शक्ति को छोड़ दिया जिस के प्रहार से लक्ष्मण मूर्छित हो गिर पड़े। मेघनाथ प्रसन्न हो गया और उसने अपने सैनिकों को अचेत पड़े लक्ष्मण को उठा कर उसके रथ में डालने को कहा परन्तु कितने ही सैनिक मिलकर भी लक्ष्मण को हिला भी नहीं सके तो इंद्रजित सैनिकों को हटा स्वयं लक्ष्मण को उठाने की कोशिश करने लगा।

उठाना तो दूर की बात, वोह भी लक्ष्मण के शरीर को हिला भी नहीं सका। इतने में हनुमान वहां आ गए। मेघनाथ को पग की एक ठोकर मार दूर फेंकते हुए लक्ष्मण के अचेत शरीर को उठा कर वायु मार्ग से श्री राम के पास ले गए। संध्या हो गई थी अतः मेघनाथ के साथ उसकी सेना उसका जयघोष करती हुई लंका में लौट आई। असुर सेना का जयघोष सुन रावण बहुत प्रसन्न हुआ और उसने आगे हो कर अपने महाबली पुत्र इंद्रजित का अभिनंदन किया। रावण के नाना माल्यवान ने भी इंद्रजित की सराहना करते हुए कहा,"वीर वर तुमने लंका को फिर से जीवित कर दिया है। तुम्हारे आज के इस पराक्रम से अपनी जीत की आशा जागृत हो रही है।" मेघनाथ ने बताया कि प्राणघातिनि शक्ति के प्रहार से अब लक्ष्मण बच नहीं पायेगा और कल बड़े भाई को भी देख लूँगा।

लक्ष्मण की अवस्था देख श्री राम द्रवित हो गए थे। महाराज विभीषिण, वानर राज सुग्रीव, जामवन्त और सभी सेना नायक भी बहुत द्रवित हो रहे थे। वोह प्राणघातिनि इस शक्ति के प्रहार को एक अमोघ प्रहार समझते थे जिसका उपचार इतना सरल व संभव नहीं हो सकता था और इसलिए वोह अधिक चिंतित थे। वहां जहाँ एक ओर समुद्र ओर दूसरी ओर दुश्मन का देश ऐसे में कैसे कोई उपचार की सम्भावना हो सकती थी। सभी तरह के बिचार विमर्श करने के बाद महाराज विभीषिण ने बताया कि लंका का एक कुशल राज्य वैद है परन्तु उसका यहाँ आना ही असंभव है। पवनपुत्र हनुमान जी बोले,"असंभव को संभव बनाना इस हनुमान का काम है आप मुझे वैद का नाम पता बता दो।" विभीषण जी ने लंका के राज वैद का नाम सुषेण और उस की प्रयोगशाला की दिशा और पहचान बता दी और हनुमान जी ने प्रभु आज्ञा पा तुरंत प्रस्थान किया। विभीषण की दिशा-निर्देश के अनुसार हनुमान जी बहुत जल्दी सुषेण वैद के यहाँ पहुँच गए और उस के चिकित्सालय के साथ ही उस को उठा कर ले आये। सुषेण ने कहा मैं राज-वैद हूँ इस लिए मेरा काम लंका के दुश्मन की सेना का उपचार करना राज-धर्म के विरुद्ध है। विभीषण जी और हनुमान आदि ने उसे वैद के शाश्वत धर्म के अनुसार किसी भी रोगी की चिकित्सा और उपचार को ही प्रथम कर्तव्य बताया और तब उस ने लक्ष्मण का नाड़ी परीक्षण किया परन्तु उपचार हो सकेगा इसके लिए उसने निराशा प्रगट की। वैद सुषेण ने कहा,"घाव गहरा है और इस के उपचार की दवा मेरे पास नहीं है।" हनुमान जी ने कहा,"कोई उपचार तो होगा?" वैद ने कहा,"इस के उपचार के लिए जो

जड़ी-बूटी चाहिए वोह दुर्लभ बूटी हिमालय में ही उपलब्ध है और लक्ष्मण के पास मात्र सूर्य उदय होने तक का ही समय है। इतनी दूर से इतने कम समय में इस बूटी को लाना कैसे संभव हो सकता है?" हनुमान जी ने कहा,"आप मुझे पर्वत और बूटी की पहचान बता दीजिये, आप को सूर्य उदय से पहले बूटी मिल जाएगी। पर्वत और जड़ी-बूटियों की जानकारी प्राप्त कर हनुमान जी ने श्री राम से आज्ञा प्राप्त कर,"जय श्री राम" कह, जय घोष करते हुए प्रस्थान किया।

जब "जय श्री राम" जय घोष कर वैद राज सुषेण समेत उस के महल को ही हनुमान जी ने उठा लिया और उसको ले कर उड़ाए जाते सुरक्षा सैनिकों ने देख लिया और दौड़ कर रावण दरबार में इसकी सूचना दी। रावण ने तुरंत अपने प्रमुख गुप्तचर "शुक" को बुला कर वैदराज सुषेण लक्ष्मण का जो उपचार करते हैं, उसकी जानकारी प्राप्त करने के लिए भेज दिया। शुक ने कुछ समय में लौट कर बताया कि हनुमान उपचार के लिए बताई गई जड़ी-बूटी लाने के लिए हिमालय पर्वत की ओर जाने वाला है और उसको सूर्योदय से पहले बापस भी आना है वरना लक्ष्मण को बचाना संभव नहीं रहेगा। रावण ने कहा,"तो हनुमान बापस ही नहीं आएगा।" और वोह तुरन्त उठ कर "कालनेमि" राक्षस के पास पहुँच गया। कालनेमि एक इच्छाधारी राक्षस था। उसके पास जा रावण ने तुरन्त हनुमान को रास्ते में ही रोक लेने के लिए आदेश दिया। वोह चाहते हुए भी रावण को नांह नहीं कर सकता था अतः उसने हनुमान जी के रास्ते में अपनी असुरी शक्ति से एक बड़े तालाब के किनारे एक आश्रम का निर्माण किया और स्वयं एक सन्यासी का रूप धारण कर ऊँचे स्वर में राम नाम का गान करने लग गया। हनुमान जी ने आकाश मार्ग से जाते हुए उस के राम नाम को सुना तो सोचा इस राम भगत के दर्शन भी कर लूँगा और कुछ जलपान कर थकान भी मिटा लूँगा। हनुमान जी गए तो उस ने जलपान के लिए अपना कमंडल देना चाहा तो हनुमान बोले,"इतने से मेरी प्यास नहीं बुझेगी। मैं तालाब में नहा भी लूँगा और जल ग्रहण कर वहीँ प्यास भी बुझा लूँगा। कालनेमि ने कहा,"अच्छी बात है। जाओ नहा कर आ जाओ फिर मैं तुझे गुरमन्त्र भी दूंगा।" हनुमान जी तालाब में नहाने के लिए उतरे तो वहां एक मगरी पकड़ने को झपटी। हनुमान जी ने उसे तुरन्त मार दिया। मरने के पश्चात उसने अप्सरा रूप धारण कर लिया और बताया कि श्राप वश वोह मगरी बनी थी और अब वोह अपने रूप को प्राप्त हो गन्धर्व लोक जाएगी। फिर उसने हनुमान जी को यह भी बताया

कि यह कोई साधु महात्मा नहीं है। कालनेमि राक्षस है और रूप बदल तुम्हारा रास्ता रोकने कि लिए बैठा है। हनुमान जी नहा कर आए और बोले,"गुरु-मन्त्र बाद में पहले आप गुरु-दक्षिणा ले लो।" इतना कह हनुमान जी ने कालनेमि को अपनी पूंछ में लपेट कर पटका और उसका उद्धार कर आगे बढ़ गए।

हिमालय पर पहुँच उन्होंने वैद्य सुषेण के बताये के अनुसार ओषधियों के संरक्षक देवताओं की प्रार्थना की। ओषधियों वाला पर्वत प्रगट हो गया परन्तु हनुमान जी ओषधियों की पहचान नहीं कर पा रहे थे। हनुमान जी ने जड़ी-बूटियों वाला वोह पर्वत ही उठा लिया और पवन वेग से चल पड़े। रास्ते में अयोध्या के ऊपर से जब वोह जा रहे थे तो वहां के रक्षक सैनिकों ने उनको देख लिया और कोई असुर समझ तुरंत 'भरत' को जगाकर बताया। भरत ने बिना फल वाले से बार किया और हनुमान जी पर्वत समेत अचेत हो पृथ्वी पर आ पड़े। गिरते समय हनुमान जी के मुख से राम का नाम सुनते ही भरत जी अधीर हो गए और हनुमान को जागृत करने का प्रयास करने लगे। भरत सोच रहे थे कि यह इतना बड़ा बलशाली वानर जो मेरे प्रभु श्री राम का स्मरण कर रहा था, कौन हो सकता है? भरत ने मन ही मन प्रभु श्री राम का स्मरण करते हुए कहा,"यदि मेरी निष्ठा मेरे प्रभु श्री राम के प्रति सत्य है तो यह राम-भगत तुरंत सचेत हो जाये और ऐसा ही हुआ भी। जय श्री राम बोलते हुए हनुमान उठ बैठे और भरत जी से संक्षिप्त परिचय हुआ। श्री राम के प्रति भाव, भगति व प्रेम देख दोनों आत्म विभोर हो गले मिले। भरत के श्री राम,लक्ष्मण और सीता जी के कुशल समाचार पूछने पर संक्षिप्त में सब बताया और तुरंत चलने की अनुमति मांगी।

भरत बोले,"समय कम है अतः में तुम्हें अपने वाण से बिना देर किये लंका पहुंचा देता हूँ।" हनुमान जी ने कहा,"आप निश्चिन्त रहें, प्रभु का स्मरण करते मेरे सब काम सिद्ध हो जाते हैं।" भरत जी को प्रणाम कर आज्ञा ले, 'जय श्री राम' कहते हुए हनुमान पर्वत उठा चल पड़े।

भरत मन ही मन द्रवित व दुखी हो रहे थे कि ऐसे कठिन समय में भी वोह अपने प्रभु के किसी काम नहीं आ सका। प्रभात समय हो गया था और हनुमान के अभी तक न पहुँचने के कारण श्री राम अधीर हो रहे थे। सब की निगाहें आकाश की ओर लगी हुई हनुमान के आने की प्रतीक्षा में थीं। सूर्योदय होने में अभी देर थी और एक आशा किरण की तरह हनुमान आकाश में दृष्टि

गोचर हो गए। श्री राम की सुग्रीव सेना में प्रसन्नता की लहर दौड़ गई। हनुमान जी ने जड़ी-बूटियों वाले पहाड़ को पृथ्वी पर टिका दिया और वैद सुषेण ने जा कर दैवीय औषधियों का चयन किया और लक्ष्मण के उपचार में लग गए। दिव्य औषधि मृत संजीवनी आदि का चमत्कारी प्रभाव अद्भुत था। बहुत जल्दी वीर लक्ष्मण स्वस्थ हो उठ खड़े हो गए। होश में आते ही उन्होंने पूछा,"मैं यहाँ? क्या हुआ?" श्री राम ने कहा,"बहुत बड़ा संकट आया था परन्तु 'संकट मोचन' हनुमान ने संकट से बचा लिया।" श्री राम सहित वानर सेना अब फिर से उत्साहित हो रही थी।

दूसरी ओर रावण को जब पता चला कि कालनेमि को मार हनुमान ने मृत संजीवनी ला कर दे दी और लक्ष्मण ठीक हो गया है तो बहुत निराश हुआ। अब क्या करे और कैसे करे? कुछ समझ नहीं आ रहा था। मेघनाथ को अपने बल-गौरव पर अब भी भरोसा था।

उस ने पिता से कहा,"पिता श्री, मैं अब माता अकुम्भला की गुफा में जा कर एक तांत्रिक यज्ञ का अनुष्ठान करूंगा जिस के पूर्ण होते ही मुझे एक अजेय और अदृश्य होने वाला रथ प्राप्त होगा जिस का किसी के भी पास कोई तोड़ नहीं होगा। आप भरोसा रखो परन्तु मेरे इस यज्ञ को आप अभी गुप्त ही रखना। मेरे आने तक कुछ सेना भेज कर वानर सेना को उलझाए रखना और वोह उसी समय कुलदेवी अकुम्भला की गुफा की ओर अपनी एक कुशल सैनिक टुकड़ी के साथ चला गया। सेना नायकों को गुफा में किसी को भी ना आने का आदेश दे कर गुफा में चला गया। उसने अकुम्भला अपनी कुलदेवी के आगे बैठ अपनी तांत्रिक पूजा-विधि प्रारम्भ कर दी।

इधर महाराज विभीषण के गुप्तचरों ने यह सब सूचना दी तो विभीषण जी ने कहा कि इस को रोकना बहुत जरूरी है। उसी समय श्री राम आज्ञा पा कर सुग्रीव, जामवन्त, हनुमान, अंगद आदि वानर वीरों के साथ लक्ष्मण जाने को तैयार हुए तो विभीषण जी उस गुप्त स्थान पर जल्दी से पहुँचाने के लिए, मार्गदर्शन के लिए साथ चले। गुफा द्वार पर असुर सेना रक्षा में सतर्क थी। वहां पहुँचते ही विभीषण जी के कहने पर सुग्रीव सेना राक्षस सेना पर अचानक टूट पड़ी। अंगद, हनुमान आदि कुछ वीर गुफा में घुस गए और मेघनाथ की पूजा रोकने में लग गए। उस समय मेघनाथ तांत्रिक मन्त्रों से यज्ञ आहुतियां डाल रहा था। उस के ऊपर अंगद आदि वानर वीर लात-घूसे बरसा रहे थे परन्तु

वोह उठाये उठ नहीं रहा था। अंगद ने एक पानी की भरी गागर ही हवन कुंड में उड़ेल दी और उसकी तांत्रिक विधि को वहीं समाप्त कर दिया। क्रोधित हो मेघनाद अपने रथ पर आया, विभीषण को वहां लक्ष्मण के साथ देख समझ गया की येह ही इनको यहाँ तक लाया है और उस को मारने के लिए उद्यत हुआ। उसके हर वाण प्रहार को लक्ष्मण अपने वाण प्रहार से निरस्त कर देते थे। लक्ष्मण और मेघनाथ का घोर संग्राम शुरू हुआ। एक दूसरे के प्रहार को निरस्त करते हुए जब लक्ष्मण भारी पड़ने लगे तो मेघनाथ ने असुरी माया रच छुप छुपा वाण प्रहार करने शुरू कर दिए। लक्ष्मण उसके वाण प्रहार को काटते चले जा रहे थे। अब उस ने ब्रह्मास्त्र का अनुसन्धान कर लक्ष्मण पर छोड़ा। लक्ष्मण प्रति उत्तर देने की जगह उसको प्रणाम किया तो ब्रह्मास्त्र बिना कोई हानि किये वापस हो गया। फिर मेघनाथ ने पशुपति अस्त्र का अनुसन्धान कर लक्ष्मण पर छोड़ा। लक्ष्मण ने शिव के इस अति प्रभावकारी और विध्वंसक पशुपति अस्त्र को भी हाथ जोड़ प्रणाम किया और वोह भी बिना कोई हानि किये लौट गया। मेघनाथ ने विष्णु सुदर्शन भी सिद्ध किया हुआ था। अंततः उसने उस का प्रयोग किया। इस सुदर्शन को भी लक्ष्मण जी ने प्रणाम किया और सुदर्शन लक्ष्मण की परिक्रमा कर अलोप हो गया।

निराश और हताश हो कर मेघनाथ पिता रावण के पास जाता है और सब बात बताते हुए कहता है कि लक्ष्मण व राम कोई साधारण मानव नहीं हैं, वोह स्वयं नारायण हैं। जो हुआ था वोह अपना सब अनुभव मेघनाथ ने रावण को बता अपना हठ छोड़ लंका को बचा लेने की बात कही जो रावण सुनने को तैयार ही नहीं था। मेघनाथ वापस जा लक्ष्मण के साथ युद्ध करने लगा। वोह समझ गया था कि अब उसका अंत निश्चित है और हुआ भी वोही। मेघनाथ ने अपनी असुरी शक्तियों का सहारा भी लिया और दिव्य अस्त्रों का भी प्रयोग किया परन्तु लक्ष्मण के आगे आज सभी निष्क्रिय हो कर रह गए। श्री राम का स्मरण कर लक्ष्मण ने अपने एक तीक्ष्ण दिव्य वाण से मेघनाथ का अंत कर दिया। मेघनाथ ने ब्रह्मा जी से जो वरदान प्राप्त किये थे इस लिए उस का मारा जाना बहुत कठिन था। किसी यति पुरुष के हाथों ही उसकी मृत्यु संभव थी। इस कठिन परीक्षा को वीर लक्ष्मण ने पास किया था। वोह ही एक ऐसे यति महां वीर पुरुष थे जो मेघनाथ जैसे अमोघ वर प्राप्त कर लेने वाले दुर्धर्ष असुर योद्धा को मार सकते थे।

मेघनाथ की मृत्यु से रावण को बहुत आघात पहुंचा था। लंका में सब ओर मातम छाया हुआ था। सभी ओर रावण की भतस्र्ना हो रही थी। एक स्त्री मोह के लिए उसने राक्षस जाती का संहार करा अच्छी-भली सुख-समृद्धि वाली लंका को मुर्दघाट जैसा बना दिया था। राज परिवार में स्त्रियों के आंसू पौंछने वाला भी कोई नहीं था। मेघनाथ के बाद कौन? रावण को अपने पाताल निवासी अहिरावण और महिरावण भाइयों की याद आई। उस युग की असुरी शक्तियां भी अद्भुत होती थीं। अहिरावण को याद किया और वोह तुरंत रावण के पास पहुँच गया। रावण ने राम की वानर सेना के हाथों अपने भाई बेटों और सेना व सेना नायकों के संहार की बात अहिरावण को बताई। अहिरावण ने कहा,"दोनों भाइयों को निद्रावस्था में ही मैं पाताल ले जाऊंगा और देवी की बलि चढ़ा दूंगा।" इस बात की जानकारी गुप्तचरों ने विभीषण को पहुंचा दी।

श्री राम लक्ष्मण अपनी कुटिया में निद्रा ग्रस्त थे। पवनपुत्र हनुमान दूसरे कुछ सेना नायकों के साथ रक्षा में थे। महाराज विभीषण ने हनुमान जी को सतर्क करते हुए कहा कि किसी को भी रात्रि में अंदर मत जाने देना। हनुमान जी की सतर्कता के रहते भी अहिरावण गुप्त तरीके से श्री राम और वीर लक्ष्मण को निद्रा ग्रस्त मुद्रा में ही अपने साथ पाताल ले गया। हनुमान जी सतर्कता से कुटिया के अंदर भी निगा रखे हुए थे परन्तु कब श्री राम लक्ष्मण को अहिरावण ले गया, उनको भी पता ही नहीं चल सका था। विभीषण जी से बताया ओर मार्गदर्शन ले हनुमान जी बिना देर किये पाताल पहुँच गए। अहिरावण के द्वार पर एक अद्भुत प्राणी पहरा दे रहा था। उस का आधा शरीर मगर का ओर आधा वानर का और बलशाली भी था। उसने हनुमान जी को कहा,"मैं आप का पुत्र हूँ परन्तु यहाँ से मैं आप को अंदर नहीं जाने दे सकता।" हनुमान जी ने कहा,"मैं तो बाल ब्रह्मचारी हूँ, तुम मेरे पुत्र कैसे हो सकते हो?" उस ने बताया,"आप जब लंका जा रहे थे तो सागर के ऊपर से लांघते हुए आप की एक वीर्य बूँद नीचे मगरी के मुख में जा पड़ी थी और उसी से मेरा जन्म हुआ और मेरा नाम मकर ध्वज है।" हनुमान जी ने कहा जो भी हो अंदर तो मुझे जाना ही है और मुझे अपने प्रभु को बचाना और ले कर भी जाना है। मकर ध्वज ने कहा तो आप को मुझे युद्ध में हराना होगा। दोनों में कुछ देर युद्ध हुआ और हनुमान जी ने उस को हरा कर बांध दिया। अब उसने बताया कि अंदर पांच दिए जग रहे हैं। यदि आप एक ही बार में सब को भुजा दोगे तो आप जीत जाओगे और अपने

कार्य में सफल भी हो जाओगे। हनुमान जी ने अंदर जा कर पांच मुख धारण किये और एक ही बार में पांचो दीपक बुझ गए। श्री राम और लक्ष्मण तो अब भी निद्रा ग्रस्त ही थे। देवी की मूर्त के आगे बलि देने की तैयारी चल रही थी तभी हनुमान जी ने बहां पहुँच कर देवी की मूर्ति को गदा प्रहार से क्षतिग्रस्त कर दिया। अहिरावण, महिरावण के अपनी गदा से अंग भंग कर उनको मार हनुमान जी अपने प्रभु श्री राम और लक्ष्मण को बापस ले कर आ गए और उनकी कुटिया में पहुंचा दिया। गुप्तचरों ने राम और लक्ष्मण के बारे में जब रावण को सूचना दी तो उस की सब आशाएं धूमल हो गईं थीं।

अब उस ने समझ लिया था के कुम्भकर्ण और मेघनाथ की बातें सत्य ही थीं। यह राम नारायण का ही अवतार हैं। परन्तु अब सब कुछ खो कर युद्ध से पीछे नहीं हटा जा सकता था।

रावण सब कुछ खो कर क्या मुंह छुपा कर बैठ जाता? वोह एक महाबली अभिमानी योद्धा था। रावण ने शिव जी और ब्रह्मा जी से अपनी कठिन तपस्या द्वारा अनेकों वर प्राप्त किये हुए थे और त्रिलोक विजयी भी था। वोह असुर होने के नाते बड़ा मायावी भी था। अपनी दिव्य व मायावी शक्तियों तथा प्राप्त दिव्यास्त्रों पर उसे बहुत भरोसा था और अब तो युद्ध भी उस मोड़ पर था जहाँ से रावण जैसा वीर योद्धा पीठ दिखा अपयश का भागी नहीं बन सकता था।

रावण की स्त्री महारानी मंदोदरी ने आंसू भरी आँखों से रोते हुए, पैर पकड़, हाथ जोड़ बार बार सीता को लौटाने और युद्ध टालने के लिए मिन्नतें कीं परन्तु रावण ने अपने बल की स्वयं प्रशंसा करते हुए उसकी कभी नहीं सुनी थी। रावण के ससुर असुर राज मयासुर, माता कैकसी, नाना माल्यवान और दूसरे घर के बड़े लोगों ने भी, समय रहते बहुत समझाया था कि पर-स्त्री मोह छोड़, सीता को राम को लौटा दे और राक्षस कुल और लंका को विनाश से बचा ले परन्तु उस अभिमानी ने किसी की नहीं सुनी थी। ऋषि विश्वश्रवा, अपने पिता के सन्देश की भी उसने अवहेलना की थी। विभीषण को इसी बात पर राज्य सभा से अपमानित कर निकाल दिया था, जो रावण और मेघनाथ आदि सब के भेद जनता था और इनकी पराजय का मूलभूत कारण भी बना। इसी पर कहावत है,"घर का भेदी लंका ढाये।"

विभीषण के समय समय पर राज-पाश करने और संकट मोचन हनुमान जी के हर संकट के समय पर अपने अद्भुत पराक्रम से सभी संकट के निवारण कर देने के कारण, श्री राम जी और वीर लक्ष्मण; कुम्भकर्ण, अतिकाय, मेघनाथ और कितने ही योद्धा अथवा लंकापति रावण जैसे महा-मायावी और दैवीय शस्त्र व वरदान प्राप्त कर अजय कहलाने वाले असुरों का संहार कर विजय प्राप्त कर सके थे।

रावण और मेघनाथ ने अपनी कठिन तप-साधना से अपनी कुलदेवी निकुंबला, ब्रह्मा जी और शिव जी से अनेक अद्भुत अजय रहने के वर प्राप्त किये हुए थे और छुपे भेद विभीषण ही जानते थे।

युद्ध में जाने के समय जब महारानी मंदोदरी आंसू बहाती हुई पति के सामने आई तो रावण ने उसको कहा,"शरीर तो नश्वर हैं, मरता वोही है जिसकी कीर्ति मर जाती है। रावण की कीर्ति व नाम सदा अमर रहेगा।

कुम्भकर्ण और मेघनाथ ने श्री राम और लक्ष्मण की अद्भुत शक्ति और उनके अवतारी पुरुष होने की बात कही थी जिस का रावण को सब कुछ खो देने के पश्चात अब भरोसा होने लगा था परन्तु न तो वोह हार मानने को तैयार था और न ही सीता जी को लौटाने को। अब तो रावण को यह भी भरोसा हो गया था की राम स्वयं नारायण का अवतार हैं और उस का अंत भी इन्हीं के हाथों होना है। उसने कहा रावण जिया भी शान से और मरेगा भी वीरों की तरह युद्ध करते हुए शान से ही। राम यदि नारायण है तो उसके हाथों मरने में भी मेरी शान है और यदि वोह मानव है तो मेरे हाथों मारा जाएगा। युद्ध के लिए प्रस्थान करने से पहले रावण ने शिव जी की अंतिम पूजा करते समय कहा,"यदि मुझे अपनी शक्ति पर अभिमान है, तो गलत क्या है और क्यों न हो? अपनी कठिन तपस्या के जोर पर ब्रह्मा से दिव्य कवच, अनेकों अद्भुत शस्त्र, शक्ति व वरदान प्राप्त किये हैं और शिव को अपने शीश चढ़ा कर खुश किया और दिव्यास्त्र व शक्तियां प्राप्त की हैं। इस लिए मुझे त्रिलोक में भी कोई परास्त नहीं कर सकता। इन वनवासिओं से मुझे क्या डर है? त्रिलोक विजयी योद्धा हूँ मैं, अकेला ही अपना युद्ध लड़ने की क्षमता मुझ में आज भी है।

लंका में दुश्मन का सामना करने के लिए, वोह अब एक अकेला योद्धा बचा था। अगली सवेर रावण ने अपने बचे हुए सैनिकों की टुकड़ी को अपना

आदेश सुनाया,"जिस किसी सैनिक को युद्ध में मेरे साथ जाने की इच्छा न हो, जिसको मरने से डर लगता हो, वोह अभी लौट सकते हैं।" परन्तु ऐसे समय में सेनानियों ने रावण का जयघोष करना प्रारम्भ कर दिया और तब उसने अपने विजय रथ पर सवार हो, अपनी सेना के साथ युद्धभूमि में जाने के लिए के लिए प्रस्थान किया।

रावण युद्धभूमि में अपने विजय रथ पर सवार हो कर आता है और श्री राम और लक्ष्मण तो नंगे पाओं होते हैं। यह देख विभीषण बड़े बोझल मन से श्री राम को कहता है,"प्रभु रावण रथ पर है और आप पृथ्वी पर नंगे पाओं। तो श्री राम ने विभीषण को बताया,"इस लकड़ी लोहे के रथ पर तो कोई भी बैठ सकता है परन्तु हमारे पास जो रथ है उस रथ के शौर्य और धैर्य दो पहिये हैं, सत्य और शील, दृढ़ पताका और ध्वजा हैं; बल, विवेक जो परहित जोड़े, धर्म और परोपकार यह उस रथ के चार घोड़े हैं; जो क्षमा, दया और क्षमता रूपी डोरी से रथ से बंधे हुए हैं। ईश्वर का भजन चतुर सारथी है। दान, दृढ़ता, बुद्धि और विवेक तथा शम, यम और नियम इनसे युद्ध में विजय मिलती है और गुरु की पूजा दृढ़ कवच बन रक्षा करता है। विभीषण ने कहा,"प्रभु आप धन्य हैं, इस बहाने आप ने मुझे यह गूढ़ ज्ञान उपदेश दे दिया है।

युद्ध भूमि में पहुँचने पर रावण को हनुमान जी ने रोका और दोनों में गदा युद्ध होने लगा परन्तु हनुमान अधिक देर टिक नहीं सके। अंगद आगे आए परन्तु वोह भी आज रावण के सामने असमर्थ ही जान पड़े। रावण ने कहा,"जाओ अपने स्वामी को कहो कि रावण से युद्ध करने कि लिए सामने आए। लक्ष्मण आते हैं और दोनों में वाण प्रहार होते हैं। बहुत देर तक एक दूसरे के प्रहार को काटते रहते हैं परन्तु अंततः रावण का पलड़ा भारी होता दिखाई देता है तो श्री राम आगे आते हैं। रावण अपने दिव्यास्त्रों से श्री राम पर प्रहार करते हैं और श्री राम उसके अस्त्रों को निरस्त कर देते हैं। कुछ कहने के लिए विभीषण श्री राम के पास आते हैं। रावण बिभीषन को देख उसको कुल द्रोही कह उस पर उस को मारने के लिए अमोघ शक्ति का प्रहार कर देता है। श्री राम विभीषण को पीछे धकेल उस शक्ति प्रहार को अपने ऊपर ले लेते हैं। कुछ समय के लिए श्री राम इस प्रहार से विचलित होते हैं। इस से विभीषण आपा खो, क्रोधित हो रावण को जा भला बुरा कहते हुए उस पर गदा प्रहार करते हैं परन्तु रावण की शक्ति के आगे वोह कहाँ टिक पाते। तभी हनुमान जी ने रावण के साथ गदा

युद्ध किया परन्तु वोह भी ना टिक पाए तो वानर राज सुग्रीव आ भिड़े। रावण को भारी पड़ता देख ऋक्षराज जामवंत ने रावण पर एक मुष्टिका प्रहार किया जिस से रावण मूर्छित हो गया। रावण को मूर्छित हुआ देख उसका सारथी रथ को पीछे ले गया। इधर विभीषण श्री राम को कह रहे थे कि मेरे जैसे राक्षस, एक तुच्छ प्राणी को बचाने के लिए आपने शक्ति प्रहार अपने ऊपर ले लिया। श्री राम ने कहा आप को हमने लंका का राजा घोषित किया हुआ है, आपकी रक्षा अब हमारा कर्तव्य है। "रघुकुल रीत सदा चली आई, प्राण जाएँ पर बचन ना जाई।" श्री राम जी के इतना कहने पर विभीषण ने श्री राम के चरणों में झुक प्रणाम करते हुए कहा,"धन्य हैं प्रभु आप।"

उधर कुछ ही देर में रावण सचेत हो उठ खड़ा हुआ। उसको होश आया और उसने देखा कि वोह शत्रु के सामने नहीं है तो वोह अपने सारथी पर उसे वहां से हटा लाने पर झल्लाया और वापस राम लक्ष्मण के सामने रथ को ले चलने को कहा। विभीषण श्री राम को शक्ति प्रहार से हुए घाव के उपचार के लिए शिविर में आने की बात कह ही रहे थे कि रावण ने धनुष प्रत्यंचा की टंकार कर अपनी ओर से युद्ध के लिए संकेत किया और वाण प्रहार भी किया। श्री राम अब तक संभल चुके थे और उन्होंने उसके वाण प्रहार को अपने वाण से निष्क्रिय कर दिया। रावण ने अपने दिव्य वाणों से राम पर प्रहार करने शुरू कर दिए जो श्री राम को कुछ घाव भी लगा गए तभी श्री राम ने अगस्त मुनि द्वारा दिए आदित्य रक्षा स्तोत्र द्वारा अपने को सुरक्षित किया और रावण को प्रति उत्तर कर कुछ घाव दिए। रावण के प्रहार निष्क्रिय जा रहे थे और वोह कुछ समझ नहीं पा रहा था। संध्या समय हो गया था अतः उस दिन का युद्ध समाप्त हुआ। आज का युद्ध एक भीषण युद्ध था। रावण ने राम लक्ष्मण या वानर योद्धाओं के साथ ही युद्ध नहीं किया था परन्तु वानर सेना के ऊपर भी संहारक प्रहार किये थे जिस से बहुत सेनानी वानर मारे गए थे और कितने ही घायल भी हो गए थे। राक्षस सेना भी वानर वीरों के हाथों बहुत क्षतिग्रस्त हुई थी। श्री राम और रावण भी एक दूसरे के प्रहारों से घायल हुए थे।

आज का युद्ध एक भीषण युद्ध था। रावण ने राम लक्ष्मण या वानर योद्धाओं के साथ ही युद्ध नहीं किया था परन्तु वानर सेना के ऊपर भी संहारक प्रहार किये थे जिस से बहुत सेनानी वानर मारे गए थे और कितने ही घायल भी हो

गए थे। राक्षस सेना भी वानर वीरों के हाथों बहुत क्षतिग्रस्त हुई थी। श्री राम और रावण भी एक दूसरे के प्रहारों से घायल हुए थे।

रावण एक बड़ा मायावी भी था और काली विद्या का आसरा भी ले सकता था इस लिए वानर राज सुग्रीव ने अपने वीर सेनानियों को रात्रि में भी सतर्क रहने के आदेश दिए।

अब तक के श्री राम के साथ हुए युद्ध से रावण समझ गया था कि राम कोई साधारण मानव नहीं हैं। जैसे सभी ने कहा कि वोह नारायण के अवतार हैं अब उसको भी भरोसा होने लगा था परन्तु पत्नी मंदोदरी की प्रार्थना तथा नाना माल्यवान के समझाने पर भी वोह श्री राम के आगे झुकने को राजी नहीं हुआ था। उसने कहा,"यदि राम भगवान हैं तो उसके हाथों मरना भी रावण के लिए गर्व की बात होगी और यदि मानव है तो मेरे हाथों मारा जाएगा।" उसने कहा,"दो बड़े योद्धाओं में जब युद्ध होता है तो दोनों में से एक को हार और दूसरे को जीत तब मिलती है जब एक सामने वाले के प्रहार से निरस्त हो जाता है अथवा मारा जाता है। घायल हो कर भी बहादुर योद्धा हार नहीं मानता। वीर पुरुष मौत के डर से युद्ध से भागा नहीं करते।

श्री राम और रावण का अब आमने-सामने का युद्ध शुरू हो गया था इस लिए इस युद्ध को अब अंतिम चरण में देखा जा रहा था। देवता लोग विजय रथ पर चढ़ रावण को नंगे पग पृथ्वी पर खड़े श्री राम को युद्ध करते देख चिंतित हो रहे थे तभी ब्रह्मा जी ने स्वयं प्रगट हो इंद्र को अपना दिव्य अजय स्वर्णिम रथ श्री राम जी के लिए भेज देने को कहा। देवराज इन्दर ने उसी समय सारथि 'मालती' को बुलाया और वो रथ के साथ पहुँच गया और आज्ञा पा पृथ्वी पर युद्ध भूमि में श्री राम के समक्ष पहुँच गया। उसने श्री राम से बताया,"ब्रह्मा जी के निर्देश पर देवराज इंद्र ने आपकी सेवा में भेजा है। आप कृपया इस रथ पर सवार हो कर रावण से युद्ध करें।" वानर सेना रथ पर श्री राम को देख उत्साहित हो गई और 'जय श्री राम', और 'हर हर महादेव' के जय घोष करने लगी।

रावण युद्ध भूमि में आकर धनुष प्रतंच्या की आवाज़ कर युद्ध की घोषणा की। जब श्री राम दिव्य स्वर्णिम रथ पर रावण के सामने आते हैं तो रावण हैरान हो अपने एक सेना नायक महोदर से पूछता है,"महोदर, इस बनवासी के पास ऐसा रथ कहाँ से आया, देवताओं का षड्यंत्र लगता है।" महोदर ने

बताया,"हाँ महाराज, यह इंद्र का रथ है।" तब रावण इंद्र को ललकारता है," इंद्र, इन वनवासिओं से निपट लेने दे फिर तेरे को भी देख लूँगा।

श्री राम अपने वानर सेना नायकों को और राक्षस सेना को भी सुना कर कहते हैं,"आज का युद्ध केवल मेरा और रावण का द्वंदयुद्ध होगा। दोनों और के सेनानी आपस में ना लड़ें और हमारे संघर्ष को देखें। त्रिलोक विजई कहलाने वाले, एक अकेली अवला स्त्री का अपहरण करने वाले और सन्यासी साधुओं पर अत्याचार करने वाले इस रावण के साथ सत्य, निति और धर्म पर चलने वाले इस सन्यासी राम के इस धर्म युद्ध को देखें।

रावण प्रहार करता है और श्री राम प्रति उत्तर देते हैं और घोर संघर्ष शुरू हो जाता है। आज के इस श्री राम और त्रिलोक विजई रावण के संघर्ष को ब्रह्मा जी और भोले नाथ शिव, सभी देवता, गंधर्व आदि देव लोक बासी तो देख ही रहे थे, अंतर्दृष्टि से देखने वाले अगस्त मुनि जी जैसे साधु संत महात्मा भी इस युद्ध को निरंतर निहार रहे थे। रावण अपने दैवीय अस्त्रों से प्रहार करता परन्तु श्री राम उन को काट देते थे। बहुत देर तक ऐसा ही चलता रहा परन्तु जब रावण के दिव्यास्त्र किसी काम नहीं आए तो उसने अपने असुरी माया का प्रयोग आरम्भ किया। रावण असुरी माया रच श्री राम को भरमाने की तरह तरह की कोशिशें करता; माया रचता परन्तु श्री राम अपने एक ही वाण से उस माया को छिन्न-भिन्न कर देते थे। उस ने रथ को आकाश में ले जाकर वाण छोड़ने शुरू कर दिए। आज तो श्री राम भी देवराज इन्दर के अजय रथ पर सवार थे। उन्होंने अपने रथ के सारथी मालती को रावण के रथ का पीछा करने को कहा। यह देव रथ बहुत गति शील था। कुछ ही देर में रावण श्री राम के सामने था। फिर एक दूसरे पर वाण प्रहार होने लगे और अब श्री राम ने अपने एक घातक वाण से रावण का सर काट दिया। परन्तु यह क्या? नया सर प्रगट हो गया था। श्री राम जैसे ही सर काटते उस की जगह वैसा ही नया प्रगट हो जाता था।

रावण के नए सर बार बार कैसे प्रगट हो रहे थे? इस के ऊपर कई तर्क-वितर्क चलते हैं। रावण ने शिव जी की बहुत तपस्या की थी और उस समय रावण ने शिव जी को प्रसन्न करने के लिए बार बार अपने शीश अपने हाथों काट कर चढ़ाये थे और शिव जी को प्रसन्न कर लिया था। ऐसा माना जाता है कि शिव को दान किये गए शीश ही रावण को अब प्रगट हो रहे थे।

एक गूढ़ रहस्य की बात यह भी बताई जाती है कि राम तो स्वयं भगवान थे और हर मन की बात जानते थे। वोह जानते थे कि रावण की अंतरात्मा में सीता का ध्यान रहता है और सीता के मन में तो श्री राम का वास है और राम (भगवान विष्णु) में तो समूची सृष्टि समाई है। इस लिए रावण को ऐसे में समाप्त करने का अर्थ है स्वयं को अथवा सम्पूर्ण सृष्टि को समाप्त करना। ऐसा श्री राम कैसे कर सकते थे? जब रावण बार बार शीश कटने से व्याकुल होगा और उसके मन से सीता जी की छवि अलोप होगी तो श्री राम उसका संहार कर देंगे।

एक बात यह भी है कि रावण ने जो महाकालेश्वर शिव और ब्रह्मा जी की हजारों बर्ष तक तपस्या कर उन्हें खुश किया था उस के वरदान स्वरूप रावण की नाभि में अमृत प्रगट हो गया था जिस के कारण उस के अनेकों नए शीश प्रगट हो रहे थे।

श्री राम अपने वाणों से रावण के शीश काटते जाते थे और नए प्रगट होते रहते थे परन्तु इस का अंत कैसे और कब होगा इस की सब को चिंता हो रही थी।

रावण के शीश काटने और नए शीश प्रगट होते रहने का क्रम ऐसे ही चलता जा रहा था। अंततः विभीषण ने श्री राम के पास आकर बताया की ब्रह्मा जी के वरदान से रावण की नाभि में अमृत का वास है, जब तक नाभि में अमृत रहेगा इस के शीश नए आते ही रहेंगे। आप अपने एक दिव्य अग्नि वाण इस की नाभि का अमृत सोख दीजिये। श्री राम ने वैसा ही किया। पहले एक वाण से अमृत सोख दिया और फिर अगले ही वाण से रावण को धाराशाई कर ज़मीन पर लिटा दिया। आकाश में पहले से सभी देव लोक के वासी युद्ध को देख रहे थे अब रावण के धाराशाई होते ही देवलोक से श्री राम के ऊपर पुष्पबर्षा की जाने लगी। सुग्रीव सेना में श्री राम के लिए जय घोष होने लगा। विभीषण का अपने बड़े भाई लंकापति रावण की यह दशा देख मन भावुक हो गया और भाई प्रेम ने जागृत हो उसकी आँखों में आंसू भर दिए।

जब रावण अपने अंतिम समय में था, तो श्री राम ने लक्ष्मण को अपने पास बुलाया। श्री राम ने लक्ष्मण से कहा कि रावण नीति, राजनीति और शक्ति का महान ज्ञाता है. ऐसे समय में जब वह संसार से विदा ले रहा है, तुम उसके पास

जाकर जीवन की कुछ शिक्षा लो। राम की बात मानकर जब लक्ष्मण रावण के पास गए और उनके मुख के पास बैठ कर पूछने लगे तो रावण ने कोई जवाब नहीं दिया, आँखें तक नहीं खोलीं। लक्ष्मण वापस श्री राम के पास आकर बोला कि वोह तो कुछ बोलता ही नहीं। श्री राम ने लक्ष्मण को समझाया,"यदि किसी से कोई शिक्षा ग्रहण करनी हो या कुछ पाना हो तो नम्र हो और निम् के जाना होता है। अब तुम उसके पैरों की ओर जा कर खड़े हो कर आदर से प्रश्न करना।

लक्ष्मण ने श्री राम के कहने के अनुसार ही किया तो रावण ने उन्हें तीन बातें बताईं:

शुभस्य शीघ्रम:

रावण ने लक्ष्मण को शिक्षा दी कि शुभ कार्य करने में कभी देरी नहीं करनी चाहिए। जैसे ही किसी शुभ कार्य का चिंतन हो या मन में विचार आए उसे तुरंत कर डालना चाहिए। इसके अलावा अशुभ को जितना टाल सकते हो उसे टाल दो।

शत्रु छोटा नहीं:

लक्ष्मण को रावण ने जो दूसरी सीख दी वह यह थी कि कभी भी अपने प्रतिद्वंद्वी या शत्रु को खुद से छोटा या कमतर नहीं समझना चाहिए. रावण ने स्वीकारा कि यह उसकी सबसे बड़ी भूल। रावण ने वानर और भालू सेना को कमतर आंका और अपना सब कुछ नष्ट कर बैठा।

रहस्य न बताओ:

महाज्ञानी रावण ने लक्ष्मण को तीसरा ज्ञान यह दिया कि अपने रहस्य कभी किसी को नहीं बताने चाहिए. रावण ने लक्ष्मण से कहा कि मेरे मृत्यु से जुड़ा रहस्य यदि मैं किसी को नहीं बताता तो आज मेरी मृत्यु नहीं होती। लेकिन मैंने यह रहस्य अपने भाई को भरोसा कर बताया जिसके कारण आज मैं मृत्यु शैया पर पड़ा हूं।

कुछ समय पश्चात रावण का जीवन समाप्त हो गया। जिसका संहार प्रभु के हाथों होता है वोह प्राणी कोई भी हो सद्गति को ही प्राप्त हो जाता है। रावण

को मृत्यु ग्रस्त हुआ देख विभीषण को मानसिक शोक हुआ ओर उनकी आँखों में आंसू भर आए ओर वोह उसके पास बैठ आंसू बहाने लगे।

विभीषण को ऐसे दुखी हुआ देख श्री राम ने कुछ ज्ञान की बातें कह उसको धीरज दिया और कहा,"महाराज विभीषण,"अब समय के अनुसार आप को कार्य करना है। अब आप महाराज रावण का कुल की विधि और राजकीय सम्मान के साथ संस्कार करने की सोचिये। परिवार जनों को और लंका के जनसमुदाय को भी लंकापति होने के नाते आप को ही संभालना होगा। अब अपने वर्तमान कर्त्तव्य की और ध्यान दीजिये।

जैसे ही श्री राम द्वारा छोड़े गए दिव्य वाण ने रावण की नाभि का अमृत सोख दिया तभी उसकी फिर से बार बार जीवित होने की शक्ति जाती रही और अगले ही अपने दिव्य वाण से रावण को धाराशाई कर दिया और वोह अपने मुख से "श्री राम श्री राम" नाम

उच्चारता हुआ पृथ्वी पर आ पड़ा। रावण को धाराशाई हो पृथ्वी पर गिरा देख देवलोक में और चारों दिशाओं में रावण के आसुरी त्रास का अंत हो गया और आनंदित हो देवताओं ने श्री राम पर पुष्प बर्षा करनी शुरू कर दी। देवलोक अप्सराएं नाच गा रही थीं और गंधर्व शंख ध्वनि कर संगीत वाद्यों से नाचते हुए अप्सराओं कि साथ दे रहे थे। देवराज इंद्र ने श्री राम की स्तुति की और कहा कि उसके लिए कोई सेवा हो तो बताएं। श्री राम ने कहा,"देवराज,"निस्वार्थ भाव से इस वानर समूह ने मेरे लिए अपने प्राण त्याग किये हैं और कितने ही जख्मी हो तड़प भी रहे हैं। मैं चाहता हूँ कि तुम इनको अमृत से स्वस्थ और जीवित कर दो। देवराज इंद्र ने युद्ध क्षेत्र में पड़े सभी मृत और घायल योद्धाओं पर अमृत बर्षा की। सभी वानर स्वस्थ हो 'जय श्री राम' उचारते हुए पुनः जीवित हो उठ बैठे। श्री राम ने देवराज इंद्र को धन्यवाद कह उसको उसका दिव्य अजय रथ भी आभार प्रगट करते हुए बापस कर दिया।

श्री राम के पिता महाराज दशरथ अब स्वर्ग में थे, वोह भी प्रगट हुए और पुत्र राम को आशीर्वाद देते हुए कोई वर मांगने को कहते हैं तो श्री राम ने कहा,"पिता श्री यदि आप मुझ पर प्रसन्न हैं तो मेरी माता कैकई को दिया हुआ श्राप बापस ले लीजिये।" स्वर्गीय पिता ने पुत्र की प्रार्थना सहर्ष स्वीकार

करते हुआ अपना श्राप बापस ले लिया। इस तरह श्री राम ने माता केकई को शाप-मुक्त कराया था।

महादेव शिव जी ने और जगत पिता ब्रह्मा जी ने भी श्री राम के सामने प्रगट हो श्री राम कि विजय पर प्रसन्नता प्रगट करते हुए स्तुति की थी।

रावण की मृत्यु की सूचना राजमहल में पहुँचते ही मंदोदरी आदि रानियां रोती-चिल्लाती पहुँच गईं। नाना माल्यवान भी वहां आ गए और श्री राम से बोले,"आप ने और आप की सेना ने लंका के बड़े शूरवीरों और लंका पति महाराज रावण को मार कर लंका पर विजय प्राप्त की है। अब लंका के राज परिवार में मैं अकेला रावण का मामा अभागा माल्यवान ही जीवित बचा हूँ और मैं आप को आत्म समर्पण करने आया हूँ। अब लंका आप की है। श्री राम ने माल्यवान जी को बड़े आदर से कहा,"आदरणीय माल्यवान जी, हमने लंका राज्य को जीतने के लिए युद्ध नहीं किया था। हम रघुवंशी तो अधर्म, अनीति और अत्याचार के विरुद्ध ही धनुष उठाते हैं। लंका आप की है और आप लंका निवासिओं की ही रहेगी। हम तो युद्ध से पहले ही महाराज विभीषण को लंका का राजा घोषित कर चुके हैं।" अब आप महाराज रावण के पार्थव शरीर को ले जाकर राजकीय सम्मान और कुल विधि के अनुसार इनके अंतिम संस्कार का उचित प्रबंध कीजिये।" फिर श्री राम ने विभीषण को सम्भोदित कर कहा,"महाराज विभीषण, अब आप भावुकता को त्याग कर समय के अनुसार कर्तव्य का पालन कीजिये।"

रावण का संस्कार करने के पश्चात अगले दिन महाराज विभीषण श्री राम के पास आते हैं तब लक्ष्मण को वानर राज सुग्रीव, युवराज अंगद, महाबली वीर हनुमान, नल नील आदि वीर वानरों के साथ जाकर विभीषण को राजतिलक करने के लिए कहते हैं। लंका नगर इन सभ के पहुँचने पर लंका निवासी "जय श्री राम" का उद्घोष करने लगते हैं। राजतिलक प्रक्रिया पूरी होने के बाद लंकापति महाराज विभीषण श्री राम के पास आते हैं।

अब श्री राम हनुमान जी को माता सीता के पास लंका विजय की बात बताने और सीता जी का कुशल समाचार जानने के लिए भेजते हैं। हनुमान जी माता के पास जा कर आते हैं तब बड़े बोझिल मन और आंसू भरी आँखों से आकर श्री राम से पूछते हैं,"प्रभु, युद्ध समाप्त हो गया, महाराज विभीषण का

राज तिलक भी हो गया परन्तु माता सीता जी को अभी और कब तक अशोक वाटिका में रहना होगा?" श्री राम ने हनुमान जी से कहा,"हनुमान भावुक मत हो, अब और नहीं, तुम महाराज विभीषण से आज्ञा लेकर नल नील और कुछ वानर वीरों को साथ ले सीता को लेने के लिए जाओ। विभीषण बोले प्रभु आप यह मुझे पूछने की बात क्या कह रहे हैं? महाराज विभीषण स्वयं भी जाते हैं और माता सीता के लिए वस्त्र विभूषण और पालकी भिजवाते हैं। हनुमान जी अपनी वानर सेना की एक टुकड़ी के साथ सीता माता को पालकी में बिठा कर लेकर आते हैं तो वानर पालकी को चारों और से घेर माता सीता को देखना चाहते हैं। रक्षक उनको हटाने की कोशिश में होते है तो श्री राम कहते हैं,"सीता को पैदल चल कर आने दो, यह सब मातृ भाव से सीता का दर्शन करना चाहते हैं। माता सीता पालकी से उतरकर आगे बढ़ने लगती है तो श्री राम अपने से कुछ कदम दूर सीता जी को रुक जाने के लिए कहते हैं।

फिर उन्होंने लक्ष्मण को अग्नि प्रज्वलित करने को कहा। बड़े भारी मन से लक्ष्मण ने अग्नि प्रज्वलित की और सभी देख अचंभित हो रहे थे कि श्री राम यह क्या करने जा रहे हैं। अग्नि प्रज्वलित होने पर श्री राम ने जनकनन्दिनी सीता जी से कुछ रूखे से शब्दों में कहा,"सीते, तुम्हें अपनी पवित्रता साबित करने के लिए अग्नि परीक्षा देनी होगी। तुम्हें अग्नि में प्रवेश करना होगा।" सीता माता ने कहा,"अग्नि देव मेरे तन मन की पवित्रता के साक्षी बनें।" इतना कह सब के देखते माता सीता ने बिना झिझक अगनी में प्रवेश किया। स्वयं अग्निदेव प्रगट हो गए और सीता जी की पवित्रता के साक्षी बने। अब श्री राम सीता जी के साथ सुशोभित हुए तो सभी को बहुत प्रसन्नता हुई और "जय सियाराम" का जयघोष होने लगा।

सीता जी की अग्नि परीक्षा में एक बात जो लक्ष्मण जी से भी गुप्त रखी गई थी वोह यह थी कि पंचवटी में खरदूषण को मारने के बाद श्री राम ने सीता जी को अपना छाया रूप छोड़ कर स्वयं कि सुरक्षा के लिए अग्नि प्रवेश करने को कहा था। माता सीता लक्ष्मी देवी और श्री राम स्वयं नारायण प्रभु के अवतार थे और आगे होने वाले घटना क्रम को भी वोह समझते थे। अग्नि देव को तो प्रभु की आज्ञा पालन करनी ही थी। सीता जी ने अग्नि देव से उनको अपनी शरण में लेने की प्रार्थना की और अग्नि स्वयं प्रगट हुई और सीता अपना छाया रूप छोड़ कर अग्नि में प्रवेश कर गई थीं। अतः अब छाया रूप को समाप्त कर

अग्नि से सीता जी को वापस लेना था और इस के लिए लक्ष्मण को अग्नि प्रज्वलित करने को और फिर सीता को अग्निपरीक्षा के लिए श्री राम ने आदेश दिया था। लक्ष्मण को जब अग्नि प्रज्वलित करने के लिए कहा गया था तो वोह बहुत दुखी हो ऐसा करने को तैयार नहीं हो रहे थे तो श्री राम ने इस रहस्य को खोलते हुए बताया था कि सीता को तो रावण छू भी नहीं सकता था, वहीं भस्म हो जाता। प्रभु की लीला को समझ लक्ष्मण ने फिर अग्नि प्रज्वलित की थी जिसमें छाया रूपी सीता अग्नि में समा गई थी और फिर स्वयं अग्नि देव सीता देवी को लेकर प्रगट हुए और श्री राम को सौंप दिया था।

श्री राम ने सुग्रीव और ऋक्षराज जामवंत को सम्भोदित करते हुए कहा,"महाराज सुग्रीव, ऋक्षराज जामवंत आपके सहयोग और आपके वीर सेनानियों और समस्त वानर सेना के पराक्रम से ही यह धर्म युद्ध जीतना संभव हो सका। बिना किसी सुविधा के भूखे प्यासे रहते हुए भी आप ने युद्ध में अपने युद्ध कौशल से राक्षस सेना का इतना बड़ा संहार किया और हमारे लिए जीत का रास्ता बनाया। नल और नील के साथ मिल कर आप सब ने सागर पर सेतु बांध कर अद्भुत इतिहास रच दिया है। आपकी कीर्ति युगों तक याद की जायेगी। युवराज अंगद और संकट मोचन हनुमान की जितनी प्रशंसा की जाये उतनी कम है। अब आप किष्किंधा को और अपने अपने स्थान को लौट जाइये। हम आप सब के सदा आभारी रहेंगे।

फिर विभीषण को कहा,"महाराज विभीषण,"आपके सहयोग से ही हम अनीति, अधर्म और अत्याचार के प्रतीक को समाप्त कर सके हैं। अब आप युगांत तक इस लंका में धर्म और अच्छी नीतियों के आधार पर अपनी प्रजा की रक्षा, सेवा और सहायता कीजियेगा। एक राजा को निष्पक्ष हो कर प्रजा की पुत्र की तरह रक्षा और पालन करना चाहिए।"

फिर प्रभु ने सभी से कहा कि अब हमें बिना देर किये अयोध्या के लिए निकलना होगा। दो दिन शेष हैं हमारे वनवास के और यदि हम समय रहते अयोध्या नहीं पहुंचे तो भरत जीवित नहीं मिलेगा। इसलिए अब हमें चलना होगा।

महाराज विभीषण बोले,"प्रभु ऐसे आप कैसे जा सकते हैं? हम सब भी आप के साथ चलेंगे और आप का राज्याभिषेक देखेंगे और पुष्पक विमान आप को

ले जाने के लिए तैयार है।" श्री राम ने सभी को इस बात के लिए खुशी हो कर अयोध्या साथ चलने के लिए स्वागत के शब्द कहे। उसी समय पुष्पक विमान को वहां बुला, सभी उस में सवार हो अयोध्या के लिए निकल पड़े।

रास्ते में श्री राम ने सीता जी को नल नील द्वारा वानर सहायता द्वारा विशाल सागर के ऊपर बांधा हुआ सेतु दिखाया। समुद्र के इस छोर पर स्थापित किये गए शिवलिंग के दर्शन कराये। वानर राज सुग्रीव की राजधानी 'किष्किंधा', अपनी भगत भीलनी की कुटिया, कबंध उद्धार, पक्षी राज जटायु का उद्धार व संस्कार, पंचवटी, अगस्त मुनि आश्रम, ब्रह्मर्षि अत्रि आश्रम, चित्र कूट आदि जगह के विमान में बैठे ही विवरण दे दर्शन कराते रहे। बहुत शीघ्र ही विमान प्रयागराज पहुँच गया था और यहाँ श्री राम ने भरद्वाज मुनि के आश्रम में उतर कर मुनि के दर्शन किये और हनुमान को अयोध्या जा भरत को अपने आने का सन्देश देने के लिए जाने को कहा और फिर श्रृंगवेरपुर गंगा घाट पर आने के लिए कहा जहाँ सीता जी को गंगा की पूजा करनी थी।

एक दिन शेष रह गया था और श्री राम के आने की कोई सूचना प्राप्त होने के कारण बहुत बेचैन थे कि तभी हनुमान जी ने आकर बताया कि श्री राम, सीता जी और भाई लक्ष्मण के साथ श्रृंगवेरपुर पहुँच गए हैं। सीता जी गंगा पूजा करेंगी और अगले दिन वोह सभी विमान द्वारा यहाँ पहुँच जायेंगे। सूचना पा भरत का मन प्रफुल्लित हो उठा। खुशी से भर हनुमान जी को गले से लगा लिया।

हनुमान जी बापस आ गए और सभी सूचना श्री राम को दी। उधर भरत जी ने गुरु वसिष्ट को और फिर माताओं और राजमहल में श्री राम, जानकी, और लक्ष्मण के सकुशल अयोध्या लौट आने की सूचना दी और नगर में भी यह बात पहुँचने में देर नहीं लगी और अयोध्या की जनता जनार्दन अपने राजा श्री राम के अयोध्या में बापस आने की खुशी में झूम उठी और सब स्वागत की त्यारियों में जुट गए। अयोध्या की जनता-जनार्दन अपनी नगरी को संवारने और सजाने में जुटी हुई थी। बातों बातों में, बातें भी जो श्री राम लक्ष्मण द्वारा रावण, कुम्भकर्ण, मेघनाद और खर-दूषण जैसे भयंकर ऋषि-मुनियों को मार कर खाने वाले मांसाहारी राक्षसों के इन दो वनवासी भाईओं के द्वारा मारे जाने की, लंका विजय की; कब रात बीत गई पता ही नहीं चला और दूसरी सुबह सब सज-बज कर श्री राम के आगमन की प्रतीक्षा करने लगे। सब की निगाहें

बार बार आकाश की ओर उठ जाती थीं। पुष्पक विमान जिस को आम लोग उड़न-खटोला ही कह रहे थे कब दिखाई देगा और कब उसमें बैठे सीता राम और लक्ष्मण दिखाई देंगे? जब ऐसी कोई उडीक होती है तो समय कैसे बीतता है? पल घड़ी से लम्बा और घड़ी पहर से भी लम्बी लगने लगती है। ऐसा ही हाल भरत और अयोध्या की जनता का हो रहा था।

श्री राम का अयोध्या आगमन

उधर श्रृंगवेरपुर में सीता जी ने माता गंगा की पूजा कर अपनी मान्यता पूरी की और तब सभी लोग पुष्पक विमान में बैठ अयोध्या की ओर चले। निषाद राज भी प्रभु श्री राम की अनुमति से विमान में चढ़ गया था। कुछ ही पलों में विमान अयोध्या के आकाश में पहुँच गया। श्री राम ने पुष्पक विमान को नगर के चारों ओर से घूम कर आने को कहा ताकि सभी विमान को देख सकें और फिर नंदी ग्राम के पास विमान को उतरने को कहा। भरत, शत्रुघ्न, कुल गुरु वसिष्ट, तीनों राज माताएं और तीनों राज रानियां ओर राज्य के वशिष्ठ मंत्री गण व प्रतिष्ठित नागरिक भी श्री राम के स्वागत के लिए पहले ही नंदी ग्राम पहुँच गए थे। नगर के सब नर-नारी भी वहां एक ओर खड़े हो विमान और उस में से उतरते हुए सीता, राम, लक्ष्मण और उनके पीछे उतरते हुए ऋक्षराज जामवंत, महाराज विभीषण, महाराज सुग्रीव, युवराज अंगद और हनुमान आदि वानर वीरों को देख आश्चर्य रत भी हो रहे थे और खुशी से भरपूर मन से अपनी अपनी समझ के अनुसार बातें भी बतिया रहे थे।

श्री राम, सीता और लक्ष्मण और दूसरे लोग जब विमान से उतर कर नीचे आ गए तो श्री राम ने पुष्पक विमान को कुबेर के पास जाने को कहा और वोह कुल गुरु की ओर सबसे पहले आये। अयोध्या के नगरवासी "राजा राम जी की जय, सिया राम जी की जय" का जयघोष कर ने लगे थे। सब के चेहरे खिड़े हुए थे, प्रसन्नता झलक रही थी। श्री राम ने सबसे पहले अपने देश की भूमि अयोध्या की धरती को झुक कर प्रणाम किया और फिर उन्होंने कुल गुरु वशिष्ठ के चरणों में प्रणाम किया और कहा,"गुरुदेव, आप की कृपा से मैं अपना चौका बर्ष का वनवास पूरा कर बापस आ गया हूँ।" और फिर अपने साथ आए लंकापति महाराज विभीषण, किष्किन्धा नरेश महाराज सुग्रीव, ऋक्षराज जामवंत, युवराज अंगद, शिल्पी नल-नील और महाबली हनुमान की पहचान करते हुए कहा,"इन सब की और महाराज सुग्रीव की वानर सेना की सहायता से हम लंका

के दुर्धर्ष महाबली रावण, कुम्भकर्ण, मेघनाद आदि अनेक योद्धाओं को समाप्त कर विजय प्राप्त कर सके और अब सकुशल अब यहाँ आपका आशीर्वाद प्राप्त कर रहे हैं।

फिर श्री राम गुरु माता, माता केकई, सुमित्रा और अपनी माता कौशल्या के चरणों में झुक कर प्रणाम करते हुए मिलते हैं। अब भरत श्री राम की चरण पादुका, जिनको अवधि भर के लिए उसने सिंहासन पर रख कर पूजा था, वोह श्री राम के आगे रख, बड़े प्रेम भाव से एक एक कर उनके चरणों में पहनाई और फिर श्री राम ने भरत को उठा कर अपने गले से लगा लिया। फिर शत्रुघ्न ने श्री राम के चरणों में प्रणाम किया और श्री राम ने शत्रुघ्न को भी बड़े प्रेम से अपने गले लगाया। फिर तीनों राज रानियों ने श्री राम के चरणों में झुक कर प्रणाम किया। इसी क्रम से जनक पुत्री सीता और लक्ष्मण भी सब परिवार जनों से मिले। इसी बीच श्री राम जी ने एक लीला की, जिसकी जैसी भावना थी उस के अनुरूप अपने राज्य के मंत्री गण, नगर के प्रतिष्ठित लोग और जनता जनार्दन को कुशल क्षेम पूछते हुए एक ही बार में सब से मिल लिए।

नगर प्रवेश करने से पहले, गुरु आज्ञा से श्री राम, भरत और लक्ष्मण और राजराणियों के साथ सीता जी सरयू नदी के राज घाट पर स्नान करने के लिए गए। स्नान के बाद उनको राजकीय वस्त्र व आभूषण पहनाये गए और तब ढोल-नगारे और शहनाइयों की मीठी ध्वनि और मधुर विजय गीत गाती स्त्रियों के साथ कुल गुरु वशिष्ठ और गुरु माता की अगवाई में राज परिवार जनों और अतिथि गणो का राजमहल में प्रवेश हुआ। राज माताओं ने गुरु माता का सम्मान किया और ब्राह्मणों को दान दिए फिर सेवक-सेविकाओं को वस्त्र-आभूषण दिए और राज द्वार पर एकत्रित हुए नाच गा रहे किन्नरों और भिक्षुकों को भी वस्त्र-आभूषण देकर विदा किया।

श्री रामजी का स्वागत, भरत मिलाप, सबका मिलनानन्द

गोस्वामी तुलसी दस जी कि शब्दों में:

आवत देखि लोग सब कृपासिंधु भगवान।
नगर निकट प्रभु प्रेरेउ उतरेउ भूमि बिमान॥

[कृपा सागर भगवान श्री रामचंद्रजी ने सब लोगों को आते देखा, तो प्रभु ने विमान को नगर के समीप उतरने की प्रेरणा की। तब वह पृथ्वी पर उतरा॥]

उतरि कहेउ प्रभु पुष्पकहि तुम्ह कुबेर पहिं जाहु।
प्रेरित राम चलेउ सो हरषु बिरहु अति ताहु॥

[विमान से उतरकर प्रभु ने पुष्पक विमान से कहा कि तुम अब कुबेर के पास जाओ। श्री रामचंद्रजी की प्रेरणा से वह चला, उसे (अपने स्वामी के पास जाने का) हर्ष है और प्रभु श्री रामचंद्रजी से अलग होने का अत्यंत दुःख भी॥]

आए भरत संग सब लोगा। कृस तन श्रीरघुबीर बियोगा॥
बामदेव बसिष्ट मुनिनायक। देखे प्रभु महि धरि धनु सायक॥

[भरतजी के साथ सब लोग आए। श्री रघुवीर के वियोग से सबके शरीर दुबले हो रहे हैं। प्रभु ने वामदेव, वशिष्ठ आदि मुनिश्रेष्ठों को देखा, तो उन्होंने धनुष-बाण पृथ्वी पर रखकर-॥]

धाइ धरे गुर चरन सरोरुह। अनुज सहित अति पुलक तनोरुह॥
भेंटि कुसल बूझी मुनिराया। हमरें कुसल तुम्हारिहिं दाया॥

[छोटे भाई लक्ष्मणजी सहित दौड़कर गुरु जी के चरणकमल पकड़ लिए, उनके रोम-रोम अत्यंत पुलकित हो रहे हैं। मुनिराज वशिष्ठ जी ने (उठाकर) उन्हें गले लगाकर कुशल पूछी। (प्रभु ने कहा-) आप ही की दया में हमारी कुशल है॥]

सकल द्विजन्ह मिलि नायउ माथा। धर्म धुरंधर रघुकुलनाथा॥
गहे भरत पुनि प्रभु पद पंकज। नमत जिन्हहि सुर मुनि संकर अज॥

[धर्म की धुरी धारण करने वाले रघुकुल के स्वामी श्री रामजी ने सब ब्राह्मणों से मिलकर उन्हें मस्तक नवाया। फिर भरतजी ने प्रभु के वे चरणकमल पकड़े जिन्हें देवता, मुनि, शंकर जी और ब्रह्माजी (भी) नमस्कार करते हैं॥]

परे भूमि नहिं उठत उठाए। बर करि कृपासिंधु उर लाए॥
स्यामल गात रोम भए ठाढ़े। नव राजीव नयन जल बाढ़े॥

[भरतजी पृथ्वी पर पड़े हैं, उठाए उठते नहीं। तब कृपा सिंधु श्री रामजी ने उन्हें जबर्दस्ती उठाकर हृदय से लगा लिया। (उनके) साँवले शरीर पर रोएँ खड़े हो गए। नवीन कमल के समान नेत्रों में (प्रेमाश्रुओं के) जल की बाढ़ आ गई॥]

राजीव लोचन सवत जल तन ललित पुलकावलि बनी।
अति प्रेम हृदयँ लगाइ अनुजहि मिले प्रभु त्रिभुअन धनी॥
प्रभु मिलत अनुजहि सोह मो पहिं जाति नहिं उपमा कही।
जनु प्रेम अरु सिंगार तनु धरि मिले बर सुषमा लही॥

[कमल के समान नेत्रों से जल बह रहा है। सुंदर शरीर में पुलका वली (अत्यंत) शोभा दे रही है। त्रिलोकी के स्वामी प्रभु श्री रामजी छोटे भाई भरतजी को अत्यंत प्रेम से हृदय से लगाकर मिले। भाई से मिलते समय प्रभु जैसे शोभित हो रहे हैं, उसकी उपमा मुझसे कही नहीं जाती। मानो प्रेम और श्रृंगार शरीर धारण करके मिले और श्रेष्ठ शोभा को प्राप्त हुए॥]

बूझत कृपानिधि कुसल भरतहि बचन बेगि न आवई॥
सुनु सिवा सो सुख बचन मन ते भिन्न जान जो पावई॥
अब कुसल कौसलनाथ आरत जानि जन दरसन दियो।
बूड़त बिरह बारीस कृपानिधान मोहि कर गहि लियो॥

[कृपानिधान श्री रामजी भरतजी से कुशल पूछते हैं, परंतु आनंद वश भरतजी के मुख से वचन शीघ्र नहीं निकलते। (शिवजी ने कहा-) हे पार्वती! सुनो, वह सुख (जो उस समय भरतजी को मिल रहा था) वचन और मन से परे है, उसे वही जानता है जो उसे पाता है। (भरतजी ने कहा-) हे कोसलनाथ! आपने आर्त्त (दुःखी) जानकर दास को दर्शन दिए, इससे अब कुशल है। विरह समुद्र में डूबते हुए मुझको कृपानिधान ने हाथ पकड़कर बचा लिया!॥]

पुनि प्रभु हरषि सत्रुहन भेंटे हृदयँ लगाइ।
लछिमन भरत मिले तब परम प्रेम दोउ भाइ॥

[फिर प्रभु हर्षित होकर शत्रुघ्नजी को हृदय से लगाकर उनसे मिले। तब लक्ष्मणजी और भरतजी दोनों भाई परम प्रेम से मिले॥]

भरतानुज लछिमन पुनि भेंटे। दुसह बिरह संभव दुख मेटे॥
सीता चरन भरत सिरु नावा। अनुज समेत परम सुख पावा॥

[फिर लक्ष्मणजी शत्रुघ्नजी से गले लगकर मिले और इस प्रकार विरह से उत्पन्न दुःसह दुःख का नाश किया। फिर भाई शत्रुघ्नजी सहित भरतजी ने सीताजी के चरणों में सिर नवाया और परम सुख प्राप्त किया॥]

प्रभु बिलोकि हरषे पुरबासी। जनित बियोग बिपति सब नासी॥
प्रेमातुर सब लोग निहारी। कौतुक कीन्ह कृपाल खरारी॥

[प्रभु को देखकर अयोध्या वासी सब हर्षित हुए। वियोग से उत्पन्न सब दुःख नष्ट हो गए। सब लोगों को प्रेम विह्वल (और मिलने के लिए अत्यंत आतुर) देखकर खर के शत्रु कृपालु श्री रामजी ने एक चमत्कार किया॥]

अमित रूप प्रगटे तेहि काला। जथाजोग मिले सबहि कृपाला॥
कृपादृष्टि रघुबीर बिलोकी। किए सकल नर नारि बिसोकी॥

[उसी समय कृपालु श्री रामजी असंख्य रूपों में प्रकट हो गए और सबसे (एक ही साथ) यथायोग्य मिले। श्री रघुवीर ने कृपा की दृष्टि से देखकर सब नर-नारियों को शोक से रहित कर दिया॥]

छन महिं सबहि मिले भगवाना। उमा मरम यह काहुँ न जाना॥
एहि बिधि सबहि सुखी करि रामा। आगें चले सील गुन धामा॥

[भगवान् क्षण मात्र में सबसे मिल लिए। हे उमा! यह रहस्य किसी ने नहीं जाना। इस प्रकार शील और गुणों के धाम श्री रामजी सबको सुखी करके आगे बढ़े॥]

कौसल्यादि मातु सब धाई। निरखि बच्छ जनु धेनु लवाई॥

[कौसल्या आदि माताएँ ऐसे दौड़ीं मानों नई ब्यायी हुई गायें अपने बछड़ों को देखकर दौड़ी हों॥]

जनु धेनु बालक बच्छ तजि गृहँ चरन बन परबस गईं।
दिन अंत पुर रुख स्रवत थन हुंकार करि धावत भईं॥
अति प्रेम प्रभु सब मातु भेटीं बचन मृदु बहुबिधि कहे।
गइ बिषम बिपति बियोगभव तिन्ह हरष सुख अगनित लहे॥

[मानो नई ब्यायी हुई गायें अपने छोटे बछड़ों को घर पर छोड़ परवश होकर वन में चरने गई हों और दिन का अंत होने पर (बछड़ों से मिलने के लिए) हुंकार करके थन से दूध गिराती हुई नगर की ओर दौड़ी हों। प्रभु ने अत्यंत प्रेम से सब माताओं से मिलकर उनसे बहुत प्रकार के कोमल वचन कहे। वियोग से उत्पन्न भयानक विपत्ति दूर हो गई और सबने (भगवान से मिलकर और उनके वचन सुनकर) अगणित सुख और हर्ष प्राप्त किए।]

भेंटेउ तनय सुमित्राँ राम चरन रति जानि।
रामहि मिलत कैकई हृदयँ बहुत सकुचानि॥

[सुमित्रा जी अपने पुत्र लक्ष्मणजी की श्री रामजी के चरणों में प्रीति जानकर उनसे मिलीं। श्री रामजी से मिलते समय कैकेयी जी हृदय में बहुत सकुचाईं॥]

लछिमन सब मातन्ह मिलि हरषे आसिष पाइ।
कैकइ कहँ पुनि पुनि मिले मन कर छोभु न जाइ॥

[लक्ष्मणजी भी सब माताओं से मिलकर और आशीर्वाद पाकर हर्षित हुए। वे कैकेयीजी से बार-बार मिले, परंतु उनके मन का क्षोभ (रोष) नहीं जाता॥]

सासुन्ह सबनि मिली बैदेही। चरनन्हि लाग हरषु अति तेही॥
देहिं असीस बूझि कुसलाता। होइ अचल तुम्हार अहिवाता॥

[जानकीजी सब सासुओं से मिलीं और उनके चरणों में लगकर उन्हें अत्यंत हर्ष हुआ। सासुएँ कुशल पूछकर आशीष दे रही हैं कि तुम्हारा सुहाग अचल हो॥]

सब रघुपति मुख कमल बिलोकहिं। मंगल जानि नयन जल रोकहिं॥
कनक थार आरती उतारहिं। बार बार प्रभु गात निहारहिं

[सब माताएँ श्री रघुनाथ जी का कमल सा मुखड़ा देख रही हैं। (नेत्रों से प्रेम के आँसू उमड़े आते हैं, परंतु) मंगल का समय जानकर वे आँसुओं के जल को नेत्रों में ही रोक रखती हैं। सोने के थाल से आरती उतारती हैं और बार-बार प्रभु के श्री अंगों की ओर देखती हैं॥]

नाना भाँति निछावरि करहीं। परमानंद हरष उर भरहीं॥
कौसल्या पुनि पुनि रघुबीरहि। चितवति कृपासिंधु रनधीरहि॥

[अनेकों प्रकार से निछावर करती हैं और हृदय में परमानंद तथा हर्ष भर रही हैं। कौसल्या जी बार-बार कृपा के समुद्र और रणधीर श्री रघुवीर को देख रही हैं॥]

हृदयँ बिचारति बारहिं बारा। कवन भाँति लंकापति मारा॥
अति सुकुमार जुगल मेरे बारे। निसिचर सुभट महाबल भारे॥

[वे बार-बार हृदय में विचारती हैं कि इन्होंने लंकापति रावण को कैसे मारा? मेरे ये दोनों बच्चे बड़े ही सुकुमार हैं और राक्षस तो बड़े भारी योद्धा और महान् बली थे॥]

लछिमन अरु सीता सहित प्रभुहि बिलोकति मातु।
परमानंद मगन मन पुनि पुनि पुलकित गातु॥

[लक्ष्मणजी और सीताजी सहित प्रभु श्री रामचंद्रजी को माता देख रही हैं। उनका मन परमानंद में मगन है और शरीर बार-बार पुलकित हो रहा है॥]

लंकापति कपीस नल नीला। जामवंत अंगद सुभसीला॥
हनुमदादि सब बानर बीरा। धरे मनोहर मनुज सरीरा॥

[लंकापति विभीषण, वानर राज सुग्रीव, नल, नील, जाम्बवन्त और अंगद तथा हनुमान जी आदि सभी उत्तम स्वभाव वाले वीर वानरों ने मनुष्यों के मनोहर शरीर धारण कर लिए॥]

भरत सनेह सील ब्रत नेमा। सादर सब बरनहिं अति प्रेमा॥
देखि नगरबासिन्ह कै रीती। सकल सराहहिं प्रभु पद प्रीती॥

[वे सब भरतजी के प्रेम, सुंदर, स्वभाव (त्याग के) व्रत और नियमों की अत्यंत प्रेम से आदरपूर्वक बड़ाई कर रहे हैं और नगर वासियों की (प्रेम, शील और विनय से पूर्ण) रीति देखकर वे सब प्रभु के चरणों में उनके प्रेम की सराहना कर रहे हैं॥]

पुनि रघुपति सब सखा बोलाए। मुनि पद लागहु सकल सिखाए॥
गुर बसिष्ट कुलपूज्य हमारे। इन्ह की कृपाँ दनुज रन मारे॥

[फिर श्री रघुनाथ जी ने सब सखाओं को बुलाया और सबको सिखाया कि मुनि के चरणों में लगो। ये गुरु वशिष्ठ जी हमारे कुल भर के पूज्य हैं। इन्हीं की कृपा से रण में राक्षस मारे गए हैं॥]

ए सब सखा सुनहु मुनि मेरे। भए समर सागर कहँ बेरे॥
मम हित लागि जन्म इन्ह हारे। भरतहु ते मोहि अधिक पिआरे॥

[फिर गुरु जी से कहा,"हे मुनि! सुनिए। ये सब मेरे सखा हैं। ये संग्राम रूपी समुद्र में मेरे लिए बेड़े (जहाज) के समान हुए। मेरे हित के लिए इन्होंने अपने जन्म तक हार दिए (अपने प्राणों तक को होम दिया) ये मुझे भरत से भी अधिक प्रिय हैं॥]

सुनि प्रभु बचन मगन सब भए। निमिष निमिष उपजत सुख नए॥

[प्रभु के वचन सुनकर सब प्रेम और आनंद में मग्न हो गए। इस प्रकार पल-पल में उन्हें नए-नए सुख उत्पन्न हो रहे हैं॥]

कौसल्या के चरनन्हि पुनि तिन्ह नायउ माथ।
आसिष दीन्हे हरषि तुम्ह प्रिय मम जिमि रघुनाथ॥

[फिर उन लोगों ने कौसल्या जी के चरणों में मस्तक नवाए। कौसल्या जी ने हर्षित होकर आशीष दीं (और कहा-) तुम मुझे रघुनाथ के समान प्यारे हो॥]

सुमन बृष्टि नभ संकुल भवन चले सुखकंद।
चढ़ी अटारिन्ह देखहिं नगर नारि नर बृंद॥

[आनन्दकन्द श्री रामजी अपने महल को चले, आकाश फूलों की वृष्टि से छा गया। नगर के स्त्री-पुरुषों के समूह अटारियों पर चढ़कर उनके दर्शन कर रहे हैं॥]

कंचन कलस बिचित्र सँवारे। सबहिं धरे सजि निज निज द्वारे॥
बंदनवार पताका केतू। सबन्हि बनाए मंगल हेतू॥

[सोने के कलशों को विचित्र रीति से (मणि-रत्नादि से) अलंकृत कर और सजाकर सब लोगों ने अपने-अपने दरवाजों पर रख लिया। सब लोगों ने मंगल के लिए बंदनवार, ध्वजा और पताकाएँ लगाईं॥]

बीथीं सकल सुगंध सिंचाई। गजमनि रचि बहु चौक पुराई।
नाना भाँति सुमंगल साजे। हरषि नगर निसान बहु बाजे॥

[सारी गलियाँ सुगंधित द्रवों से सिंचाई गईं। गजमुक्ताओं से रचकर बहुत सी चौकें पुराई गईं। अनेकों प्रकार के सुंदर मंगल साज सजाए गए और हर्षपूर्वक नगर में बहुत से डंके बजने लगे॥]

जहँ तहँ नारि निछावरि करहीं। देहिं असीस हरष उर भरहीं॥
कंचन थार आरती नाना। जुबतीं सजें करहिं सुभ गाना॥

[स्त्रियाँ जहाँ-तहाँ निछावर कर रही हैं और हृदय में हर्षित होकर आशीर्वाद देती हैं। बहुत सी युवती (सौभाग्यवती) स्त्रियाँ सोने के थालों में अनेकों प्रकार की आरती सजाकर मंगल गान कर रही हैं॥]

होहिं सगुन सुभ बिबिधि बिधि बाजहिं गगन निसान।
पुर नर नारि सनाथ करि भवन चले भगवान।

[अनेक प्रकार के शुभ शकुन हो रहे हैं, आकाश में नगाड़े बज रहे हैं। नगर के पुरुषों और स्त्रियों को सनाथ (दर्शन द्वारा कृतार्थ) करके भगवान श्री रामचंद्रजी महल को चले॥]

प्रभु जानी कैकई लजानी। प्रथम तासु गृह गए भवानी॥
ताहि प्रबोधि बहुत सुख दीन्हा। पुनि निज भवन गवन हरि कीन्हा॥

[शिवजी कहते हैं,"हे भवानी! प्रभु ने जान लिया कि माता कैकेयी लज्जित हो गई हैं (इसलिए), वे पहले उन्हीं के महल को गए और उन्हें समझा-बुझाकर बहुत सुख दिया। फिर श्री हरि ने अपने महल को गमन किया॥]

कृपासिंधु जब मंदिर गए। पुर नर नारी सुखी सब भए॥
गुर बसिष्ट द्विज लिए बुलाई। आजु सुघरी सुदिन समुदाई॥

[कृपा के समुद्र श्री रामजी जब अपने महल को गए, तब नगर के स्त्री-पुरुष सब सुखी हुए। गुरु वशिष्ठ जी ने ब्राह्मणों को बुला लिया और कहा आज शुभ घड़ी, सुंदर दिन आदि सभी शुभ योग हैं॥]

सब द्विज देहु हरषि अनुसासन। रामचंद्र बैठहिं सिंघासन॥
मुनि बसिष्ट के बचन सुहाए। सुनत सकल बिप्रन्ह अति भाए॥

[आप सब ब्राह्मण हर्षित होकर आज्ञा दीजिए, जिसमें श्री रामचंद्रजी सिंहासन पर विराजमान हों। वशिष्ठ मुनि के सुहावने वचन सुनते ही सब ब्राह्मणों को बहुत ही अच्छे लगे॥]

कहहिं बचन मृदु बिप्र अनेका। जग अभिराम राम अभिषेका॥
अब मुनिबर बिलंब नहिं कीजै। महाराज कहँ तिलक करीजै॥

[वे सब अनेकों ब्राह्मण कोमल वचन कहने लगे कि श्री रामजी का राज्याभिषेक संपूर्ण जगत को आनंद देने वाला है। हे मुनिश्रेष्ठ! अब विलंब न कीजिए और महाराज का तिलक शीघ्र कीजिए॥]

तब मुनि कहेउ सुमंत्र सन सुनत चलेउ हरषाइ।
रथ अनेक बहु बाजि गज तुरत सँवारे जाइ॥

[तब मुनि ने सुमन्त्र जी से कहा, वे सुनते ही हर्षित होकर चले। उन्होंने तुरंत ही जाकर अनेकों रथ, घोड़े और हाथी सजाए॥]

जहँ तहँ धावन पठइ पुनि मंगल द्रब्य मगाइ।
हरष समेत बसिष्ट पद पुनि सिरु नायउ आइ॥

[और जहाँ-तहाँ (सूचना देने वाले) दूतों को भेजकर मांगलिक वस्तुएँ मँगवाकर फिर हर्ष के साथ आकर वशिष्ठ जी के चरणों में सिर नवाया॥]

नगर प्रवेश करने से पहले, गुरु आज्ञा से श्री राम, भरत और लक्ष्मण और राजराणियों के साथ सीता जी सरयू नदी के राज घाट पर स्नान करने के लिए गए। स्नान के बाद उनको राजकीय वस्त्र व आभूषण पहनाये गए और तब ढोल-नगारे और शहनाइयों की मीठी ध्वनि और मधुर विजय गीत गाती स्त्रियों के साथ कुल गुरु वशिष्ठ और गुरु माता की अगवाई में राज परिवार जनों और अतिथिगणों का राजमहल में प्रवेश हुआ। राज माताओं ने गुरु माता का सम्मान किया और ब्राह्मणों को दान दिए फिर सेवक-सेविकाओं को वस्त्र-आभूषण दिए और राज द्वार पर एकत्रित हुए नाच गा रहे किन्नरों और भिक्षुकों को भी वस्त्र-आभूषण देकर विदा किया।

राजपरिवार के लोग चौदां बर्ष बाद इकठा हुए थे और रात भर एक दूसरे के बारे में पूछते करते बातों में ही व्यस्त रहते हैं। वन में क्या हुआ? कैसे रहते थे? क्या खाते थे? गर्मी, सर्दी व बरसात में क्या करते थे? किन साधु-संतों के दर्शन किये और किन किन असुरों का अंत किया? ऐसे अनेक प्रश्न और उनके उत्तर कहने सुनने में ही अमृत वेला हो गया और सब उठ नित्य-कर्म में लग गए।

श्री राम के अयोध्या लौट आने की खुशी में राज महल के साथ साथ नगर में भी हर घर और चौराहे, गलियों में दीप जगाये गए थे, दीप माला की गई थी जिस से नगर दीप्यमान हो जग-मगा उठा था। यह एक सत्यवादी, मर्यादापुर्षोत्तम और धर्म परायण, अनुशासित रहने वाले सूर्यवंश के रघुकुल मणि श्री राम के अयोध्या लोट आने की खुशी थी और इस के बाद से ही यह दीप माला अथवा दीपावली का त्यौहार भारत भर में मनाया जाने लगा है।

राम राज्याभिषेक, वेद स्तुति, शिव स्तुति:

अयोध्या निवासियों की आज चौदां बर्ष की लम्बी प्रतीक्षा समाप्त होने जा रही थी। आज होने वाला था श्री राम का राज्याभिषेक। राज भवन, राज दरबार और नगर में विशेष सजावट कर उत्सव के लिए तैयार किया गया था। नगरवासी स्वयं भी सुंदर पहरावा पहन, सज संवर कर राज दरबार की और आ रहे थे।

मित्र व पड़ोसी राज्यों के अतिथि राजा, भरत जी ने पहले ही आमंत्रित कर लिए हुए थे। लंकापति महाराज विभीषण, किष्किंधा नरेश वानर राज महाराज सुग्रीव और उनके साथ युवराज अंगद, महाबली हनुमान, सागर पर सेतु बांधने वाले शिल्पी नल और नील और श्री राम का प्यारा भगत मित्र, भील जाती निषाद का श्रृंगवेरपुर का राजा जिसे निषाद राज गुह्य के नाम से जाना जाता था, भव्य समारोह को देख, यह सभी बड़े उत्साहित और आनंदित हो रहे थे।

श्री राम के प्रति नगर निवासिओं का स्नेह ओर आदर भाव देख यह लोग बहुत खुश हो रहे थे। यह सभी स्वयं राम-भगत तो थे ही। सभी ओर बड़ी संख्या में इकठे हो रहे जन समुदाय को प्रबंध में लगे हुए सेवक उचित जगह दे सम्मानित कर रहे थे। चारों ओर खुशी और उत्साह की झलक थी। मुहूर्त समय से पहले सब कुछ व्यवस्थित हो गया था। ब्राह्मण, ऋषि, दरबारी, अथिति राजा और जन समुदाय अपने अपने स्थान पर विराजमान हो चुके थे। कुल गुरु वशिष्ठ अपने कुछ शिष्यों के साथ राज दरबार में पहुँचते हैं और श्री राम को बुलाने के लिए कहते हैं। महामंत्री सुमंत्र श्री राम के पास जाते हैं जो गुरु आज्ञा पा उसी समय आ दरबार में उपस्थित हो जाते हैं। श्री राम पहले कुल गुरु को प्रणाम करते हैं और फिर उपस्थित ब्राह्मण और साधु-संत समुदाय को झुक कर प्रणाम करते हैं और फिर सभी अतिथि गण और जन समुदाय का हाथ जोड़ अभिनंदन करते हुए सब का अभिवादन स्वीकार करते हैं।

अब गुरु आज्ञा से वोह राज गद्दी पर सुशोभित होते हैं। उसी समय राज राणियां, तीनों बहनें, सीता जी को पूर्ण राजकीय शृंगार और सम्मान के साथ ले कर आती हैं और वोह गुरु आज्ञा से श्री राम के वाएं भाग में राजगद्दी पर सुशोभित हो जाती हैं। ब्रह्मर्षि वशिष्ठ जी के आदेश पर ब्राह्मणों द्वारा मंत्रोचार के साथ राजतिलक की विधि शुरू होती है। अतर के छिड़काव और शंख ध्वनि से राज दरबार के अंदर सुगन्धित और आनंदित वातावरण बन जाता है और बाहर द्वार पर ढोल-नगारे और शहनाई आदि ने समय बांध रखा था। विधि पूरी हुई तो कुल गुरु ने श्री राम के माथे पर तिलक किया और फिर शीश पर सुंदर नगीनों से सुसज्जित सोने के राज मुकुट को पहनाया और रघु कुल की कुछ परम्पराओं के ज्ञान उपदेश दिए और श्री राम को अयोध्या का राजा घोषित किया। दरबार में उपस्थित लोग "अयोध्या पति महाराज श्री रामचंद्र की जय,

सिया वर रामचंद्र की जय" जय घोष करने लगे। फिर महाराज राम ने खड़े हो कर सभी का धन्यवाद किया और कुछ प्रतिज्ञा और कुछ घोषणाएं भी की गईं।

इंद्र आदि देवता, ब्रह्मा जी और शिव जी के साथ काकभुशंडि जी, भेष बदल अथवा अदृश्य रूप में इस सुंदर शुभ अवसर पर अयोध्या नगर के सुंदर सुसज्जित राजदरवार में दशरथ नंदन श्री रामचंद्र जी के राज्याभिषेक को देख आनंद विभोर हो, उस समय के अलौकिक दृश्य का आनंद ले रहे होते हैं। और फिर ब्रह्मा जी, चारों वेद, इंद्र आदि देवता और स्वयं शिव जी श्री राम की अपने अपने सुंदर शब्दों में अपनी अपनी अलग अलग स्तुति करते हैं जो श्री राम ही देख, सुन और समझ सकते थे और फिर सभी देव अपने अपने लोक को चले गए।

आये हुए अतिथि राजाओं के साथ उपहार लेन-देन की रीती हुई और धूम-धाम से उत्सव मनाया गया। ब्राह्मण, साधु संतों को विशेष वस्तुएं, गाए, स्वर्ण आदि दान दक्षिणा में दे उन्हें सम्मानित किया गया। नाच-गान करने वाले, भाट, किन्नर और सभी सेवकों और भिक्षुओं को उन की रुचि के अनुसार उन की इच्छाएं पूर्ण की गई। नगर में घर घर, गली चौराहों में दीप जला कर नगर निवासियों द्वारा खुशी का उत्सव मनाया गया और उस के बाद से ही देश भर में हर बर्ष उसी अमावस की तिथि को दीपों का त्यौहार दीपावली मनाया जाने लगा।

इसी तरह रावण को मार विजय प्राप्त करने अथवा बुराई, अधर्म, अत्याचार आदि असुरी वृति के ऊपर नीति, सदाचार, सत्य और धर्म की विजय प्राप्त करने के उपलक्ष में एक प्रतीक के रूप में विजय दशमी का त्यौहार मनाया जाता है।

तुलसी दास जी के शब्दों में:

अवधपुरी अति रुचिर बनाई। देवन्ह सुमन बृष्टि झरि लाई॥
राम कहा सेवकन्ह बुलाई। प्रथम सखन्ह अन्हवावहु जाई॥1॥

[अवध पुरी बहुत ही सुंदर सजाई गई। देवताओं ने पुष्पों की वर्षा की झड़ी लगा दी। श्री रामचंद्रजी ने सेवकों को बुलाकर कहा कि तुम लोग जाकर पहले मेरे सखाओं को स्नान कराओ॥1॥]

सुनत बचन जहँ तहँ जन धाए। सुग्रीवादि तुरत अन्हवाए॥
पुनि करुनानिधि भरतु हँकारे। निज कर राम जटा निरुआरे॥2॥

[भगवान के वचन सुनते ही सेवक जहाँ-तहाँ दौड़े और तुरंत ही उन्होंने सुग्रीवादि को स्नान कराया। फिर करुणानिधान श्री रामजी ने भरतजी को बुलाया और उनकी जटाओं को अपने हाथों से सुलझाया॥2॥]

अन्हवाए प्रभु तीनिउ भाई। भगत बछल कृपाल रघुराई॥
भरत भाग्य प्रभु कोमलताई। सेष कोटि सत सकहिं न गाई॥3॥

[तदनंतर भक्त वत्सल कृपालु प्रभु श्री रघुनाथ जी ने तीनों भाइयों को स्नान कराया। भरतजी का भाग्य और प्रभु की कोमलता का वर्णन अरबों शेष जी भी नहीं कर सकते॥3॥]

पुनि निज जटा राम बिबराए। गुर अनुसासन मागि नहाए॥
करि मज्जन प्रभु भूषन साजे। अंग अनंग देखि सत लाजे॥4॥

[फिर श्री रामजी ने अपनी जटाएँ खोलीं और गुरु जी की आज्ञा माँगकर स्नान किया। स्नान करके प्रभु ने आभूषण धारण किए। उनके (सुशोभित) अंगों को देखकर सैकड़ों (असंख्य) कामदेव लजा गए॥4॥]

सासुन्ह सादर जानकिहि मज्जन तुरत कराइ।
दिब्य बसन बर भूषन अँग अँग सजे बनाइ॥11 क॥

[(इधर) सासुओं ने जानकीजी को आदर के साथ तुरंत ही स्नान कराकर उनके अंग-अंग में दिव्य वस्त्र और श्रेष्ठ आभूषण भली-भाँति सजा दिए (पहना दिए)॥ 11 (क)॥]

राम बाम दिसि सोभति रमा रूप गुन खानि।
देखि मातु सब हरषीं जन्म सुफल निज जानि॥11 ख॥

[श्री राम के बायीं ओर रूप और गुणों की खान रमा (श्री जानकीजी) शोभित हो रही हैं। उन्हें देखकर सब माताएँ अपना जन्म (जीवन) सफल समझकर हर्षित हुईं॥11 (ख)॥]

सुनु खगेस तेहि अवसर ब्रह्मा सिव मुनि बृंद।
चढ़ि बिमान आए सब सुर देखन सुखकंद॥11 ग॥

[(काकभुशुण्डिजी कहते हैं-) हे पक्षी राज गरुड़जी! सुनिए, उस समय ब्रह्माजी, शिवजी और मुनियों के समूह तथा विमानों पर चढ़कर सब देवता आनंद कंद भगवान के दर्शन करने के लिए आए॥11 (ग)॥]

प्रभु बिलोकि मुनि मन अनुरागा। तुरत दिब्य सिंघासन मागा॥
रबि सम तेज सो बरनि न जाई। बैठे राम द्विजन्ह सिरु नाई॥1॥

[प्रभु को देखकर मुनि वशिष्ठ जी के मन में प्रेम भर आया। उन्होंने तुरंत ही दिव्य सिंहासन मँगवाया, जिसका तेज सूर्य के समान था। उसका सौंदर्य वर्णन नहीं किया जा सकता। ब्राहमणों को सिर नवाकर श्री रामचंद्रजी उस पर विराज गए॥1॥]

जनकसुता समेत रघुराई। पेखि प्रहरषे मुनि समुदाई॥
बेद मंत्र तब द्विजन्ह उचारे। नभ सुर मुनि जय जयति पुकारे॥2॥

[श्री जानकीजी के सहित रघुनाथ जी को देखकर मुनियों का समुदाय अत्यंत ही हर्षित हुआ। तब ब्राहमणों ने वेद मंत्रों का उच्चारण किया। आकाश में देवता और मुनि 'जय, हो, जय हो' ऐसी पुकार करने लगे॥2॥]

प्रथम तिलक बसिष्ट मुनि कीन्हा। पुनि सब बिप्रन्ह आयसु दीन्हा॥
सुत बिलोकि हरषी महतारी। बार बार आरती उतारी॥3॥

[(सबसे) पहले मुनि वशिष्ठ जी ने तिलक किया। फिर उन्होंने सब ब्राह्मणों को (तिलक करने की) आज्ञा दी। पुत्र को राजसिंहासन पर देखकर माताएँ हर्षित हुईं और उन्होंने बार-बार आरती उतारी॥3॥]

बिप्रन्ह दान बिबिधि बिधि दीन्हे। जाचक सकल अजाचक कीन्हे॥
सिंघासन पर त्रिभुअन साईं। देखि सुरन्ह दुंदुभीं बजाईं॥4॥

[उन्होंने ब्राह्मणों को अनेकों प्रकार के दान दिए और संपूर्ण याचकों को अयाचक बना दिया (मालामाल कर दिया)। त्रिभुवन के स्वामी श्री रामचंद्रजी को (अयोध्या के) सिंहासन पर विराजमान हुए देख कर देवताओं ने दुंदुभीं नगाड़े बजाए॥4॥

छंद:

नभ दुंदुभीं बाजहिं बिपुल गंधर्ब किंनर गावहीं।

नाचहिं अपछरा बृंद परमानंद सुर मुनि पावहीं॥

भरतादि अनुज बिभीषनांगद हनुमदादि समेत ते।

गहें छत्र चामर ब्यजन धनु असिचर्म सक्ति बिराजते॥1॥

[आकाश में बहुत से नगाड़े बज रहे हैं। गन्धर्व और किन्नर गा रहे हैं। अप्सराओं के झुंड के झुंड नाच रहे हैं। देवता और मुनि परमानंद प्राप्त कर रहे हैं। भरत, लक्ष्मण और शत्रुघ्नजी, विभीषण, अंगद, हनुमान और सुग्रीव आदि सहित क्रमशः छत्र, चँवर, पंखा, धनुष, तलवार, ढाल और शक्ति लिए हुए सुशोभित हैं॥1॥]

श्री सहित दिनकर बंस भूषन काम बहु छबि सोहई।

नव अंबुधर बर गात अंबर पीत सुर मन मोहई॥

मुकुटांगदादि बिचित्र भूषन अंग अंगनि प्रति सजे।

अंभोज नयन बिसाल उर भुज धन्य नर निरखंति जे॥2॥

[श्री सीताजी सहित सूर्यवंश के विभूषण श्री रामजी के शरीर में अनेकों काम देवों की छवि शोभा दे रही है। नवीन जल युक्त मेघों के समान सुंदर श्याम शरीर पर पीताम्बर देवताओं के मन को भी मोहित कर रहा है। मुकुट, बाजूबंद

आदि विचित्र आभूषण अंग-अंग में सजे हुए हैं। कमल के समान नेत्र हैं, चौड़ी छाती है और लंबी भुजाएँ हैं जो उनके दर्शन करते हैं, वे मनुष्य धन्य हैं॥2॥]

वह सोभा समाज सुख कहत न बनइ खगेस।
बरनहिं सारद सेष श्रुति सो रस जान महेस॥12 क॥

[हे पक्षी राज गरुड़जी! वह शोभा, वह समाज और वह सुख मुझसे कहते नहीं बनता। सरस्वती जी, शेष जी और वेद निरंतर उसका वर्णन करते हैं, और उसका रस (आनंद) महादेव जी ही जानते हैं॥12 (क)॥]

भिन्न भिन्न अस्तुति करि गए सुर निज निज धाम।
बंदी बेष बेद तब आए जहाँ श्रीराम॥12 ख॥

[सब देवता अलग-अलग स्तुति करके अपने-अपने लोक को चले गए। तब भाटों का रूप धारण करके चारों वेद वहाँ आए जहाँ श्री रामजी थे॥12 (ख)॥]

प्रभु सर्बग्य कीन्ह अति आदर कृपानिधान।
लखेउ न काहूँ मरम कछु लगे करन गुन गान॥12 ग॥

भावार्थ:-कृपानिधान सर्वज्ञ प्रभु ने (उन्हें पहचानकर) उनका बहुत ही आदर किया। इसका भेद किसी ने कुछ भी नहीं जाना। वेद गुणगान करने लगे॥12 ग॥

अब श्री राम अयोध्या पति महाराज रामचंद्र थे और उनकी भार्या जनक दुलारी श्री राम प्रिय सीता जी अयोध्या राज्य की महारानी थी। राज्य में सब ओर आनंद, सुखी जीवन और सम्पन्नता थी। अब अयोध्या में मर्यादा पुरुषोतम श्री राम का राम-राज्य था।

त्रेता युग में लाखों बर्ष पहले अयोध्या में श्री रामचंद्र जी ने लगभग आठ हजार बर्ष तक राजगद्दी को सुशोभित किया था। वोह एक शक्तिशाली दिग्विजयी राजा थे परन्तु किसी छोटे राजा को भी उन्होंने अपनी शक्ति दिखा कर ना कभी अपमानित किया था और ना ही किसी के राज्य क्षेत्र को अपने अधिकार में लिया था। श्री राम की प्रशासनिक प्रणाली और रक्षा प्रणाली दोनों जनता-जनार्दन के, समाज के सुख और सुव्यवस्था के लिए ही काम करती थी। दंड विभाग जो किसी भी राज्य की व्यवस्था के लिए एक आवश्यक प्रणाली होती है उसको स्वयं महाराज रामचंद्र ही देखते थे। कहते हैं,"जैसा राजा तैसी

प्रजा।" सत्य व्रती और सभी अच्छे गुणों वाले श्री राम के राज्य में जनता भी सत्यवादी ही थी। राज्य में सब ओर समृद्धि और सुख शांति से लोग रहते हुए खुश थे। इसीलिए राम-राज्य काल को आज भी याद किया जाता है।

वनवास से बापस आ कर राजतिलक होने पर महाराज रामचंद्र और महारानी सीता के राजगद्दी पर सुशोभित होने पर सब ओर ख़ुशी थी। महाराज रामचंद्र ने यह जानने के लिए कि उनके राज्य में लोग कितने सुखी हैं अथवा कितने किस कारण से पीड़ित हैं, उनके प्रशासन से जनता कितनी संतुष्ट है, जानने कि लिए, गुप्तचर नियुक्त कर दिए। राज्य भर में लोग सम्पन और सुखी थे और श्री राम भी बहुत लोकप्रिय राजा थे।

किसी भी समाज अथवा राज्य में विभिन्न सोच समझ के मनुष्य होते हैं। त्रेता युग था, कुछ तो पाप कर्मों का असर हो ही रहा होगा। एक दिन एक गुप्तचर राजा के आगे खुलकर बात नहीं कह पा रहा था। श्री राम ने उसे निर्भय हो कर बताने के लिए कहा तो भी उसके मुख से बात बाहर नहीं आ रही थी। राजा के जोर देने पर उस ने हिम्मत कर बताया,"एक धोवी की स्त्री अपने मायके गई थी। वापसी पर रास्ते में पड़ती नदी के पानी की धार तेज थी इसलिए नाव वाले ने नदी में नाव उतारने से मना कर दिया। उस औरत को अकेली और असहाय देख उसे अपने यहाँ रात्रि विश्राम के लिए जगह दी और अगली सुबह नदी का जल-स्तर सुधर जाने पर उसने अपनी नाव पर दूसरी ओर उतार दिया। घर पहुँचने पर धोबी पति ने देर से आने का कारण पूछा तो उस धोबी-पत्नी ने सब बात बता दी। धोबी पत्नी की बात पर विश्वास करने की जगह उस पर क्रोधित हो कर उसे घर से निकल जाने के लिए कहने लगा।

अड़ोस-पड़ोस के व समाज के लोगों ने बहुत समझाने की कोशिश की परन्तु वोह मानने की जगह कुछ ऐसा बोल बैठा कि कितने लोग तो उसके बोल पर उसको धिक्कारते हुए चले गए। उसने अपनी पत्नी को घर से बाहर धकेलते हुए कहा था,"मैं राजा राम नहीं हूँ जिसने एक बर्ष दुश्मन के यहाँ रह कर आयी हुई पत्नी को भी घर में रख लिया है।" यह बात नगर में एक चर्चा का विषय बन गई हुई थी। श्री राम ने भेष बदल कर चौपाल में बैठे लोगों की बातें सुनी। अधिक लोग तो कह रहे थे कि महारानी सीता के लिए ऐसा बोलना भी पाप है। सीता जी ने तो अग्नि परीक्षा दे अपनी पवित्रता को प्रमाणित किया है परन्तु कुछ दूसरे दुर्बुद्धि कह रहे थे कि अयोध्या के किसने देखा है।

महाराज श्री राम एक कठिन व्रत के न्याय प्रिय राजा हुए हैं। सीता जी की पवित्रता पर पूर्ण विश्वास होते हुए भी प्रजा के कुछ दुर्बुद्धि लोगों की बात सुन कर मन ही मन क्षुब्ध हो व्यथित हो रहे थे। समझ नहीं पा रहे थे कि ऐसे सोचने वाले प्रजा जनो को महारानी सीता की पवित्रता का विश्वास कैसे दिलाया जाये। क्या ऐसे लोगों को सजा देनी चाहिए? क्या लोगों में चल रही अशोभनीय चर्चा को रोकने के लिए मुझको भी इस धोबी की तरह, सीता को, जो मेरे कहने पर मेरे सामने अपनी पवित्रता को प्रमाणित करने के लिए अग्निपरीक्षा भी दे चुकी है, क्या राज महल से निकाल देना चाहिए? महाराज राम किसी से कुछ कह भी नहीं पा रहे थे परन्तु उनके चेहरे के ऊपर छाई चिंता की लकीरें राज परिवार में सब को चिंतित कर रही थीं। महारानी सीता के बार बार पूछने पर भी महाराज राम कुछ भी नहीं बता रहे थे।

महारानी सीता पति की मानसिक दशा से विचलित हो उठी थी। सीता जी ने अपनी एक सेविका को नगर में भेज राज्य में स्थिति का आकलन करना चाहा। सेविका ने भी धोबी के कारण नगर में फैल रही बात बताई। महारानी सीता श्री राम के दुखी होने का कारण समझ गई थीं। महारानी सीता को अपनी सेविका से जानकारी प्राप्त हुई थी कि सीता के रावण द्वारा अपहरण और उसकी अशोक-वाटिका में बर्ष भर के लिए रह कर आने के पश्चात सीता जी को श्री राम द्वारा अपनाये जाने और राजगद्दी पर साथ बैठाने को प्रजा में कुछ लोग ठीक नहीं समझ रहे थे। ऐसे लोग सीता जी की अग्निपरीक्षा पर भी विश्वास नहीं कर रहे थे। ऐसी अनर्गल बातों ने ही महाराज राम के मन को द्रवित कर रखा था।

महारानी सीता ने बिचार किया कि महाराज को तो मेरे प्रति कोई संदेह नहीं है परन्तु प्रजा जन तो मेरे कारण ही उनके ऊपर उँगली उठा रहे हैं। महाराज राम जिनके लिए अपनी प्रजा का हित अपने राज परिवार से बढ़कर है; सर्वोपरि है उनके ऊपर पत्नी मोह का दोष लगाया जा रहा है। पवित्र पतिव्रता महारानी सीता के लिए, किसी भी कारण से हो, पति के लिए कोई भी अनर्गल बात सुननी स्वीकार्य नहीं थी। बहुत कुछ सोच बिचार करने के बाद महारानी सीता ने समझ लिया था कि इस सब का एक ही समाधान है कि वोह राज्य और अपने पति से कहीं दूर चली जाएँ। सीता जी एक उत्तम, धर्म पालन करने वाली पतिव्रता स्त्री थी अतः पति श्री राम की आज्ञा बिना ऐसे सब त्याग जाना

उचित नहीं समझा। देवी सीता ने श्री राम को समझाया कि आप को राज्य-धर्म निभाना है और मेरे कारण उठ रही बातों से आप विचलित रहें तो यह अनुचित होगा। मेरे को आप अब यहाँ से जाने की आज्ञा दे दीजिये। किसी मिथ्या रोपण के कारण श्री राम सीता जैसी पतिव्रता पवित्र पत्नी का त्याग करने की सोच भी कैसे सकते थे परन्तु सीता जी अब अपनी बात पर अडिग थीं और अंततः उन्होंने पति को समझा सहमत कर लिया। पति आज्ञा प्राप्त कर ली। प्रजा में ऐसे लोग यह जान कर कि महाराज राम ने सीता का त्याग कर दिया है तो आप के ऊपर यह चर्चा अपने आप रुक जाएगी। सीता जी उस समय गर्भावस्था में थी फिर भी उन्होंने स्वयं ही राजमहल और अयोध्या नगर त्याग देने का निश्चय किया।

महारानी सीता का राज्य त्याग--वाल्मीकि आश्रम में वनदेवी वन कर रहना:

पति आज्ञा प्राप्त कर देवी सीता तीर्थ भ्रमण जाने के लिए लक्ष्मण के साथ रथ में निकल पड़ीं। एक सघन वन प्रदेश में आकर रथ रुकवाया, रथ से उतर कर, लक्ष्मण को बापस जाने के लिए कह दिया। लक्ष्मण अचंभित हो कुछ समझ नहीं पा रहे थे। एक राज्य की महारानी को जो उसके ही महाराज राम, भाई की पत्नी थी और गर्भावस्था में थी, लक्ष्मण कैसे इस वन में, जहाँ जंगली जानवरों का भी डर था, अकेले अपनी भावी सीता को छोड़ कर जा सकते थे। देवी सीता ने लक्ष्मण को समझाया की वोह महाराज की आज्ञा ले अयोध्या का त्याग कर के आई हैं, अब मुझे बापस नहीं जाना है और तुम लौट जाओ। बहुत बिनती प्रार्थना लक्ष्मण ने की कि किसी सुरक्षित जगह, तीर्थ स्थल में ही जाकर रह लें परन्तु भावी सीता ने एक नहीं सुनी। भैया-भावी की आज्ञा का उलंघन करना तो लक्ष्मण के स्वभाव में था ही नहीं। बड़े भारी और दुखी मन से अकेली सीता जी को उस अवस्था में सूने वन प्रदेश में छोड़ बापस लौट अयोध्या आते हैं।

महाराज रामचंद्र कोई साधारण मनुष्य व राजा नहीं थे वोह स्वयं त्रिलोकी नाथ भगवान विष्णु का मानव रूप अवतार थे। असुरों का दमन कर ऋषिओं को अभय कर और पृथ्वी पर धर्म स्थापना के लिए वोह अवतरित हुए थे। महारानी सीता भी कोई साधारण स्त्री नहीं थी, वोह माता महा लक्ष्मी का अवतार थीं और वोह भी जो लीला कर रहीं थीं वोह जनकल्याण व लोक-शिक्षा के लिए ही कर रही थीं।

ऋषि वाल्मीकि जी के ऊपर ब्रह्मा जी की प्रेरणा तो थी ही उनपर बुद्धि विद्या की देवी माता सरस्वती की भी असीम कृपा थी।

महर्षि वाल्मीकि एक महान तपस्वी ब्रह्म ज्ञानी त्रिकालदर्शी ऋषि थे और जगत पिता ब्रह्मा जी ने उन्हें भगवान श्री विष्णु के मर्यादा पुरुषोत्तम अवतार के जीवन पर आधारित सर्वप्रथम संस्कृत भाषा में श्लोक-बद्ध काव्य ग्रंथ लिखने के लिए प्रेरित किया था।

राम के जीवन में जो घटित होना होता था उनकी कलम पहले ही उसको भोजपत्र (एक पेड की छाल जो उस समय लिखने वाले कागज का काम करती थी) पर अंकित कर देती थी। श्री राम के जीवन में जन्म से भी पहले से लेकर सब विस्तृत जानकारी, सब घटना क्रम, ऋषि वाल्मीकि जी के मानसिक पटल पर पहले ही उभर आती थी और वोह श्लोक-बद्ध कर लिख देते थे।

देवी-सीता वन में आ रही हैं वोह समझते थे इसलिए जैसे ही लक्ष्मण देवी सीता की दृष्टि से दूर हुए तो महर्षि वहां पहुँच गए। देवी सीता ने ऋषि को प्रणाम किया।

ऋषि वाल्मीकि जी ने देवी सीता जी को अपना नाम बता और परिचय दे कहा पुत्री,"मेरा आश्रम यहीं पास में ही है, आप वहीं आश्रम में रहना।" देवी सीता को झिझक हो रही थी तो ऋषि ने कहा,"पुत्री मुझे अपना धर्म पिता स्वीकार करो और मेरे साथ आश्रम में चल कर रहो।" उन्होंने यह भी कह दिया कि वोह जानते हैं कि तुम मिथिला नरेश जनक की पुत्री और अयोध्या के महाराज रामचंद्र की धर्मपत्नी महारानी सीता हो। आश्रम के लोगों के लिए तुम्हारा नाम 'वनदेवी' होगा। अब जब देवी सीता को ऋषि की हर बात पर विश्वास हो गया तब देवी सीता ने ऋषि से कहा,"महात्मन, आप ने मुझे पुत्री कहा है। मैं समझ गईं हूँ कि आप एक त्रिकालदर्शी महान सन्यासी हो। मैं आप को अपना धर्म पिता स्वीकार करती हूँ और शेष जीवन आपके आश्रय में ही रह कर बिताऊंगी।" उस दिन से देवी सीता वाल्मीकि आश्रम में "वनदेवी" के नाम से रहने लगी थीं।

आश्रम में आने के बाद देवी सीता चिंताग्रस्त और उदास सी हो रहने लगी थी। ऋषि समझाते हैं,"पुत्री तुम सब कुछ भूल कर अपनी प्रतिज्ञा जो तुम ने अयोध्या छोड़ते समय ली थी उस को याद रखो। उदास व चिंताग्रस्त रहोगी तो तुम्हारे गर्भ में पल रहे बच्चे पर क्या असर पड़ेगा? कैसे उसको, जैसे चाहती

हो, बड़े वीर योद्धा बना पाओगी? महर्षि के उपदेश का देवी सीता पर अच्छा प्रभाव हुआ और अब उन्होंने अपनी प्रतिज्ञा को पूर्ण करने के लिए अपना ध्यान केंद्रित करना ही एक उद्देश्य बना लिया था।

आश्रम में वनदेवी के लिए 'कोशभी देवी', ऋषि आश्रम की एक वृद्धा स्त्री बड़े प्यार से पुत्री की तरह स्नेह रखती है। आश्रम की सभी स्त्रियां व बच्चियां भी बड़ी जल्दी से वनदेवी के साथ घुल-मिल जाती हैं और वनदेवी का ख्याल भी रखने लगती हैं।

समय आने पर वनदेवी जुड़वां दो स्वस्थ पुत्रों को जन्म देती है। महर्षि वाल्मीकि जी ने स्वयं नामकरण संस्कार करते हुए "कुश" और "लव" नाम दोनों भाइयों को दिए। धीरे धीरे कुश और लव आयु के साथ बड़े हो रहे थे। बचपन से ही माता वनदेवी उनको अच्छे संस्कार दे कर पाल रही थी। महर्षि वाल्मीकि जी ने दोनों बच्चों को शिक्षा के लायक होने पर उत्तम और चौतरफी शिक्षा देने के लिए स्वयं उनके गुरु बन उन्हें शिष्य स्वीकार किया। समर्थ गुरु ने इन दोनों शिष्यों को बहुत अल्प समय में ही संगीत, शास्त्र और शस्त्र विद्या में निपुण बना दिया था। महर्षि वाल्मीकि जी उस समय के उच्च कोटि के ऋषिओं में से एक थे। उनकी हजारों बर्षों की तप-साधना से उनके अंदर अनेकों शक्तियां जागृत हो गई थीं। वोह अन्तर्यामी व त्रिकालदर्शी थे अतः भूत और भविष्य को देख-परख सकते थे। भविष्य में जो देवी सीता के साथ घटित होने वाला था उन्होंने अपनी "रामायण" में पहले ही लिख दिया था।

समझा जा सकता है कि जो अयोध्या की जनता ने श्री राम और देवी सीता, अपने राजा-रानी के लिए कहा था उस से महामुनि बहुत द्रवित थे। उन्होंने दोनों भाईओं, कुश और लव को अल्प आयु में ही अपनी शक्ति से उनकी कुण्डलनी जागृत कर सभी दिव्यास्त्रों को अंतरात्मा के बल से उनको प्रदान कर दिया और साथ ही गुरु रक्षा-कवच दे वरदान दिया कि कोई भी देव, दानव अथवा मानव अब उनको परास्त नहीं कर सकेगा। बालपन था इसलिए ऐसी दुर्लभ शक्तियों का दुरुपयोग न कर सकें इस लिए पहले उन्हें प्रतिज्ञा-बद्ध भी किया गया था।

महर्षि वाल्मीकि जानते थे कि दोनों बालक अयोध्या के महाराज श्री रामचंद्र के पुत्र हैं। भविष्य में जो होने वाला था उसको भी वोह जानते थे। अपने काव्य ग्रन्थ "रामायण" में सारा विवरण वोह पहले ही लिख दिए थे। ग्यारह-बारह बर्ष

की आयु में दोनों बालक कुश और लव सब कुछ सीख चुके थे। रामायण जो अब तक उनको बताई गई थी वोह पूर्णतः संगीत बद्ध उनको कंठस्थ थी और बहुत सुंदर मीठी आवाज में दोनों भाई मिलकर गाते थे तो सुनने वाले मुग्ध हो जाते थे। महर्षि वाल्मीकि उन दोनों को सर्व गुण सम्पन देख बहुत प्रसन्न थे।

लवणासुर वध के लिए शत्रुघ्न का मथुरा जाना:

श्री राम के राज्याभिषेक के कुछ समय पश्चात ऋषि च्यवन राम दरबार में आये। ऋषि ने श्री राम को बताया कि मधु पुरी वन क्षेत्र में एक गुफा में लवणासुर नाम का एक भयंकर असुर रहता है। वोह रावण की बहिन कुम्भिनी और मधु राक्षस का पुत्र है। रावण की तरह ही अहंकारी है। वोह हम ऋषियों को बहुत तंग करता है। उसके पास भगवान शिव का एक अमोघ त्रिशूल है जिस के सामने सब दिव्यास्त्र भी फेल हो जाते हैं। ऋषि ने बताया की जब शिव-त्रिशूल उसके पास न हो तभी उसको मारा जा सकेगा। श्री राम ने ऋषि को आश्वासन देकर भेजा और फिर शत्रुघ्न को राक्षस का अंत करने के लिए भेजा। शत्रुघ्न एक बड़ी सेना के साथ जाते हैं और पहले च्यवन ऋषि को मिलते हैं और उनके बताये के अनुसार लवणासुर के ऊपर आक्रमण करते हैं। आक्रमण के समय लवणासुर गुफा के बाहर होता है और शत्रुघ्न उसे युद्ध के लिए ललकारते हैं। उस समय उसके पास शिव-त्रिशूल नहीं होता और शत्रुघ्न उसे गुफा में जाने नहीं देते। युद्ध होता है और अंततः शत्रुघ्न लवणासुर को मार देने में सफल हो जाते हैं। तत्पश्चात शत्रुघ्न श्री राम आज्ञा से मथुरा में रह कर अपनी राजधानी का विकास करते हैं और लोक हित को प्रधानता देते हुए मथुरा के राजा बन मथुरा राज्य की सुंदर सँभाल करते हुए वहीं रहते हैं।

बारह बर्ष बीत जाते हैं।

अयोध्या में अश्वमेध यज्ञ:

अयोध्या में आवाज उठने लगी कि महाराज श्री राम चंद्र को अश्वमेध यज्ञ करना चाहिए जिसका गुरु श्रेष्ठ वशिष्ठ जी ने भी अनुमोदन कर दिया था। गुरु सहमति मिलते ही अश्वमेध यज्ञ की तैयारियां शुरू हो गईं। नगर-निवासिओं में उत्साह भर गया था। लोगों ने अपने घर, दुकान और गली बाजार सजाने शुरू कर दिए। इस भव्य यज्ञ में आने वाले विशेष अतिथि ऋषि-मुनिओं और मेहमान

राजाओं के ठहरने के लिए उचित व्यवस्था की जा रही थी। बड़े बड़े सुंदर पंडाल सजा कर उचित व्यवस्था की जा रही थी। कुल गुरु वशिष्ठ को साथ ले कर श्री राम, की जा रही व्यवस्था का स्वयं निरीक्षण करते थे।

शत्रुघ्न जो पिछले बारह बर्ष से अधिक समय से मथुरा में थे उनको अयोध्या आने का निमंत्रण भेजा गया था। शत्रुघ्न अपनी पत्नी व दोनों कुमारों के साथ पहुँच गए। अब तक भारत और लक्ष्मण के भी दो दो पुत्र थे। बारह बर्ष के पश्चात राज परिवार के सभी सदस्य मिल कर बहुत खुश थे परन्तु राज माता कौशल्या महारानी सीता के वहां न होने से बहुत भावुक हो गई थीं।

अयोध्या में कुल गुरु वशिष्ठ के आशीर्वाद से महाराज रामचंद्र का अश्वमेध यज्ञ शुरू होता है। महारानी सीता की सोने की प्रतिमा यज्ञशाला में श्री राम के वामभाग की ओर आसन पर सुशोभित हो रही थी। श्री राम के द्वारा यज्ञ के घोड़े का पूजन किया गया और उसके माथे पर सन्देश लिख कर उसे पृथ्वी के किसे भी भाग पर जाने के लिए छोड़ दिया गया। कुमार शत्रुघ्न को सेना के साथ अश्व की रक्षा के लिए भेजा गया।

लव द्वारा यज्ञ के अश्व को पकड़ना और राम सेना से युद्ध:

चारों ओर भ्रमण करने के बाद अश्व अयोध्या की ओर लौट रहा था। वाल्मीकि आश्रम के पास सेना रात्रि विश्राम के लिए रुकती है। अश्व वन में खुला घूमता हुआ आश्रम के बच्चों को दिखाई पड़ गया और वोह सब उस सुंदर सजे हुए अश्व को देखने उस के पास पहुँच गए। उन बच्चों में लव भी था। लव ने अश्व के माथे के ऊपर लिखा हुआ सन्देश पढ़ा और उसने अश्व को पकड़ लिया। साथ में जो आश्रम के ऋषि पुत्र थे उन्होंने लव को समझाया कि घोड़े को छोड़ दे तो लव ने कहा मैं क्षत्रिय पुत्र हूँ, इस घोड़े के माथे के ऊपर क्या लिखा हुआ है, सुनो,"यह, अयोध्या के महाराज रामचंद्र के अश्वमेध यज्ञ का अश्व है, इसको यदि कोई पकड़ेगा तो उसको सेना से युद्ध करना पड़ेगा। मैं सेना के साथ युद्ध करूंगा परन्तु इस अश्व को नहीं छोड़ूंगा।" इतने में सामने से कुछ सैनिक अश्व को खोजते हुए आते हुए दिखाई दिए तो आश्रम के बच्चे तो डर के मारे भाग गए परन्तु लव अश्व की लगाम पकडे खड़ा रहा। सैनिकों ने लव को अश्व को छोड़ देने के लिए बहुत समझाया परन्तु उसने उत्तर में कहा कि वोह अश्व को नहीं छोड़ेगा। सैनिक घोड़ा छुड़ाने कि लिए आगे बढ़ते हैं तो लव अपने वाण

प्रहार से उन्हें मूर्छित कर देता है। सेनापति आता है और फिर शत्रुघ्न परन्तु युद्ध में लव सब को धराशायी कर देते हैं। तुरंत अयोध्या सूचना पहुंचाई जाती है कि एक ऋषि वाल्मीकि आश्रम के एक सन्यासी बालक ने अश्व को पकड़ रखा है और उस अकेले बालक ने ही अपने वाणों से कुमार शत्रुघ्न सहित समस्त सेना को धराशाई कर दिया है और महाराज राम को स्वयं आने के लिए कह रहा है। श्री राम उत्तेजित हो जाने को उठते हैं परन्तु लक्ष्मण उनको रोकते हैं और स्वयं जाने को तैयार होते हैं और हनुमान भी उनके साथ जाते हैं। अब तक कुश भी वहां लव के साथ आ गया होता है।

लक्ष्मण बालकों को देख अचंभित होते हैं, उन्हें विश्वास नहीं हो रहा होता कि इतना छोटा सा एक अकेला बालक शत्रुघ्न और सेना को धराशाई कर सकता है। लक्ष्मण लव को समझाते हुए अश्व को छोड़ने को कहते हैं परन्तु वोह कहाँ मानने वाले थे। लव बोले क्या आप ही महाराज राम हैं तो लक्ष्मण ने उत्तर दिया, नहीं छोटा भाई लक्ष्मण हूँ। लव बोले,"आप जाओ और महाराज राम को भेज दो, मेरे भाई कुश उनसे कुछ प्रश्नों के उत्तर पूछना चाहते हैं। उधर हनुमान जी दोनों भाईओं को प्रेम से देखते हुए अपने प्रभु श्री राम की लीला को अंतरात्मा में देख लव-कुश को पहचान मन ही मन प्रणाम करते हैं। हनुमान जी भी समझाने के लिए कुछ कहने लगते हैं उसी समय लव कहते हैं,"हनुमान जी हम ने अपने गुरु जी से आप के बारे में बहुत कुछ सुना हुआ है, आप बहुत आदरणीय हैं परन्तु अभी आप हमारे साथ युद्ध के लिए आए हैं।" और यह कहते हुए एक वाण छोड़ पाश में बांध लिया। हनुमान जी बंध के रह गए और कुश ने लक्ष्मण और उसके सैनिकों को बहुत जल्दी ही धराशाई कर दिया। फिर सूचना पहुँचने पर भरत और सुग्रीव आते हैं परन्तु होता है वही जो पहले हुआ और अंत में श्री राम स्वयं आते हैं। हनुमान को बंधा हुआ देख और दोनों तेजस्वी बालकों को देख कर अचंभित होते हैं और हनुमान को कहते हैं,"तुम ऐसे बंधे खड़े हो?" हनुमान जी बोले,'प्रभु मैं अभी इन के बंधन में हूँ।" लव कुश को अश्व छोड़ने के लिए समझाते हैं तो वोह कहते हैं,"ऐसे कैसे छोड़ दें, हम को हरा कर ही आप इस अश्व को ले जा सकते हैं। दोनों और से वाण तन जाते हैं परन्तु उसी समय महर्षि वाल्मीकि जी वहां पहुँच जाते हैं और कुश और लव को कहते हैं,"कुश, लव तुम यह क्या कर रहे हो? महाराज राम हमारे राजा हैं और राजा प्रजा के लिए पिता के समान होते हैं। आप दोनों महाराज

से क्षमा मांगो।" कुश और लव ने गुरु आज्ञा का पालन करते हुए श्री राम से क्षमा याचना की। महर्षि उस समय देव लोक से लौट कर आए थे और उनके कमंडल में अमृत था जिसको मूर्छित सेना के ऊपर छिड़क कर सब को सजीव कर दिया और उन्होंने महाराज राम को अयोध्या जा यज्ञ पूर्ण करने के लिए कहा और हनुमान को बंधन मुक्त करा अश्व ले जाने को कहा।

कुश और लव आश्रम में माता सीता के पास बापस आए और अयोध्या की राम सेना को पराजित करने की बातें बताने लगे और बताया के महाबली हनुमान को भी लव ने पाश में बांध लिया था। गुरु जी समय से आ गए नहीं तो महाराज से भी हमारा युद्ध होने जा रहा था। माता उनकी बात सुनते ही तड़फ उठी,"तुम लोगों ने मेरे लक्ष्मण, शत्रुघ्न और भरत के ऊपर वाण चलाये? तुम ने मेरे पुत्र हनुमान को पाश में बांधा? जानते हो हनुमान तो तुमसे भी पहले मेरा पुत्र है। भरत, लक्ष्मण और शत्रुघ्न भी मेरे पुत्रों जैसे प्रिय हैं। तुमने अपने पिता महाराज श्री राम के सामने हथियार उठाया। सीता जी रोती हुई चिल्ला उठी, हे प्रभु यह सब सुनने से पहले मेरे प्राण क्यों नहीं निकल गए।"

कुश लव को अब समझ आया के उनकी वन-देवी कहलानी वाली माता सच में महारानी सीता हैं और अयोध्या के राजा महाराज श्री रामचंद्र ही उनके पिता हैं। महर्षि वाल्मीकि जी ने आकर अपनी धर्म पुत्री सीता को और कुश लव को भी समझा कर शांत किया। आश्रम में भी यह बात फ़ैल गई थी कि वन देवी कौन हैं परन्तु आश्रम में रहते हुए सीता जी ने जो सन्यासी स्त्रियों जैसी सादगी दिखाई थी तो सभी उनकी बहुत प्रशंसा कर रहे थे और कुश लव की युद्ध कुशलता के लिए सराहना भी कर रहे थे।

महर्षि वाल्मीकि जी ने समय की अनुकूलता को समझते हुए और अयोध्या की प्रजा के मन में महारानी सीता के निर्दोष होने की बात जागृत करने के लिए कुश और लव को उनके जन्म तक की अपनी लिखी, जो नहीं बताई थी, वोह कथा भी बता, कंठस्थ करा, अयोध्या भेजने का निर्णय लिया। कुश और लव को नगर में घूम कर यह अपनी माता सीता की वेदना कथा जनता को संगीत बद्ध गाकर सुनाने के लिए अयोध्या भेज दिया।

कुश और लव ने अपनी सुरीली मधुर आवाज में अपनी वीणा की धुन के साथ जैसे ही राम और सीता के नाम वाली कथा गा कर सुनानी आरम्भ की

तो लोग जैसे बावले हो इनके पीछे चल दिए। सब जगह गली-चौराहों में भीड़ जुटने लगी। संध्या होते बात महाराज श्री राम तक पहुँच गई। महाराज श्री राम ने उनको अपने पास बुलाया। बालकों को देख अचम्भित हो कर बोले,"तुम तो वोही ऋषि आश्रम वाले बहादुर बच्चे हो। गाते भी इतना मधुर हो कि नगर में तुम्हारी ही सराहना हो रही है।" फिर श्री राम ने पूछा कि क्या तुम हमें भी अपनी मधुर सुरीली वाणी में कुछ सुनाना पसंद करोगे?" कुश ने उत्तर दिया,"महाराज,"हमारे गुरु जी ने जो कथा कंठस्थ कराई है वोही सुना सकेंगे?" श्री राम ने कहा,"सुबह यज्ञ होता है और संध्या समय में हम सब यहाँ उपस्थित परिवार और अतिथियों के साथ आपका कथा गान सुना करेंगे।"

ऋषि बालक समझ कुश और लव की रहने की व्यवस्था कर दी गई।

अगले दिन संध्या के निश्चित समय पर दोनों बालकों ने अपनी सुरीली आवाज में कथा सुनानी आरम्भ की। कथा का विषय होता है अयोध्या की प्रजा की बात सुन कर महाराज श्री राम द्वारा निर्दोष महारानी सीता का त्याग। जैसे जैसे कथा आगे बढ़ती है और यह बताया जाता है कि कैसे नाम और अपनी पहचान छुपा, वनदेवी नाम से अयोध्या की महारानी एक ऋषि की धर्म पुत्री वन कर ऋषि आश्रम में शरण लेती है। वोह वनदेवी उस समय गर्भावस्था में होती है। वन देवी आश्रम के नियमों का पालन करते हुए आश्रम में रहने की कोशिश करती है। उसके मन की विरह, पति की चिंता परिवार के सदस्यों का स्नेह और प्रजा का अग्निपरीक्षा के प्रति अविश्वास आदि तरह तरह की बातें याद में आ सीता जी के मन को विचलित करती रहती थीं। समर्थ त्रिकालदर्शी ऋषि ने सीता जी की मनो-दशा को समझ लिया था अतः उनको धर्म ज्ञान की शिक्षा दी और अयोध्या छोड़ने का कारण और उस समय की ली हुई प्रतिज्ञा की भी याद दिलाई। यदि ऐसे चिंतित रहेंगी तो गर्भ में पल रहे बच्चे पर उस का अच्छा प्रभाव नहीं पड़ेगा और फिर कैसे अपने क्षत्रिय बच्चे को एक शक्तिशाली योद्धा बना सकोगी। ऋषि की शिक्षा का अच्छा प्रभाव हुआ और वन देवी सब भूल कर आश्रम की स्त्रियों के साथ घुल-मिल कर अपने को व्यस्त रखने लगीं।

महारानी सीता ने जब अयोध्या छोड़ी थी उस समय वोह गर्भावस्था में घर से गई थीं और यह बात राजपरिवार में सब को विदित थी।

समय आने पर ऋषि आश्रम में वनदेवी ने अपने दो जुड़वां बालकों को जन्म दिया। महर्षि ने बच्चों का नाम संस्कार किया। समय समय पर क्षत्री कुल के अनुसार बालकों के यथा विधि संस्कार भी किये।

अयोध्या की महारानी स्वयं भी आश्रम की स्त्रियों के साथ घर-बाहर का सब काम करती थी और अपने बालकों को भी बचपन से ही प्रत्येक काम में उत्साहित कर लगाती थीं। अपने छोटे बच्चों को साथ लेकर वन से लकड़ियां काट-चुन कर लाती। अपनी कुटिया में बच्चों के और अपने लिए भोजन पकातीं। वहां ऋषि आश्रम में सीमित साधनों के होते हुए भी अपने बच्चों को क्षत्रिय पुत्र होने का एहसास दिला उचित शिक्षा दे निडर बनाया।

बच्चों की शिक्षा ग्रहण करने की आयु हुई तो महर्षि ने दोनों बालकों को शिष्य स्वीकार कर उनको अक्षर ज्ञान, भाषा ज्ञान, धर्म ज्ञान और फिर शास्त्र ज्ञान की शिक्षा दी। कुछ बड़े हो जाने पर शस्त्र विद्या में भी दक्ष बनाया। समर्थ गुरु ने कुश और लव को ऐसे दिव्यास्त्र भी प्रदान किये थे जिनकी किसी दूसरे के पास काट ही नहीं थी और अपना अभेद्य सुरक्षा कवच भी उन्हें प्रदान किया था। यही कारण था कि अकेले लव ने ही राम सेना को हरा दिया था। गीत-संगीत की शिक्षा में भी दोनों भाईओं को निपुण बना दिया था।

कथा में गुण सम्पन वीर बालकों का उल्लेख हुआ तो सब को समझ आ गया था कि यह कथा तो सब इन बालकों की ही है। निश्चय ही यह ही वोह बीर बालक हैं जिन्होंने यज्ञ के घोड़े को रोक युद्ध में कौशल दिखाया था। वोह तो अपने आप में उदाहरण था ही और अब यह गुरु द्वारा लिखी गई रामायण को कंठस्थ कर मन मुग्ध कर देने वाली अपनी सुरीली मधुर आवाज में गा कर सुना रहे हैं।

उपस्थित परिवार के लोग ही नहीं, अतिथि गण, नगर निवासी और राजमहल के कर्मचारी भी आत्म विभोर हो आंसू वहा रहे थे। कथा पूर्ण करते समय अंतिम शब्दों में साफ उच्चारण था कि कुश और लव वनदेवी माता सीता के जाये और महाराज श्री राम के ही पुत्र हैं।

अब तो सब बात खुल गई थी, सब को विश्वास हो गया था कि यह दोनों सर्व गुण सम्पन वीर बालक श्री राम के ही पुत्र हैं। मिथिला नरेश महाराज जनक भी वहां उपस्थित थे। अपनी प्रिय, लाड़ली दुलारी राजमहलों में पली बड़ी

हुई, बड़े राज्य की महारानी बनने के बाद, अब एक संन्यासिन बन कैसे जीवन व्यतीत करना पड़ रहा है? महाराज जनक की मनोदशा उस समय क्या रही होगी? समझा जा सकता है। माता कौशल्या, पहली बार जो अपने दोनों पौत्र को देख रही थी, उनका मन उड़ कर उन दोनों को जा कर गोद में समा लेने को ललायत हो रहा था। राज माताएं, भरत, लक्ष्मण और शत्रुघ्न और इनकी पत्नियां, सीता जी की बहने, सब विह्वल हो आंसू वहा रहे थे।

सुनने वालों की आंखें अश्रु बरसा रहीं थी। बहुत से लोग पुकार रहे थे,"महारानी सीता को आदर सहित बापस लाओ।" परन्तु अब भी कुछ लोग ऐसे भी थे जो कह रहे थे महारानी सीता को स्वयं आ कर कहना चाहिए कि यह दोनों महाराज श्री राम के पुत्र ही हैं।

महारानी सीता स्वयं आ कर नगर निवासियों के सामने उपस्थित हो कर सब सत्य बता दें, सन्देश दे कर महर्षि वाल्मीकि आश्रम में संदेशवाहक भेजे गए।

सब बात समझ कर महर्षि वाल्मीकि अपनी धर्म-पुत्री सीता को ले कर सभा में पहुँच गए। ऋषि ने सभा को भरोसा दिलाने के लिए कहा,"देवी सीता के लिए कुछ भी अनुचित सोचना या कहना, पाप का भागी बनने जैसा होगा। देवी सीता एक पुण्य आत्मा पतिव्रता स्त्री है। मैंने अपनी अन्तर दृष्टि से इसे देख-परख ही अपनी धर्म पुत्री रूप में अपने आश्रम में आश्रय दिया था। अयोध्या छोड़ने से पहले ही देवी सीता गर्भ धारण किये हुए थी। महाराज राम को और परिवार में यह बात सब को विदित थी। इनके इन दोनों जुड़वां पुत्रों ने मेरे आश्रम में ही जन्म लिया है और मेरी देख-रेख में ही पले बड़े हुए हैं।"

अधिकतर अयोध्या की प्रजा सीता जी से क्षमा प्रार्थना कर कह रही थी कि महारानी आप नगर निवासियों को क्षमा कर दो और अब बापस आ जाओ। महाराज राम ने पूछा,"प्रजा क्या कहती है?"

प्रजा की आवाज थी, "महर्षि वाल्मीकि जी एक सत्य वक्ता महात्मा हैं। इन की बात कभी भी असत्य हो ही नहीं सकती। महारानी सीता सर्वथा निर्दोष हैं। हम प्रजा ने जो महारानी सीता पर मिथ्या दोष लगाया था उसे क्षमा करने के लिए प्रार्थना करते हैं।

परन्तु अब भी कुछ दुर्बुद्धि वोह भी थे जो दबे स्वर में कह रहे थे कि स्वयं महारानी सीता को प्रमाणित करना चाहिए।

महाराज राम एक कठोर शासक थे। वोह अपने लिए या परिवार के लिए राजा नहीं थे। राज्य की प्रजा के सुख दुःख को और प्रजा की बात को अधिक महत्व देते थे। महाराज राम को यह स्वीकार नहीं था कि उनके ऊपर स्त्री-मोह जैसी बात की फिर से चर्चा हो।

महारानी सीता तो सोच भी नहीं सकती थीं कि उनके पति, अयोध्या के राजा, चक्रवर्ती सम्राट महाराज रामचंद्र के प्रति पत्नी मोह जैसी कोई भी गलत धारणा नगर के प्रजा जनों के मन में पनपे या राज परिवार के ऊपर प्रजा में कोई गलत चर्चा हो। देवी सीता ने अपने पति श्री राम के प्रति प्रजा की कुछ अनर्गल बातें सुन कर दुखी हो, पति आज्ञा ले सब छोड़ वन में चली गई थी।

इन कुछ दुर्बुद्धि लोगों की बात को आगे रखते हुए महाराज राम ने महर्षि वाल्मीकि जी के प्रमाणित शब्दों को मान्यता देने की जगह कुछ दुर्बुद्धि लोगों की बात के कारण, मिथ्या चर्चा को सदा के लिए समाप्त कर देने के उद्देश्य से सीता जी को अपने मुख से कह प्रमाणित कर देने का आदेश कर दिया था। किसी के धैर्य की परीक्षा लेने की भी एक सीमा होनी चाहिए। दुर्बुद्धि प्रजा की बुद्धि तो विशेष ही होती है जो किसी की अच्छाई में भी बुराई को और सद्गुणों में भी अवगुणों को ही अपनी सोच के अनुसार आंकने लगती है।

सीता जी तो महा लक्ष्मी का अवतार थीं। सृष्टि की निर्माता, जगत जननी स्वयं थीं। उनसे तो कुछ छुप ही नहीं सकता था। ऐसे लोगों की वोह बुद्धि परिवर्तन भी कर सकती थीं परन्तु वोह एक स्त्री रूप में श्री राम की धर्मपत्नी बन मानव लीला कर रही थीं। महारानी से साध्वी भेष धारण कर लेने वाली देवी सीता जी ने समय की अनुकूलता के अनुसार निर्णय लेते हुए जिन बचनो का उच्चारण किया वोह इस प्रकार थे,"मैं जनक नंदिनी और अयोध्या के महाराजा की पत्नी, सत्य व्रती रघुकुल की कुलवधू, इस सभा में सब के सामने महाराज को कहती हूँ कि यह दोनों, कुश और लव आपके ही पुत्र हैं। पहली वन यात्रा में रावण द्वारा मेरा अपहरण हुआ था जिसको मारने और लंका विजय के बाद लक्ष्मण द्वारा प्रगट अग्नि में वानर सेना के सामने मुझे अग्नि परीक्षा देने पर स्वीकार किया गया था। अपने पति के मन के भाव को समझते हुए मैंने अग्नि

प्रवेश किया था। जिस प्रजा को मेरी सत्यता और पवित्रता बताने के लिए मेरी अग्नि परीक्षा हुई थी उसको नगर की प्रजा ने मान्यता नहीं दी। प्रजा को फिर से सत्य समझाने के लिए मुझे पति, परिवार त्याग नगर से दूर ऋषि आश्रम में जा कर शरण लेनी पड़ी थी। अब मुझ अबला नारी को भरी सभा में वोह सत्य प्रमाणित करने को कहा गया है जिसको स्वयं महाराज भी जानते हैं। इस से अधिक कष्ट दाई मानसिक पीड़ा एक अबला स्त्री के लिए और क्या हो सकती है। मेरे राज्य सुख को त्याग कर वन जाने से भी जो प्रजा सत्य को अब भी नहीं समझ सकी उसको और समझाना व्यर्थ ही होगा। ऐसे मनुष्यों की सोच-समझ अपने ही ढंग की होती है।" फिर देवी सीता ने महाराज श्री राम को सम्भोदित करते हुए कहा,"महाराज, जो सत्य है वोह आप जानते हैं। आप को राज-धर्म निभाना है परन्तु अब मैं तो किसी बंधन में नहीं हूँ। आप से मेरा पहले ही त्याग हो चुका है। आपके दोनों बालकों को अब माता की नहीं पिता के प्यार की अधिक आवश्यकता है। आप इनको अपना लेंगे तो बहुत अच्छा होगा। मैं सीता फिर से कहती हूँ,"यह दोनों आप का अंश, आपके ही पुत्र हैं।"

अब देवी सीता पृथ्वी को पुकार कहती हैं,"हे पृथ्वी माता मेरी सत्यता को आप ही प्रमाणित कर सकती हो। सुना है कि मेरी उत्पत्ति भी आप से ही हुई थी। अब मेरी प्रार्थना है कि मेरी इस अत्यंत पीड़ा भरी कठिन परीक्षा में आप ही मेरी सहायक बन मेरी सत्यता को प्रमाणित कर सकती हैं।"

फिर पिता महाराज जनक, तीनों सासु माता, तीनों बहनों, महर्षि वाल्मीकि, कुल गुरु वशिष्ठ और दूसरे संत व ब्राह्मणों को हाथ जोड़ झुक कर भरे मन भीगी आँखों से प्रणाम किया। दोनों पुत्रों को कहा,"कुश और लव बेटा! मैं अब और इस संसार में नहीं रह सकती, महाराज ही तुम्हारे पिता हैं। पिता और बड़ों की सेवा और आज्ञा पालन करना।"

अब देवी सीता ने पृथ्वी का आवाहन करते हुए कहा,"हे माता, यदि मैं दोष रहित और पाप रहित हूँ और मेरी बात में सत्यता है तो मुझे अब बिना देर किये अपनी गोद में समा लीजिये।"

इतना सुनते ही सब परिवार और सभा में उपस्थित लोग विचलित हो उठे। प्रजा जन बोल रहे थे,"माता हमें क्षमा कर दो, ऐसा मत करना। हमारी भूल क्षमा कर दो!" परिवार के सदस्य भी हाथ हिला हिला ऐसा न करने के लिए

कह रहे थे। महाराज श्री राम भी अब भरे मन और आंसू भरी आँखों से और हाथ हिला हिला कर कह रहे थे,"नहीं सीते, नहीं सीते, तुम मुझे छोड़ कर नहीं जा सकती।" परन्तु अब तक तो बहुत देर हो चुकी थी। सभा के मध्य भाग में देवी सीता के आगे पृथ्वी फट कर दो भाग में होने लगी थी। प्रजा जन पश्चाताप करते देखते ही रह गए। श्री राम और राज परिवार के सदस्यों के और सब के सामने ही भूमि के दरार में से पृथ्वी दिव्य स्त्री रूप में प्रगट हुई और देवी सीता का हाथ पकड़ लिया और बोलीं,"चलो बेटी, यह संसार तुम्हारे लिए नहीं है।" देवी सीता इस तरह सब के देखते देखते पृथ्वी में समा गईं।

सभा में पश्चाताप और दुखी होने के सिवा और कुछ नहीं था। श्री राम पहले द्रवित हो क्रोधित हुए परन्तु फिर बिलकते रोते हुए कुश और लव को आ कर अपनी गोद में ले लिया। सभा भंग हो गई और सभी लोग रोते बिलकते और कुछ लोगों की सोच के लिए पश्चाताप करते हुए घरों को लौट रहे थे। राज-परिवार और अयोध्या के सब परिवार अब शोक मग्न थे।

कहावत है: "अब पछताए क्या होत जब चिड़िया चुग गई खेत।"

निर्दोष देवी सीता तो अपने मूल रूप को धारण कर वैकुंठ को चली गई परन्तु अयोध्या की प्रजा के पास अब क्या रह गया था? जीवन भर के लिए पश्चाताप और मानसिक ग्लानि।

श्री राम ने अयोध्या नगर में रहते हुए लगभग आठ हजार बर्ष राज्य किया था। राम राज्य में हर व्यवस्था प्रजा हित को आगे रख की जाती थी। राजा सत्य पथ पर चलने वाला था तो प्रजा तो राजा को समझ कर ही चलती है। राम राज्य में प्रजा भी सत्यवादी थी। सत्य व्यवहार के कारण प्रजा सुखी और संपन्न थी।

"जय जय सिया राम"

ऋषि भृगु का भगवान विष्णु को श्राप:

भगवान विष्णु की लीलाएं बड़ी रहस्य मई होती हैं। श्री राम और सीता के इस जन्म के वियोग का कारण भी हज़ारों बर्ष पुरानी एक घटना पर आधारित था।

देवासुर संग्राम चल रहा था जिस में देवता पक्ष भारी पड़ रहा था। बहुत से असुर मारे गए थे और कुछ असुर बचने के लिए भृगु आश्रम में पहुँच गए और वहां भृगु पत्नी से जीवन रक्षा की प्रार्थना की। ऋषि पत्नी को दया आई और उन्होंने उन दैत्यों को आश्रम में सुरक्षित स्थान दे दिया। यह बात देवताओं ने भगवान विष्णु को बताई तो उन्होंने अपने सुदर्शन से भृगु पत्नी का ही वध कर डाला। इस घटना क्रम से ऋषि भृगु का क्रोधित होना स्वाभाविक था अतः उन्होंने विष्णु जी को श्राप दे दिया कि आपको भी अपने मानव अवतार में अपनी भार्या का बड़ा वियोग सहन करना पड़ेगा। इसी कारण श्री राम का देवी सीता के भूमि-गत होने के बाद का हजारों बर्ष का जीवन अकेले में ही व्यतीत हुआ था।

७.८. "मानव रूप में भगवान विष्णु का 'प्रेम लीला' कृष्ण अवतार"

श्री कृष्ण भगवान श्री विष्णु के सोलह कला सम्पूर्ण लीला अवतार माने जाते हैं| जन्म से ही प्रभु की लीलाएं अद्भुत रही हैं।

सच तो यह है कि प्रभु ने अपनी लीला अवतरित होने से पहले ही शुरू कर दी थीं।

उस समय मथुरा के राजा "उग्रसेन" थे। इन्हीं के बड़े पुत्र का नाम "कंस" था। महाराज उग्रसेन के छोटे भाई का नाम "देवक" था। इनकी एक पुत्री थी जिस का नाम था "देवकी"। इस्स तरह "देवकी" कंस की चचेरी बहिन थी जो कंस की लाड़ली भी थी। देवक पुत्री देवकी की शादी यदुवंशी बसुदेव जी से हुई थी। जब डोली विदाई होने का समय आया तो कंस ने अपनी लाड़ली बहिन का रथ स्वयं हाँक कर ले जाने का निश्चय किया। विदाई हुई और कंस बड़ी ख़ुशी

और उत्साह में रथ के घोड़ों की लगाम अपने हाथों में ले रथ को दौड़ाता हुआ ले जा रहा था कि एक आवाज़ आकाश में गूंज उठी, "कंस तुम जिस बहन की डोली लिए जा रहा है इसी की आठवीं संतान तेरा काल होगी"। सभी हैरान हो रहे थे कि आवाज कहाँ से आई? इतने में दोबारा गंभीर स्वर में वोही आवाज़ आकाश में गूंज उठी।

अब तो कंस समझ गया और उसने देवकी को मारने के लिए तलवार निकाल ली और बोला देवकी को ही अभी समाप्त कर देता हूँ। देवकी ही नहीं रहेगी तो संतान कहाँ से आएगी। तभी बसुदेव जी ने उन्हें रोका और समझाया कि अपनी प्रिय बहिन जिस की अभी शादी हुई है तुम मत मारो। देवकी से तो तुम्हें कोई खतरा है ही नहीं। आकाशवाणी के अनुसार तो तुम्हें इसकी आठवीं संतान से ही खतरा है तो इसके जो भी बच्चा पैदा होगा मैं उसे तुम्हारे पास स्वयं ले कर आ जाया करूँगा। कंस जानता था कि बसुदेव जी एक सत्य वक्ता पुरुष हैं अतः उसने बसुदेव जी का भरोसा कर देवकी बहिन को मारने का बिचार छोड़ दिया। परन्तु कंस ने भविष्य वाणी के सच होने के डर से देवकी-बसुदेव को अपनी सख्त निगरानी में महल में नज़रबंद कर दिया।

महाराज उग्रसेन को जब कंस के द्वारा देवकी बसुदेव को नज़रबंद रखने की बात मालूम हुई तो उन्होंने कंस को बुला उसे डांट-फटकार लगाई और जब कंस ने गलत जवाब-देहि की तो राजा ने उसे बंदी बनाने के लिए अपने सुरक्षा सैनिकों को कहा। सेनापति होने के कारण महाराज उग्रसेन के सुरक्षा सैनिकों को छोड़ शेष सैनिक सरदार तो उसके साथ थे। उसने महाराज उग्रसेन अपने पिता को ही बंदी बना राजगद्दी से उतार जेल की काल-कोठड़ी में बंद करा दिया और स्वयं को मथुरा का राजा घोषित कर लिया। जो विरोध में आवाज उठाए उसके लिए मृत्यु दंड घोषित कर दिया गया था। जनता-जनार्दन में सैनिकों के मनमानी बर्ताव और अत्याचार के कारण भय का वातावरण बन गया था। लोग डर के साये में जीवन जीने को मजबूर थे। सब से अधिक डर यादवों को था जिनके राजा शूरसेन थे। यादव सेना के सेनापति "अक्रूर" एक बहुत ही समझदार और बहादुर व्यक्ति थे। परन्तु कंस की राक्षसी और बड़ी सेना के आगे वोह वेवस थे। वोह जो भी करते या करना चाहते थे सभी गुप्त रूप से करना पड़ता था। इसी तरह उन्होंने बसुदेव जी की दूसरी पत्नी "रोहिणी जी" को रात के अँधेरे में भेष बदल कर गोकुल में नन्दराये जी के घर पहुँचाया था।

श्री मद्भगवत गीता के पहले अध्याय में महाभारत युद्ध में होने वाले नरसंहार के बाद स्त्रियों के दूषित होने और फिर उनसे वर्णसंकर पैदा होने और फिर कुलों के भ्रष्ट होने का डर व्यक्त करते हुए महारथी अर्जुन ने युद्ध में लड़ने के लिए विरोध प्रगट किया था।

कंस एक उच्च चंद्र वंशी कुल और मथुरा के महाराजा उग्रसेन और उनकी पत्नी पवन रेखा जो बड़े धर्मात्मा और संस्कारी थे उनके पैदा हुआ वैसा ही एक वर्णसंकर, कलंक था।

कंस की राक्षसी प्रवृत्ति का राज उसके पिछले जन्म से जुड़ा हुआ था। द्वापर युग में जन्म लेने से पहले कंस सतयुग में एक बलवान बलशाली राक्षस था। उसका नाम 'कालनेमि' था। कालनेमि असुर के पिता का नाम विरोचन था जो विष्णु भगत प्रहलाद के पुत्र और दानवीर असुर राजा बलि के पिता थे और इस तरह कालनेमि राजा बलि के भाई ही थे। कालनेमि की असुरी प्रवृत्तियों से अच्छे अच्छे देवता भी घबराते थे। उसके पास कई विद्याएं थीं। वह बहुत शक्ति शाली था और शेर (सिंह) की सवारी करता था तथा शस्त्र कला और तंत्र विद्या में भी पारंगत था। उस कालनेमि से देवता मुकाबला करने की हिम्मत नहीं कर पाते थे। देवासुर संग्राम होते ही रहते थे। एक देवासुर संग्राम में कालनेमि भारी पड़ रहा था। उस युद्ध में वहां भगवान विष्णु उसको दिखाई पड़ गए। उस ने अपने सिंह पर बैठे ही बैठे श्री हरि पर बड़े वेग से एक त्रिशूल चला दिया जो भगवान ने हाथ से पकड़ कर उसी त्रिशूल से कालनेमि का वध कर दिया था। जब कालनेमि का वध हुआ तो देवता चिंता मुक्त हो गए।

श्री हरि ने देवताओं को बताया था कि कालनेमि का एक और जन्म द्वापर युग में होगा, तब धर्म की स्थापना के लिए मैं मनुष्य रूप में अवतार लूंगा और तभी एक बार फिर उसका संहार करूंगा।

द्वापर युग आ गया और कालनेमि असुर का यदुवंशी राजा आहुक के पुत्र उग्रसेन के यहां कंस के नाम से पुनर्जन्म हुआ। महाराज उग्रसेन और रानी पवन रेखा तो उसको अपना पुत्र ही मानते थे परन्तु यह सत्य नहीं था।

कंस का जन्म जरूर उग्रसेन के घर हुआ था और वोह उसके पिता कहलाये जबकि कंस का असली पिता असुर द्रामिल था।

उग्रसेन का विवाह विदर्भ के राजा सत्य केतु की पुत्री पवन रेखा के साथ हुआ था। राजा उग्रसेन और पवन रेखा दोनों धार्मिक वृति के थे और श्री विष्णु की आराधना करते थे। उनके काल में जनता भी भगवान विष्णु की आराधना करती थी और सुखी और सम्पन थी। राजा और रानी के बीच अत्यंत प्रेम था। रानी पवन रेखा बेहद खूबसूरत थीं और उनका चंचल-हंसमुख स्वभाव सभी के बीच लोकप्रिय था।

विवाह के कुछ समय बाद रानी अपने मायके गई। एक दिन सखियों संग रानी पवन रेखा उद्यान में घूम रहीं थी। उस समय, एक असुर जिसका नाम था द्रामिल और उसको दूसरे नाम गोदिला से भी जाना जाता था, आकाश मार्ग से उसी उद्यान के ऊपर से जा रहा था और उसकी दृष्टि रानी पवन रेखा पर पड़ गई और वोह उसकी सुंदरता पर मोहित हो गया। उसका मन उसे पा लेने के लिए लालायित हो उठा था। वोह अदृश्य रूप में रानी पवन रेखा के आस पास ही रह समय की उड़ीक में था। एकांत में उचित समय पा कर वोह रानी के सामने प्रगट हो गया और रानी को अपनी सम्मोहिनी शक्ति से सम्मोहित कर उस से शारीरिक सम्बन्ध बना अपनी काम वासना की पूर्ति कर चला गया। रानी पवन रेखा असुर गोदिला के जाने के बाद जब अपनी स्मृति में लौटी तो जो कुछ भी उसके साथ हुआ था उसका कुछ भी ज्ञात नहीं था।

कुछ एक दिन के बाद रानी अपने ससुराल मथुरा राजमहल में बापस लौट कर आ गई। यहाँ आने के कुछ एक दिन बाद रानी को अपने गर्भवती होने का एहसास हुआ। राजा और राजमहल तक बात पहुंची और सब ओर ख़ुशी का माहौल बन गया। समय आने पर रानी पवन रेखा ने अपने पहले पुत्र को जन्म दिया और इस राजकुमार का नामकरण हुआ "कंस"।

कंस बड़े लाड़ प्यार से राजा शाही ठाठ बाठ में पल कर बड़ा हो रहा था। कंस की स्वाभाविक प्रवृति बचपन से ही घर परिवार के माहौल से अलग थी।

समय अपनी गति से चलता और बदलता है।

माता देवकी ने एक एक कर छै पुत्रों को जन्म दिया और पिता बसुदेव प्रत्येक बच्चे को अपने बचन के अनुसार कंस के पास ले जाते थे। पहले बच्चे को जब बसुदेव जी ने ले जा कर कंस को दिया तो कंस उस मासूम सुंदर अभोल

नए जन्मे बच्चे को देख बड़ा प्रसन्न हुआ और बसुदेव जी के बचन पालन से भी वह खुश था इस लिए इस बच्चे को मारने का उसका बिचार बदल गया और बसुदेव जी को बोला इसे तुम ले जाओ। मुझे इस से नहीं आठवें से खतरा है और यह कह उसने बच्चा लौटा दिया। माता देवकी को बच्चा वापस मिल गया और सब ठीक सा हो गया। सभी खुश थे और कंस की सराहना कर रहे थे।

ब्रह्मा जी के मानस पुत्र मुनिश्रेष्ठ नारद जी जो श्री नारायण के अनन्य भगत, उनके मनोभाव को समझने वाले और प्रभु के जाने-माने संदेशवाहक भी हैं, भगवान विष्णु जी का मनोभाव समझ कंस के पास पहुँच गए। उसको कहा,"तुम बहुत भोले हो।» फिर उसको बोले तुम्हारे हाथ की कितनी उँगलियाँ हैं? कंस ने कहा,"किसी के भी हाथ में पांच उँगलियाँ ही होती हैं।» नारद बोले,"मध्य से गिनती शुरू करो तो अंतिम उँगली कौन सी होगी?" फिर कहा,"गिनती तो आगे-पीछे, कहीं से भी शुरू की जा सकती है।» कंस ने कहा,"कितनी भूल कर रहा था मैं, मुनिवर आप का धन्यवाद।» नारद जी नारायण जाप करते वहां से निकल गए। कंस उसी समय बहन देवकी के कक्ष में जा पहुंचा। देवकी, अपनी प्यारी लाड़ली बहन से उसके इस नए जन्मे बच्चे को जबरदस्ती छीन लिया। देवकी गिड़गिड़ाती, कंस के पैर पकड़ मिन्नतें करती रह गई परन्तु कंस कहाँ अब मानने वाला था। उसने देवकी की गोद से बच्चा झटक लिया और बाहर पत्थर शिला पर पटक कर बड़ी बेदर्दी से मार डाला और उसके पश्चात तो अगले पांच पुत्रों को जन्म लेने के बाद तुरंत ही मार देता रहा। नारद मुनि जी का कंस के पास आना और बच्चों को मारने की प्रेरणा देना भी प्रभु की एक लीला ही थी। कंस के पाप कर्म में शायद अभी कुछ कमी रही होगी।

अगली प्रभु की लीला सातवीं संतान के गर्भ में आने के बाद हुई। प्रभु की इच्छा से योग माया ने देवकी के इस गर्भ को बसुदेव की दूसरी पत्नी रोहिणी, जो उस समय गोकुल में नन्दराये जी के यहाँ रह रही थी, उस के गर्भ में पहुंचा दिया। शेषनाग को प्रभु ने अपने बड़े भाई बलराम के नाम से माता रोहिणी के गर्भ से प्रगट किया। कंस समझ नहीं सकता था कि अगली संतान सातवीं होगी अथवा आठवीं क्यों कि देवकी का सातवां गर्भ नष्ट हो गया माना गया था।

अब तो कंस और अधिक सतर्क हो गया था। उसने देवकी बसुदेव को बेड़ियों में जकड़ जेल में डाल दिया और सख्त पहरा लगवा दिया था।

अब जब स्वयं भगवान विष्णु माता देवकी के गर्भ में आठवीं संतान के रूप में आ गए और अच्छे चिन्ह दिखाई देने लगे थे। देवकी के रूप की, चेहरे की आभा ही बदल गई थी और मन भी खुश रहने लगा था।

भादों मास की अँधेरे पक्ष की अष्टमी को आधी रात्रि के समय चार चतुर्भुज रूप में प्रगट हो माता देवकी और पिता बसुदेव जी को दर्शन दिए। भगवान दोनों से बोले,"मैंने अपना चतुर्भुज रूप इसलिए दिखाया है कि तुम्हें मेरे पूर्व अवतारों का स्मरण हो जाये। देवकी बसुदेव को उनकी स्वयं भू मन मंत्र में की हुई भगति की याद दिलाते हुए बताया कि उस समय बसुदेव जी प्रजापति सुत पा थे और माता देवकी का नाम वृष्णि था। आप दोनों ने हमारे दुर्लभ चार चतुर्भुज रूप का दर्शन पाने के लिए देवलोक के १२ हजार बर्ष तक बहुत कड़ी तपस्या की थी और हमारे जैसा पुत्र पाने की इच्छा जताई थी। हमारे जैसा पुत्र तो दूसरा कोई मिल ही नहीं सकता था इस लिए हमने स्वयं ही आपकी गोद में आने का निश्चय किया और क्योंकि हम ने तीन बार "तथास्तु" कहा था इस लिए हमने तीन बार आपका पुत्र बन कर जन्म लिया।

तुम दोनों मेरे प्रति पुत्र भाव तथा ब्रहम भाव रखना। इस प्रकार वात्सल्य स्नेह और चिंतन के द्वारा तुम्हें परम पद की प्राप्ति होगी। भगवान ने कहा- देवी, स्वायम्भुव मन्वन्तर में जब तुम्हारा जन्म हुआ था तब तुम्हारा नाम पृश्नि और बसुदेव जी का नाम सुतपा प्रजापति था। उस समय मैं पृश्नि गर्भ के नाम से प्रसिद्ध हुआ। दूसरे जन्म में तुम अदिति और वासुदेव जी कश्यप थे। उस समय मैंने तुम्हारे गर्भ से जन्म लिया था और मेरा नाम उपेन्द्र था परन्तु छोटा कद का होने के कारण मैं वामन अवतार के रूप में प्रसिद्ध हुआ। अब तीसरी बार आपका पुत्र बनकर प्रकट हुआ हूँ। प्रभु ने यह भी कह दिया कि आप दोनों को मेरे चार चतुर्भुज रूप के दर्शन और अब की हुई किसी भी बात का स्मरण नहीं रहेगा।

प्रभु ने समझाया कि कैसे बसुदेव जी उन्हें गोकुल के नन्द राय जी के ले जाकर वहां यशोदा जी के कन्या रूप में प्रगट हुई योग माया, नई जन्मी बच्ची को ले आयें और उन्हें यशोदा जी के पास छोड़ आयें और फिर प्रभु ने नए जन्में शिशु का स्वरूप धारण कर लिया।

बसुदेव जी उस नन्हे बालक को ले आधी अँधेरी रात में चल पड़े। हाथ-पैर की बेड़ियाँ तो पहले ही खुल गई थीं और जब पिता बसुदेव जी अपने नन्हे बालक को लेकर चले तो रास्ते में आने वाले जेल के सभी लोहे के दरवाजे अपने आप खुलते चले गए और सभी पहरेदार गहरी नींद में बेसुध हो गिरे पड़े थे। जेल से बाहर हो बसुदेव जी को गोकुल जाने के लिए यमुना पार करनी थी। उस अँधेरी रात में रिम-झिम बर्षा भी हो रही थी। बसुदेव जी यमुना जी में जैसे ही उतरे तो यमुना जी का जल स्तर बढ़ने लग गया। बाल-स्वरूप प्रभु को भीगने से बचाने के लिए प्रभु के प्रिय शेषनाग उनके ऊपर अपना फ़न फहरा पीछे पीछे साथ साथ चलते आ रहे थे। यमुना पार करते समय यमुना जी का जल स्तर बढ़ने लग गया और जब बसुदेव जी के मुख तक पहुँच गया तो बाल-स्वरूप प्रभु ने अपना दाहिना पांव नीचे कर यमुना-जल को छुआ दिया और तभी यमुना जी का जल-स्तर नीचे उतरने लग गया और बसुदेव जी यमुना पार कर गोकुल में नंदराय जी के घर जा पहुंचे। नंदराय जी के घर सब लोग गहरी नींद में थे और यशोदा माता भी सो रही थी। उनकी बगल में नव-जन्मी बच्ची के रूप में योग माया लेटी हुई हाथ-पैर मार खेल रही थी। बसुदेव जी ने अपने बालक को वहां लिटा दिया और बच्ची को अपनी गोद में उठा कर बापस चल पड़े। बापस यमुना पार कर अपनी जेल के कमरे में पहुँच गए और फिर सब जंजीरें और दरवाजे, ताले, सब यथा-स्थिति में हो गए और पहरेदार भी एकदम सचेत हो गए। अद्भुत हैं प्रभु की मायामय लीलाएं।

बसुदेव जी कैसे गए, कहाँ गए और कैसे कन्या को लेकर बापस आए, उनको कुछ भी एहसास नहीं रहा था और ना ही देवकी बसुदेव जी को प्रभु दर्शन व उनके द्वारा बताये गए पूर्व जन्म के अवतारों का विवरण याद रहा था।

यहाँ आने पर बच्ची ने रोना शुरू किया तो पहरेदारों ने तुरन्त कंस, अपने महाराज को, सूचित किया। कंस स्वयं उठ दौड़ते हुए आए और अपनी बहन देवकी की गोद से बच्ची को छीनने लगते हैं। देवकी माता बहुत गिड़गिड़ाई परन्तु कंस को तो उस आठवें बच्ची के रूप में अपना काल (मौत) दिखाई दे रहा था। कैसे छोड़ देता? उस ने बच्ची को झपट कर छीन ही लिया और बाहर आकर एक पत्थर पर पटक कर मारने के लिए जैसे ही हाथ ऊपर उठाया तो बच्ची कंस के हाथ से छूट कर आकाश में अपने असली अष्ट भुजा रूप में प्रगट हो गई। दुर्गा माता कंस को चेतावनी देते हुए बोलीं,"ओ पापी कंस, मुझे

तूँ क्या मारेगा? तेरे को मारने वाला तो कोई और ही है और उस तेरे काल ने भी जन्म ले लिया है।" और देवी अदृश्य हो गईं।

जब देवकी जी के अष्टम गर्भ से कन्या का जन्म और उस कन्या का दुर्गा रूप धारण कर कंस को कहना कि "पापी कंस तूँ मुझे क्या मरेगा? तुझे मारने वाला तो कोई और ही है और उसने जन्म भी ले लिया है।" इस के बाद कंस को मन के अन्दर बहुत भय बैठ गया था। उसने जितनी भी व्यवस्थाएं की थीं सभी निष्फल हो कर रह गई थीं। वोह समझ गया था कि आकाश वाणी के अनुसार देवकी का आठवां बच्चा और कोई नहीं "विष्णु" ही है जो छल से कहीं और पहुंचा दिया गया है कैसे और कहाँ यह उसको मालूम नहीं हो सका था परन्तु उसको इस बात में जरा भी संशय नहीं था। विष्णु एक दिव्य देव शक्ति है यह वोह समझता था फिर भी दुर्बुद्धि राक्षश विरति होने के कारण हार मानने को तैयार नहीं था। उसके सलाहकार मंत्री भी ऐसी ही मत के थे और उसको उत्साहित कर बालक को ढूंढ़ने और मारने के उपाय बताते थे। विष्णु को कमजोर करने कि लिए उस का अत्याचार विष्णु भगतों पर और भी बढ़ गया था। मथुरा के लोगों को अब विश्वास हो गया था कि उनका तारण हार आ गया है।

यह थीं प्रभु की अवतरित होने तक की अनोखी लीलाएं और अब गोकुल में नंदराय जी के गृह में यशोदा मैया के कन्हैया की अद्भुत लीलाएँ शुरू होंगी।

नन्द घर आनंद भयो जन्में नन्द लाल जी:

वासुदेव जी बच्चे को यशोदा जी के पास लिटा कर आ गए और किसी को भी कुछ पता नहीं चला था। परन्तु भगवान विष्णु के ही एक अंश अनंत, शेष जिन्हें 'शेष नाग' के नाम से जाना जाता है और क्षीर सागर में जो प्रभु की कोमल शैया बन विराजमान रहते हैं, और जो अब बड़े भाई के रूप में बसुदेव जी की पहली पत्नी "रोहिणी" के गर्भ से अवतरित हो चुके हैं, उनसे तो कुछ भी छुपा नहीं रह सकता था। बसुदेव जी के बाहर जाते ही उन्होंने प्रभु के चरणों में जाने की इच्छा से रोना शुरू कर दिया ताकि माता जाग जाये और उनको प्रभु के पास ले जाये। माता रोहिणी गहरी नींद में थी परन्तु उठीं और अपने लल्ला को चुप कराने के लिए और उसके लिए दूध लेने के लिए रसोई की और जाने लगी तो उसको यशोदा जी के बिस्तर में उनके साथ बच्चा दिखाई पड़ गया

जबकि यशोदा और नन्द राय जी तो सो रहे थे। यशोदा मां बनने वाली है यह तो सभी को मालूम था परन्तु बच्चा कब पैदा हो गया किसी को पता ही नहीं चला था। अपने बच्चे को यशोदा के नए जन्में बच्चे के पास उसके बिस्तर पर ही उसने छोड़ दिया और खुशी इतनी कि घर में सभी को दौड़ दौड़ कर जगाने और यशोदा के बच्चे के जन्म के बारे में बताने लगी और सभी जल्दी से जाग मां-बच्चे को देखने के लिए पहुँच गए। उधर शेष के अवतार अपने प्रभु को प्रणाम कर शांत हो वहीं लेट रहे थे।

यशोदा जी अपने पास नए जन्मे बालक को देख अचंभित हो गई। उनको कोई प्रसव पीड़ा नहीं हुई और ना बच्चे के जन्म लेने का एहसास ही हुआ था। कब और कैसे बालक प्रगट हो गया कौन सोचे, ख़ुशी इतनी कि बस इतना ही दिमाग में घूम रहा था कि यशोदा के पुत्र ने जन्म लिया है। प्रभु की माया ने सभी को ऐसा घुमा दिया कि बच्चा होने की ख़ुशी में सभी तर्क-वितर्क शून्य हो कर रह गए। "नन्द राय जी के घर लड़का जन्मा है" प्रभात होते ही यह बात वायु-वेग से गोकुल गांव के घर घर में पहुँच गई। नन्द राय जी गोकुल गांव और यादवों के मुखिया थे और अच्छे स्वभाव के कारण लोक-प्रिय भी थे। नन्द राय जी अधेड़ आयु के हो गए थे और अभी तक उनके घर किसी बच्चे का जन्म नहीं हुआ था इस लिए प्रभु का इस तरह यशोदा जी के पुत्र रूप में जन्म गोकुल वासियों के लिए एक उत्सव बन गया था। गोकुल वासी नन्द राय जी की हवेली में बधाई देने आ रहे थे। "नन्द घर आनंद भयो जय कन्हैया लाल की, हाथी घोड़ा पालकी जय कन्हैया लाल की" लोग नाच और गा रहे थे। नन्द राय जी ने पुत्र जन्म की ख़ुशी में खुले मन से लोगों को उपहार बांटे और ब्राह्मणों को भरपूर दान दिया। अन्न, वस्त्र और गाय दान दे कर नन्द राय जी ने ब्राह्मणों और भिक्षुकों को प्रसन्न किया और अन्य लोगों को भी उपहार बाँट कर सम्मानित किया। नन्द हवेली में आने वाला हर दिन उत्सव जैसा ही हो रहा था।

कंस द्वारा उसके काल-रूप नए जन्मे बच्चे को ढूंढ़ने के प्रयास:

कंस को महा माया ने बता ही दिया था कि उसको मारने वाला जन्म ले चुका है इसलिए कंस की तो अब नींद ही उड़ गई थी। कंस के मंत्री गण उसको खुश रखने के लिए उस की बहादुरी के गुण-गान कर तरह तरह की बड़ी बड़ी डींगें

मारते रहते और अपने महाराज कंस की हिम्मत बढ़ाने की कोशिश में लगे रहते थे। कंस के मंत्री भी अपने राजा की तरह राक्षसी विरति, बुद्धि-बिचार के ही थे। भगवान की लीला को समझना उनके बस में कैसे हो सकता था?

मंत्री गण ने मिलकर फैसला लिया कि नए जन्मे बच्चों को ही मरवा देते हैं। कंस ने सहर्ष स्वीकृति दे दी और राज्य भर में नए जन्मे बच्चों का कत्लयाम शुरू हो गया। मथुरा राज्य में हाहाकार मच गया था परन्तु यादव नगरी गोकुल में कंस के सिपाहियों को लोगों ने भगा दिया था।

छः दिन बीत गए थे। नंदराय जी कंस दरबार में कर भरने के लिए आये थे और वहां कंस को बात बात में पता चल गया कि नंदराय जी के घर भी उसी दिन एक लड़के ने जन्म लिया था जिस दिन देवकी को देवी कन्या जन्मी थी और उस को भरोसा हो गया था कि हो ना हो यही वोह देवकी का आठवां पुत्र है जिसके लिए आकाशवाणी ने उस का काल कहा था। अब उसने इस बच्चे को मारने के लिए, गोकुल में जन विद्रोह के डर से अपने राक्षश मित्रों से सहायता लेने का निर्णय लिया और अपनी मुंह बोली बहन पूतना को याद किया। पूतना आई और कंस को भरोसा दे भेष बदल नंदराय जी के घर जा पहुंची।

पूतना की कथा:

यशोदा के 'कान्हा' छठे दिन में प्रवेश कर गए थे। घर-आँगन में अभी भी चहल-पहल थी। नन्द राय जी मथुरा में कंस के दरबार में गए थे। इसी समय पूतना ने आकाश में उड़ते हुए पृथ्वी पर नन्हे बालक को ढूंढ़ना शुरू किया तो उसको गोकुल में यशोदा जी की गोद में कन्हैया जी दिखाई पड़ गए।

लीला धर प्रभु की लीलाओं को कौन समझ सकता है? जो कुछ हो रहा था प्रभु, जो बाल लीलाएं करने की चाह लिए थे, उसी का एक भाग था और उनकी इच्छा से ही हो रहा था।

असल में पूतना का मुक्ति प्राप्ति का समय आ गया था।

अब पूतना भेष बदल एक सुन्दर नारी रूप धर यशोदा जी के घर में आ पहुंची। इस नई स्त्री को कोई पहचान नहीं रहा था और सभी मन ही मन सोच रहीं थी कि यह कौन है, गोकुल की तो है नहीं। पूतना बड़े अच्छे एक मिलनसार ढंग

से आकर बहां उपस्थित महिलाओं में मिलने लगी और बोली कि वोह मथुरा के विद्वान ब्राह्मण की पत्नी है और उसके पति ने बताया है कि नन्द राय जी के यहाँ एक दिव्य बालक ने जन्म लिया है इस बालक को देखने की ही इच्छा से आई हूँ। ऐसे ही बातें बनाते हुए उसने यशोदा जी की गोद से बाल-स्वरूप प्रभु को पकड़ लिया। उस को कोई भी पहचान नहीं सकी थीं और उसका बच्चे के साथ प्रेम देख सभी खुश थीं। प्रभु को अपनी गोद में ले कर पूतना एक पीढ़ी [चौकी] पर बैठ बाल-स्वरूप प्रभु को वहलाने-खलाने लग गई। किसी को शंका का उस ने कोई मौका ही नहीं दिया था इसलिए सभी उस के बच्चे के प्रति प्यार का भरोसा कर घर के अपने कामों में इधर उधर हो गईं। अकेले होते ही पूतना प्रभु को स्तन-पान कराने लगी। उसने अपने स्तन पर बिष का लेप लगा रखा था। प्रभु के चेहरे पर अद्भुत मुस्कराहट थी और वोह स्तन-पान करने लगे। यह क्या हुआ, प्रभु को तो ज़हर का कोई असर नहीं हुआ किन्तु पूतना को तो बहुत कष्ट होने लगा था। प्रभु के चेहरे पर तो सुंदर मुस्कान थी जबकि पूतना के तो जैसे प्राणों पर ही बन आई थी। प्रभु की अद्भुत लीला, शैतान के प्राण ही खींचने लग गए थे। पूतना जब और ना सह सकी तो अपने भयंकर बड़े राक्षसी रूप में प्रगट हो आकाश में उड़ गई। पूतना बालक को स्तन से हटाने की भरपूर कोशिश करती रही परन्तु प्रभु ने उस को नहीं छोड़ा और उस के प्राण खींच उस को सद्गति दे दी।

यशोदा, रोहिणी और घर में दूसरी सभी औरतें तो अचंभित हो डर और घबराहट से हाय - बू कर चिल्लाने लगीं, 'कन्हैया' को ले गई 'यह तो राक्षसी है'। यशोदा जी की तो प्राणों पर ही बन आई थी। सभी को ऐसा लग रहा था का 'कन्हैया' अब बचेगा नहीं। घर में अकेली औरतें रोने चिल्लाने के बिना कर भी क्या सकती थीं। गोकुल वासियों ने आकाश में उस बहुत बड़े शरीर और भयंकर रूप वाली पूतना राक्षसी को चिल्लाते-छटपटाते देखा तो अचंभित हो रहे थे कि यह कौन है और क्यों छटपटा रही है। उसके विशाल शरीर के साथ बच्चा तो किसी को दिखाई ही नहीं पड़ रहा था। बाल-स्वरूप प्रभु को मारने के लिए स्तनों को भयंकर बिष का लेप लगाया था परन्तु प्रभु ने प्रेम से दूध भी पिया, जहर का कोई असर नहीं हुआ। बाल गोपाल प्रभु ने पूतना के प्राण ही खींचने शुरू कर दिए थे। प्राण खींचे जाने के कारण उसे असहनीय कष्ट हो रहा

था और इसी लिए छटपटा रही थी। गोकुल से बाहर जाते जाते प्रभु पूतना को सद्गति दे चुके थे और उस का विशाल मृत शरीर पृथ्वी पर आ गिरा।

गोकुल के सभी स्त्री-पुरुष दौड़, विशाल काया पूतना जहाँ गिरी थी उधर को भाग कर जाने लगे। पास जाकर देखा तो सभी अचंभित हो रहे थे। नंद बाबा के लाल को उस राक्षसी पूतना के स्तनों से दूध पीते देखा। गोकुल निवासियों ने जल्दी से कन्हैया को राक्षसी के शरीर पर से उठा गोद में लिया और नन्द राय जी के घर की ओर दौड़े। बिलखती-रोती यशोदा जी को दूर से ही चिल्लाये, कान्हा ठीक हैं। यशोदा जी ने झड़प से कान्हा को गोद में ले छाती से लगा लिया, रोहिणी जी को लल्ला की नज़र उतारने के लिए कहा। ऐसे समय में एक मां के दिल पर क्या गुजरती है यह वोह माता ही जान सकती है शायद स्वयं भी नहीं समझ सकती जबकि हाल-बेहाल हो तड़प रही होती है। कान्हा जी को, अपने लाल को मुस्कराता हुआ ठीक-ठाक देख यशोदा जी के तो जैसे प्राण लौट आये। अपने कुल देवी-देवताओं का बच्चे को बचाने के लिए मन ही मन में धन्यवाद कर रही थी। यह अभोल माता क्या जाने कि उसकी गोद में तो स्वयं त्रिलोकी के नाथ खेल रहे हैं।

हम तो आज की अपने सामने की बात को ही कुछ समझ सकते हैं किन्तु भगवान जो सृष्टि को रचने और इसका सञ्चालन करने वाले हैं उनके लिए भूत, भविष्य व वर्तमान का सब कुछ द्रिश्यवान ही रहता है।

लीलाधर भगवान विष्णु की लीला को कौन समझ सकता है? हर मन के भाव को समझने वाले, अन्तर्यामी प्रभु बड़े रचनाकार भी हैं। सतयुग की घटना जो मन की भावना तक ही सीमित रही थी, उस को प्रभु ने इस अपने अवतार में कैसे फलदाई बनाया था?

पूतना का इस घटना में प्रवेश तो लाखों बर्ष पहले ही सुनिश्चित हो चुका था। सतयुग में इस पात्रता का किस तरह पुनः प्रवेश हो गया था जानने के लिए गोकुल में पूतना के अंत की कथा का सतयुगी घटनाक्रम भी जान ही लेना चाहिए। द्वापर से सतयुग की इस कथा को समझ लेना भी अच्छा रहेगा।

आदि ऋषिओं में जो ब्रह्मा जी के नारद मुनि जी की तरह ही और भी कई मानस पुत्र {जो मानस चिंतन से ही सृष्टि के शुरू में ब्रह्मा जी द्वारा प्रगट किये गए थे } थे और उनसे में एक नाम था मरीचि और इन्हीं मरीचि जी

के सपुत्र थे कश्यप ऋषि। प्रजापति दक्ष की 17 पुत्रियों की ऋषि कश्यप जी से शादी हुई और उनसे आगे सृष्टि में प्राणी प्रगट हुए और सृष्टि का विकास शुरू हुआ था।

इन्हीं में दो पत्नियां थीं 'दिति' और 'अदिति'। गर्भ धारण करने वाली स्त्री की मानसिक सोच बिचार का गर्भ में पलने वाली संतान पर बहुत प्रभाव पड़ता है। अदिति एक अच्छे पवित्र बिचार और कर्म वाली स्त्री थी और उस की संतान रूप में जो पैदा हुए वोह सभी देवता हुए। दिति, जैसे नाम से ही विदित होता है, शायद द्वेष भाव और कुछ ऐसी ही मानसिक सोच वाली रही होगी और उसकी संतान के रूप में दैत्य पैदा हुए। इन दोनों बहनों के देवता और दैत्य पुत्रों में स्वाभाविक तौर पर बैर बना रहा और स्वर्ग के इन्दर पद, जो देवताओं के पास था छीन लेने के लिए संग्राम भी हुए।

कश्यप ऋषि की पत्नी दिति के दो प्रमुख पुत्र हिरण्यकश्यपि और हिरण्याक्ष थे। यह दोनों दैत्य बहुत ही शक्तिशाली हुए हैं। जब हिरण्यकश्यपि और हिरण्याक्ष का जन्म हुआ था, तब धरती पर अंधकार छा गया था। देवी और देवताओं के साथ ही ऋषियों ने घोषणा की थी कि धरती पर अब शैतानी शक्ति का उदय हो गया है। सभी ने इसके प्रति चिंता व्यक्ति की थी।

हिरण्याक्ष को अपने बल के ऊपर बहुत अभिमान था और उसने अपने बल से पृथ्वी को ही पाताल में डुबो दिया था और तब भगवान विष्णु ने वराह स्वरूप धारण कर हिरण्याक्ष का वध किया था और पृथ्वी को यथा स्थिति में स्थापित किया था। फिर भगवान विष्णु से बदला लेने के लिए हिरण्यकश्यपि ने ब्रह्मा जी की बहुत तपस्या कर ऐसे वरदान प्राप्त कर लिए कि उस को विश्वास हो गया कि अब तो कोई उस को मार ही नहीं सकता था। उसने स्वयं को भगवान घोषित कर भगवान विष्णु के साथ, भाई की मौत का बदला लेने के लिए बैर बांध रखा था और किसी को भी विष्णु का नाम तक नहीं लेने दिया जाता था। यह दुर्बुद्धि प्रभु की शक्ति लीला को नहीं समझ सकता था।

हिरण्यकशिपु युद्ध में उलझा हुआ था और मौका देख इंद्र देव उसकी पत्नी कयादु जो गर्भवती थी उसका अपहरण कर ले जा रहा था कि रास्ते में नारद मुनि ने उनको रोका और समझाया और कयादु को अपने आश्रय में रखा और वहीं पुत्र का जन्म हुआ जिस का नाम रखा गया 'प्रह्लाद'। पांच साल तक

नारद मुनि के संरक्षण में रहते हुए बालक प्रह्लाद समझ सका था कि भगवान विष्णु ही कण कण में व्यापक हैं और सृष्टि के रचयिता और संहारक भी वोह ही हैं और विष्णु ही भगवान हैं। इस लिए जब प्रह्लाद पिता कि पास गया तो वोह दूसरे लोगों की भांति यह मानने को तैयार नहीं हुआ था कि उसके पिता ही असली भगवान हैं। अंततः प्रह्लाद की रक्षा में भगवान विष्णु ने नरसिंह रूप धारण कर हिरण्यकश्यपि का अंत किया था और प्रह्लाद दैत्य कुल के हो कर भी भगवान विष्णु के बड़े भगत कहलाये।

इन्हीं भगत प्रह्लाद के पुत्र का नाम था विरोचन। विरोचन के पुत्र हुए राजा बलि। दैत्य और देवता का बैर सदा से ही था। समुद्र मंथन के समय जो अमृत लेकर धन्वंतरि प्रगट हुए थे उस अमृत को भगवान विष्णु ने छल से 'मोहिनी' रूप धारण कर अकेले देवताओं को ही पिला कर अमर कर दिया था। प्रभु के इस बर्ताव पर दैत्य क्रोधित हुए और उन्होंने देवताओं पर आक्रमण कर दिया। अब देवता तो अमर हो गए थे और मारे नहीं जा सकते थे। इस देव-दैत्य संग्राम में दैत्य सेना की बुरी हार हुई और बहुत दैत्य मारे भी जा चुके थे।

शिव-भगत शुक्राचार्य जी दैत्यों के गुरु थे और शिव जी से 'संजीवनी' विद्या प्राप्त किये हुए थे। गुरु शुक्राचार्य जी ने मृत दैत्य सेना को इसी 'संजीवनी' विद्या के उपयोग से जीवित कर दिया था। वोह समझ गए थे कि अब देवताओं को हराना दैत्यों के लिए सम्भव नहीं हो सकता था इसलिए उन्होंने देवताओं से इन्द्र पद छीन कर दैत्यों को दिलाने के लिए दूसरा रास्ता अपनाया। उस समय दैत्य राजा बलि थे और गुरु शुक्राचार्य ने उनसे 'अश्वमेध' यज्ञ करवाने शुरू कर दिए थे और ९८ यज्ञ पूर्ण भी हो गए थे। भगवान विष्णु से तो कोई बात छिपी रह ही नहीं सकती थी। वोह जानते थे कि यदि १०० यज्ञ पूर्ण हो गए तो राजा बलि स्वर्ग लोक का अधिपति बन जायेगा और देवता अपने स्वर्ग लोक से गिर जायेंगे और सृष्टि का सन्तुलिन ही बिगड़ जायेगा। इस लिए भगवान विष्णु ने अदिति के गर्भ से वामन रूप में अवतार धारण किया था।

पूतना को क्यों और कैसे प्रभु के हाथों माता रूप में सद्गति प्राप्त हुई इस की भूमिका यहाँ से ही बन गई होती है।

राजा बलि का ९९वां यज्ञ चल रहा था। वामन [छोटी लम्बाई] रूप के एक ब्राह्मण भिक्षु ने यज्ञ शाला में प्रवेश किया। सांवले रंग का छोटा सा बाल

स्वरूप बहुत ही प्यारा लग रहा था। उस ब्राह्मण बालक ने यज्ञ शाला में बैठे सभी प्राणियों को आकर्षित कर लिया था। बलि राजा की पुत्री 'रतन माला' ने उसको देखा तो देखती ही रह गई। "रतन माला" को वामन एक प्यारा सा बच्चा महसूस हो रहा था और उस के मन अंदर वामन भिक्षु के प्रति ममता उमड़ आई थी। उस के मन के अन्दर ममता के भाव थे, काश कि यह या ऐसा मेरा बच्चा होता। वामन रूप में प्रभु उसके ममता के भाव को समझ गए थे।

राक्षस राज बाली की दान महिमा:

राजा बलि ने ब्राह्मण का स्वागत किया और पूछा कि ब्राह्मण देव आपकी क्या सेवा हो? राजा बलि भले दैत्य कुल से थे परन्तु अपने स्वाभाविक अच्छे गुणों के लिए भी जाने जाते थे। घर आये भिक्षुक को कभी खाली हाथ कैसे लौटा सकते थे वोह भी जब कि प्रांगण में यज्ञ का अनुष्ठान भी चल रहा था? वामन ब्राह्मण भिक्षु ने कहा,'राजन इस भिक्षु को और कुछ नहीं, मात्र तीन पग भूमि अपने लिए चाहिए। राजा बलि ने कहा, ब्राह्मण तीन पग ही क्यों, और जितनी चाहिए और अधिक ले लीजिये। वामन जी ने कहा, 'राजन, यह ब्राह्मण अधिक ले कर क्या करेगा, तीन पग ही बहुत होगी। राजा बलि ने कहा जैसे आपकी इच्छा और तीन पग देने कि लिए हाँ कर दी। ब्राह्मण भिक्षु वामन, भगवान श्री विष्णु स्वरूप, जब राजा बलि से तीन पग पृथ्वी दान के लिए संकल्प कराने लगे और दाहिने हाथ की अंजलि में पानी भी भर लिए थे और इसी समय दैत्य गुरु शुक्राचार्य ने राजन को दान देने से रोकना चाहा। शुक्राचार्य जी एक समर्थ सिद्ध ऋषि थे और उन्होंने अपनी अंतर दृष्टि से भगवान विष्णु को वामन रूप में पहचान लिया था। उन्होंने राजा बलि से कहा,'राजन तुम्हारे साथ छल हो रहा है, यह ब्राह्मण भिक्षु वामन रूप में विष्णु हैं और तीन पग पृथ्वी दान के संकल्प को रोकना चाहा परन्तु राजा बलि ने स्वीकार नहीं किया और दैत्य गुरु की बात न मानते हुए संकल्प कर दिया।

संकल्प का अर्थ क्या होता है? जो एक बात ब्राह्मण को दान देने की हो गई उस से मुकरा नहीं जा सकता था। संकल्प का जल राजा बलि ने जैसे ही वामन भिक्षु के हाथों पर डाला तो वामन ने पृथ्वी देने को कहा। राजा बलि पृथ्वी दिखाते हैं तो प्रभु वामन स्वरूप बड़े विशाल रूप में प्रगट होने लगे और पृथ्वी को अपने एक पग से नाप दिया और दूसरे पग से पूर्ण ब्रह्म लोक और

तीसरा पग कहाँ रखें तो राजा बलि ने अपना शीश आगे कर दिया और प्रभु ने उस के शीश को अपना पग छुआ दिया। भगवान स्वयं उससे भिक्षुक बन कर दान लिए हैं इससे बलि तो सभी कुछ लुटा कर भी दुखी नहीं था किन्तु उसकी पुत्री "रतन माला" का दैत्य रूप जागृत हो आया था और उस के मन में प्रभु से इस छल का बदला लेने की प्रवृति जागृत हुई पर वह उस समय कुछ कर नहीं सकती थी।

उस समय की दबी भावना अब कृष्ण अवतार के समय में जागृत हो गई थी।

दान की महिमा तो कुछ अलग ही होती है। प्रसन्न हुए भगवान विष्णु के आशीर्वाद से बलि एक दानवीर राजा बलि तो कहलाये ही उसके साथ उन्हें देव-दैत्य युद्ध से सदा के लिए मुक्त कर दिया और पाताल लोक का एक अमर और स्थाई राज दे दिया। इतना ही नहीं राजा की प्रार्थना पर प्रभु ने उसकी रक्षा के लिए उसका द्वारपाल बन के रहना भी स्वीकार किया था।

सत्ययुग की यह घटना केवल भगवान की ही स्मृति पटल में रही होगी, राजा बलि की पुत्री राजकुमारी रतन माला तो मरणोपरांत सभी भूल चुकी होगी। प्रभु तो अच्छी हो या बुरी सभी के अन्तर भावना को समझ समय आने पर फलीभूत कर ही देते हैं।

पूतना की कहानी कुछ ऐसे ही बनी। पहले उसके क्रोध के कारण जो प्रभु से बदले की भावना जागृत हुई थी उसे प्रभु ने फलदाई बनाने के लिए उसे कंस की सहायक पूतना रूप में बाल-स्वरूप प्रभु को ज़हर लगे स्तन से मारने की लीला रची और फिर उसके मन-भाव में जो ममता जागृत हुई थी उस को फलदाई बनाने के लिए पूतना के स्तनों से दूध पी कर उसे माता के रूप में सद्गति प्रदान की थी।

प्रभु कैसी कैसी अद्भुत लीलाएं रच सभी के अच्छे व बुरे अथवा गलत कर्मों का हिसाब समय की अनुकूलता के अनुसार ऐसे ही करते रहते हैं।

कर्म फल सभी को जन्म-जन्मांतर में भोगने ही पड़ते हैं। कोई भी प्राणी प्रभु की कृपा पाकर ही अपने कर्म-बंधन से छुटकारा पा सकता है और सद्गति प्राप्त कर सकता है।

कंस से भेंट करने के बाद नन्द राय जी गोकुल लौट रहे थे तो रास्ते में ही गोकुल-वासियों से उनको सारी बात सुनने को मिल गई थी। नन्द राय जी घर गए, लाला को देखा, घर की औरतों को समझा-बुझा शांत किया और फिर गोकुल-वासियों को साथ ले पूतना के विशाल शरीर का कितनी ही अग्नि चिता जला दाह संस्कार किया।

घर आकर नन्दराये जी ने ब्राह्मणों को बुला बालक की रक्षा हेतु बंदना पूजा कराई और ब्राह्मणों और अन्य भिक्षुओं को दान भी दिया।

इस घटना से गोकुल वासी अचंभित थे परन्तु कोई भी कुछ समझ नहीं पा सका था कि ऐसी यह भयंकर राक्षसी कहाँ से आई, कौन थी और इस बालक को किसलिए मारना चाहती थी और फिर स्वयं ही कैसे मारी गई। गोकुल में चौपाल पर हैरानी से भरे लोगों में यही एक चर्चा का विषय होता था।

पूतना के मारे जाने की खबर सुन कंस दुखी तो हुआ परन्तु उसे अब यह भी निश्चित हो गया कि यही वोह बालक है जिसके लिए आकाशवाणी ने कहा था। अब मंत्रियों के साथ यही बात की चर्चा होती थी कि कैसे इस मायामय बालक को मारा जा सकेगा।

तांत्रिक ब्राह्मण श्री धर:

इस बार चाणूर एक तांत्रिक ब्राह्मण 'श्री धर' को कंस के पास लेकर आया। इस तांत्रिक ब्राह्मण ने कंस को भरोसा दिया कि वोह अपनी तांत्रिक विद्या से एक ऐसी भयानक कृत्तिका { खतरनाक हिंसक प्रेत आत्मा का एक रूप } प्रगट करूंगा जिसका किसी के पास भी कोई तोड़ नहीं होगा और जो उस बालक का कल ही अंत कर देगी। उसी रात्रि में उस श्री धर ने एक भयानक कृत्तिका को अपनी तांत्रिक निधि से प्रगट किया और अगले ही दिन वोह एक भिक्षुक ब्राह्मण बन नंदराय जी के द्वार पर जा पहुंचा। उसने कहा कि वोह दो दिन से भूखा है और नन्दराये यशोदा जी को विश्वास में ले लिया। नन्द राय जी को बाहर जाना था अतः यशोदा जी को ब्राह्मण को खाना खिलाने के लिए घर के अन्दर ले जा आदर से बिठाया और स्वयं रसोई में खाना तैयार करने के लिए चली गई। जहाँ बलराम और कन्हैया झूलों में लेट रहे थे वही पास में उसको बिठाया गया था। बच्चों को आशीर्वाद देने के बहाने उस ब्राह्मण श्री धर ने

अपनी तांत्रिक विद्या से कृत्तिका को जागृत किया और कन्हैया को मारने के लिए छोड़ना चाहा परन्तु यह क्या वोह कृत्तिका तो स्वयं ही समाप्त हो गई। श्री धर अब भी हार नहीं मान रहा था। उस को राजा कंस से इनाम का लालच और असफल होने पर सजा का डर भी था इसलिए अब भी दूसरे तांत्रिक मन्त्रों के प्रभाव से बालक को मारने की कोशिश कर रहा था। ब्राह्मण होने के कारण प्रभु ने उसको मारा नहीं और अपंग बना कर छोड़ दिया।

कंस समझ गया था कि विष्णु की कोई अद्भुत शक्ति ही नंदराय नंदन के रूप में है परन्तु अब भी यह दुर्बुद्धि कंस हार मानने को तैयार नहीं था और सोच रहा था कि एक बालक को शायद उस का कोई शक्तिशाली राक्षश जरूर मार ही देगा।

कागासुर का उद्धार:

अब की बार उस को अपने राक्षश मित्र कागासुर (कौआ) का ध्यान आया। कागासुर को याद किया तो कागासुर आ गया। कंस ने कहा तुम जाओ और अपनी तीखी चोंच से बच्चे के टुकड़े टुकड़े कर मार डालो। कागासुर प्रभु को मारने के लिए गया परन्तु प्रभु ने अपनी अदृश्य शक्ति से उसको मरणावस्था में कंस के आगे फेंक दिया। प्राण त्यागने से पहले कागासुर ने बताया,"मित्र कंस! वोह छोटा बालक कोई अद्भुत शक्ति वाला है।» और इतना कहते ही वोह कागासुर वहीं लुढ़क गया। उस के प्राण पखेरू उड़ गए थे।

कंस अपने दरबारी मित्रों, मंत्रियों की सभा में अपनी चिंता व्यक्त कर रहे थे कि एक नन्हे बालक को मारने में मेरे सभी शक्तिशाली साथी असमर्थ हो रहे हैं। ऐसा क्या है उस बालक में कि जो मारने को जाते हैं मर कर ही आते हैं। तांत्रिक अपंग हो कर आ गया और शक्तिशाली पूतना और कागासुर तो मारे ही गए।

उत्कच असुर का उद्धार:

कंस का एक और राक्षश मित्र था "उत्कच" अब वोह आ गया। प्रभु के हाथों जो मारे जाते हैं उनकी सद्गति ही हो जाती है। उत्कच जो एक तेजस्वी ऋषि 'लोमश' के श्राप के कारण बिना शरीर का हो कर भी जीवित था शायद उस का

भी अंतिम समय पास आ गया था। उत्कच का ही नाम अब शकटासुर था और वोह भी कंस का मित्र था और उस के संकट के समय में उसकी मदद करने के उद्देश्य से आया था। प्रभु ने कृष्ण रूप में अवतार ले लिया है इस बात का उसको कुछ पता नहीं था। कंस को एक बच्चे को मारना है जो किसी दूसरों से मारा नहीं गया इसे अब वोह आसानी से कर दिखाएगा। वोह किसी को दिखाई ही नहीं देगा और आराम से बच्चे तक पहुँच उसे मार सकेगा। वोह गोकुल में नन्द राय जी के घर पहुँच गया। शकटासुर छकड़े के रूप में समा सकता था और किसी को दिखाई भी नहीं देता था।

उत्कच ने कंस को भरोसा दिलाया कि वोह उस का काम आसानी से कर आएगा क्योंकि उस को कोई देख ही नहीं सकेगा। कंस ने कहा, "हाँ मित्र, तुम यह मेरा काम जरूर कर सकोगे" और उस को जाने को कहा।

उस दिन कान्हा को सुला कर माता यशोदा ने उनका झूला एक छकड़े के नीचे रख दिया ताकि बाहर आंगन में हवा लगती रहे और छकड़े की छाया के कारण बालक का धूप से बचाव भी होता रहे। वह यमुना स्नान के लिये चली गयी और जल्दी ही स्नान करके वापस आ गयी। आँगन में प्रवेश करते ही देखा कि छकड़ा टूटा हुआ पड़ा था। यशोदा जी को घबराहट हुई कि उनका लाल उसके नीचे ना दब गया हो। माता यशोदा के प्राण कंठ में आ गये थे। दौड़कर टूटे हुए छकड़े के पास आयी। हठात अपने लाल को उसी प्रकार निद्रा मग्न देखकर लपककर उठा लिया और छाती से लगा लिया। अगर बालक को कुछ हो जाता, वोह बालक को इस प्रकार छकड़े के नीचे सुलाकर यमुना स्नान के लिये गयी ही क्यों? वह पश्चाताप करने लगी। कितनी बड़ी भूल कर दी थी उन्होंने ऐसा उसको नहीं करना चाहिए था। बालक को कुछ हो गया होता तो? अभी वह अपने को संभाल भी नहीं पायी थी कि नंदराय जी भी आ गये। छकड़े की दशा देखकर चौंक गये। पूछा अरे छकड़ा इस प्रकार टुकड़े-टुकडे होकर कैसे पड़ा है, किसने किया है?

कन्हैया के झूले को एक लड़की झूले की डोरी खींच झुला रही थी। उत्कच ने छकड़े के नीचे दबा कर कन्हैया को मारने की कोशिश शुरू की। किसी को कुछ भी पता नहीं था कि क्या हो रहा है और वोह छकड़े को दवाने में लगा हुआ था। छकड़े को उस ने इतना दवा दिया कि कान्हा के झूले के ऊपर भी उसका दवा पड़ने लगा और तभी अचानक कान्हा जी ने अपने दाहिने पैर का

अंगूठा ऊपर उठा छकड़े को मार दिया। छकड़ा बड़ी तेजी से आकाश में उड़ता दिखाई दिया और यह सब देख वोह लड़की अचंभित थी कि कन्हैया का अंगूठा लगते ही इतना बड़ा की छकड़ा कैसे ऊपर उड़ गया। झूला झुला रही लड़की ने बताया कि काहना ने अपने दाहिने पैर का अंगूठा मार कर ही उस को उड़ाया था परन्तु कोई भी यकीन करने को तैयार नहीं था।

सभी लोग इस अनहोनी घटना से अचंभित हो रहे थे और भगवान का धन्यवाद कर रहे थे कि बालक को कोई नुकसान नहीं हुआ था। दूसरी ओर उत्कच तो इतना उछला कि दूर जा यमुना जी में गिरा और लोमश ऋषि के श्राप से उस का उद्धार हो गया था।

प्रभु की ऐसी अद्भुत लीलाओं को कौन समझ सकता है?

पूतना की तरह उत्कच की कहानी भी सतयुग की घटना से जुड़ी हुई थी। "उत्कच" शक्तिशाली हिरण्याक्ष जिसने पृथ्वी को समुद्र में डुबो दिया था, उसी का प्रिय पुत्र था। इस को भी अपनी शक्तिशाली विशाल देह पर बहुत अभिमान था। एक दिन उसने "लोमश" ऋषि के आश्रम में जा कर वहां के बड़े बड़े पेड़ों को अपनी देह (शरीर) के बल से गिराना शुरू कर दिया था। इस पर लोमश ऋषि ने उत्कच को श्राप दे दिया था। ऋषि लोमश ने उसको अपनी देह (शरीर) के बल से आश्रम में पेड़ों को गिराते देख कहा, तुम्हें अपनी देह पर बड़ा अभिमान है, "मैं तुझे श्राप देता हूँ कि तूं विदेह हो जा" और वोह उसी समय, शरीर के बिना, विदेह हो गया। अब वोह ऋषि के आगे गिड़गिड़ाने लगा," मुझे क्षमा कर दो, मेरे ऊपर दया करो, मेरा उद्धार करो"। ऋषि, साधु संत तो स्वभाव से ही दयालु होते हैं। ऋषि लोमश का दया भाव जागृत हो गया तो उन्होंने कहा,"दिया गया श्राप तो बापस नहीं हो सकता परन्तु जो तुमने अपने उद्धार के लिए प्रार्थना की है इस को स्वीकारते हुए हम तेरा उद्धार करने के लिए वरदान देते हैं कि द्वापर में जब भगवान विष्णु का कृष्ण अवतार होगा तब उनके चरण स्पर्श से तेरा उद्धार हो जाएगा परन्तु तब तक तूं ऐसे ही विदेह हो कर भटकता रहेगा।"

नन्द नंदन का वध करने के लिये कंस का भेजा गया असुर शकटासुर आया था। वह सदा छकड़ों में प्रवेश कर अपने शत्रु की हत्या करने में निपुण था। निद्रा मग्न कृष्ण को एकदम उपयुक्त स्थान पर पाकर उसने अपने को छकड़े में प्रवेश कर लिया। वोह झूले को दवा कर तोड़कर उसी में छकड़े के दवाब

में लेकर बच्चे को मार देना चाहता था। कृष्ण ने अपने पग का अंगूठा खेलते खेलते ऊपर उठाया और जैसे ही छकड़े को लगा वोह छकड़ा कितना ऊँचा उछल गया और फिर नीचे गिरते ही उसके टुकड़े हो गए। शकटासुर की हड्डी-पसली बराबर हो गयी और वोह यमुना जी में डूब कर सद्गति को प्राप्त हो गया। **भगवान के हाथों जिस के जीवन का अंत हो उस का उद्धार होना निश्चित ही होता है।** लोमश ऋषि के श्राप से उस का उद्धार हो गया था। **प्रभु की ऐसी अद्भुत लीलाओं को कौन समझ सकता है?**

कंस उडीकता ही रह गया परन्तु उस का मित्र शकटासुर (उत्कच) बापस पहुंचा ही नहीं| कंस समझ गया कि यह भी मारा ही गया होगा। कंस के एक एक कर के भेजे हुए शक्तिशाली राक्षश और तांत्रिक ब्राह्मण, सभी बड़ी आसानी से परलोक पहुंचा दिए गए थे। अब आगे वोह क्या करे, उसे कोई उपाय समझ में नहीं आ रहा था और कंस बहुत निराश हो गया था।

मित्र वाणासुर का आगमन: तृणावर्त असुर का उद्धार:

कंस के द्वारा नन्द नंदन, यशोदा जी के कन्हैया को मारने के सभी प्रयास असफल हो गए थे। सब तरफ से निराश हो उसने अपने एक अपने शक्तिशाली मित्र वाणासुर को पत्र भेज बुलाया और अपनी व्यथा उसके सामने प्रगट की तो वाणासुर ने उस की हिम्मत बढ़ाई और बताया कि वोह उस की समस्या का निवारण करने के लिए किसी को साथ लाया है। वाणासुर अपने साथ एक राक्षश तृणावर्त को लाया था जो एक शक्तिशाली वायु-बवंडर रूप में रहता था और कुछ भी अपने बवंडर में तिनके (सूखे घास का एक टुकड़ा) की तरह उड़ाकर ले जा सकता था। उसने कंस के सामने अपनी शक्ति प्रदर्शित की और भरोसा दिलाया और काहना जी को मारने के लिए गोकुल जा पहुंचा। एक बहुत बड़े बवंडर के रूप में वोह नंदराय जी के आंगन में घुस गया और आंगन की हर वास्तु को उड़ाने-घुमाने लगा। आंगन में जितने लोग थे आपने आप को संभाल नहीं पा रहे थे। यशोदा ने कन्हैया को किसी तरह अपने आप को संभालते-सम्हलते झूले में से उठा गोद में लिया। अब तो बवंडर यशोदा के हाथ से बच्चा छीनने के लिए उस के ऊपर ही केंद्रित हो गया था। उसने आखिर बच्चा छीन ही लिया और ऊपर उठ एक तरफ बढ़ने लग गया। सभी लोग कान्हा कान्हा चिल्लाते बवंडर के पीछे उसी की और दौड़ने लगे। कुछ ही आगे जा कर बवंडर गायब

हो गया। बच्चे का क्या हुआ होगा सब घबराये हुए उधर ही दौड़े जा रहे थे। उस तारणहार, त्रिलोकीनाथ यशोदा के कन्हैया का अहित कौन कर सकता है? देखने में बच्चे का स्वरूप, हैं तो पूर्ण शक्तिसंपन भगवान विष्णु ही। प्रभु की महा माया का बिछाया हुआ भ्रम-जाल जनता, आम मानव को उलझाए रखता है और प्रभु की पहचान ही नहीं होने देता। कुछ ही आगे जा कर लोगों ने देखा कि कन्हैया आराम से बैठे खेल रहे हैं। कान्हा जी अब बैठने लग गए हुए थे। नन्द राय जी ने दौड़ कर बच्चे को उठाया और यशोदा जी ने उनसे लेकर गोद में ले लिया। सभी भगवान का धन्यवाद कर रहे थे, कान्हा जी बच गए। इस नन्हे मायामय भगवान की लीला को वोह कैसे समझ सकते थे?

कंस का वाणासुर के साथ जाना:

नन्द नंदन, एक नन्हे दूध पीते बच्चे को मारने की अब तक की सारी कोशिशें नाकाम हो गई थीं और कंस अब बहुत निराश हो गया था। वाणासुर का लाया हुआ असुर भी बापस नहीं आया था और समझा जा रहा था कि वोह भी मारा ही गया होगा। उसके मंत्रियों को भी अब कोई और रास्ता नहीं सूझ रहा था। वाणासुर ने अब कंस को समझाया कि जब दुश्मन का पलड़ा भारी दिखाई दे तो कुछ समय के लिए स्वयं को पीछे कर लेना चाहिए अतः अभी तुम कुछ दिन के लिए शांत हो जाओ और अपने मन से डर को निकाल दो और उस बालक को भी अभी भूल जाओ। सब का समय एक सा नहीं रहता इस लिए अपने अच्छे समय का थोड़े दिन तक इंतजार कर लो। कंस ने कहा," मित्र में कैसे शांत हो जाऊं? मेरे को सोते जागते उस बालक के ही ख्याल आते रहते हैं।" वाणासुर ने कहा,"मित्र तुम कुछ समय के लिए मेरे साथ चलो और मेरे राजमहल में ही रहना। वहां मन वहलाने के बहुत से साधन हैं और तुम सब भूल कर शांत हो जाओगे। हो सकता है कि तब तक कोई और रास्ता भी निकल आए। कंस अपने मित्र वाणासुर के साथ जाने को तैयार हो गया।

शिव जी का गोकुल में प्रभु के बाल स्वरूप दर्शन के लिए आना:

विष्णु और शिव दो रूप और एक आत्मा हैं एक रूप सिरजन करने वाला और पालन हार और दूसरा संहार करता हैं। दोनों रूप ओंकार स्वरूप और इस सृष्टि के करता धर्ता हैं।

शिवजी को ज्ञात था कि श्री हरी मनुष्य अवतार धारण कर अब शिशु स्वरूप में नन्द-नंदन, यशोदा के लाल के रूप में उस समय गोकुल में बाल-लीला कर रहे हैं। शिवजी का श्री हरी के उस शिशु स्वरूप का दर्शन करने को मन ललायत हो उठा और उन्होंने गोकुल में नन्द राय के द्वार पर आ एक साधु योगी का रूप धारण कर अल्लख जगा दिया। अपना डमरू बजाते हुए उन्होंने दो तीन बार "अल्लख निरंजन" का जय घोष किया। माता यशोदा ने आवाज़ सुनी, द्वार पर योगी महात्मा को देखा तो बड़ा थाल भर योगी बाबा को भिक्षा देने आई। यशोदा जी, एक सरल साधारण ग्वालिन, कैसे शिव जी के उस रूप को समझ सकती थी? उस की निगाह में तो वोह एक साधारण योगी अथवा भिक्षा मांगने वाले साधु ही थे। शिवजी ने कहा,"माता मुझे यह भिक्षा नहीं चाहिए।" यशोदा' जी ने समझा के बाबा को और ज्यादा चाहिए और बोली बाबा,"मैं और ले आती हूँ।" शिव जी ने कहा,"ना माता ना, मुझे और अधिक भिक्षा नहीं चाहिए मुझे तो आपके लाल के दर्शन करने हैं, बस आप अपने लाल के दर्शन करा दो, मुझे और कुछ नहीं चाहिए।" माता यशोदा ने यह सुना तो उसको पिछले दिनों भेष बदल कर आए पूतना जैसे राक्षशों का ध्यान हो आया और वोह भयभीत हो गई और उसने वहाना बनाते हुए बोलीं," बाबा, लल्ला को मैंने अभी नहलाकर सुलाया है।" भोले नाथ बोले," माता हम यहां बैठ आपके लल्ला के जागने की प्रतीक्षा कर लेते हैं।" यशोदा जी चिंता में पड़ गईं और सोचने लगी की कहीं यह भी कोई छलिया तो नहीं जो मेरे लल्ला को उठा ले जाने के लिए आया हो। महादेव यशोदा मैया के मन की बात और चिंता को समझ गए थे और उन्होंने कहा,"आप डरिए नहीं, हम तो बहुत दूर कैलाश से आपके लल्ला के दर्शन के लिए आये हैं, अपनी गोद में ला कर एक बार दर्शन करवा दें तो हम चले जायेंगे।" यशोदा जी के मन में तो डर बैठ गया हुआ था और वोह बहाने बनाए जा रहीं थी। शिव जी की कोई भी बात जब माता ने नहीं मानी तो कान्हा जी ने ऊँची आवाज में रोना शुरू कर दिया। शिव जी ने कहा,"माता! अब तो आपके लल्ला जग गए हैं, दर्शन करा दीजिए।" यशोदा माता लल्ला को चुप कराने के लिए अन्दर गई तो कान्हा जी तो चुप होने की जगह और भी जोर से रो कर, अपने हाथ उठा कर झूले से बाहर आ गोद में आने के लिए मचल रहे थे। यशोदा मैया की सब कोशिश बेकार और कान्हा को गोद में लेना ही पड़ा और अब बाहर आंगन की और आने को मचल रहे थे। माता ने जैसे आंगन की ओर रुख किया तो लल्ला जी रोने के जगह खुश हो

खेलने लगे और यशोदा जी को कुछ समझ नहीं आ रहा था परन्तु अब वोह कान्हा को आंगन में ले ही आई। शिव जी ने कहा,"माता तेरा लाल भी मेरे पास आ मुझे दर्शन देने के लिए ही रो रहा था।" शिवजी ने आगे हो प्रेम से अपने प्रभु के दर्शन कर प्रणाम कर प्रदर्शिना ली (परिक्रमा ली) और माता यशोदा को बोले,"माता तुम डरो मत तुम्हारे बच्चे का कोई कुछ भी नहीं बिगाड़ सकता। इनके दर्शन पा मैं तो धन्य हो गया"। इतना कह शिव जी चले गए। यशोदा जी तो अभी अचंभित सी ही खड़ी थीं कि नन्द राय जी आ गये और उन कि निगाह आंगन में फूलों पर पड़ी जो कुछ पग चिन्हों पर बिछे हुए थे। हैरान से हो यशोदा जी से पूछा, यह क्या है? अब यशोदा जी ने देखा तो बोली, एक योगी बाबा आए थे, यह तो उनके ही पग-चिन्ह लगते हैं पर इन में यह फूल कहाँ से आ गए? लल्ला के दर्शन करने के लिए जिद कर रहे थे और लल्ला भी उनको देख खुश हो रहा था। कोई भिक्षा भी नहीं ली, लल्ला को देख चले गए। कह रहे थे कैलाश से तेरे लल्ला के दर्शन के लिए आया हूँ, दर्शन करा दे। दर्शन कर आशीर्वाद देते हुए कहा था, डरना नहीं माता, तेरे लल्ला का कोई कुछ नहीं बिगाड़ सकता। कैलाश से आए, क्या स्वयं शिव थे, पग चिन्हों पर फूल तो कुछ ऐसा ही बता रहे हैं और फिर नन्द राय और यशोदा जी ने उन पग-चिन्हों की दिव्यता को समझते हुए शिव चरणों का ध्यान कर, मस्तक लगा प्रणाम किया। अपने कान्हा को निहारते हुए सोच रहे थे कि यह हमारा लल्ला कौन है? पहले पूतना जैसी भयंकर राक्षसी आई और मर गई अब महादेव आए।

क्या समझते, यदि समझ जाते तो फिर माता-पिता बन लालन पालन का आनंद कैसे उठा पाते? प्रभु की माया बड़ी प्रबल है, सब भुला दिया।

नाम करण संस्कार:

नन्द नंदन और शेष अवतार रोहिणी माता के लल्ला का यज्ञोपवीत व नाम करण संस्कार होना था। नन्द राय जी अपने कुल गुरु ऋषि शांडिल्य जी के पास गए और अपना मनोभाव बताया। ऋषि शांडिल्य एक त्रिकालदर्शी सिद्ध महात्मा थे और अपनी अंतर्दृष्टि से सब देख समझ लेते थे। वोह जानते थे कि महर्षि महामुनि गर्ग जी यदुवंशी कुल के राज गुरु हैं इस लिए अंतध्यान हो महर्षि गर्ग मुनि से प्रभु के नामकरण के लिए बात की। कंस को इस नामकरण की बात की जानकारी न मिल सके इस लिए गुप्त रीती से नामकरण की योजना बनाई

गई। महामुनि गर्ग गोकुल आये और उन्होंने नन्दराये की गोशाला में गुप्त, संक्षिप्त और साधारण रीती से दोनों बालकों का नामकरण किया, बड़े भाई बलराम और छोटे कृष्ण कहलाये। बलराम जी को बल भद्र, संकर्षण, हलधर आदि नामों से भी जाना जाता है और कृष्ण, यशुमति मैया के लाल कन्हैया के तो अनेकों नाम प्रसिद्ध हुए। **सृष्टि में धर्म मर्यादा के एकमात्र रक्षक जगदीश्वर वासुदेव श्री कृष्ण ही तो हैं।**

प्रेम, पवित्र मनोभाव, श्रद्धा और समर्पण से प्रभु को जिस नाम से पुकारा वोही प्रभु को हुआ प्यारा।

जय श्री कृष्ण* जय श्री बलराम*॥ ॐ ॥

माता यशोदा को ब्रह्माण्ड दर्शन कराना:

बाल कृष्ण अब बैठने लग गए थे। थोड़ी बहुत घुटनो के बल लुढ़कने की भी कोशिश करने लगते थे और ऐसे में गिरने चोट लगने का डर भी रहता था इसलिए इन्हें पल भर के लिए भी अकेला नहीं छोड़ा जाता था। एक सुबह जब माता यशोदा यमुना जी में नहाने के लिए गई तो घर पर कोई सँभालने के लिए ना होने के कारण वोह कन्हैया जी को साथ ही ले गई थीं। किनारे पर अपने लाल को बिठा पास ही यमुनाजी में नहाने लगीं।

भले त्रिलोकी नाथ हैं परन्तु अब तो छोटे बालक ही हैं तो लीला भी वैसी ही करनी पड़ेगी। कान्हा जी अब अपने नन्हे हाथ पैर मारते हुए यमुना किनारे की रेत से खेलने लगे और बीच बीच में हाथ मुंह में भी चला जाता था। कुछ ग्वालिन नहाने के पश्चात कन्हैया के पास आई तो देखा कि उसके मुंह में रेत लगी थी बोलीं 'लल्ला मिट्टी खा रहे हो'। यशोदा को आवाज़ दी,"यशोदा तुम्हारा लल्ला मिट्टी खा रहा है"। यशोदा जी जल्दी से नहा कर बाहर आई और आकर कान्हा जी का हाथ पकड़ डांटते हुए मुंह खोलने को बोला। कान्हा जी ने मुंह खोल दिया और माता तो मिटी निकालने की सोच रही थी परन्तु यह क्या? कान्हा जी के छोटे मुख के अन्दर तो सूर्य, चाँद, तारे व नक्षत्र घूमते दिखाई दे रहे थे। माता अचंभित हो होश खो मुंह के अन्दर त्रिलोकी दर्शन कर रही थी। जब तक मुख खोले रहे माता अपलक, बिना पलक झपके देखती ही रही। कुछ पल के लिए माता को त्रिलोकी दर्शन कराने के बाद मुंह बंद कर लिया।

जैसे ही कान्हा जी ने मुंह बंद किया तो माता ने जो अभी अभी त्रिलोक दर्शन किया था वह सब कुछ मन-मस्तक पटल से साफ़ हो गया था। मुख भी साफ था कहीं कोई मिट्टी या रेत कण नहीं लगे थे। ममता की मूर्ति माता यशोदा जी अपने लाल को गोद में उठाते हुए बोलीं,"ऐसे ही मेरे लल्ला के पीछे पड़ी रहती हैं, झूठी कहीं की"। यशोदा जी ने कन्हैया को ले जाकर यमुना जी की जल धारा में नहलाया और घर लौट आयी।

त्रिलोकी दर्शन करा भी दिए और भुला भी दिए, वाह प्रभु, धन्य आप और धन्य आप की बाल लीलाएं।

मलिकार्जुन की मुक्ति:

कान्हा जी अब दो-तीन बर्ष के हो गए थे। घुटनो के बल लुढ़कने व थोड़ा चलने भी लग गए थे। घर आंगन में खेलते घूमते हुए कुछ उलटा सीधा चंचल स्वभाव और आयु के अनुसार करते ही रहते थे। कान्हा जी शरारती तो थे ही। कई बार माता यशोदा श्रीकृष्ण की शरारतों से परेशान हो जाती थीं। एक दिन कन्हैया की शरारतों से मईया यशोदा कुछ अधिक ही परेशान हो गईं तो उन्होंने श्रीकृष्ण को रस्सी ले ऊखल से बांध दिया। माता क्या जाने अपने इस नन्हे रूप वाले प्रभु की लीला? माता यशोदा तो घर के कामों में व्यस्त हो गईं तब कृष्ण ऊखल को खींचते घसीटते हुए आंगन की ओर ले चले। घर के बाहर पास ही जोड़े के रूप में दो बड़े पुराने वृक्ष खड़े थे। बाल कृष्ण ने उन दोनों वृक्षों के बीच में से निकल दूसरी ओर जा कर ऊखल से बंधी रस्सी को खींचा जैसे वोह ऊखल को दूसरी ओर ले जाना चाहते हों। कहीं ऊखल फसा कर रस्सी खींचने से दो बड़े पेड़ एक साथ गिर सकते हैं? पर यह क्या? यहाँ तो दोनों पेड़ ऊखल के स्पर्श होते ही बड़ी आवाज करते हुए जड़ों के पास से ही टूट कर गिर गए। आस पास से आवाज़ सुन लोग दौड़े आए। देखा दो पेड़ गिरे पड़े हैं और कान्हा जी अपनी रस्सी से बंधी ऊखल को खींच रहे होते हैं। माता यशोदा भी डरी घबराई हुई दौड़ी आई और बालक को गोद में ले, बंधी हुई रस्सी खोलने लगी और कोई चोट--खरोंच तो नहीं लगी उस के लिए जांचने लगी। कान्हा के लिए तो जैसे कुछ हुआ ही नहीं था वोह तो अपनी मस्ती में थे।

परन्तु प्रभु की लीला तो कुछ और ही थी। यक्ष कुबेर के दो पुत्र थे नलकूबर और मणिग्रीब। किसी कारण मुनि श्रेष्ठ नारद जी ने इन्हें जड़ योनि वृक्ष हो

जाने का श्राप दे दिया था। क्षमा प्रार्थना पर नारद मुनि जी ने इनके श्राप की अवधि निश्चित करते हुए कहा था कि कृष्ण बाल लीला से होगी तुम्हारी मुक्ति। यह दोनों यक्ष यमलार्जुन के नाम से जाने जाते थे। वृक्षों के गिरते ही इन्हें प्रभु के दर्शन हुए और यह दोनों उसी समय शाप मुक्त हो सद्गति को प्राप्त हो गए। ऊखल लीला तो एक बहाना था प्रभु को अपने भगत नारद मुनि के बचन को सत्य कर यमलार्जुन भाइयों को मुक्त करना था।

फल बेचने वाली माई:

एक दिन यशोदा जी घर से कहीं बाहर गई हुई थीं और बाल-कृष्ण घर में अकेले ही थे। एक बूढ़ी औरत सिर पर फलों की टोकरी लिए घर द्वार पर आई और उसने आवाज दी,"मीठे फल ले लो।" कान्हा जी मीठे फल सुन दौड़ कर बाहर आ गए। मचाई के पास जा कर बोले,"माई, मुझे फल दोगी?" माई उत्तर देने की जगह उस बालक की और एक-तक देखती ही रह गई। इतनी मन मोहनी भोली प्यारी प्रभु की झलक ने उस फल बेचनी वाली को कुछ पल के लिए अपने रूप में इस तरह रंग दिया था कि वोह सब कुछ ही भूल गई थी। कान्हा जी ने फिर उस माई की चेतना जगाते हुए कहा," माई मुझे फल दोगी?" माई त्रभक कर होश में आई,"हाँ, हाँ सारे ही ले लो।" थोड़े ही मीठे आम थे और उस ने सभी प्रभु बाल-कृष्ण को दे दिए। वोह हाथों से फल दे रही थी परन्तु उस की आंखें तो बालक के श्यामल सुंदर चेहरे पर ही टिकी हुई थीं। शायद इस गरीब फल बेचने वाली माई ने किसी पिछले जन्म में कोई बहुत अच्छा पुण्य कर्म किया होगा जिस कारण प्रभु के इस बाल स्वरूप में वोह इस तरह से मोहित हो खो गई थी। उस को इस बालक के रूप में कुछ अलौकिक दर्शन का अनुभव हो रहा था परन्तु वोह कुछ भी समझ नहीं पा रही थी। कान्हा जी ने फल ले लिए और बोले,"मईया, मैं आता हूँ।" माई तो जैसे सुध-बुध खोये बैठी थी। कान्हा जी घर के अंदर गए और अपने नन्हे दोनों हाथ की ऊंजल में धान भर कर माई को देने के लिए ले आए। हाथों की अंगुलिओं के छेदो में से धान झरते जा रहे थे और जो धान ऊंजल में बचे थे वोह आकर माई की टोकरी में डाल दिए। कान्हा जी तो दौड़ कर घर के अंदर चले गए। माई तो अब भी बाल-कृष्ण के श्यामल सुंदर रूप में खोई हुई थी और जो कुछ गिने-चुने धान के दाने कृष्ण टोकरी में डाल गए थे उस को ले कर माई अपने घर की ओर चल

दी। घर आ माई ने टोकरी सिर से उतारी तो वोह अचंभित हो गई। वहां धान नहीं हीरे मोती चमक रहे थे। माई को अब समझ आ गया था कि वोह बालक कोई साधारण बालक नहीं हैं बल्कि कोई दैवीय शक्ति है या स्वयं भगवान ही हैं। प्रभु का यह बाल स्वरूप उस के मन भाव में उतर कर भाव-पूजा बन गया था। उस रूप की ध्यान-बंदना में ही अब वोह रमी रहती थी। **कोई पुण्य जागृत होता है तो ही प्रभु की ऐसी कृपा प्राप्त होती है।**

माखन चोरी मटकी फोड़ी:

कृष्ण अब कुछ बड़े हो गए थे और बच्चों के साथ खेलने घर से बाहर भी जाने लग गए थे। मित्र मण्डली में बलराम, कृष्ण, श्री दामा, तोक, अर्जुन, भोज, ऋषभ, विशाल आदि ग्वाला पुत्र थे। एक दिन कुछ ग्वालिन मटकियां सिर पर उठा जा रहीं थीं तो श्री कृष्ण ने मित्र मण्डली से पूछा,"यह क्या ले जा रही हैं।" श्री दामा ने बताया,"यह सब दहीं और माखन ले कर मथुरा में बेचने जाती हैं।" श्री कृष्ण बलराम तो सब समझते जानते ही थे। कंस के राज दरबारी यह सब सस्ते दामों में खरीद लेते थे। श्री कृष्ण ने कहा अब हम दहीं माखन मथुरा नहीं जाने देंगे। मित्र-मण्डली जिसकी अगवाई अब सबसे छोटे नट-खट कृष्ण ही करते थे छुप-छुपा घरों में जा माखन चुरा कर खाना शुरू किया और दूसरी और रास्ते जाती ग्वालिनों की मटकियां, जिनमें भले दूध, दहीं व पानी ही हो, को कंकर मार तोड़ने का खेल शुरू कर दिया। कंकर मारने का काम कृष्ण करते थे और ताली बजाने का काम मित्र मण्डली। यशोदा मैया के पास शिकायतें आनी शुरू हो गईं। कन्हैया बड़े अच्छे तरीके से सफाई दे मैया को खुश कर मना लेते थे और बिचारी ग्वालिनें चुप चाप लौट जातीं। गोकुल की ग्वालिनों को अब कन्हैया की शरारतें अच्छी लगने लगीं थीं और मन ही मन उडीक करती थीं आज कन्हैया माखन चुराने आएगा और उस को कैसे छुप कर पकड़ूँगी। श्री कृष्ण की माखन चोरी अब गोकुल में एक हास्यास्पद विषय बन गया था। नन्द-नंदन जितनी शरारतें करते थे गोकुल के स्त्री-पुरुष शिकायत भी करते थे और खुश भी होते थे।

गोपी चीर हरण:

एक दिन मित्र मंडली घूमती फिरती यमुना किनारे उस घाट की ओर आ निकली जहाँ गोकुल की स्त्रियां नहाने आती थीं। कुछ स्त्रियाँ यमुना जी में उतर कर

नहा रही थीं और उनके वस्त्र किनारे पर पेड़ की जड़ के पास पड़े थे। मित्र मंडली तो वहां से पीछे लौट गई परन्तु कृष्ण जी यमुना जी के किनारे पेड़ के पास चले गए और चुप-चाप सब वस्त्र उठा पेड़ पर चढ़ गए। गोकुल की ग्वालिनें यमुना जी की जल धारा में क्रीड़ा करती हुई बातों में मस्त थीं। स्नान कर जब जल से बाहर आने को हुई तो सब अचंभित थीं। उन सब के वस्त्र ही गायब थे ऐसे में यमुना जी से बाहर कैसे आतीं। घबराई हुई इधर उधर देख रही थी पर कहीं कोई वस्त्र दिखाई नहीं पड़ा। सोच रही थीं कोई बन्दर उठाता तो एक दो ले जा सकता था यहाँ तो सभी गायब थे। इतने में एक स्त्री की नज़र पेड़ के ऊपर पड़ गई। सभी के वस्त्र वहां थे तो उसने दूसरी स्त्रिओं को भी दिखाए। परन्तु वहां कैसे गए, कौन आया था जिसने ऊपर टांगे होंगे? अब कैसे लें अपने ये वस्त्र? ऐसा सब सोच रही थीं कि उनको पेड़ की डाल पर बैठे कन्हैया दिखाई पड़ गए। चार-पांच बर्ष के नट-खट कन्हैया उन की ओर देख मुस्करा रहे थे। ग्वालिनों ने पहले तो डांट फटकार से कन्हैया से वस्त्र लेने की कोशिश की परन्तु वोह छोटा नट-खट ग्वाला कहाँ कम था। कृष्ण जी ने ग्वालिनों को कुछ देर परेशान कर उनके वस्त्र लौटाने से पहले उनसे कहलाया कि वोह आगे से ऐसे निर्वस्त्र यमुना जी में नहाने के लिए नहीं उतरेंगी। उन्होंने हाथ जोड़ माफ़ी मांगी तब कान्हा ने उन के वस्त्र लौटाए।

छोटे से बालक श्री कृष्ण ने ग्वालिनों को कुछ सीख देने के लिए ये खेल खेला था। यमुना जी के दूसरे किनारे कंस की नगरी मथुरा थी जहाँ के बहुत से सैनिक व राज कर्मचारी अच्छी सोच के नहीं थे अतः ऐसे में अपनी रक्षा के लिए सतर्क रहना जरूरी था। एक तो कारण यह था और दूसरा, बहती नदी व खुले में किसी को भी, स्त्री हो या पुरुष, निर्वस्त्र हो कभी भी स्नान नहीं करना चाहिए।

कृष्ण का गाये चराने जाना:

अब श्री कृष्ण पांच बर्ष के हो गए थे। मैया से कहने लगे,"मैया, मुझे भी अब गाए चराने जाना है।" मैया नहीं मानी तो पहुँच गए नन्द बाबा के पास,"मुझे भी गाये चराने जाना है।" नन्द जी ने समझाया कि अभी छोटे हो परन्तु नहीं माने तो बाबा ने कहा तुम छोटे बछड़ों के साथ जाना। मित्र मण्डली के दूसरे बच्चे भी अपनी गाये बछड़े ले कर जाते थे तो बलराम और कृष्ण भी उनके

साथ अपने कुछ बछड़े ले कर जाने लगे। वन में एक बांस जैसे पेड़ की एक शाखा काट कर कृष्ण ने अपने लिए एक बांसुरी बना ली और उस को बजाने लगे। उस में से निकली सुरीली धुन सब को प्यारी लगी। फिर तो कृष्ण की मुरली की धुन गोपाल गोपियों को ही नहीं, गाये बछड़ों को भी मोहने लग गई थी। अब कृष्ण बलराम कुछ और बड़े हो गए तो गाये को भी ले जाने लगे थे। नन्द बाबा के यहाँ गाये बछड़ों की कोई गिनती नहीं थी, सैकड़ों हजारों में थे और उनकी देख-रेख के लिए भी बहुत लोग होते थे। ग्वाला का तो अर्थ ही है गऊ वाला इस लिए ग्वालों को बचपन से ही गाये से लगाव-प्यार होता था। कृष्ण को गाये बछड़े बहुत प्यारे होते थे। अब तो कृष्ण की मुरली की धुन सुन गाये बछड़े भी दौड़े चले आते थे। गोकुल के एक ओर यमुना जी वहती थी तो दूसरी ओर घास ओर पेड़ पौधों वाला बड़ा वन था जिस में गाये बछड़े खुले घूम कर दिन भर घास खाते थे ओर संध्या समय घर लौट आते थे। सुबह शाम दूध दोहा जाता था।

ब्रह्मा जी द्वारा प्रभु की परीक्षा:

लीला धर प्रभु की लीला तो जगत पिता ब्रह्मा जी भी नहीं समझ सके थे। ब्रह्मा जी ने छोटे से सांवले बांसुरी बजाने वाले और बछड़ों के पीछे घूम रहे, बाल गोपालों के साथ बैठ धूल सने हाथों से उनका जूठा भोजन खाते हुए कृष्ण को देखा तो वोह भ्रमित से हो गए। वोह सोच रहे थे कि यह भगवान विष्णु का अवतार कैसे हो सकते हैं? सभी वैभवों के स्वामी यहां ग्वाल बालों के साथ मिल कर उनका जूठा भोजन कैसे कर सकते हैं? उनको बछड़ों के पीछे भागने की क्या जरूरत है? अब ब्रह्मा जी ने प्रभु की परीक्षा लेने का मन बनाया।

ग्वाल बाल और श्री कृष्ण खेलने में व्यस्त थे तो अनुकूल समय देख ब्रह्मा जी ने सभी बछड़े चुरा लिए और फिर जैसे ही श्री कृष्ण बछड़ों को ढूंढने गए तो ब्रह्मा जी ने ग्वाल बाल साथियों को भी चुरा कर ब्रह्मलोक पहुंचा दिया। कुछ क्षण में ब्रह्मा जी बापस आए तो देखते हैं कि सभी ग्वाल बाल और बछड़े तो यहीं हैं। उन्होंने ध्यान लगा कर देखा कि जिनको ब्रह्म लोक में छोड़ा था वोह तो अब भी वहीं थे। ब्रह्मा की इस कुछ क्षणों की परीक्षा में पृथ्वी पर पूरा एक बर्ष बीत गया था।

इसके बाद उन्हें श्री कृष्ण की लीला समझ आ गई। उन्होंने हाथ जोड़कर कृष्ण जी से क्षमा मांगी। उन्होंने प्रार्थना की वोह उन्हें अपने असली रूप में दर्शन दें। ब्रह्मा जी की प्रार्थना पर श्रीकृष्ण ने उन्हें अपना असली रूप दिखाया। उनके इस रूप के दर्शन करने के लिए कई ब्रह्मा वहां आ गए। अपने सामने और कितने ही ब्रह्मा देख ब्रह्म देव ने पूछा, हे प्रभु ! ये कैसी लीला है। इस पर श्रीकृष्ण ने कहा, हे ब्रह्म देव ! इस सृष्टि में केवल आप ही एक ब्रह्मा नहीं हैं। सृष्टि में अनेकों ब्रह्मांड हैं और हर एक ब्रह्माण्ड में अलग अलग ब्रह्मा भी हैं। यह सुनकर ब्रह्म देव ने प्रभु श्री कृष्ण से क्षमा मांगी और कहा धन्य हैं प्रभु आप और धन्य हैं आप की लीलाएं। ब्रह्मा जी जो बछड़े और बाल गोपाल ब्रह्मलोक ले गए थे उनको बापस ला कर श्री कृष्ण को सौंप दिए।

वत्सासुर का वध:

कंस अब मथुरा में बापस आ गया था। इस बार अपने साथ कुछ और इच्छाधारी असुर भी ले आया था। प्रभु की महा माया ने कंस की बुद्धि ऐसे हर ली हुई थी कि वोह सर्व शक्तिमान प्रभु जो बाल स्वरूप में उसके अजेय असुरों का विनाश कर चुके थे, उनको अथवा उनकी शक्ति को समझ ही नहीं सकता था। दुर्बुद्धि कंस अनंत का अंत करना चाहता था।

इस बार कंस ने एक असुर वत्सासुर को कृष्ण को मारने के लिए भेजा था। वत्सासुर एक सांड के रूप में परिवर्तित हो कर गाये बछड़ों में जा कर मिल गया। अन्तर्यामी प्रभु जो इस समय छोटे ग्वाल के रूप में थे, उनसे क्या छुप सकता था। श्री कृष्ण ने वत्सासुर को पहचान लिया था। वोह उस के पास गए और उस की पीठ पर हाथ फेरते हुए उस सांड के पीछे जा कर उस की पूंछ पकड़ ली। उस ने भागना चाहा परन्तु अब कहाँ संभव था। छोटे से श्री कृष्ण कन्हैया ने उसकी पूंछ को पकड़ कर पहले उसे घुमाया और फिर एक पेड़ के मोटे तने से पटक कर उस का वहीं अंत कर दिया था।

वकासुर का वध:

कंस ने वत्सासुर के बाद वकासुर को कृष्ण को मारने के लिए भेजा था। वकासुर एक बगुले का रूप धारण करके श्री कृष्ण जहाँ अपनी मित्र-मण्डली के साथ

गाये चराने गए हुए खेल रहे थे वहां पहुँच गया। उस ने अपनी चोंच (मुख) को बहुत बड़ा कर लिया और खोल कर बैठ गया। ग्वाल बाल उस की खुली चोंच को कोई गुफा समझ खेल खेल में उस में घुसने लगे। वकासुर जैसे बगुला मछलिओं को निगलता है उसी तरह चोंच में ले कर कृष्ण को निगल कर मार देना चाहता था।

श्री कृष्ण ने उस असुर को पहचान लिया था अतः उन्होंने उस बगले की चोंच में घुस कर अपने मित्र ग्वाल बालों को बाहर निकाला और फिर उस बगले की चोंच के ऊपरी भाग को ऊपर खींच कर तोड़ दिया और इस तरह वकासुर का भी अंत हो गया था।

अघासुर का वध:

अघासुर पूतना और वकासुर का छोटा भाई था। श्री कृष्ण द्वारा मारे गए अपने बहन भाई के कारण अघासुर के मन में बदले की आग जल रही थी। कंस के कृष्ण को मारने को भेजे हुए सभी दैत्य व असुर मारे जा चुके थे। अब यह कंस का अंतिम मोहरा था। कंस ने उसे बहन-भाई की मौत की याद दिलाई और श्री कृष्ण को मारने के लिए उकसाया। अघासुर वन में जहाँ बाल गोपाल गाये चरा रहे थे वहां पहुँच गया। उसने विशाल अजगर का रूप धारण किया और बड़ा मुख खोल कर बहीं टिक गया। ग्वाल बाल कोई गुफा समझ कर उस के अंदर जा खेलने लगे। श्री कृष्ण ने विशाल अजगर बने अघासुर को पहचान ही लिया था। कृष्ण भी अघासुर के मुख के अंदर चले गए। अघासुर ने तुरंत अपना मुख बंद कर लिया। ग्वाल बालों के दम घुटने लगे तो श्री कृष्ण ने अपना शरीर बढ़ा दिया और अजगर का मुख खुल गया। ग्वाल वालों को अजगर के मुख से बाहर कर देने के बाद श्री कृष्ण ने उस अजगर के जबड़े के दो फाड़ कर उस का अंत कर दिया। इस तरह श्री कृष्ण बाल गोपाल भगवान ने कंस द्वारा भेजे गए सब दुष्ट असुरों को संहार कर दिया था।

कालिया नाग लीला:

कालिया नाग की उत्पत्ति ऋषि कश्यप और नाग माता कद्रू से हुई थी पहले रमण नामक द्वीप में निवास करता था। किसी कारण पक्षी राज गरुड़ से उसकी शत्रुता हो गई थी। अपनी जान बचाने के लिए अपनी पत्नियों परिवार

सहित यमुना के पास की इस कुंड जिसे कालिया देह भी कहा जाता है आकर रहने लगा था क्यों कि महर्षि सौभरि के श्राप के कारण इस जगह पर गरुड़ नहीं आ सकता था। परन्तु उसके यहां रहते यहां का वातावरण व जल जहरीला व दूषित हो गया था।

ग्वाल-बालों से खेलते हुए एक दिन श्री कृष्ण ने गेंद इस यमुना की कालिया देह में गिरा दी और निकाल लाने के लिए जल में कूद पड़े। ग्वाल बाल दौड़े गोकुल गए, सब की साँस फूल रही थीं। उन्होंने बताया कि कन्हैया ने यमुना देह में गेंद लाने के लिए छलांग लगा दी है। यशोदा मैया तो बहुत डर गई थीं। गोकुल के सभी स्त्री पुरुष दौड़े आए। "कालिया नाग कन्हैया को नहीं छोड़ेगा" सभी के मुख से एक ही बात निकल रही थी। बलराम जी अकेले सब को आश्वस्त करते हुए कह रहे थे,"कन्हैया को कुछ नहीं हो कालिया नाग तो बहुत बड़ा और बहुत मुख वाला था और कृष्ण तो उसके सामने बहुत छोटे से थे, ऐसे

ही निगल सकता था। उस ने श्री कृष्ण पर बार किया परन्तु निष्फल रहा। उस के विष का भी बालक पर

कोई दुष प्रभाव नहीं हो रहा था। कालिया कुछ समझ नहीं पा रहा था कि यह बालक कौन है। प्रभु ने

अब उस को अपना कुछ प्रभाव दिखा अपनी असली पहचान करा दी। श्री कृष्ण ने उस के कहा कि तुम

इस जगह को छोड़ अपने स्थान को बापस चले जाओ। कालिया ने कहा प्रभु आप का वाहन गरुड़ मुझे

नहीं छोड़ेगा। श्री कृष्ण जी ने कहा,"मैं तुम्हारे फणों के ऊपर अपने चरण चिन्ह छोड़ दूंगा फिर गरुड़ तुम्हें

कुछ नहीं कहेगा। प्रभु कालिया के फणों के ऊपर चढ़ गए और बोले मुझे ऊपर ले चलो। कालिया नाग जब श्री कृष्ण को जल के ऊपर लेकर आए तो कन्हैया नाग के फणों के ऊपर नाचते हुए अपनी बांसुरी बजा रहे थे। यमुना किनारे खड़े सभी लोग उछल पड़े और शोर मचा कह रहे थे,"लो कालिया नाग तो बहुत बड़ा और बहुत मुख वाला था और कृष्ण तो उसके सामने बहुत छोटे से थे, ऐसे ही निगल सकता था। उस ने श्री कृष्ण पर बार किया परन्तु निष्फल

रहा। उस के विष का भी बालक पर कोई दुष प्रभाव नहीं हो रहा था। कालिया कुछ समझ नहीं पा रहा था कि यह बालक कौन है। प्रभु ने अब उस को अपना कुछ प्रभाव दिखा अपनी असली पहचान करा दी। श्री कृष्ण ने उस के कहा कि तुम इस जगह को छोड़ अपने स्थान को बापस चले जाओ। कालिया ने कहा प्रभु आप का वाहन गरुड़ मुझे नहीं छोड़ेगा। श्री कृष्ण जी ने कहा,"मैं तुम्हारे फणों के ऊपर अपने चरण चिन्ह छोड़ दूंगा फिर गरुड़ तुम्हें कुछ नहीं कहेगा। प्रभु कालिया के फणों के ऊपर चढ़ गए और बोले मुझे ऊपर ले चलो। कालिया नाग जब श्री कृष्ण को जल के ऊपर लेकर आए तो कन्हैया नाग के फणों के ऊपर नाचते हुए अपनी बांसुरी बजा रहे थे। यमुना किनारे खड़े सभी लोग उछल पड़े और शोर मचा कह रहे थे,"लो कन्ह्या को देखो, कन्हैया ठीक हैं, वोह आ गए। कालिया नाग किनारे के पास आगए तो कृष्ण जी उसके फणों से उतर कर जल से बाहर आ गए। यशोदा मैया ने दौड़ कर अपने कान्हा के गोद में ले लिया। सभी ख़ुशी से नाचने लगे। कालिया नाग अपने परिवार सहित बापस अपने मूल स्थान रमण द्वीप को चला गया और यमुना कुंड का बिषैला जल धीरे धीरे शुद्ध होने लग गया।

नन्द गांव को बसाना:

काहना को मारने के लिए आते असुरों के डर से माता यशोदा ने गोकुल छोड़कर जाने की जिद्द की तो नन्द बाबा ने नया नन्द गांव वसा लिया और वहां रहने के लिए चले आये। श्री कृष्ण अब नन्द गांव में रहने के लिए आ गाये थे। नन्द गांव बरसाना गांव से अधिक दूर नहीं था अतः दोनों गांव के लोगों में मित्रता बढ़ने लगी।

गोवर्धन पूजा और इंद्र का प्रकोप / क्षमा याचना:

एक शाम को बलराम और कृष्ण जब वन से गाये चरा कर घर आये तो देखा कि नन्द बाबा के पास नगर के कुछ लोग बैठे हुए हैं और किसी बात पर चर्चा कर रहे हैं। लाड़ले कन्हैया नन्द बाबा की गोद में जा कर बैठ गए और बड़े ध्यान से उनकी बातें सुनने लगे। चर्चा का विषय था एक सामूहिक यज्ञ पूजन जो हर साल ही होते आया था। बात पूरी होने के बाद श्री कृष्ण बोले,"बाबा इस बार हम इंद्र के नाम से यज्ञ नहीं करेंगे उस की जगह गोवर्धन पर्वत की पूजा

करेंगे। नन्द बाबा और दूसरे लोगों ने भी समझाया कि हम हर बर्ष यह यज्ञ देवताओं के राजा इंद्र के नाम से ही करते आ रहे हैं और फिर देवता खुश हो कर समय से बर्षा करते हैं और हमें समृद्धि प्रदान करते हैं। श्री कृष्ण के मन में तो कुछ और ही था। उन्होंने तर्क दी कि इस बार हम गोवर्धन की पूजा क्यों न करें। हम गोकुल निवासी ग्वाले गाय को पालने वाले और गौ-वर्धन, हमारे गौ-वंश को पालने और बढ़ाने में सहायता करने वाला है। हमें गोवर्धन की पूजा तो सबसे पहले करनी चाहिए। बर्षा ऋतु में बर्षा तो होनी ही होती है इस के लिए इंद्र आदि देवताओं की पूजा या उनके नाम पर यज्ञ करने की आवश्यकता नहीं है। इस नन्द-नंदन को अब सभी गोकुल के लोग प्यार भी बहुत करते थे और इस को बहुत बुद्धिमान और समझदार भी मानते थे। कुछ तर्क वितर्क हुई और फिर सब ने कृष्ण की बात मान गोवर्धन पूजा करने का निश्चय किया। निश्चित समय पर विधि-विधान के साथ बड़े जोर शोर से गोवर्धन पर्वत की पूजा की गई। नन्द बाबा के मित्र बरसाना वाले वृषभानु भी इस पूजा में आए। गोवर्धन पर्वत को छपन भोग लगाए गए और फिर सब को प्रसाद बांटा गया। सब लोग बहुत खुश हो अपने घरों को बापस गए।

जब इंद्र तक बात पहुंची कि एक बालक के कहने पर ब्रज के लोगों ने देवराज इंद्र के निमित्त किये जाने वाले यज्ञ की जगह वहाँ के पर्वत की पूजा की है तो इंद्र को बहुत क्रोध आया। उसने उसी समय अपनी मेघ सेना (बादलों) से ब्रज को घेरना शुरू कर दिया। श्री कृष्ण जानते थे कि अब इंद्र क्या करने जा रहा है। श्री कृष्ण ने सभी गोकुल निवासिओं को कहा कि सभी अपने गाये-बछड़े और सामान लेकर गोवर्धन पहुंच जाएं, आंधी, तूफ़ान और बारिश आने वाली है और वहां आप सुरक्षित रहेंगे। कुछ लोग कह रहे थे,"देख लो, कर लो पर्वत की पूजा, इंद्र का क्रोध न जाने अब क्या करेगा? नन्द बाबा अपने परिवार के साथ गोवर्धन पर्वत के पास पहुँच गए। श्री कृष्ण बैल-गाड़ी से उतर पर्वत के पास गए और उन्होंने हाथ पर्वत की ओर बढ़ाया और पर्वत उनके हाथ पर था। पर्वत को ऊँचा कर एक जगह बीच में अपनी वायें हाथ की छोटी उँगली के नाखून पर उस विशाल पर्वत गोवर्धन को उठा कर खड़े हो गाये। सब को पर्वत के नीचे आ जाने को कहा।

"कन्हैया ने गोवर्धन ऊपर उठा लिया है और सब को उसके नीचे आने को कहा है" यह बात सब ओर फैल गई। उमड़ते काले घने बादलों को देख सब लोग

अपनी गाये-बछड़े और आवश्यक सामान ले कर पर्वत के नीचे आने लगे। बादलों की भयंकर गर्जना होने लगी थी और संध्या होते होते मूसता धार बर्षा शुरू हो गई। कान्हा जी ने सब को कहा,"तुम लोग डरना घबराना नहीं, हो सकता है बादल ऐसे ही कुछ दिन बरसते रहें।" एक, दो, तीन, नहीं छै दिन बीत गए, तब इंद्र ने देखा कि ब्रज में तो कोई हाय दुहाई हुई ही नहीं। सभी लोग तो गोवर्धन पर्वत के नीचे बैठे खा पका रहे हैं। गाये बछड़े भी आराम से बैठे हैं। पर्वत कैसे ऐसे इतना ऊपर उठा हुआ है? अब इंद्र ने ध्यान किया तो देखा एक छोटा ग्वाला बालक इतने बड़े विशाल पर्वत को अपने नाखून के ऊपर लिए खड़ा है तो उसको विश्वास नहीं हो रहा था। फिर उस ने पहचाना के यह तो वोही बालक है जिसने मेरी पूजा रुकवा पर्वत की पूजा करवाई थी। अब इंद्र को कुछ समझ में आने लगा था। यह कोई साधारण ग्वाल-बाल नहीं है। भगवन विष्णु अवतार ले चुके हैं। ग्वाल-बाल रूप में प्रभु ही हैं। उस के मन में अपनी करनी पर पश्चाताप होने लगा। उसने तुरंत बर्षा बंद करा दी और तुरंत ग्वाल-बाल श्री कृष्ण के आगे हाथ जोड़े पहुंच गया और क्षमा प्रार्थना करने लगा। "प्रभु आप की महिमा अनंत है। आप कब कौन सी लीला करते हैं कोई नहीं समझ सकता। आपको आपकी कृपा के बिना कौन समझ सकता है? मुझे आप क्षमा कर दीजिये।" श्री कृष्ण ने देवराज इंद्र को समझाया कि वोह अपने इंद्र पद का अभिमान छोड़ पृथ्वी के प्राणीओं के कल्याण के लिए सोचे और करे। और फिर इंद्र को निर्देश दिया कि इस बर्षा से जो नुकसान हुआ है उस को निष्प्रभावी कर दो। इंद्र ने प्रभु की आज्ञा का पालन किया और देवलोक को लोट गया। ब्रज भूमि में कहीं भी बर्षा का कुछ भी नुकसान नहीं हुआ था। सभी लोग श्री कृष्ण के गुण गान करते हुए अपने घरों को लौट आये।

श्री कृष्ण राधा जी की प्रेम लीला:

श्री कृष्ण की गोवर्धन लीला के बाद उनकी पहचान ब्रज में सभी को हो गई थी। उनकी मुरली की मीठी सुरीली धुन को तो जो सुनता था दीवाना हो ही जाता था। बरसाने वाले वृषभानु की दुलारी किशोरी राधा और उसकी सखियां भी कृष्ण की हम-उम्र थीं। कुछ मुरली की सुरीली मीठी धुन के कारण, कुछ सुंदर श्यामल मोहक प्यारे रूप के कारण, कुछ आकर्षक आँखों के कारण और कुछ प्रभु की प्यारी सी मुस्कान के कारण सब कृष्ण दीवानी हो गईं थी। बचपन

और बालपन का प्यार व स्नेह सदा निस्वार्थ और पवित्र होता है। कृष्ण गायें ले कर गोवर्धन की और आते ही थे और ब्रज की लड़कियां व औरतें यमुना या तालाबों से पानी भरने व नहाने भी आती थीं। पहचान हो गई थी और अब श्री कृष्ण को मिलते ही यह सब बांसुरी सुनाने को कहती थीं। बड़ी गोपालनो को तो नटखट कृष्ण अपने बच्चों से भी प्यारा लगता था। श्री कृष्ण और किशोरी राधा जी मन ही मन एक दूसरे के दीवाने हो गए थे। दोनों के दिलों में बाल-पन का पवित्र प्रेम उजागर होने लगा था और एक दूसरे के पास आने बातें करने और कृष्ण से बांसुरी सुनने की चाह लगी रहती थी। धीरे धीरे समय की गति के साथ सब बड़े हो रहे थे। किशोरी और श्री कृष्ण के प्यार के चर्चे अब सब ओर होने लगे थे। सात बर्ष से बढ़ते श्री कृष्ण अब बारमें बर्ष में प्रवेश कर चुके थे। ब्रज की गोपियाँ कृष्ण दीवानी हो रही थीं परन्तु राधा कृष्ण के प्यार के चर्चे तो ब्रज में सब और थे।

भगवान विष्णु त्रिलोकीनाथ हैं। स्वयं रचनाकार और स्वयं लीलाधर हैं। वोह कब कौन सी लीला करने वाले हैं प्रजा पिता ब्रह्मा या कोई देवता भी नहीं समझ सकते। प्रभु के इस कृष्ण अवतार के अद्भुत खेल रहे हैं। जन्म लेते हैं कंस की जेल में; बेड़ियाँ अपने आप खुल जाती हैं; ताले-दरवाजे अपने आप खुल जाते हैं; पहरे पर तैनात सैनिक सब के सब निद्रा ग्रस्त हो बेहोश हो गिर-पड़ जाते हैं; पिता बसुदेव की बेड़ियाँ खुल जाती हैं और चतुर्भुज रूप में देवकी और बसुदेव जी को प्रभु ने दर्शन दे जो बताया था उसी क्रम से नए जन्मे बच्चे को ले आधी अँधेरी बरसाती रात में जेल से बाहर निकल कर यमुना की वहती धार को पैदल ही पार कर गोकुल की नन्द रानी यशोदा के पास लेट रही बच्ची के रूप में महा माया को उठा और अपने बालक को वहां लिटाकर बापस आने पर वोह भी बेड़ियों में बंध जाते हैं और दरवाजे-ताले बंद हो जाते हैं और पहरेदार भी तुरंत जागृत हो जाते हैं। देवकी माता की गोद में आने के बाद बच्ची का रोना शुरू होता है और फिर कंस के हाथों से छूट कर महा माया दुर्गा रूप धार कंस को प्रभु के पृथ्वी पर अवतरित होने का बताना और फिर छोटे से बालक रूप में प्रभु द्वारा कंस के भेजे अनेकों असुरों का बिना किसी अस्त्र-शस्त्र के संहार और अंतिम बारह बर्ष से कम की आयु में ही बिना शस्त्र हाथी और कंस और उस के महाबली पहलवानों को मारना। यह सब प्रभु की अद्भुत लीला ही तो थीं जो दूसरे किसी मानव तो क्या, देव व दानव के लिए भी संभव नहीं थीं।

प्रभु श्री कृष्ण ग्वाले रूप में गाये तो चराने जाते ही थे साथ मुरली भी बहुत ही सुरीली धुनो में बजाते थे। जब गाये को संध्या समय घर ले जाना होता था तो भी उनको अपनी बांसुरी की धुन से हे प्रेरित कर लेते थे। उनके ग्वाल बाल सखा तो सब खेल भूल बंसी सुनने के लिए ही ललायत रहते थे। वन के मोर पपीहे और वन के दूसरे पशु पक्षी भी मुरली मनोहर की मुरली की मीठी धुन पर सुध खो कान लगा बैठ जाते थे। मनमोहन की मन मोहिनी मुरली की सुरीली धुनो से ब्रज के ग्वाले ग्वालिन भी मोहित थे।

अब कृष्ण की बाल लीला समाप्त हो प्रेम लीला शुरू होने लगी थी। प्रभु का यह अवतार "प्रेमावतार" के नाम से भी जाना जाता है। श्री कृष्ण अब तक वृषभानु दुलारी राधा जी के संपर्क में आ चुके थे। सात-आठ बर्ष की इस जोड़ी को पहली बार मिलने पर ही मित्रता हो गई जो दिन व दिन और गूढ़ होती चली गई।

राधा जी की आठ सखियाँ थीं और यह सब आठ सखियों के नाम से जानी जाती थीं। राधा जी के यूथ में मुख्य आठ सखियाँ कही गई, जो राधा रानी जी की अष्टसखिया कहलाती है. राधा जी की अष्ट सखियों के नाम हैं: 1.ललिता जी, 2.विशाखा जी, 3.चित्रा जी, 4.चंपक लता, 5.सुदेवी, 6.तुंग विद्या, 7.इंदु लेखा, 8.रंग देवी। ये सभी विशेष गुणों से युक्त थीं और राधा रानी का पूरा ध्यान रखती थीं. ये अष्ट सखियां कई कलाओं में निपुण थीं. इन्हें संगीत और प्रकृति के रहस्यों को गहरा ज्ञान था।

{ब्रह्मवैवर्त पुराण के अनुसार इनके नाम इस तरह हैं- चन्द्रावली, श्यामा, शैव्या, पद्या, राधा, ललिता, विशाखा तथा भद्रा।}

{शिव पुराण के अनुसार श्री राधा कोई साधारण कन्या नहीं थी। महा माया के दाहिने अंग से लक्ष्मी प्रगट हुई थीं और वायें अंग से राधा जी। राधा जी का प्रभु से मिलन श्री कृष्णावतार में होना सुनिश्चित हुआ था। राधा कृष्ण दो रूप एक जान थे। राधा रानी श्री कृष्ण की प्राणप्रिया और ब्रज मंडल की अधिष्ठात्री देवी हैं। उनकी कृपा के बिना कोई ब्रज में प्रवेश नहीं कर सकता है। जिस पर राधा रानी कृपा कर दें वो ना चाहते हुए भी ब्रज में पहुँच जाता है।

सारी गोपियाँ उनकी कायरूपा व्यूह है, उनकी कांति से सब प्रकट हुई है। उनकी सखियों में कई यूथ है। गोपियों के "किंकरी", "मंजरी", "सहचरी", ये अलग-अलग यूथ हैं। सब की आराध्य श्री राधा रानी जी हैं।

श्री कृष्ण और राधा जी की प्रेम लीला बहुत छोटे समय की थी। यह माना जाता है कि ब्रह्मा जी ने स्वयं आ कर बृन्दावन में राधा कृष्ण की शादी की विधि करवाई थी। परन्तु श्री राधा-कृष्ण कभी भी पति-पत्नी की तरह नहीं रहे थे। मात्र चार-एक बर्ष तक श्री कृष्ण की बाल-प्रेम लीला राधा रानी और अष्ट सखियों के साथ हुई वोह भी कभी वन में अथवा कभी किसी यमुना अथवा तलाव की घाट पर। हाँ, मुरली मनोहर की मुरली की धुन सुनते ही राधा जी और सखियाँ खिंची चली आती थीं।

अब सब धीरे धीरे बड़े हो गए थे। श्री कृष्ण जानते थे कि अब उनका गोकुल से जाने का समय आ रहा है। कंस को चिंता लगी ही रहती थी। वोह कृष्ण को मारने के उपाय ढूंढता ही रहता था। अब कंस को पूर्ण विश्वास हो चुका था कि गोकुल के नन्द जी के जो पल रहा है वोह ही देवकी का आठवां पुत्र है। कंस ने नन्द-नंदन को मरवाने के लिए सभी संभव उपाय किये परन्तु उसको सफलता हाथ नहीं लग सकी थी। गोकुल में सैनिकों व सेना को भेज कर श्री कृष्ण को पकड़ने अथवा मारने से विद्रोह का डर था इसलिए कृष्ण को किसी बहाने मथुरा बुला कर मारने की सोचने लगा था।

श्री कृष्ण की गोपियों और राधा जी के साथ महारास:

शिव पारवती आए महारास में:

इधर ब्रज में श्री राधा जी और श्री कृष्ण तो सब कुछ समझते जानते ही थे। दोनों अवतारी शक्तियां थीं। आश्विन पूर्णिमा आ गई और श्री कृष्ण यमुना किनारे बृन्दावन में एक वट वृक्ष पर चढ़ कर बैठ गए और अपनी बांसुरी को होंठों से लगा सुरीली मीठी धुन बजाने लगे। श्री राधा जी अपनी सखियों के साथ बहुत जल्दी पहुँच गईं।

माता पार्वती को इस कृष्ण लीला का अंतर्मन से आभास हुआ और वोह इस अद्भुत रास लीला का आनंद उठाने के लिए गोपी रूप धारण कर रास में आने के लिए तैयार होने लगीं तो शिव जी ने भी इच्छा प्रगट की तो पार्वती जी ने हँसते हुए कहा कि इस रास में श्री कृष्ण के बिना और कोई पुरुष नहीं आ सकता। भोले नाथ ने रास में जाने की जिद्द पकड़ ली और पार्वती जी को कहा कि मैं भी गोपी रूप में ही चलूँगा। शिव जी ने भी ग्वालिनों वाले चनिया चोली वस्त्र धारण कर और चुनरी से सिर मुख को अच्छी तरह ढक लिया। पारबती जी शिव जी के गोपी रूप को देख खुश हो रहीं थीं। अब शिव जी अपने प्रभु की इस प्रेम की पराकाष्ठा वाली, आत्म-तत्त्व को उजागर करने वाली, अद्भुत लीला जो मुरली की धुन के साथ रास में प्रगट होने वाली है उस को कैसे नहीं देखें? पार्वती जी के साथ शिव जी अपनी जटा और मुख को ओढ़नी में छुपा गोपियों में जा मिले।

किशोरी जी, उनकी सखियाँ, गोपियाँ और गोपी रूप बदल कर आए महादेव और देवियां सब वट वृक्ष के चारों ओर इकठे हो गए और मुरली की मीठी धुन में खो गए। भगती भाव और प्रेम भाव से जिनका मन प्रभु से एक हो गया था वोह सभी जब एकत्रित हो गए तो मुरली मनोहर ने मुरली बजानी बंद कर दी और वट वृक्ष के नीचे उतर आए। किशोरी जी कन्हैया के पास आ गईं और

फिर सभी चाँद की चांदनी में यमुना किनारे जा शीतल रेत पर मुरली की धुन पर थिरकने लगे। धीरे धीरे मुरली की धुन कुछ ऐसी मधुर होने लगी कि सब अपनी सुध-बुध खो धुन पर नाचने लग गए। फिर स्वयं कृष्ण हर एक गोपी के साथ प्रगट हो नाचने लगे। जितनी गोपियाँ उतने मुरली मनोहर कृष्ण प्रगट हो गए थे और एक दूसरे की बाँहों में बाहें डाल पूर्ण जीवनानंद आत्मानंद में खो कर मीठी मुरली धुन पर नाचते जा रहे थे। राधा जी और सखियों ने, सब गोपियों ने अपने को श्री कृष्ण के पूर्ण दिव्य प्रेम में समाया पाया। अब कोई भेद ही नहीं रहा था सब एक में एक जैसे लिप्त हो गए थे जैसे दो से एक ही हो गए हों।

अब ऐसे में भोले नाथ भी अपने प्रभु श्री विष्णु के इस प्रेमावतार श्री कृष्ण के साथ एक आत्म भाव में मस्त हो सुध-बुध खोये पूर्णानंद में ऐसे नाचने लगे कि उन की जटाएं खुल कर बिखर गईं। उनकी ओढ़नी भी सिर चेहरे से उतर गई परन्तु शिव तो सुध खोये मस्ती में नाचते ही जा रहे थे। चाँद पश्चिम में झुकने लग गया था और महांरास का दिव्य प्रभाव पूर्णता पर था। मुरली मनोहर ने मुरली की धुन बदली और गोपियाँ अपनी सुध में लौटने लगीं। शिव जी को देवी पार्वती सम्हलने के लिए सचेत करती इस से पहले ही सब ने उनको बिखरी जटों में देख लिया था और सब हँसने लगीं।

तभी शिव जी के प्यारे प्रभु श्री कृष्ण ने शिव जी के पास जा प्रणाम किया और राधा जी और गोपियों से बोले, हम सभी धन्य हो गए जो स्वयं शिव मेरे प्रभु हमें आशीर्वाद देने आए हैं। इसीलिए आज की रास में इतना आनंद था। आप सब इनको और देवी पार्वती को प्रणाम करो। सब ने भाव विभोर हो शिव-पार्वती को प्रणाम किया। श्री कृष्ण ने शिव जी से कहा, आप के यहाँ आने से, आप के इस धरती पर चरण पड़ने से बृन्दावन अब एक धाम बन गया है। शिव जी बृन्दावन में निधिवन ओर वट वृक्ष से कुछ दूरी पर गोपीश्वर महादेव के रूप में विराजमान हैं।

और श्री कृष्ण की प्रिया राधा रानी और अपनी प्रिया सखियों व गोपियों के साथ की इस कृष्ण अवतार की प्रेम लीला भी इस महांरास के साथ ही पूर्ण हो गई थी।

श्री कृष्ण और बलराम जी का अक्रूर जी के साथ मथुरा गमन:

मथुरा के राजा कंस के मंत्री मंडल में फैसला हुआ था कि सेना नायक अक्रूर जी को नंदगाम भेजा जाये। मथुरा में शिव धनुष पूजन के समय होने वाले उत्सव में नन्द राय जी और उनके साथ श्री कृष्ण और बलराम को निमंत्रण दे बुला लिया जाये। अक्रूर जी को कंस की तरफ से बड़े प्रेम से आदेश दिया गया कि वोह नन्द राय के मित्र भी हैं इसलिए जा कर उत्सव में आने के लिए आमंत्रित करें। नन्द राय जी अपने साथ कृष्ण, बलराम और दूसरे नगर निवासियों को भी ले कर आएं। अक्रूर कंस को बहुत अच्छी तरह समझते थे। अक्रूर जी कंस के और उसकी सैनिक शक्ति के आगे बहुत कमजोर थे। परन्तु अक्रूर जी बहुत बहादुर और समझदार सैनिक थे। उन्होंने श्री कृष्ण की सुरक्षा के लिए अपने कुछ यादव बहादुर सैनिकों को चुना और उन्हें सब बात समझा कर छोटे छोटे ग्रुप में अपने से आगे कुछ सुनिश्चत स्थानों पर गुप्त तरीके से जा कर रुकने को कहा।

अक्रूर जी के मन में डर था कि हम जब कृष्ण और बलराम को ले कर मथुरा को आएंगे तो कहीं कंस के सैनिक रास्ते में घात लगा कर कृष्ण को मारने की कोशिश भी कर सकते हैं। इसी लिए अक्रूर जी अपनी ओर से बसुदेव पुत्रों की सुरक्षा के लिए पूर्ण सतर्कता वरत रहे थे। सब तैयारी कर लेने के बाद अक्रूर जी राज्य पताका वाला एक सुंदर रथ ले कर नंदगाम की ओर चले।

अक्रूर जी का मन बड़ा विचलित हो रहा होता है। रास्ते भर एक ही बात में उलझे सोचते जा रहे थे कि कैसे नन्द राय जी को कह पाऊंगा कि श्री कृष्ण उनके पुत्र नहीं बल्कि देवकी-बसुदेव के पुत्र हैं। यह बात जब यशोदा जी के कानों में पड़ेगी तो उनकी क्या दशा होगी; कैसे सहन कर पाएंगी? परन्तु क्या करते, वोह राजाज्ञा का उलंघन भी नहीं कर सकते थे और भले बेबस हो कर ही सही परन्तु बसुदेव और देवकी जी ने भी कृष्ण को मथुरा ले आने के लिए स्वीकृति दे दी थी। ऐसे ही चिंताओं में खोये अक्रूर जी एक सैनिक दस्ते के साथ नंदगाम पहुँच गए।

नंदगाम में राज्य पताका वाला रथ और सैनिकों को देख नगरवासी आशंकित हो अनुमान लगा अपनी अपनी सोच के अनुसार अनुमान लगा बातें कह रहे थे। रथ कहाँ जा रहा है यह देखने के लिए कुछ लोग रथ कि पीछे हो

लिए। गांव के बच्चों ने तो पहली बार अपने गांव में ऐसा रथ और सैनिक देखे थे अतः बच्चों के मन की विहबलता भी समझी जा सकती है और बहुत से बच्चे भी रथ के पीछे हो लिए। नन्द राय जी के घर के आगे जा कर रथ रुक गया। घर के अंदर सूचना पहुंची तो नन्द राय जी घर पर ही थे, स्वागत के लिए तुरंत दौड़े आए। दोनों मित्र बड़े प्यार से मिले। बड़ी ख़ुशी ख़ुशी नन्द राय अक्रूर जी को अंदर ले कर गए। अपने सेवकों को कह रथ, घोड़ों और सैनिकों के लिए उचित व्यवस्था करने के लिए आदेश दे कर अक्रूर जी के पास आ गए। अक्रूर जी ने हाथ मुंह धो जल-पान किया और नन्द राय जी के पास बैठ गए। मित्र के घर आने की ख़ुशी में नन्द राय जी इधर उधर की बातें बतियाते जा रहे थे परन्तु अक्रूर जी के मुख से कुछ प्रत्युत्तर बाहर नहीं आ अहा था।

नन्द राय जी ने जब अक्रूर जी के चेहरे की ओर ध्यान दिया तो उनके चेहरे पर चिंता झलकती दिखाई दी। नन्द राय जी ने पूछ ही लिया,"मित्र आप कुछ चिंतित से दिखाई दे रहे हो, क्या बात है?" अक्रूर जी ने बात को टालते हुए कहा,"आप के कन्हैया नहीं दिखाई दे रहे?" नन्द जी ने कहा,"वन में गाये चराने गए हुए हैं। गोधूलि (संध्या) का समय हो गया है, आने वाले ही होंगे। अक्रूर जी ने बहुत संभल के बात बताई कि मथुरा में बड़े उत्सव की तैयारी चल रही है और इस समय में प्राचीन शिव धनुष की पूजा होगी और आम जनता के दर्शन लाभ के लिए भी उपलब्ध होगा। नन्द राय जी ने देवकी-बसुदेव जी के बारे में पूछ परख की। ऐसे ही इधर उधर की बातें चल रही थीं तभी कुछ देर बाद बलराम कृष्ण आ गए। नन्द राय जी ने दोनों को अक्रूर जी की पहचान कराई और उन दोनों ने अक्रूर जी को प्रणाम किया। रात्रि भोज के समय कुछ बात चीत शुरू हुई तो श्री कृष्ण, जो सब कुछ जानते ही थे, उन्होंने अक्रूर जी से कहा,"काका, क्या मैं और बलराम भैया भी मथुरा आपके साथ उत्सव देखने चल सकते हैं?" अक्रूर जी के मुख से निकल गया,"हाँ, हाँ क्यों नहीं, हम तो लेने ही आप दोनों को आए हैं।" नन्द राय जी को यह बात कुछ अटपटी सी लगी और पूछ बैठे,"आप इन को लेने आए हैं?"

अब अक्रूर जी ने सोचा कि बात खुल ही जानी चाहिए। अक्रूर जी जानते थे कि यदि नन्द राय को सीधे कहूंगा कि कृष्ण उनके नहीं बसुदेव के पुत्र हैं तो उन के लिए और उनसे भी अधिक यशोदा जी के लिए सहन करना बहुत कठिन होगा।

जिस माता पिता ने अपने अभोल बच्चे को जन्म समय से ले कर ग्यारह-बारह बर्ष तक अपनी ममता-स्नेह से पाल कर बड़ा किया हो और कोई अचानक कह दे,'यह तुम्हारा नहीं किसी और ही का बच्चा है' तो सुनना भी कान में गर्म तेल डालने जैसी बात होगी।

अक्रूर जी ने बात बदल कर कहा,"नन्द राय जी आप अपने कुल गुरु शांडिल्य जी के पास बच्चों की नामकरण विधि के लिए गए थे तो उन्होंने महामुनि गर्ग जी को उस के लिए बुला लिया था और बड़ी गुप्त रीती से गोशाला में ही नामकरण गर्ग मुनि जी द्वारा ही हुआ था। बलराम का एक नाम संघर्षण भी बताया गया था।" नन्द राय जी ने हाँ में सर हिलाया तो अक्रूर जी बोले,"यह जो हुआ इस के पीछे एक बड़ा रहस्य छुपा हुआ है। आपको बहुत ही कठोर हृदय से मेरी बात को सुनना और सहन भी करना पड़ेगा।" नन्द राय जी एक दम सकते में आ गए और बोले,"यह आप क्या कह रहे हैं? ऐसी क्या बात है?"

अब अक्रूर जी ने आगे कहा,"आप के सामने ही जो हुआ वोह तो आप जानते ही हैं। कृष्ण के जन्म के छठे दिन ही इनको मारने के लिए पूतना आई थी और उसके बाद भी बहुत सी कोशिशें हुई थीं। अद्भुत है ना कि कोई भी कृष्ण को कोई नुकसान नहीं कर पाया था। ना जाने कौन सी शक्ति इस की रक्षा करती आई है।" नन्द राय जी बोले,"आप सत्य कह रहे हैं।" अक्रूर जी बोले,"आप को एक और सत्य भी याद होगा। देवकी की आठवीं संतान के रूप में जिस कन्या को कंस मारने लगा था उसके हाथ से निकल आकाश में दुर्गा रूप धारण कर बोलीं थीं,"कंस, दुष्ट तू मुझ को क्या मारेगा? तेरे को मारने वाला तो पृथ्वी पर जन्म ले चुका है।" आप को यह भी याद होगा कि कंस ने सैनिकों को भेज कर नए जन्मे बच्चों को मरा दिया था। गोकुल में भी सैनिक आए थे परन्तु आपके लोगों के विरोध के कारण उनको लौट जाना पड़ा था। नन्द राय जी ने कहा,"हाँ कंस के अत्याचारों को कौन नहीं जानता। ऐसे संस्कारी माता पिता के घर ना जाने यह राक्षश कहाँ से पैदा हो गया?"

अक्रूर जी ने सोचा कि अब बात खोल ही देनी पड़ेगी क्यों कि नन्द जी तो अभी भी कुछ समझ नहीं पा रहे थे। अक्रूर जी ने कहा,"देवकी की वोह आठवीं संतान जिस को आकाशवाणी ने कंस का काल बताया था वोह और कोई नहीं आप के लाड़ले कन्हैया ही हैं। आप जानते ही हैं कि आपके कुल गुरु शांडिल्य जी एक पहुंचे हुए त्रिकाल दर्शी ऋषि हैं। उन्होंने अपनी दिव्य दृष्टि से सब देख

समझ लिया था इसी लिए गर्ग मुनि जी को बुला कर उनसे दोनों बच्चों के नामकरण संस्कार कराये थे।

गर्ग मुनि जी बसुदेव के कुल गुरु हैं। देवकी का सातवां गर्भ नष्ट नहीं हुआ था परन्तु किसी दिव्य शक्ति ने देवकी के गर्भ से उस को ला कर बसुदेव जी की दूसरी पत्नी रोहिणी जी जिन्हें मैं ही सुरक्षा के लिए आप के पास छोड़ गया था उनके गर्भ में स्थापित कर दिया था। इस लिए उस बालक बलराम को गर्ग मुनि जी द्वारा एक नाम संघर्षण भी दिया गया था। इसी तरह जब कृष्ण का जन्म हुआ था तो कुछ अद्भुत घटनाएं हुई थी। कोई दिव्य शक्ति देवकी बसुदेव जी को कह गई थी कि बालक को नन्दराये के घर जा बच्चे को बहां यशोदा की नई जन्मी बच्ची के साथ बदल लाओ। बसुदेव जी की बेड़ियाँ और दरवाजे ताले अपने आप खुल गए थे और पहरेदार निद्रा वश हो गए थे। ऐसे में बसुदेव जी किसी अदृश्य शक्ति के वशीभूत हो, अपनी सुध-बुध में ना रहते हुए, मध्यरात्रि में वरसति रात के अँधेरे में यमुना पार कर कृष्ण को सो रही यशोदा जी के पास लिटा और बच्ची को उठा कर ले गए थे। बसुदेव जी ने कब क्या किया और कब क्या कर रहे थे कुछ होश नहीं था। उनको इस सब की स्वयं को भी याद नहीं हैं।

यह सुन यशोदा जी की सहनशक्ति तो जैसे जबाव ही दे गई थी। यह सुनते ही उनकी अंतरात्मा तड़प उठी थी। यशोदा जी बोलीं,"अक्रूर जी आप यह क्या कहे जा रहें हैं? मैंने कन्हैया को जन्म दिया है, मैं उस की मां हूँ। मेरे सामने कहानियां मत घड़ो।" अक्रूर जी तो स्वयं ही कृष्ण को मथुरा ले जाने के पक्ष में नहीं थे परन्तु जो मथुरा में हुआ था और जो राज आज्ञा थी उस से वोह भी विवश थे। अक्रूर जी ने यशोदा जी को पूछा,"भावी आप मुझ को एक बात वताएँ कि क्या बच्चे के जन्म के समय आप को कोई प्रसव पीड़ा हुई थी और क्या कब जन्म हुआ उस की कोई सुध है? ऐसे समय कोई भी जन्म देने वाली माँ सो कैसे सकती है?" यशोदा जी अब सोचने लगी थी कि अक्रूर जी जो कह रहे हैं, बात तो सत्य ही है। उन का मन पुत्र प्रेम में तड़प उठा और वोह वहां से उठ कर सो रहे कान्हा जी के पास जा उनको एक टक निहारने लगी और फिर गोद में लेकर साथ ही लेट गई। बलराम जी की माता भी सब सुन और देख रही थी और भरे मन से आंसू वहा रही थी। बलराम जी की माता रोहिणी जी जानती थीं कि कृष्ण जायेगा तो बलराम तो साथ जायेगा ही और ना जाने

मथुरा में उनके साथ क्या होगा? ऐसे ही चिंतित मन से वोह भी उठ कर अंदर कमरे में जा अपने बलराम को गोद में ले कर लेट गई।

अक्रूर जी ने यह भी बताया कि अब तो सब सत्य देवकी भावी से कंस ने उगलवा लिया है। वोह यह भी जानती हैं कि कृष्ण कोई साधारण बच्चे नहीं, कोई अवतारी दिव्य शक्ति हैं।" बसुदेव जी और देवकी भावी के कहने पर और कंस की राज-आज्ञा के कारण ही हम कृष्ण को मथुरा ले जाने के लिए आये हैं। इस में मुझे कंस की चाल भी समझ आती है और हम कृष्ण की सुरक्षा के लिए पूर्ण सजग और सतर्क भी हैं। आप बलराम और कृष्ण की चिंता बिलकुल न करें। हमारे रहते उनका कोई कुछ भी नहीं बिगड़ सकेगा। मेरा एक एक योद्धा सौ पर भारी पड़ने वाला है। रात बहुत बीत गई थी परन्तु निद्रा इन चारों की आँखों से उड़ी हुई थी। करवटें बदलते रात्रि बीत गई। मन में तरह तरह के बिचार घूमते रहे, उठते रहे मिटते रहे परन्तु बिना किसी उत्तर के।

अमृत बेला हो गया प्रातः काल की कर्म-क्रिया हुई। अक्रूर जी और नन्द राय यमुना स्नान कर के आए, बंदना पूजा की और नाश्ता पानी करते हुए जल्दी मथुरा के लिए कृष्ण बलराम के साथ प्रस्थान करने की अनुमति मांगी। अक्रूर जी ने साफ कर दिया था कि बलराम और कृष्ण को उन के साथ जाना ही होगा। कृष्ण बलराम तो जानते ही थे कि अब आगे क्या होने वाला है। वोह दोनों मथुरा जाने के लिए तैयार भी हो गए थे। परन्तु माता जिसने ग्यारह-बारह बर्ष तक जिस बच्चे को आँखों का तारा बना कर बड़े लाड़-प्यार से पाला हो वोह आज अचानक किसी दूसरे का हो जाये, ऐसे माता पिता की जो दशा हो सकती है, वोह यशोदा और नन्द राय जी की देखी जा सकती थी। नन्द राय जी के मुख में बोल नहीं परन्तु आँखों से वहते आंसू सब बता रहे थे। माता यशोदा को तो अपना आप भूल-विसर ही गया था। न भूख न प्यास। एक ही बात, मेरा काहना, मेरा कन्हैया, कभी गोद में ले चूमने लगती, कभी कुछ खिलाने पिलाने की बात करती, बहुत बेचैन हो मानसिक तौर पर तड़प रही थी। कान्हा तुम मत जाओ, मैं तुम्हारे बिना कैसे जी सकूंगी? तुम्हारे बिना नंदगाम सूना हो जायेगा। माता के मन की व्यथा और दर्द कौन समझ सकता था। माता यशोदा और रोहिणी के आंसू नहीं थम रहे थे। कृष्ण और बलराम दोनों माताओं को समझाने में लगे हुए थे।

सारथी रथ को नन्द राय के घर के आगे ले कर आ गया। अब जाना तो था ही अतः श्री कृष्ण ने अपनी माया का कुछ ऐसा प्रभाव दिखाया कि सब के मन कुछ कुछ सम्हलने लगे। श्री कृष्ण ने माता यशोदा को गोद में भर कर कहा,"मैया यह कान्हा तो तुम्हारा ही पुत्र है और तुम्हारा ही सदा रहेगा। मेरी कोई चिंता मत करो, देखो बलराम भैया मेरे साथ हैं। बाबा (नन्द राय) भी और दूसरे लोग भी तो मथुरा का उत्सव देखने आ रहे हैं। हम सब साथ ही होंगे। मैया अब हमें आंसू पोंछ कर जाने की आज्ञा कर दीजिये।" फिर रोहिणी माता, नन्द बाबा और परिवार के लोगों के पग छू प्रणाम किया। बलराम और श्री कृष्ण एक बार फिर अपनी माताओं को गोद में ले मिलते हैं और फिर रथ की तरफ बढ़ते हैं।

कहना जी की मित्र मण्डली और नगर निवासी जो इकठे हो गए थे, सब को श्री कृष्ण ने हाथ जोड़ कर प्रणाम कर विदा मांगी और फिर रथ में चढ़ कर बैठ जाते हैं। अक्रूर जी पहले ही रथ में आ गए हुए थे। श्री कृष्ण बलराम जी के आते ही अक्रूर जी ने सारथी को रथ को आगे बढ़ाने के लिए कह दिया। जैसे ही रथ आगे बढ़ने लगा तो माताएं भी और मित्र मंडली भी पीछे पीछे दौड़ने लगी। श्री कृष्ण ने रथ रुकवा कर फिर हाथ जोड़ कर सब को घरों को लौट जाने के लिए समझाया और फिर रथ आगे बढ़ाया।

आज गो-शाला में गायें-बछड़े वन में चरने जाने के लिए देरी हो जाने के कारण रम्भाने लगे हुए थे। गो शाला के आगे जाकर कृष्ण जी ने रथ को रुकवाया और अंदर जा कर कुछ गैया और बछड़ी-बछड़ों को प्यार से अपने हाथों से सहलाया और शायद मन ही मन उन सभी को समझा दिया कि अब उनको बंसरी सुनाने वाला उनका ग्वाला कृष्ण अब कभी बापस नहीं आएगा। गायें और बछड़ी-बछड़ों को बंसी बजाने वाला कृष्ण और श्री कृष्ण को अपना गो धन बहुत प्यारा था परन्तु अब बिछड़ना तो सुनिश्चित हो ही गया था। गायें देखती रह गईं और कन्हैया बाहर खड़े रथ में आ कर बैठ गए।

गांव के बाहरी मोड़ पर आए तो सखी-गोपियाँ रास्ता रोके कड़ी थीं। सब की आँखों में आंसू भरे थे परन्तु भरे मन के कारण मुख से कोई बोल नहीं निकल पा रहा था। रथ रुक गया और श्री कृष्ण फिर रथ से नीचे उतर कर अपनी सखी-ग्वालिनों के पास गए। उनसे कुछ इधर-उधर की बातें कर उनको बहलाने की कोशिश की और फिर उनको पूछा,"क्या तुमने मुझ से अपने मन

से प्रेम किया है?" यदि हाँ, तो समझ लो कि तुम्हारा काहना कभी भी तुम से दूर नहीं होगा। तुम सब राधा को भी समझा देना कि राधा कृष्ण कभी दो नहीं, एक ही हैं। तुम सभी भी मेरी प्रिय राधा का और अपना ध्यान रखना। हम कभी एक दूसरे से दूर नहीं होंगे। महांरास में आप सब और हम एक तो हो गए हैं। आत्म तत्व को समझ लेने के बाद अब भेद ही कहाँ रह गया है?" इस तरह गोपी-सखियों को आत्म-प्रेम का बोध दर्शन करा और उनको सांत्वना दे और अपने अपने घर जा कर दिन-चर्या में व्यस्त होने की प्रेरणा दे कर रथ में आ कर बैठ गए। सखियाँ भरे मन और आंसू भरी आँखों से देखती रह गईं और रथ आगे बढ़ गया।

नंदगाम से रथ कुछ दूरी पर गया तो रथ के पीछे कुछ घुड़सवार सैनिक आते हुए दिखाई दिए। श्री कृष्ण ने पूछा,"काका,"यह लोग कौन हैं? हमारे रथ के पीछे क्यों लगे हैं?" अक्रूर जी बोले,"कुमार,"यह हमारे ही सुरक्षा सैनिक हैं।"

[बसुदेव यदुवंशी राजा शूरसेन तथा मारिषा के पुत्र, कृष्ण के पिता थे। इनका विवाह देवक अथवा आहुक की सात कन्याओं से हुआ था जिनमें देवकी सर्व प्रमुख थी। बसुदेव को महर्षि कश्यप का अवतार माना गया है। वे बृषणी वंशियों के राजा व गोप (यादव) राजकुमार थे। हरि वंश पुराण के अनुसार, बसुदेव और नन्द बाबा रिश्ते में भाई थे।]

अक्रूर जी यदुवंशी राजा शूरसेन के सेना नायक थे। बलराम और कृष्ण उस यदु कुल के राजकुमार थे और इसीलिए अक्रूर जी उन्हें उचित सन्मान देते हुए "कुमार" कह कर सम्भोदित करते थे।

बलराम जी बोले,"हमें किस से डर है जो सुरक्षा सैनिक साथ लिए हैं?" अक्रूर जी ने समझाया,"कुमार, आप राज पुत्र हैं इसलिए सुरक्षा के लिए सैनिक तो आप जहाँ भी जायेंगे साथ भेजे ही जायेंगे।" अक्रूर जी यह भेद नहीं खोलना चाहते थे कि वोह कंस के डर से सुरक्षा सैनिक साथ लाये हुए हैं।

रथ अपनी चाल से आगे बढ़ता जा रहा था। कुछ कोस आगे बढ़े तो एक और सैनिक टुकड़ी रथ के पीछे आते दिखाई दी। श्री कृष्ण ने पूछा,"काका, यह भी आपके ही सैनिक हैं?" अक्रूर जी ने हाँ में सर हिला दिया। एक जगह फिर एक सैनिक टुकड़ी वन की झाड़ियों-पेड़ों के झुण्ड के पीछे से निकल रथ के पीछे आ रहे सैनिकों में आ मिली। प्रभु श्री कृष्ण हस्ते हुए कहा,"काका, हमारी

रक्षा के लिए कितना प्रबंध कर रखा है। और कितने सैनिकों को छुपा रखा है?" अक्रूर जी मुस्करा कर रह गए, कोई जबाव नहीं दिया। दिन ढलने लगा था। रथ यमुना किनारे पहुँच गया था और दूसरे किनारे मथुरा, कंस की राज्य नगरी दिखाई पड़ रही थी। अक्रूर जी ने रथ रुकवा कर कहा,"कुमार मैं यमुना स्नान कर के आता हूँ। घोड़ों को भी कुछ आराम मिल जाएगा।

प्रभु से क्या छिप सकता था? उन्होंने अक्रूर जी के मन में छिपी चिंता को भाप लिया था जो केवल दोनों कुमारों और उनमें भी श्री कृष्ण की सुरक्षा के लिए अत्यधिक थी। प्रभु श्री कृष्ण ने अपनी अंतर दृष्टि से देखा कि जब से कंस ने हमें मथुरा लाने के लिए कहा था तब से अब तक अक्रूर जी के मन में श्री कृष्ण की सुरक्षा की ही चिंता लगी हुई है और उन्होंने सब संभव उपाय भी किये हैं। प्रभु की यह तो नीति है कि जो प्रभु का अंतरात्मा से चिंतन करता है प्रभु उस को कभी भी भूलते नहीं। अक्रूर जी तो चिंतन से भी आगे प्रभु की सुरक्षा के लिए हर पल चिंतित रह रहे थे तो प्रभु कृपा कैसे न करते?

यमुना किनारे भी कुछ सैनिक छुपे हुए थे और उनको अक्रूर जी का निर्देश था कि जब वोह यमुना जल में डुबकी लगाएंगे तो तीसरी बार जब हम जल से ऊपर उठेंगे तो तुम प्रगट हो जाना। अक्रूर जी ने डुबकी लगाई और ऊपर आए तो बलराम कृष्ण रथ में ही बैठे थे परन्तु जैसे ही वोह दोबारा जल के अंदर गए तो वहां भी वोह दोनों दिखाई दिए। अक्रूर जी अचंभित हो आंखें मल मल कर देख रहे थे। कुछ समझ नहीं पा रहे थे। उन्हें लगा कि शायद उनको मति भ्रम हो रहा है। जल से बाहर सर निकाल कर देखा तो दोनों रथ में वैसे ही बैठे हैं जैसे वोह छोड़ गए थे।

यदि कोई सत्य व्रती जीव प्रभु को निस्वार्थ हो पूजता हो, या प्रभु के चिंतन में अथवा सोच में भी रहता है तो प्रभु एक क्षण भी दूर नहीं होते। ऐसा ही कुछ अक्रूर जी भी कर रहे थे। वोह यह नहीं जानते थे कि उनके कुमार कौन हैं परन्तु सेना नायक होने के नाते वोह अपना कर्तव्य पूर्ण सत्यता से निभा रहे थे।

श्री कृष्ण ने अब अक्रूर जी का भ्रम दूर कर देने के लिए जब अक्रूर जी जल में उतरे तो उन्हें चार चतुर्भुज रूप के दर्शन करा दिए और बलराम जी ने अपने शेषनाग रूप में प्रगट हो कर दर्शन करा दिए। रूप वोही, पृथ्वी पर रथ में बैठे मानव रूप में और यमुना के जल के अंदर दिव्य रूप में दर्शन दे कर

प्रभु ने अपनी सत्य सनातन रूप और शक्ति को बता दिया था। अक्रूर जी अब समझ गए थे कि श्री कृष्ण स्वयं भगवान विष्णु का अवतार हैं और बलराम शेषनाग के।

जल से बाहर आकर अक्रूर जी ने श्री कृष्ण बलराम के आगे माथा टेक कहा धन्य हैं प्रभु आप और आप की लीला। यमुना किनारे छुपे हुए सैनिक जो अक्रूर जी के इशारे के लिए रुके थे बाहर आ गए और अक्रूर जी के पास आ गए। अक्रूर जी ने उनको कहा,"तुम सभी लोग बापस जाओ, अब और कोई सुरक्षा की जरूरत नहीं है।"

अक्रूर जी के समर्पण और कर्तव्य निष्ठा को देख-समझ प्रसन्न हुए भगवान केशव श्री कृष्ण ने अपने दिव्य स्वरूप के दर्शन करा निश्चिन्त कर दिया था और वोह अब अपनी अंतरात्मा में प्रभु की दिव्यता के, प्रभु के मनमोहक सौंदर्य व स्वरूप के चिंतन में लगे हुए थे। एक साधारण ग्वाल बाल के स्वरूप में प्रभु की लीला को देख आश्चर्य चकित भी हो रहे थे। श्री कृष्ण और भैया बलराम तो साधारणतया शांत बैठे हुए आस-पास के यमुना किनारे के पेड़ों के झुंडों आदि की सुंदरता को और यमुना पार दूसरे किनारे पर मथुरा नगरी को निहार रहे थे।

मथुरा में यह बात नगरवासियों में फ़ैल गई थी कि कंस ने पुरातन शिव धनुष पूजा और उत्सव में भाग लेने के लिए अक्रूर जी को भेज कर नन्द राय जी के पुत्र कृष्ण को बुलवाया है। कंस को विश्वास हो गया है कि देवकी की आठवीं संतान जिसको आकाशवाणी ने कंस का काल बताया था वोह यही बालक है जो गोकुल में पल रहा है। कंस ने इस बालक को मरवाने के लिए बहुत उपाय किये परन्तु उसको सफलता नहीं मिल सकी थी। अब कंस ने कृष्ण को मथुरा बुला मारने की योजना बनाई है। कंस से दुखी मथुरा निवासी तो कृष्ण को जन्म से ही तारणहार कहते थे। अब भी उनको विश्वास था कि कंस अब भी कृष्ण, उनके तारणहार का कुछ नहीं बिगाड़ पायेगा। नगर निवासी अपने तारणहार के आने की बे-सवरी से प्रतीक्षा कर रहे थे और स्वागत के लिए तैयार थे।

श्री कृष्ण-बलराम का मथुरा प्रवेश:

जैसे ही रथ यमुना पार कर नगर द्वार की ओर बढ़ा तो राज्य पताका वाले रथ में अक्रूर जी के साथ बैठे दोनों ग्वाल बालों को देखते ही मथुरा निवासियों

ने समझ लिया कि कृष्ण इन्हीं में से एक हैं। लोग जयघोष करने लगे,"हमारे तारणहार आ गए, हमारे तारणहार की जय हो"। कुछ लोग तो फूल भी बरसा रहे थे। रास्तों में लोग दौड़ दौड़ कर घरों से बाहर निकल कर आ रहे थे। श्री कृष्ण और बलराम जी ने हाथ जोड़ लोगों के अभिवादन को स्वीकार किया।

अक्रूर जी ने इनके रात्रि विश्राम के लिए उचित व्यवस्था की हुई थी। श्री कृष्ण और बलराम जी को वहां पहुंचा कर वहां की सब व्यवस्था का निरीक्षण किया और कुछ सेवादार और सैनिक जो वहां थे उनको समझा कर श्री कृष्ण से कहा,"प्रभु यहाँ आपके लिए सब उचित व्यवस्था है। अब आप यहाँ रात्रि विश्राम कीजिये और मुझे जाने की अनुमति दीजिये क्योंकि मुझे आपके आने की सूचना महाराज कंस को देनी है।" श्री कृष्ण जी ने कहा,"काका, आप निश्चिन्त हो कर जाइये।" अगली सवेरे जल्दी आने की कह अक्रूर जी ने अपने रथ में प्रस्थान किया।

जैसे कह गए थे, अगले दिन प्रातः काल में ही अक्रूर जी आ गए और बताया कि,"आज शिव धनुष की पूजा है और अगले दिन मथुरा राज्य की क्रीड़ा स्थली में कुश्ती आदि होगी। महाराज कंस ने आपको भी निमंत्रित किया है। प्रभु, कंस आपको क्षति पहुँचाने के लिए कोई भी चाल चल सकता है।" श्री कृष्ण बोले,"अक्रूर जी आप निश्चिन्त रहिये। आज तो हम मथुरा के गली बाजार देखते हुए नगर भ्रमण करेंगे। आज आप अपने दूसरे कार्य देख लीजिये।" अक्रूर जी ने कहा,"जैसे आप की इच्छा। कल उत्सव में बहुत भीड़ हो सकती है तो आप को मैं रथ में ले कर जाऊंगा।" श्री कृष्ण ने कहा,"अच्छी बात है।" अक्रूर जी रथ ले कर चले जाते हैं और श्री कृष्ण और बलराम जी मथुरा नगर में भ्रमण के लिए निकल गए।

माली और कुब्जा का उद्धार:

अब श्री कृष्ण और बलराम गली बाजार देखते और मथुरा निवासियों के स्वागत अभिनंदन को स्वीकारते हुए शिव धनुष जहाँ रखा हुआ था उस रास्ते पर जाते हैं। रास्ते में एक बूढ़ा माली हाथों में ताजे सुंदर फूलों का हार लिए हुए भीड़ में से आगे निकल आवाज़ देता है,"हमारे तारणहार प्रभु, यह फूलों का हार स्वीकार कर लीजिये।" कृष्ण जी ने माली के हाथों से ही वोह हार पहना और कहा,"काका, अब से आप ही हमारे लिए फूल-हार लाओगे।"

कुछ आगे जाते हैं तो एक बुढ़िया स्त्री घिसा हुआ चन्दन लिए जा रही होती है। चन्दन की खुशबू मन-भावन थी। श्री कृष्ण को उस चन्दन की खुशबू भा जाती है और वोह चन्दन वाली के पास जा कर अपने को चन्दन लगाने के लिए कहते हैं? वोह स्त्री बुढ़िया नहीं, जन्म से ही कुब्जा होती है। वोह बोलती है यह तो मैं महाराज कंस के लिए ले जा रही हूँ। श्री कृष्ण कहते हैं कि थोड़ा सा हमें भी लगा दो बहुत प्यारी खुशबू है। कुब्जा अपना मुख उठा कर श्री कृष्ण के मुख की ओर देखती है तो देखती ही रह जाती है। इतना प्यारा सांवला सा मन-मोहना चेहरा इतनी आकर्षक आंखें, वोह बोली "आप कौन हैं?" श्री कृष्ण बोले,"हम तो गोकुल से हैं और यहाँ पहली बार आये हैं।" वोह बोली,"लो ले लो चन्दन।" वोह हाथ में ले चन्दन देने लगी तो श्री कृष्ण ने कहा,"आप ही मेरे माथे पर लगा दो।" उस कुब्जा का हाथ श्री कृष्ण के माथे तक पहुँच नहीं पा रहा था। श्री कृष्ण ने उसके पैरों को अपने पैरों से दबा कर उस के हाथ को ऊपर खींचा तो उसका कुब ही निकल गया और वोह सीधी खड़ी हो गई। वोह खुश हो गई और बोली,"मेरे प्रभु आप आ गए?" श्री कृष्ण ने मुस्करा कर कहा,"अब चन्दन तो लगा दो।" कुब्जा से सुंदर स्त्री रूप धारण करने वाली उस स्त्री ने बड़े प्रेम भाव से श्री कृष्ण के माथे पर चन्दन लगाया और बोली,"प्रभु आप मेरी कुटिया में कब आओगे?" श्री कृष्ण ने कहा,"आएंगे।"

शिवजी का धनुष भंग करना:

कुब्जा का उद्धार कर श्री कृष्ण और बलराम जी आगे बढ़े तो कुछ लोगों की भीड़ लगी दिखाई दी और कुछ सैनिक भी खड़े उस भीड़ को नियंत्रित करने में लगे हुए थे। वहां जा कर देखा तो पता चला कि शिव धनुष के दर्शन के लिए लोग इकठे हो रहे हैं। श्री कृष्ण बलराम भी उस भीड़ में मिल आगे हो गए और मंडप में धनुष के पास पहुँच गए। पुजारी कहता जा रहा था,"दर्शन करो और आगे बढ़ते चलो।" श्री कृष्ण धनुष के पास पहुंचे तो पूछा,"एक बार छू कर देख लूँ?" पुजारी पंडित ने कहा,"जल्दी करो आगे बढ़ो।" श्री कृष्ण ने तुरन्त हाथ धनुष की और बढ़ाया और धनुष ही उठा लिया और इस से पहले कि कोई कुछ समझे या कहे उन्होंने धनुष की डोर खींच दी। धनुष के दो टुकड़े हो गए और बड़ी जोरदार आवाज गूँज उठी। ब्राह्मण पुजारी असम्भव को संभव करने वाले इस ग्वालबाल को पहचान गया था और मन ही मन प्रभु को प्रणाम किया।

सुरक्षा के लिए वहां खड़े सैनिक श्री कृष्ण को पकड़ने को आगे बढ़े तो श्री कृष्ण और बलराम जी ने उन सब को मार मार कर पृथ्वी पर सुला दिया। लोगों की भीड़ में अब तो और भी जोश भर गया था और वोह समझ गए थे कि यह ही देवकी पुत्र हैं जो कंस के काल हैं और भीड़ में आवाज उठने लगी, ,"हमारे तारण हार आ गए।" अब तो बहुत से लोग श्री कृष्ण बलराम जी के साथ साथ चलने लगे और वुद-वदा भी रहे थे,"हमारे तारण हार, हाँ यही हैं हमारे तारण हार।"

"गोकुल से आए ग्वालबाल ने शिव धनुष को तोड़ दिया और रक्षक सैनिक उन को बंदी बनाने लगे तो उन सब को भी मार डाला।" यह खबर महाराज कंस को तुरन्त ही पहुंचा दी गयी। अब तक श्री कृष्ण के द्वारा बहुत कुछ ऐसा हो चुका था जो किसी साधारण मानव के हाथों से हो ही नहीं सकता था। परन्तु दुष्ट बुद्धि अहंकारी कंस श्री कृष्ण की शक्ति को जानते हुए, समझते हुए भी अपने हठ के ऊपर अडिग रह अभी भी अपने चापलूस मंत्री गण के कहने पर नए नए प्रयोग कर श्री कृष्ण को मरवाने के लिए लगे हुए थे। आकाशवाणी झूठी नहीं हो सकती थी, यह भी वोह समझता था। सपनों में भी उसको अपनी मौत का डर सोने नहीं देता था।

कुबलियापीड़ हाथी का उद्धार:

अगले दिन अक्रूर जी रथ ले कर आ गए और श्री कृष्ण और बलराम जी को रथ में बैठा क्रीड़ा स्थल की ओर चले। रास्ते में बहुत से नगर निवासी रथ के पीछे पीछे कृष्ण बलराम के दर्शनार्थ लग गए थे और "तारणहार की जय हो" के जयघोष भी करते जा रहे थे। क्रीड़ास्थल की ओर और भी बहुत से लोग जा रहे थे। क्रीड़ास्थली पहुँचने से कुछ देर पहले अचानक एक हाथी रास्ते पर जा रही भीड़ में आ गया। इस हाथी का नाम कुबलियापीड़ था। उस का महावत उसको सम्हालने की जगह उसे उकसा रहा था और हाथी की चपेट में कुछ एक लोग आ भी गए थे। कंस ने इस हाथी को कृष्ण बलराम को रास्ते में ही मार देने के लिए तैयार कराया था। इस को पेट भर मदिरा सेवन कराई गई थी और इस के महावत को भी समझाया दिया गया था।

क्रीड़ास्थल पास ही था इस लिए श्री कृष्ण और बलराम जी अक्रूर जी के साथ अब चल कर ही आ रहे थे। उनको आते देख ही हाथी को उस भीड़-भरे

रास्ते में अचानक लाया गया था। महावत हाथी को अंकुश मार मार उकसा रहा था और कृष्ण बलराम की ओर ही ला रहा था। साथ आने वाले नगर निवासी डर के मारे चिल्लाते हुए इधर-उधर भागने लगे। हाथी अपने महावत का इशारा समझते हुए क्रोधित मुद्रा में अपने माथे सिर को हिलाता हुआ और सूंड को ऊपर उठाये क्रोधित हो श्री कृष्ण और बलराम जी की ओर बढ़ने लगा। इस से पहले कि अक्रूर जी कुछ कहते या करते श्री कृष्ण जी ने उनको वहीं रोक दिया और स्वयं आगे बढ़ हाथी से भिड़ गए। कभी सूंड पकड़ कभी दांत पकड़ हाथी को रोक रहे थे। महावत अंकुश की मार से हाथी को उत्तेजित कर रहा था। एक बार तो हाथी ने श्री कृष्ण को अपनी सूंड में लपेट भी लिया था परन्तु श्री कृष्ण ने अपने शरीर को बज्र जैसा बना लिया था और हाथी के माथे और सूंड पर मुष्टिका से मार मारने लगे। सूंड से छूटते ही श्री कृष्ण ने हाथी को कुछ ऐसी मार मारी कि हाथी हवा में पलटियां खाता दिखाई पड़ा और जैसे ही धड़ाम पृथ्वी पर गिरा तो उस के प्राण पखेरू उड़ गए थे। श्री कृष्ण और बलराम जी ने फिर उस हाथी के दोनों लम्बे दांत खींच कर निकाल लिए। और देखने वाले अचंभित हो देखते ही रह गए और श्री कृष्ण और बलराम जी के लिए जयघोष भी करने लगते हैं।

श्री कृष्ण और बलराम जी का क्रीड़ास्थल में पहुंचना:

अब आगे सामने ही क्रीड़ा स्थल था। कुछ देर पहले महाराज कंस अपने घुड़ सवार सैनिकों के साथ अपने दो घोड़ों वाले रथ में सवार होकर क्रीड़ास्थल में पहुँच कर अपने ऊँचे राजासन पर बिराजमान हो गया था। नन्द बाबा और गोकुल के बहुत से लोग भी पहुंचे हुए थे। अक्रूर जी ने उन सब के लिए अच्छी व्यवस्था कर दी हुई थी। क्रीड़ा स्थली के मध्य भाग में पहलवानों की कुश्ती क्रीड़ा के लिए स्थान था। श्री कृष्ण और बलराम जी अपने दाहिने कन्धों पर एक एक हाथी दांत लिए हुए अक्रूर जी के साथ क्रीड़ा स्थली में प्रवेश करते हैं। सामने कंस का ऊँचा मंच था और क्रीड़ास्थली जन-मानस से भरी हुई थी। कंस के पास मंच पर कुछ आमंत्रित राजा लोग भी बैठे हुए थे। श्री कृष्ण और बलराम जी के क्रीड़ास्थली में प्रवेश करते ही गोकुल वासी चिल्ला उठे,"कान्हा आ गए, कन्हैया आ गए"। अक्रूर जी ने अपने यादव सैनिकों को सतर्क रहने के लिए पहले ही कह रखा था। कंस के पास खड़े मंत्री चाणूर ने श्री कृष्ण बलराम के पहुँचने की कंस को धीरे से सूचना दी।

अक्रूर जी अपने साथ श्री कृष्ण बलराम को ले मंच के सामने आए और प्रथा के अनुसार महाराज कंस को प्रणाम किया। श्री कृष्ण ने अक्रूर जी को कहा आप अपने स्थान पर जा कर बैठिये। श्री कृष्ण ने कहा,"महाराज आप ने हमें इस उत्सव में बुलाया, इस के लिए आपका धन्यवाद करते हैं। हम पहली बार आप के सामने आये हैं। सुना है कि राजा के सामने बिना उपहार के नहीं जाया जाता तो इसलिए हम यह दो बेशकीमती हाथी दांत आप को भेंट करते हैं।" इतना कह श्री कृष्ण और बलराम जी ने दोनों हाथी दांत कंस तक पहुँचाने के लिए दो सैनिकों को पकड़ा दिए।

कंस ने कृष्ण जी को कहा,"आओ देवकीपुत्र आप का स्वागत है। तुम्हारी बहादुरी के बहुत किस्से सुने हैं। तुम्हें देखने की बड़ी इच्छा थी।" फिर कहा,"सुना है तुम ने पर्वत को उठाया था और सात दिन तक एक उँगली पर टिकाये रखा था। दूसरा कोई मानव व असुर भी यह काम नहीं कर सकता। भारी भरकम शिव धनुष को जिस को हर कोई उठा नहीं सकता था उसे तुमने उठा कर उस के दो टुकड़े कर दिये हैं। हाथी को भी तुम मार के आ रहे हो। इतनी शक्ति है तुम में इसलिए हम चाहते हैं कि आज यहाँ सम्मानित कर तुम्हें पारितोषिक प्रदान किया जाये।" कंस की यह श्री कृष्ण के लिए प्रशंसा की बातें सुन नगर-निवासी और उनसे भी अधिक गोकुल से आयी मित्र मण्डली और सभी लोग, नन्द बाबा, और अक्रूर जी भी बहुत खुश हुए और श्री कृष्ण कन्हैया के नाम का जयघोष करने लगे।

तभी कंस आगे बोला,"परन्तु यह मथुरा राज्य का सर्वोच्च पारितोषिक यहाँ होने वाली स्पर्धा में जीतने वाले को ही दिया जा सकता है। हम चाहते हैं कि यहाँ भी तुम अपना पराक्रम दिखाओ। यहाँ यह चार बड़े पहलवान कुश्ती प्रतियोगिता के लिए आए हुए हैं तुम इनको मल्ल युद्ध में हरा दोगे तो तुम प्रतियोगिता में सफल माने जाओगे।

जनता-जनार्दन की आवाज उठी,"यह अन्याय है, कहाँ यह बालक और कहाँ यह पहलवान।" अक्रूर जी ने कहा,"यह स्पर्धा हमें स्वीकार नहीं, हम यह नहीं होने दे सकते।" और उन्होंने म्यान से अपनी तलवार निकाल ली। उनकी यादव सेना के दूसरे सैनिक और गोकुल से आये सभी लोग भी तुरंत अपने अपने तलवार लाठियां ले खड़े हो गए। श्री कृष्ण ने सब को अपने हाथ का इशारा कर बैठने को कहा,"आप सभी शांत हो बैठ जाइये।" और फिर कंस को सम्भोदित

करते हुए बोले,"महाराज हम दोनों भाई इस प्रतियोगिता में भाग लेने को तैयार हैं। जिस की इच्छा हो हमारे सामने स्पर्धा में आ सकता है।" कंस के पास खड़े मंत्री चाणूर ने अपने सब से शक्ति शाली दो पहलवानों, मुष्टिक और तोशाल को आगे बढ़ने के लिए इशारा किया। बलराम जी और श्री कृष्ण भी अखाड़े में उतर आए। तोशाल श्री कृष्ण के साथ और मुष्टिक बलराम जी के साथ कुश्ती लड़ने लगे। कुश्ती स्पर्धा तो नाम के लिए ही थी, यह सब तो श्री कृष्ण को मारने के लिए रचे गए षड्यंत्रों में से एक था।

क्रीड़ा स्थल में बैठे लोगों की सांसें रूक रहीं थीं। कहाँ ग्यारह बारह बर्ष के बालक और कहाँ यह मंझे हुए बड़े नामी पहलवान?

कुश्ती क्रीड़ा शुरू हो गई थी। पहलवान अपने दाओ-पेच चला बालकों को मात देने कि लिए कोशिशें कर रहे थे परन्तु उनका कोई भी दाव काम नहीं कर रहा था। श्री कृष्ण और बलराम जी ने उनको कुछ देर ऐसे ही इधर से उधर नचाया और फिर पंजे भिड़ा दिए। श्री कृष्ण और बलराम जी ने अपने शरीर बज्र जैसे बना लिए थे। वोह बड़े पहलवान इनके ऊपर हाथ चलाते थे तो चोट इनके ही लग जाती थी। अब अपने छोटे हाथ के पंजों से पहलवानों के बड़े पंजे ऐसे पकड़े कि वोह छुड़ाने के लिए तिलमिलाने लगे। श्री कृष्ण और बलराम उनकी बाहें मरोड़ पलटियां देने लगे थे। दोनों पहलवान वे-बस से दिखाई देने लगे थे।

यह कोई जीत हार की स्पर्धा तो थी नहीं इस लिए अब श्री कृष्ण और बलराम जी ने दोनों पहलवानों को ऐसी पलटी दी कि वोह पृथ्वी पर पट पड़े थे। दोनों भाई उनके पेट पर बैठ उनकी छातियों और मुखों पर अपने हाथों से ऐसे बज्र प्रहार करने लगे कि कुछ देर में ही उनके प्राण-पखेरू उड़ गए। इस से पहले कि श्री कृष्ण और बलराम जी इनके शरीरों से उठते तो दूसरे दोनों पहलवान शल और कूट, चाणूर का इशारा पा इनके ऊपर पीठ पीछे से झपट पड़े। दोनों ने इनको अपनी बाँहों में जकड़ लिया परन्तु उनकी यह चाल किसी काम न आ सकी। श्री कृष्ण बलराम ने उनको उठ कर पलटी दे कर पृथ्वी पर चित्त गिरा दिया और उनके ऊपर बैठ अपनी बज्र मुष्टिका की मार से जल्दी ही उनको भी यमराज के पास पहुंचा दिया। वहां बैठे दर्शक श्री कृष्ण और बलराम जी के द्वारा इस तरह इन चार पहलवानों के मारे जाने पर अचंभित भी हो रहे थे और साथ ही गोकुल वाले "वाह कन्हैया वाह" कह तालियां पीट रहे थे तो मथुरा वाले हाथ ऊँचे कर "तारण हार की जय हो" कह शोर मचा रहे थे।

कंस और उस के साथी अब बहुत निराश हो गए थे। कंस के प्राण तो अब कंठ में आ गए थे। अब उसको देवकी पुत्र के रूप में यमराज ही खड़ा दिखाई दे रहा था। चाणूर भी अब बहुत डर गया था। कंस का चापलूस मंत्री चाणूर जो कंस को प्रसन्न करने के लिए, हर बार श्री कृष्ण को मारने के लिए कोई न कोई नया उपाय बताता रहता था और उत्साहित करता रहता था अब स्वयं निराश और निरुत्साहित हो गया था। अब तो उसको भी मृत्यु ही सामने दिखाई पड़ रही थी। श्री कृष्ण और बलराम जी चारों पहलवानों को चित कर अखाड़े से बाहर निकल कंस के मंच की और बढ़ने लगे तो कंस और भी डर गया और अपनी तलवार म्यान से बाहर खींच लहराता हुआ चिल्लाया देखते क्या हो काट दो इन दोनों को।

चाणूर और जरासंध के सैनिकों ने तलवारें निकाली तो अक्रूर जी के सैनिकों ने भी अपनी तलवारें लहरा दीं। चाणूर के साथ बलराम जी अपना हाथी दांत उठा भिड़ गए और श्री कृष्ण तो दौड़ कर कंस के पास मंच पर पहुँच गए। कंस ने तलवार से बार किया और कृष्ण जी ने अपना बचाव किया। कुछ देर कृष्ण जी मामा कंस को ऐसे ही कुछ देर खेल खिलाते रहे और फिर उस के तलवार वाले हाथ को पकड़ लिया और एक झटके से उस के हाथ से तलवार गिरा दी। अब शुरू हुआ श्री कृष्ण का मुष्टिका प्रहार जो एक बज्र की मार जैसा होता था। कंस श्री कृष्ण के ऊपर किसी तरह से भी प्रहार करने में अपने आप को असमर्थ पा रहा था। एक छोटा सा बालक महाबली कंस पर भारी पड़ रहा था। श्री कृष्ण की मार से कंस का शरीर चरमरा गया था उस के मुख से खून भी वह रहा था। कंस चाहते हुए भी प्रतिकार नहीं कर पा रहा था और अब श्री कृष्ण ने कंस को दोनों हाथों से ऐसे धकेला कि वोह ऊचे मंच की सीढ़ियों से लुढ़कता हुआ नीचे जा गिरा। श्री कृष्ण ने वहीं जा कर उस की छाती पर कुछ मुष्टिका प्रहार किये जिस से कंस की मृत्यु हो गई।

बलराम जी कि हाथों चाणूर भी मारा जा चुका था। अक्रूर जी और यादव सेना ने और नन्द-सेना ने जरासंध के सैनिकों और कंस के दूसरे सहायकों को भी हरा दिया था। बहुत तो मारे गए थे और कुछ जान बचा कर वहां से भाग निकले थे। कंस को मरा देख उस के कुछ सहायक-साथियों ने हार स्वीकार कर अपनी तलवार-भाले नीचे कर दिए थे।

सब लोग अत्याचारी कंस की मृत्यु से प्रसन्न थे और श्री कृष्ण के लिए जयघोष करने लगे थे। कंस की मृत्यु से देव लोक में भी प्रसन्नता हुई और आकाश से देवताओं ने पुष्प-बर्षा की। अब तक श्री कृष्ण ने जितने भी कंस के भेजे असुरों को और अब कंस को मारा था उस में श्री कृष्ण के द्वारा किसी अस्त्र का उपयोग नहीं किया गया था।

कंस की जीवनलीला समाप्त कर सबसे पहले श्री कृष्ण और बड़े भाई बलराम, अक्रूर जी और नन्द बाबा के साथ अपनी माता पिता देवकी-बसुदेव जी को मिलने जेल की कोठड़ी में पहुंचे। अक्रूर जी ने सैनिकों को आदेश दे देवकी-बसुदेव जी की बेड़ियां कटवाईं। मन को विह्वल करने वाला मिलन था जिसमें ख़ुशी के और दर्द के मिले-जुले आंसू रोके नहीं रुक रहे थे।

फिर श्री कृष्ण सब लोगों के साथ महाराज उग्रसेन के पास पहुँचते हैं। महाराज उग्रसेन श्री कृष्ण के द्वारा उनके अपने पुत्र अधर्मी, अत्याचारी कंस के मारे जाने पर बिलकुल दुखी नहीं हुए थे परन्तु बहुत प्रसन्न थे। तत्पश्चात जेल की काल-कोठड़ी से मुक्त कर महाराज उग्रसेन को बापस राज्य सिंहासन पर सुशोभित किया गया। नन्द राय जी को इस समारोह तक वही रोक लिया गया था।

नन्द राय जी को अब गोकुल लौटना था। यह बिछड़ना बड़ा कठिन था। श्री कृष्ण ने नन्द राय जी को कुछ ज्ञान की बातें कह समझाया और कुछ अपनी माया के प्रभाव से मोह-मुक्त कर अपने पालन हार पिता को विदा किया। यशोदा मैया के लिए भी सन्देश भेजा कि मैं तुम्हारा ही पुत्र कहलाऊंगा।

वेद-ग्रन्थ अनादि काल से चले आ रहे हैं। इनको काल्पनिक समझने की भूल मत कीजिएगा।

महाराज उग्रसेन पुत्र कंस से विपरीत एक धर्मात्मा राजा और प्रजा के हित की सोचने वाले थे। राज्य के लोग अब बहुत प्रसन्न थे और अपने राजा और श्री कृष्ण और बलराम जी के गुण गान हर गली चौराहे व चौक में मिल करते थे। डर की जगह अब प्रजा में शांति और सुख घर रहा था।

बसुदेव पुत्र श्री कृष्ण और बलराम अब राज घराने के पुत्र थे। राज परिवार के अनुसार उनकी कोई शिक्षा नहीं हुई थी। बसुदेव जी ने बिना अविलम्ब किये दोनों को अपने कुल गुरु गर्ग मुनि जी के पास ले गए। गर्ग मुनि एक त्रिकाल

दर्शी सिद्ध पुरुष थे। वोह यह भी जानते थे कि कृष्ण बलराम कौन हैं। उन्होंने दोनों का यज्ञोपवीत संस्कार किया और बसुदेव जी से कहा कि इन को आप उज्जैन में संदीपनी ऋषि के आश्रम में शास्त्र और शस्त्र की शिक्षा प्राप्त करने के लिए भेज दीजिये। इस समय संदीपनी ऋषि और उनका आश्रम इनकी शिक्षा के लिए सब से उचित रहेगा। बसुदेव जी ने गुरु आज्ञा का पालन करते हुए अगले दिन ही श्री कृष्ण बलराम को विदा कर दिया।

उज्जैन को उस समय 'उज्जैनी' अथवा 'अवंतिका' के नाम से जाना जाता था।

संदीपनी ऋषि के पास पहुँच कर श्री कृष्ण और बलराम ने अपना परिचय दिया और आश्रम में रह शिक्षा प्राप्त करने के लिए प्रार्थना की। ऋषि श्री कृष्ण के बात कहने के ढंग से बहुत खुश और प्रभावित हुए। उन दोनों के रहने खाने की व्यवस्था के लिए उन दोनों को गुरु माता के पास भेज दिया गया। श्री कृष्ण को एक ब्राह्मण पुत्र सुदामा के साथ रहने की जगह मिली और यहीं श्री कृष्ण ने सुदामा को अपना मित्र माना था।

एक दिन गुरु-माता ने इन दोनों को जंगल में लकड़ियां लाने को भेजा और साथ में कुछ भुने चने, भूख लगने पर खाने के लिए बांध दिए। उनको लकड़ियां चुनते संध्या समय हो गया था। इस से पहले कि वोह आश्रम के लिए चल पड़ते इस से पहले ही काले बादलों ने उस जंगल में अँधेरा कर दिया। किस ओर आश्रम के लिए जाना होगा कुछ समझ नहीं पड़ रहा था। कुछ ही समय पश्चात गरजते हुए बादल बरसने लगे। सब जगह जल भर गया था। सुदामा एक घने पेड़ के ऊपर चढ़ गए और श्री कृष्ण नीचे तने के पास रुक गए। कुछ देर बाद बर्षा रुक गई परन्तु अब तो अँधेरी रात थी। दोनों को वहीं पर रुकना पड़ा। सुदामा को ठंडी भी लग रही थी और भूख भी लग रही थी। चने की पोटली उस के पास ही थी। उसने चुप-चाप खोल चने चबाने शुरु कर दिए। कृष्ण जी ने पूछा,"सुदामा क्या कर रहे हो? चने चबा रहे हो?" सुदामा ने उत्तर दिया,"नहीं, चने तो पेड़ पर चढ़ते समय गिर गए थे। मेरे तो ठंढी के कारण दांत बज रहे हैं।" श्री कृष्ण सब समझ गए थे परन्तु कुछ कहा नहीं। प्रातः सूर्य की धूप खिली और दोनों आश्रम की और चल पड़े और लकड़ियां लाकर आश्रम में गुरु माता को दे दीं।

श्री कृष्ण और बलराम जी ने मात्र ६४ दिवस में १४ विद्या और ६४ कला ग्रहण कर ली थीं।

गुरु माता ने श्रीकृष्ण से बिना कहे गुरु दक्षिणा के रूप में अपने पुत्र को पाने की इच्छा की थी। गुरु और गुरु माता श्री कृष्ण बलराम, कौन हैं, समझ गए थे।

गुरु दक्षिणा में गुरु माता की तड़पती ममता को उनका बहुत पहले बचपन में समुद्र में समाया हुआ पुत्र ला कर दिया था।

इनका अकेला पुत्र समुद्र में समा गया था और वोह उसे ढूंढ नहीं पाए थे।

समुद्र में एक शंख के अंदर छुप कर रहने वाला एक राक्षस था और उस शंखासुर के पास था ऋषि पुत्र। शंखासुर को मार कर गुरु पुत्र को मुक्त कराकर गुरु माता को ला कर दिया था।

यहीं पर परशुराम जी ने शिव जी का दिया हुआ 'सुदर्शन चक्र' श्री कृष्ण को देते हुए कहा था,"प्रेम लीलाएं पूर्ण हो गई हैं अब दुष्ट दमन शुरू करो।

अब दोनों भाई शिक्षा पूर्ण कर गुरु आशीर्वाद ले मथुरा बापस आ गए और राज कार्यों में सहयोग करने लगे थे।

जब शक्ति का अभिमान होता है तो मनुष्य की ज्ञानेन्द्रियाँ अपना काम करना बंद कर देती हैं।

कुछ कारण था कि जरासंध आम आदमी की तरह मारा नहीं जा सकता था और इस लिए वोह हर लड़ाई जीत जाता था। जरासंध भगवान शंकर का परम भक्त था। उसने अपने पराक्रम से ८६ राजाओं को बंदी बना लिया था। बंदी राजाओं को उसने पहाड़ी किले में कैद कर के रखा हुआ था। जरासंध 100 को बंदी बनाकर उनकी बलि देना चाहता था, जिससे कि वह चक्रवर्ती सम्राट बन सके।

जब से कंस की मृत्यु हुई थी और उसकी दोनों पुत्रियां उसके पास बापस आ गई थीं उसी दिन से उस ने मथुरा पर चढ़ाई करने के लिए अपने सेना नायकों को सेना को तैयार करने को कह दिया था। उसने सोच रखा था कि वोह कृष्ण बलराम को मार कर अपने दामाद कंस की मृत्यु का बदला लेगा और मथुरा को भी तहस-नहस कर देगा।

सेना की तैयारी हो गई तो उसने मथुरा की ओर कूच करने का आदेश सुना दिया।

अब तक श्री कृष्ण और बलराम जी अपनी शिक्षा पूर्ण कर मथुरा बापस आ गए थे और राज्य के कार्यों में सहायता करने लगे थे। नगर में निकलते थे तो "हमारे तारणहार" आ गए कहते हुए लोग उनके साथ हो लेते थे। श्री कृष्ण बड़े स्नेह और प्रेम से उनसे बात करते थे। नगर और राज्य में सब और खुश-नुमा वातावरण बन गया था।

एक दिन यादव सेना-नायक अक्रूर जी श्री कृष्ण के पास आये और उनको बताया कि सूचना मिली है कि मगध देश की एक बड़ी सेना मथुरा की ओर आ रही है। श्री कृष्ण ने अक्रूर जी से कहा,"काका, हमें इस सेना को मथुरा आने से पहले ही रोकना होगा। कोई उचित स्थान ढूंढिए जहाँ हम अपनी सेना को पहले ही व्यवस्थित कर मगध सेना को रोक सकें।" अक्रूर जी एक अनुभवी सेना-नायक थे। वोह आस-पास के ही नहीं मथुरा के चारों ओर के दूर दूर तक के भू-खंड को भी जानते थे। उन्होंने कहा,"प्रभु, मैंने एक जगह चुन रखी है। आप आज्ञा करें तो अपने सैनिक जाने के लिए तैयार हैं।" श्री कृष्ण बोले,"काका, आप पूर्ण अनुभवी और कुशल हैं। हमने तो अब सब आपसे सीखना है। आप आगे बढ़िए और अपनी तैयारी कीजिये। दुश्मन के आने की सूचना पाते ही हम और बलराम भैया आपकी सहायता के लिए तुरंत पहुँच जायेंगे।"

अक्रूर जी के सैनिक पहले से तैयार थे और सुनिश्चित स्थान के लिए आदेश मिलते ही निकल पड़े।

अक्रूर जी की सेना ने एक छोटे पर्वतीय टीलों वाली एक जगह पर अपनी सैनिक छावनी इस ढंग से बनाई कि दूर से कोई भी इस को पहचान और समझ ही नहीं सकता था और यहाँ के सैनिक टीले पर चढ़ बाहर चारों ओर की देख-परख कर सकते थे।

एक शाम पश्चिम दिशा में धूल उठती दिखाई दी ओर कुछ ही देर में साफ़ हो गया कि जरासंध और उसके अंग-रक्षक और घोड़-सवार आ रहे हैं। इन लोगों ने भी सेना के रात्रि विश्राम के लिए इसी जगह को चुना। कुछ समय बाद सामान साधन के साथ लदे हुए कुछ गाड़ियां और हाथी भी बड़ी सेना के आगे

आते हुए दिखाई पड़े। संध्या समय हो गया था और जरासंध सेना ने अपने तम्बू गाडने शुरू कर दिए थे।

इधर अक्रूर जी ने एक घुड़-सवार को मथुरा श्री कृष्ण को सूचना देने के लिए भेज दिया था। अगली सवेरे सूर्य की पहली किरण के साथ ही अक्रूर सेना ने जरासंध छावनी को घेर लिया। अचानक हुए आक्रमण के कारण जरासंध छावनी में भगदड़ मच गई। इतने में श्री कृष्ण और बलराम जी अपनी और सेना टुकड़ियों के साथ युद्ध स्थल में पहुँच गए। तलवार, भाले और वाणों से घोर संघर्ष शुरू हो गया था। श्री कृष्ण के वाणों और हलधर के हल की मार से शत्रु सेना का विनाश होने लगा था। अक्रूर जी और उनके सैनिक भी काल बन कर जरासंध की सेना का सफाया करते जा रहे थे। बलराम जी जरासंध के ऊपर प्रहार करने वाले थे कि श्री कृष्ण ने उन्हें रोकते हुए कहा,"इसको अभी नहीं मारना।" संध्या समय होते ही युद्ध रोक दिया गया था। जरासंध सेना के कितने सैनिक मारे जा चुके थे कि गिनती करनी असंभव थी। सब का सामूहिक दाह संस्कार कर दिया गया था। दूसरे दिन के युद्ध में तो जरासंध को ही मैदान छोड़ भागते देखा गया। सेना भी हताश हो गई थी अधिकतर सैनिक मारे जा चुके थे जो छुप छुपा कर भाग निकले वोही बच पाए थे।

इतनी बुरी हार के बाद जरासंध बहुत निराश सा हो गया था क्यों कि उस की कभी किसी से हार ही नहीं हुई थी। अब तक जिस से भी युद्ध किया था तो जीत कर ही आया था।

उसके कुछ सहायक और मित्र राजा जो सदा उसको प्रसन्न करने की ही बातें करते थे, लगे उसको समझाने,"सम्राट! आप युद्ध में नहीं हारे। आप की सेना अचानक धोखे से हुए आक्रमण का शिकार हुई थी। फिर युद्ध में हार जीत तो होती ही रहती है, आप को निराश नहीं होना चाहिए। हम आप के साथ हैं और अब अधिक अच्छी तैयारी करनी चाहिए और तब हम आक्रमण करेंगे।"

नई सेना तैयार की जाने लगी और अच्छा प्रशिक्षण भी दिया जाने लगा। पूर्ण रूप से चौतरफी तैयारी हो जाने के बाद सेना को मथुरा पर धावा बोलने के लिए कूच करने का आदेश हुआ। परन्तु जीत के स्थान पर आँखों के सामने हुई अधिकतर सैनिकों की मौत।

कहावत है कि "यथा राजा, तथा प्रजा"। और श्री कृष्ण का तो अब काम ही "दुष्ट-दमन" करना था।

इस लिए वोह हर बार जरासंध और उसके कुछ साथी राजाओं को छोड़ देते थे और सैनिकों को समाप्त कर देते थे। कभी बर्ष बाद कभी दो बर्ष बाद वोह फिर आते थे और मुंह की खा कर जाते थे। इस तरह जरासंध ने मथुरा पर १६ बार आक्रमण किये और अपने सैनिकों का बलिदान दे कर लौटता रहा था।

प्रतिशोध की भावना जरासंध के मन से जा नहीं रही थी।

अब उसके किसी मित्र राजा ने उसे बताया कि यवन देश का एक ऐसा राजा है जिस को शिव जी का वरदान प्राप्त है कि वोह युद्ध में किसी के भी सामने ना हारेगा और ना किसी के हाथ से मारा ही जायेगा।

येह थे यवन देश के एक अजेय राजा 'कालयवन। जरासंध ने कालयवन से सहायता मांगी। कालयवन श्री कृष्ण के युद्ध कौशल की बातें (प्रशंसा) सुन श्री कृष्ण से युद्ध करने को तैयार हो गया।

कालयवन एक यवन सम्राट था। श्री हरि वंश पुराण के अनुसार कालयवन का पिता 'ऋषि शेशिरायण' (जिन्हें गर्ग गोत्र में उत्पन्न होने के कारण गार्ग्यत मुनि भी कहा जाता था और त्रिगर्त राज्य के राज गुरु थे) था। जिन्होंने अप्सरा रंभा संग विवाह किया था। इसी विवाह से कालयवन का जन्म हुआ था।

ऋषि शेशिरायण ने भगवान शिव की तपस्या कर एक अजेय पुत्र की मांग की थी और शिव जी ने वरदान दिया था,"तुम्हारा पुत्र संसार में अजेय होगा।" और फिर इस बच्चे यवन देश के निःसन्तान 'सम्राट काल जंग' ने शेशिरायण से गोद लेकर दत्तक पुत्र बना लिया और अपना उत्तराधिकारी बना दिया था।

जरासंध की सेना और मित्र राजाओं की सेनाओं के साथ अब अजय कालयवन की बड़ी सेना भी आ मिली थी। इस बड़ी सेना के साथ कालयवन मथुरा पर चढ़ाई करने के लिए चल पड़ा।

इस बार श्री कृष्ण ने अक्रूर जी को अपनी सेना को आगे भेजने से रोक दिया था अतः कालयवन को साथ ले कर आया जरासंध मथुरा तक पहुँच गया था।

समय की अनुकूलता के अनुसार श्री कृष्ण ने विश्वकर्मा जी से कह कर समुद्र में एक टापू पर उनके लिए एक सुंदर नगर निर्मित करा लिया था। देवी महा माया ने प्रभु की इच्छा अनुसार, सभी मथुरा निवासियों और सेना को भी निद्रा मग्न अवस्था में ही द्वारका पहुंचा दिया था और मथुरा की यादें भी मन से भुला दी थी और उनको ऐसा लग रहा था कि वोह सब वहीं के निवासी हैं।

मथुरा में अब बचे थे श्री कृष्ण और बलराम जी।

जरासंध के साथ कालयवन एक बड़ी सेना के साथ मथुरा पहुँच गया था। रास्ते में यादव सेना का कोई विरोध नहीं मिला था। चारों और से मथुरा नगर को घेर गया था। श्री कृष्ण ने सन्देश भिजवाया कि सेनानियों को मरवाने से दोनों ओर की हानि ही होगी इसलिए हम चाहते हैं कि हम अकेले कालयवन से युद्ध करें और जीत हार का निर्णय इसी से माना जाये।

कालयवन ने श्री कृष्ण का यह प्रस्ताव सहर्ष स्वीकार कर लिया। मथुरा नगर का द्वार खुला और श्री कृष्ण अकेले ही बाहर आए। श्री कृष्ण ने कहा,"में अकेला हूँ और तुम सेना के साथ हो मैं अकेला हूँ। आप एकांत में आकर मेरे से युद्ध करो। "इतना कह श्री कृष्ण एक दिशा को आगे बढ़ गए और कालयवन भी पीछे चल पड़ा। श्री कृष्ण 'कुछ और आगे', 'कुछ और आगे' कहते बहुत दूर निकल आये थे। कालयवन श्री कृष्ण को दौड़ कर पकड़ने की कोशिशें भी करता रहा परन्तु वोह दो कदम की दूरी कम करने में अंत तक असफल ही रहा था। उसने श्री कृष्ण से कहा,"तुम तो रण छोड़ के दौड़ रहे हो, रणछोड़ हो।" श्री कृष्ण उस पर खुश हो कर बोले,"रणछोड़, क्या सुन्दर नाम दिया है।"

(गुजरात में 'डाकोर; नाम से एक नगर है जहाँ 'रणछोड़ राय' जी के नाम से मुरली मनोहर जी का भव्य मंदिर है। इसी जगह पर इस नाम का सम्बोधन हुआ होगा)

अंततः श्री कृष्ण एक पर्वत गुफा में अंदर चले गए। जब तक कालयवन गुफा में श्री कृष्ण के पीछे प्रवेश करता उससे पहले श्री कृष्ण ने अपना पीतांबर वहां लेटे हुए एक मनुष्य के ऊपर ओढ़ा दिया था। कालयवन गुफा में आकर श्री कृष्ण को ढूंढ़ता हुआ उस पीताम्बर ओढ़ लेटे हुए प्राणी के पास पहुँच गया। "अच्छा यहां आ कर छुप रहा है।" ऐसा कहते हुए उस ने जोर से अपने पग से

ठोकर मारी। सोया हुआ प्राणी जग गया और जैसे ही उसकी दृष्टि कालयवन पर पड़ी तो वोह आग की लपटों में जलने लगा और कुछ ही देर में भस्म हो गया था।

यह जो मनुष्य लेटा हुआ था यह एक त्रेता युग का सूर्यवंशी इक्ष्वाकु कुल में जन्मा हुआ 'महाराज मान धाता' का पुत्र था जो एक बहुत कुशल योद्धा था। इनका नाम था मुचुकुन्द। देवता दैत्य सेना के आगे असमर्थ से हो रहे थे। देवराज इंद्र ने पृथ्वी पर आ महाराजा मुचुकुन्द से देव सेना का सेनापति बन कर देव सेना को नेतृत्व प्रदान करने को कहा। इस तरह महाराज मुचुकुन्द देवराज इंद्र के साथ स्वर्ग लोक में गए और दैत्य सेना के सामने देव सेना को मजबूत किया। युद्ध समाप्त हुआ तो देवराज इंद्र ने कहा हम आपके युद्ध-कौशल से बहुत खुश हैं। आप जो चाहें हम से मांग सकते हैं। महाराज मुचुकुन्द ने कहा,"अपने परिवार से बिछड़े हुए बहुत दिन हो गए अब बस घर जाना चाहता हूँ।" इंद्र ने कहा,"मुचुकुन्द जी पृथ्वी पर तो युग परिवर्तन हो चुका है। आपके परिवार के लोग तो अब नहीं रहे।" बहुत दुखी और निराश हुए यह सुनकर महाराज मुचुकुन्द। फिर उन्होंने इंद्र से कहा,"देवराज! मैं बहुत थक गया हूँ और मुझे निद्रा भी चढ़ रही हैं। मैं जब तक सोऊं मुझे कोई जगाये नहीं।" देवराज ने उनको वरदान देते हुए कहा,"आप पृथ्वी पर कोई अच्छी जगह देख वहां जब तक आपकी इच्छा हो तब तक सोईयेगा। और यदि इस बीच आपको जो जगायेगा तो आप की दृष्टि पड़ते ही जल कर भस्म हो जाएगा।

श्री कृष्ण से तो कुछ छुपा नहीं था। वोह यह भी जानते थे कि कालयवन को मारने का और कोई रास्ता भी नहीं था।

इधर जरासंध सोच रहा था कि अब तो कालयवन कृष्ण को समाप्त कर ही लौटेगा। दो दिन बीत गए कुछ सूचना तो कौन देता, दोनों में से कोई लौट कर भी नहीं आया? अगले दिन कुछ घुड़ सवार खोज-खबर के लिए दौड़ाये गए परन्तु कुछ सूचना प्राप्त नहीं हुई।

इनकी चिंता का अंत श्री कृष्ण ने ही किया। श्री कृष्ण और बलराम अपने घोड़ों को दौड़ाते हुए मथुरा के बड़े द्वार से निकले और सब उनको देखते ही रह गए थे। जरासंध ने मथुरा के नगर-द्वार खोलने का आदेश दिया। नगर-द्वार अंदर से बंद ही नहीं थे और राज भवन भी और नगर भी खुली था।

श्री कृष्ण का अब तक मथुरा में रुकने का जो उद्देश्य पूर्ण हो गया था। १६ बार के आक्रमणों में जरासंध और उसके साथियों के लाखों दुर्बुद्धि सैनिकों को समाप्त किया और अंतिम इस अत्याचारी दुष्ट कालयवन को समाप्त करना था जो उन्होंने जरासंध के १७वें आक्रमण में पूर्ण कर दिया था। श्री कृष्ण के अवतार की बाल और प्रेम लीला का क्रम गोकुल छोड़ते ही और जरासंध के सैनिकों और कालयवन की समाप्ति के साथ मथुरा का जन्म लीला क्रम भी संपन्न हो जाता है।

अब श्री कृष्ण जो करेंगे, लीलाएं कहें अथवा कुछ और। श्री कृष्ण ने अपने शेष जीवन काल में द्वारका में रहते हुए जो कार्य किये, वोह पूर्ण ब्रह्म स्वरूप समस्त शक्तियों से सम्पन श्री कृष्ण ही कर सकते थे। आगे के विस्तार का विवरण बहुत अधिक है और रोचक भी नहीं इस लिए इस लीलामय श्री कृष्ण प्रसंग को यहाँ विराम दिया जाता है।

*****जय श्री राधारमन वांकेबिहारी जी की *****

*****जय गोबिंद गिरिधर गोपाल की *****

*****जय यशुमति नंदन नन्द बाबा के लाल की*****

***

७.९. बुद्ध अवतार:

भगवान विष्णु ने गौतम बुद्ध के रूप में कुछ तीन हज़ार बर्ष पूर्व में लुम्बिनी (नेपाल) में जन्म लिया था। उनका जन्म का नाम सिद्धार्थ गौतम था। उनके पिता शुद्धोधन शाक्य राज्य के राजा थे और उनकी मां रानी माया थी जो उनके जन्म के बाद शीघ्र ही मृत्यु को प्राप्त हो गई थी। जब सिद्धार्थ एक छोटा बच्चा था तो राज्य के ज्योतिषियों ने भविष्यवाणी की थी कि लड़का या तो एक महान राजा या सैन्य नेता होगा अथवा वह एक महान आध्यात्मिक गुरु होगा। पिता सिद्धार्थ को एक महान राजा बनाना चाहते थे। इसलिए उन्होंने उनका पालन पोषण एक राजकुमार की तरह किया था। राजकुमार सिद्धार्थ को धार्मिक ज्ञान और सांसारिक दुखों से भी दूर रखा गया था।

सिद्धार्थ अब यौवन अवस्था में आ गये थे। उन्हें महल से बाहर क्या होगा? देखने की इच्छा जागृत हुई। उन्होंने अपने सारथी से कहा कि वोह इन्हें बाहर घुमा कर लाये।

नगर में रास्तों से रथ जा रहा था। रास्ते में कुछ ऐसे दृश्य देखने को मिले जो उनके लिए नए तो थे ही परन्तु उनके लिए हृदयस्पर्शी भी सिद्ध हुए। उन्होंने एक अपंग, एक बीमार और एक मरे हुए को अर्थी पर उठाए और साथ चल रहे मनुष्यों को देखा और "राम नाम सत्य है" का उच्चारण करते हुए भी सुना। यह सब देख उनकी सोच बन गई कि इस संसार में जीवन दुखों से भरा है अतः इसी से उनके मन में वैराग्य उत्पन्न हो गया।

राजकुमार सिद्धार्थ घर संसार को त्याग प्रभु भक्ति करने और स्वयं की खोज के लिए निकल पड़े। उन्होंने बोध गया में एक पीपल के वृक्ष के नीचे बैठ समाधि लगा ध्यान लगाया था। यहीं पर गौतम को धर्म और जीवन के सत्य का बोध प्राप्त हुआ और वोह "गौतम बुद्ध" कहलाये। उनकी साधना को देख कुछ लोग उनके अनुयायी बन गए। गौतम बुद्ध ने "अहिंसा" को मूल मन्त्र बताया था। यहाँ से सनातन में से प्रगट हुए इस नए "बुद्ध धर्म" का प्रचार शुरू हुआ और "कलिंगा युद्ध" के अत्यधिक मानव और घोड़े, हाथी आदि के कत्लयाम के बाद सम्राट अशोक का हृदय भी बहुत द्रवित हो उठा था और "अहिंसा" का मार्ग अपनाने के लिए "बुद्ध धर्म" अपना लिया था और इस के प्रचार के लिए अपनी पुत्री को "लंका" और दूसरे देशों में भी दूत भेजे और अपने देश में "बुद्ध धर्म" को राज्य धर्म घोषित कर दिया था।

उत्तर पूर्व के अनेकों देशों में बुद्ध धर्म को मान्य प्राप्त है।

७.१०. कल्कि अवतार:

कलियुग में भगवान विष्णु कल्कि रूप में अवतार लेंगे। कल्कि अवतार कलियुग के अंतिम चरण में होगा। यह अवतार 64 कलाओं से युक्त होगा। पुराणों के अनुसार उत्तर प्रदेश के मुरादाबाद जिले के शंभल नामक स्थान पर विष्णुयशा नामक तपस्वी ब्राह्मण के घर भगवान कल्कि पुत्र रूप में जन्म लेंगे। कल्कि देव दत्त नामक घोड़े पर सवार होकर संसार से पापियों का विनाश करेंगे और धर्म की पुन:स्थापना करेंगे। भगवान परशुराम इनके गुरु बन मार्ग दर्शक होंगे।

यह कलियुग का समाप्ति काल होगा और फिर से सत्ययुग का प्रारम्भ हो जायेगा।

सत्यमेव जयते

☙❦❧